复旦大学中国金融法治研究院

中国金融法治前沿报告

（2021~2022）

季立刚　主编

INSIGHTS FROM
CHINA'S
FINANCIAL LAW FRONTIER

法律出版社 LAW PRESS · CHINA
北京

图书在版编目（CIP）数据

中国金融法治前沿报告. 2021—2022 / 季立刚主编.
北京：法律出版社，2025. -- ISBN 978-7-5197-9972-4

Ⅰ. D922.280.4

中国国家版本馆 CIP 数据核字第 2025FL8536 号

中国金融法治前沿报告(2021—2022)
ZHONGGUO JINRONG FAZHI QIANYAN BAOGAO (2021-2022)

季立刚 主编

策划编辑 沈小英
责任编辑 刘晓萌 鲁 安
装帧设计 臧晓飞

出版发行 法律出版社
编辑统筹 法治与经济出版分社
责任校对 王语童
责任印制 吕亚莉
经　　销 新华书店

开本 710 毫米×1000 毫米 1/16
印张 24.75　**字数** 453 千
版本 2025 年 1 月第 1 版
印次 2025 年 1 月第 1 次印刷
印刷 北京新生代彩印制版有限公司

地址：北京市丰台区莲花池西里 7 号(100073)
网址：www.lawpress.com.cn
投稿邮箱：info@lawpress.com.cn
举报盗版邮箱：jbwq@lawpress.com.cn

销售电话：010-83938349
客服电话：010-83938350
咨询电话：010-63939796

书号：ISBN 978-7-5197-9972-4
定价：156.00 元

凡购买本社图书，如有印装错误，我社负责退换。电话：010-83938349

编 委 会

主　　编　季立刚

编　　委　葛伟军　许凌艳　唐应茂　葛江虬
　　　　　施鸿鹏　丁文杰　汪倪杰　姚　辰
　　　　　王雨乔　张天行　朱颖琦　季思澐

执行编辑　姚　辰　王雨乔

序

金融是国民经济的血脉,是现代经济的核心。“法治兴则国兴,法治强则国强。”金融法治是国家治理体系与治理能力现代化的重要内容和标志。金融业的健康、稳健、持续发展,与完善的金融法治不可分离。一方面,金融创新、金融的进一步对外开放、金融业的长期稳定发展,对金融法治提出了更多、更高的需求,一国良好的金融法律环境对该国的金融发展和金融深化起到了关键作用;另一方面,“不成规矩,无以成方圆”,金融业的健康发展离不开金融法治的制度支撑、规范和保护。金融法治是金融业健康发展的基石,为金融业的发展提供制度供给,维护金融交易秩序,构建健康有序、富有活力的金融生态,提高金融市场竞争力,切实保护投资者合法权益,促进金融市场的繁荣。金融发展与金融法治彼此互动,只有形成完善的金融法治,才能促进和优化金融功能的发挥,才能有健康、稳健、持续发展的金融业。

2021 年 3 月 30 日,复旦大学、中国人民银行上海总部、上海市高级人民法院、上海金融法院共同发起设立复旦大学中国金融法治研究院。该研究院旨在充分利用复旦大学法学、经济学和金融学、理学、计算机科学等多学科交叉融合的优势,搭建金融界与法律界、学术界与实务界的沟通交流平台,成为在国内外具有影响力的中国金融法治学术研究重镇及国家高端智库,为推进国家金融治理体系和治理能力现代化、参与全球金融治理做出积极贡献。复旦大学中国金融法治研究院聚焦中国金融法治发展实践,密切关注全球金融法治发展动态,以报告的形式展现年度重要研究成果。我们在编纂报告时本着以下理念,并努力形成特色:(1)突出的学术性,不流于对金融法治发展状况的简单描述与介绍,而是以理论的视角分析、评述、探讨中国金融法治发展的特点、成就、路径;(2)强烈的实践性,观照和回应中国金融法治发展的实践需要,探讨立法、执法、司法中的热点、难点问题,为金融法治实践提供学术支持，总结金融法治实践中的得失；（3）鲜明的前沿性，关注金融发展的新形态，以专题形式研究境内外相关金融法制领域的最新发展状况，为推进我国国际金融中心建设，促进金融业进一步有序改革开放，防控金融风险，建成符合中国国情、特色的金融法治体系发挥智库功能。

复旦大学中国金融法治研究院希望通过《中国金融法治前沿报告》的持续出版，全面、系统地反映中国金融法治发展的历程，提升金融法治理论的研究水平，回应金融发展的实践需求。同时，希望借助《中国金融法治前沿报告》，为金融法律学术界、实务界提供学术交流、探讨实践问题的平台，共同推动我国金融法治的不断进步。

《中国金融法治前沿报告》（2021～2022）收录14篇研究报告，聚焦中国式现代化的金融法治保障，以2021～2022年中国金融法治发展为视角，探讨金融业反垄断与反不正当竞争、反洗钱与反恐怖融资、“长臂管辖”、《全面与进步跨太平洋伙伴关系协定》与金融负面清单、碳金融市场、大数据与数据要素市场、加密资产法治、投资理财法治等前沿议题，结合虚假陈述侵权、金融消费者保护中适当性义务等金融司法前沿问题，共同呈现中国金融法治的现实图景。

感谢各界对《中国金融法治前沿报告》出版的大力支持，让我们共同努力，谱写中国金融法治研究与实践的新篇章。

是为序。

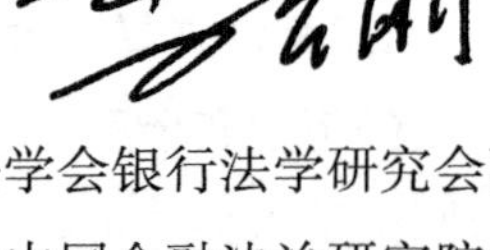

中国法学会银行法学研究会副会长

复旦大学中国金融法治研究院执行院长

二〇二四年元月

目　录

【总报告】

中国式现代化的金融法治保障：现实图景与未来展望

季立刚[*]　姚　辰[**]　季思澐[***]

党的二十大报告指出，"以中国式现代化全面推进中华民族伟大复兴"。现代化是传统社会向现代社会转变和飞跃的革命性进程，反映人类思想和行为各个领域的深刻变革，从而形成崭新的人类文明价值体系。① 中国式金融法治现代化是现代化在金融与法治领域的集中体现，应当结合"中国特色""金融法治一般规律"推动中国金融法治建设，将金融服务实体经济高质量发展、促进共同富裕等基本宗旨构筑在坚实的法治基础之上。本文以"中国问题"为线索，以"金融规律"为尺度，以"法治实践"为基础，回顾2021～2022年中国金融法治建设在立法、监管和司法领域取得的进展，探索构建中国自主的金融法学知识体系，展望中国式金融法治现代化目标的新征程。

一、2021～2022年立法发展动向

（一）2021～2022年金融立法鸟瞰

在法治化金融立法理念的指引下，②2021～2022年我国金融领域共制定、修改

---

* 复旦大学法学院教授、博士生导师，复旦大学中国金融法治研究院执行院长，复旦大学金融法研究中心主任，中国法学会银行法学研究会副会长。研究方向：民商法、经济法、金融法。

** 复旦大学中国金融法治研究院助理研究员，博士研究生。研究方向：民商法、金融法。

*** 复旦大学法学院博士研究生，澳大利亚悉尼大学法律博士（JD）。研究方向：民商法、金融法。

① 参见公丕祥：《习近平法治思想与中国式法治现代化》，载《法学家》2022年第5期。

② 参见季立刚、张天行、王雨乔：《中国金融法治发展的回顾与展望（1978～2020）》，载季立刚主编：《中国金融法治前沿报告（2019～2020）》，法律出版社2021年版，第17页。

法律法规313件。[①] 其中,法律1件,即《期货和衍生品法》。行政法规2件,即《证券期货行政执法当事人承诺制度实施办法》《防范和处置非法集资条例》。国务院规范性文件8件,涵盖绿色金融、养老金融、普惠金融、跨境金融等领域。[②] 部门规章72件,覆盖银行、证券、保险领域的审慎监管、投资者保护等事项。[③] 部门规范性文件230件,反映中国人民银行、国家外汇管理局、中国银行保险监督管理委员会(以下简称银保监会)、中国证券监督管理委员会(以下简称证监会)等国家部门发文推动金融支持浙江共同富裕示范区、海南自由贸易港等国家战略。[④] (见表1)

表1 2021~2022年金融立法鸟瞰

项目	法律	行政法规	国务院规范性文件	部门规章	部门规范性文件
立法数量/件	1	2	8	72	230
所占比例/%	0.32	0.64	2.56	23.00	73.48

2022年10月28日,国务院关于金融工作情况的报告提请第十三届全国人民代表大会常务委员会第三十七次会议审议。时任中国人民银行行长易纲指出,将在2022年度金融立法(修法)工作基础上,进一步加强金融法治建设,"抓紧推进金融稳定法出台,加快修订人民银行法、商业银行法、保险法、信托法、票据法、反洗钱法等重要基础性法律"[⑤]。目前,我国金融领域基础性法律的立法和修法工作正在

① 本报告法律法规的检索主要依据"北大法宝",检索的关键词是"银行、外汇、票据、支付、清算、信托、证券、债券、期货、金融衍生品、基金、资产管理、保险、租赁、财政、黄金"等金融市场要素,排除非金融事项、行政许可等具体行政行为或面向特定主体的非规范性文件。本报告所统计的法律法规的发布日期自2021年1月1日起至2022年12月31日止。

② 国务院《关于印发2030年前碳达峰行动方案的通知》、国务院《关于印发"十四五"国家老龄事业发展和养老服务体系规划的通知》、国务院办公厅《关于推动个人养老金发展的意见》、国务院《促进个体工商户发展条例》、国务院《印发关于推进自由贸易试验区贸易投资便利化改革创新若干措施的通知》等。

③ 《中国人民银行行政处罚程序规定》《中国人民银行执法检查程序规定》《银行保险机构关联交易管理办法》《全球系统重要性银行总损失吸收能力管理办法》《系统重要性银行附加监管规定(试行)》《保险公司偿付能力管理规定(2021年修订)》《证券期货投资者适当性管理办法(2022年修正)》《证券期货行政执法当事人承诺制度实施规定》《北京证券交易所上市公司证券发行注册管理办法(试行)》《期货交易者保障基金管理办法(2022年修正)》。

④ 《中国人民银行、中国银行保险监督管理委员会、中国证券监督管理委员会等关于金融支持浙江高质量发展建设共同富裕示范区的意见》《中国人民银行、中国银行保险监督管理委员会、中国证券监督管理委员会、国家外汇管理局关于金融支持海南全面深化改革开放的意见》等。

⑤ 易纲:《国务院关于金融工作情况的报告——2022年10月28日在十三届全国人民代表大会常务委员会第三十七次会议上》,载中国人民银行网2022年10月30日,http://camlmac.pbc.gov.cn/goutongjiaoliu/113456/113469/4693957/index.html。

紧锣密鼓地推进中(见表2)。2021～2022年,除《期货和衍生品法》颁布以外,《金融稳定法(草案)》《公司法(修订草案二次审议稿)》已经提请全国人大常委会审议并公开征求意见,《银行业监督管理法(修订草案征求意见稿)》《反洗钱法(修订草案公开征求意见稿)》由中国人民银行公布并向社会公开征求意见。

表2 2021～2022年中国金融领域基础性法律立法/修法的基本信息

法律名称	立法/修法现状	立法/修法进程	立法/修法基础
期货和衍生品法	全国人大常委会审议通过	2021年4月29日全国人大常委会公布《期货法(草案)》; 2021年10月23日全国人大常委会公布《期货和衍生品法(草案二次审议稿)》; 2022年4月20日全国人大常委会通过《期货和衍生品法》,2022年8月1日开始生效	期货交易管理条例(行政法规,2007年公布,2012年第一次修订,2013年第二次修订,2016年第三次修订,2017年第四次修订)
金融稳定法	草案第一次征求意见,全国人大常委会2022年初次审议	2022年4月6日中国人民银行公布《金融稳定法(草案征求意见稿)》; 2022年12月30日全国人大常委会公布《金融稳定法(草案)》	—
商业银行法(修改)	修改草案第一次征求意见,全国人大常委会2022年预备审议	2020年10月16日中国人民银行公布《商业银行法(修改建议稿)》	商业银行法(1995年通过,2003年第一次修正,2015年第二次修正)
中国人民银行法(修改)	修订草案第一次征求意见,全国人大常委会2022年预备审议	2020年10月23日中国人民银行公布《中国人民银行法(修订草案征求意见稿)》	中国人民银行法(1995年通过,2003年修正)

续表

法律名称	立法/修法现状	立法/修法进程	立法/修法基础
银行业监督管理法(修改)	修订草案第一次征求意见,国务院2022年预备提请全国人大常委会审议	2022年11月11日中国银保监会发布《银行业监督管理法(修订草案征求意见稿)》	银行业监督管理法(2003年通过,2006年修正)
反洗钱法(修改)	修订草案第一次征求意见,全国人大常委会2022年预备审议	2021年6月1日中国人民银行公布《反洗钱法(修订草案公开征求意见稿)》	反洗钱法(2006年通过)
公司法(修改)	修订草案第二次征求意见,全国人大常委会2022年继续审议	2021年12月24日全国人大常委会公布《公司法(修订草案)》; 2022年12月30日全国人大常委会公布《公司法(修订草案二次审议稿)》	公司法(1993年通过,1999年第一次修正,2004年第二次修正,2005年修订,2013年第三次修正,2018年第四次修正)
企业破产法(修改)	全国人大常委会2022年初次审议	—	企业破产法(2006年通过)
保险法(修改)	全国人大常委会2022年预备审议	—	保险法(1995年通过,2002年第一次修正,2009年修订,2014年第二次修正,2015年第三次修正)
票据法(修改)	国务院拟提请全国人大常委会审议	—	票据法(1995年通过,2004年修正)

(二)2021~2022年金融立法要点

1.《期货和衍生品法》是中国期货和衍生品市场的"基本法",填补了中国多层次资本市场的法律空白

2022年4月20日,全国人大常委会通过《期货和衍生品法》,填补了期货和金

融衍生品市场的法律空白。一般认为,证券是资本形成与组合的产物,而期货的主要功能是对冲、投机和价格发现,①多层次资本市场的基本框架呈现证券市场的横向结构与期货市场的纵向结构。《期货和衍生品法》的制定,使中国多层次资本市场的法治保障体系得以构建。

第一,《期货和衍生品法》明确期货交易和衍生品交易的定义及其区分标准。期货交易和衍生品交易的区别在于交易标的标准化与否。期货交易标的是期货合约(期货交易场所制定的标准化合约)与标准化期权合约,而衍生品交易标的是非标准化的期权合约、远期合约、互换合约及其组合。

第二,《期货和衍生品法》明确期货市场的功能,确立期货交易的基本原则。期货市场具有发现价格、管理风险和配置资源的基本功能,期货和衍生品交易应当遵守法律、行政法规和国家有关规定,遵循"公开、公平、公正"原则,禁止欺诈、操纵市场和内幕交易的行为,同证券法的基本原则相关联,从而确立多层次资本市场中金融投资商品交易的基本原则。

第三,《期货和衍生品法》构建期货和衍生品交易与监管体系。明确品种交易制度、账户实名制、保证金制度和实际控制关系报备管理制度等期货和衍生品交易的基本制度,明确期货结算机构的法律地位,明确由国务院期货监督管理机构统一监管期货和衍生品市场,采取穿透式监管模式,设立专门机构加强保证金安全存管监控,发挥期货业协会、期货交易场所和期货结算机构的自律管理职责,从而维护期货市场秩序,防范系统性风险,维护交易者合法权益,②促进期货市场健康发展。

第四,《期货和衍生品法》立足扩大金融业高水平开放的政策背景,首次通过专章的形式规定期货市场的跨境交易与监管协作,明确境外期货交易场所、境外期货产品、境外期货经营机构和境外期货销售的监管要求,加强期货跨境监管合作,有效填补涉外期货交易与监管法制的空白。

---

① See Chicago Mercantile Exchange v. SEC, 883 F.2d 537 (7th Cir. 1989).

② 《期货和衍生品法》首次采取"期货交易者"的表述。期货市场中的套期保值者不属于通常意义上的"投资者"或"消费者",但是我国期货市场交易主体以个人投资者为主,因此《期货和衍生品法》采取"期货交易者"的表述,同时建立期货交易者适当性制度和普通交易者的特殊保护制度。参见叶林主编:《中华人民共和国期货和衍生品法理解与适用》,中国法制出版社2022年版,第325~326页。

2. 坚持金融发展“以人民为中心”,推动普惠金融、农村金融、养老金融服务和保障体系建设,加强金融消费者保护和金融基础设施建设

金融是经济的衍生形式。金融市场具有促进资源有效配置,帮助居民与企业融资、投资、储蓄和管理风险,服务经济社会发展的重要作用。正如马克思在《资本论》中所指出的,金融业立足信用之基础,代表产业界向社会借款,聚集货币资本,向产业界提供资金,从而使商业活动不再受到自有资金的限制。① 党的二十大报告指出,“中国式现代化是全体人民共同富裕的现代化”。金融发展应当坚持以人民为中心的发展思想,将实体经济作为出发点和落脚点,将更多的金融资源配置到经济社会发展中的重点领域和薄弱环节,服务人民群众和经济社会发展的金融需求。2022 年 2 月 28 日,习近平总书记在主持中央全面深化改革委员会第二十四次会议时强调,“要始终坚持以人民为中心的发展思想,推进普惠金融高质量发展,健全具有高度适应性、竞争力、普惠性的现代金融体系,更好满足人民群众和实体经济多样化的金融需求,切实解决贷款难贷款贵问题”②。

普惠金融将金融资源向社会经济体系的末梢输送,为小微企业、社会弱势群体等经济社会中的微观主体提供金融服务,从而畅通资本要素与实体经济之间的良性循环,解决“脱实向虚”的结构性问题。③ 2016 年,国务院印发《推行普惠金融发展规划(2016—2020 年)》,明确普惠金融应当立足于平等要求和商业可持续原则,以可负担的成本为有金融服务需求的社会各阶层和群体提供适当、有效的金融服务。目前,中国基本建立同全面建成小康社会相适应的普惠金融服务和保障体系。④ 2021 ~ 2022 年,中国人民银行等监管机构联合各类金融机构和社会各界力量,继续巩固普惠金融发展成果,推动普惠金融发展迈出高质量步伐。

在农村金融领域,中国人民银行等金融监管机构推动金融服务乡村振兴和新型农业经营主体发展。2021 年 4 月 29 日,全国人大常委会表决通过的《乡村振兴促进法》明确农村金融发展的上位法依据,要求金融机构将金融资源配置到乡村发展的重点领域和薄弱环节。2021 年 5 月 18 日,中国人民银行、中央农村工作领导

---

① 参见马克思:《资本论》(第 3 卷),人民出版社 2018 年版,第 435 ~ 436 页。

② 《习近平主持召开中央全面深化改革委员会第二十四次会议强调 加快建设世界一流企业 加强基础学科人才培养 李克强王沪宁韩正出席》,载中国新闻网,https://www.chinanews.com.cn/m/gn/2022/02-28/9688337.shtml。

③ 参见李钧:《发挥政策性银行发展普惠金融优势》,载《中国金融》2022 年第 15 期。

④ 参见梁涛:《以人民为中心推进普惠金融高质量发展》,载《中国金融》2022 年第 9 期。

小组、农业农村部、财政部、银保监会、证监会联合发布《关于金融支持新型农业经营主体发展的意见》,要求从加强信息共享、增强金融承载力、健全金融服务组织体系、提供专属贷款、拓宽抵押质押物范围等方面发展面向新型农业经营主体的金融服务,创新专属金融产品,进一步提升金融服务的可得性、覆盖面、便利度,推动农村一、二、三产业融合发展,提高农业质量效益和竞争力。2021 年 6 月 29 日,中国人民银行、银保监会、证监会、财政部、农业农村部、国家乡村振兴局联合发布《关于金融支持巩固拓展脱贫攻坚成果　全面推进乡村振兴的意见》,指出金融机构要围绕巩固拓展脱贫攻坚成果、加大对国家乡村振兴重点帮扶县的金融资源倾斜、强化对粮食等重要农产品的融资保障、建立健全种业发展融资支持体系、支持构建现代乡村产业体系、增加对农业农村绿色发展的资金投入、研究支持乡村建设行动的有效模式、做好城乡融合发展的综合金融服务共 8 个重点领域,加大金融资源投入。

在养老金融领域,个人养老金试点落地。《"十四五"规划纲要》首次提出,"发展多层次、多支柱养老保险体系……规范发展第三支柱养老保险"。2021 年 12 月,中央全面深化改革委员会通过《关于推动个人养老金发展的意见》,正式将第三支柱命名为个人养老金。2022 年 10 月,人力资源和社会保障部、财政部、国家税务总局、银保监会、证监会等部委密集出台多项政策文件,公布《个人养老金实施办法》,明确个人养老金的税收政策,制定银行业(储蓄、理财)、证券业(公募基金)和保险业(商业养老保险)个人养老金业务的监管规定,确定 36 个先行城市(地区),个人养老金的试点工作正式落地。个人养老金是国家积极应对人口老龄化,满足人民群众多样性的养老保险需求,在制度层面补齐"多层次、多支柱"的养老保险体系,推动经济可持续发展的重要举措,从而构建中国养老金融市场的新发展格局。

金融法治建设应当围绕金融市场的经济功能与社会功能,发挥金融法在整合资本、土地、数据、人力资源等市场要素服务实体经济发展,集聚信贷、保险、住宅、医疗、教育等社会资源促进共同富裕等方面的重要作用。因此,未来应当在普惠金融、农村金融和养老金融等领域实践探索与制度建设的基础上,出台"普惠金融促进法""个人养老金法"等领域的金融立法,从而明确金融权利的社会属性,在法治的框架内确立金融发展"以人民为中心"的宗旨。

3. 改革型地方金融立法再次启航，保障金融领域的高水平改革开放

改革型地方立法源于全国人大及其常委会根据改革目的作出的授权。[①] 在改革开放初期，中国在商事、经济、金融领域存在诸多的法律空白。中央通过设立经济特区推动制度创新，但在立法层面同样面临供给不足的现实问题。中央因此赋予经济特区立法权，以法治建设引领改革开放。以深圳经济特区为例，其颁布了一系列具有先行先试作用的经济特区法规，如《有限责任公司条例》（1993 年）、《股份合作公司条例》（1994 年）、《律师条例》（1995 年），具有引领、示范、试错之规范价值，为全国性立法提供可供推广的样本。但是，自从 2000 年《立法法》[②]颁布以来，深圳等经济特区的立法权受到法律保留原则的限制，对于民事基本制度、基本经济制度以及财政、海关、金融和外贸基本制度等属于中央事权事项再难有先行先试的突破，导致经济特区立法权难有作为。[③]

在全面深化改革的背景下，改革型地方立法变通再次启航。2019 年 8 月 9 日，《中共中央　国务院关于支持深圳建设中国特色社会主义先行示范区的意见》提出，“用足用好经济特区立法权，在遵循宪法和法律、行政法规基本原则前提下，允许深圳立足改革创新实践需要，根据授权对法律、行政法规、地方性法规作变通规定”。2021 年 4 月 23 日，《中共中央　国务院关于支持浦东新区高水平改革开放打造社会主义现代化建设引领区的意见》提出，“建立完善与支持浦东大胆试、大胆闯、自主改相适应的法治保障体系。比照经济特区法规，授权上海市人民代表大会及其常务委员会立足浦东改革创新实践需要，遵循宪法规定以及法律和行政法规基本原则，制定法规，可以对法律、行政法规、部门规章等作变通规定，在浦东实施”。2021 年 6 月 10 日，第十三届全国人民代表大会常务委员会第二十九次会议决定，授权上海市人民代表大会及其常务委员会根据浦东改革创新实践需要，遵循宪法规定以及法律和行政法规基本原则，制定浦东新区法规，在浦东新区实施。同日表决通过的《海南自由贸易港法》第 10 条第 1 款规定：“海南省人民代表大会及其常务委员会可以根据本法，结合海南自由贸易港建设的具体情况和实际需要，遵

① 参见王建学：《改革型地方立法变通机制的反思与重构》，载《法学研究》2022 年第 2 期。

② 2000 年《立法法》第 8 条规定：“下列事项只能制定法律：……（七）民事基本制度；（八）基本经济制度以及财政、税收、海关、金融和外贸的基本制度。”

③ 参见叶海波：《“天使投资”、示范立法与风险管控——“双区”语境下深圳特区立法的逻辑与使命》，载《地方立法研究》2020 年第 3 期。

循宪法规定和法律、行政法规的基本原则,就贸易、投资及相关管理活动制定法规(以下称海南自由贸易港法规),在海南自由贸易港范围内实施。”由此,深圳经济特区法规、浦东新区法规、海南自由贸易港法规等改革型地方立法变通权得以确立。

改革开放建立在经济发展的“差序格局”基础上,深圳经济特区、浦东新区、海南自由贸易港等改革试验区承载不同的发展使命,故得以依据法律或全国人大及其常委会的授权,根据其改革创新的实践需要作出变通性地方立法。以浦东新区法规为例,浦东新区需要对标世界上最发达的自由贸易园区和国际金融中心,而其通常属于普通法传统,因此浦东新区法规需要塑造与之相匹配的法治环境。浦东新区法规是国家立法权的延伸,通过授权变通立法的形式,扩张上海市人大及其常委会的立法权限,从而在法治轨道上推动改革试验区的高水平改革开放。浦东新区法规虽然“比照经济特区法规”,但其推动高水平改革开放所涉及的高水平开放、全球资源配置(金融、海关、外贸)等重点事项,归属中央事权(法律保留)的范畴,因此浦东新区法规的授予实际上是一种更深层次的立法变通权,而不同于一般的经济特区法规。正如深圳经济特区法规填补了我国商事、金融领域立法空白,深圳经济特区法规、浦东新区法规、海南自由贸易港法规等改革型地方立法将在离岸金融、跨境金融、绿色金融等新兴金融领域和经济、贸易领域作出示范性立法。

法治供给的差序格局不能突破必要限度的法制统一,深圳经济特区法规、浦东新区法规、海南自由贸易港法规等改革型地方立法需要受到比例原则的检验。其一,立法变通需要紧密围绕具体的改革试验目的。其二,立法变通如果涉及法律保留事项,需要取得全国人大及其常委会或国务院的授权,通过授权制造“法律空白”,从而避免法律适用的困境或影响法制的统一和权威。其三,立法变通需要遵循特定的法律程序,采取日落条款、效果评估、定期报告等制度设计,从而限制地方变通立法的影响范围。改革型地方立法的基本要素见表3。

表 3　改革型地方立法的基本要素

变通立法类型	立法主体	立法权来源	立法事项
深圳经济特区法规	深圳市人大及其常委会	立法法、全国人大及其常委会的授权决定(含示范区意见、大湾区规划纲要等尚未在法律中得以反映的政策文件)	根据改革创新的实践需要所确定的事项(不局限在法律保留事项以外)
浦东新区法规	上海市人大及其常委会	全国人大常委会的授权决定(含引领区意见、长三角一体化规划纲要等尚未在法律中得以反映的政策文件)	根据改革创新的实践需要所确定的事项(不局限在法律保留事项以外)
海南自由贸易港法规	海南省人大及其常委会	海南自由贸易港法	贸易、投资及相关管理活动(涉及民事基本制度、基本经济制度以及财政、税收、海关、金融和外贸基本制度)
其他经济特区法规(海南、厦门、汕头、珠海)	海南省、厦门市、汕头市、珠海市人大及其常委会	立法法、全国人大及其常委会的授权决定	经济事项(现实中有所突破,但不能涉及法律保留事项)

2020~2022年,深圳经济特区法规、浦东新区法规、海南自由贸易港法规等改革型地方立法中涵盖金融要素的法规共14部(正式项目和预备项目),主要涉及数字金融、绿色金融、家庭金融、地方金融、金融争议解决等领域(见表4),反映改革型地方立法在保障金融领域高水平改革开放中发挥的作用。例如,《上海市浦东新区绿色金融发展若干规定》在规范绿色企业评价要求、评价标准和绿色项目认定条件、认定标准的基础上,建立绿色项目库明确绿色金融的判断标准,构建绿色票据、绿色债券、绿色保险、绿色融资租赁等绿色金融工具以及企业和自然人碳账户的法治保障体系,从而助力上海加快打造国际绿色金融枢纽,进一步提高国际金融中心的核心竞争力,促进经济社会发展全面绿色转型,服务浦东新区打造社会主义现代化建设引领区的国家战略。

表 4 2020 ~ 2022 年改革型地方金融立法

改革型地方立法	地方性法规名称及立法时间	立法中的金融要素
深圳经济特区法规	深圳经济特区人工智能产业促进条例(2022 年)	数字金融
	深圳经济特区数字经济产业促进条例(2022 年)	数字金融
	深圳经济特区数据条例(2021 年)	数字金融
	深圳经济特区绿色金融条例(2020 年)	绿色金融
	深圳经济特区个人破产条例(2020 年)	家庭金融
	深圳国际仲裁院条例(2020 年)	金融争议解决
	深圳经济特区地方金融监督管理条例(预备项目)	地方金融
浦东新区法规	浦东新区促进商事调解若干规定(2022 年)	金融争议解决
	上海市浦东新区绿色金融发展若干规定(2022 年)	绿色金融
	浦东新区仲裁若干规定(正式项目)	金融争议解决
海南自由贸易港法规	海南自由贸易港数字经济促进条例(预备项目)	数字金融
	海南自由贸易港地方金融条例(预备项目)	地方金融
	海南自由贸易港家族信托规定(预备项目)	家庭金融
	海南国际仲裁院条例(预备项目)	金融争议解决

二、2021 ~ 2022 年金融监管发展趋向

党的二十大报告指出,"加强和完善现代金融监管,强化金融稳定保障体系,依法将各类金融活动全面纳入监管,守住不发生系统性风险底线"。"现代金融监管"具有宏观审慎监管、微观审慎监管、保护消费权益、打击金融犯罪、维护市场稳定、处置问题机构等基本要素。① 本文主要围绕金融稳定与宏观审慎监管、系统重要性金融机构的评估及其监管、"影子银行"的识别及其监管、金融控股公司的设立及其监管、问题金融机构处置等重点议题,考察 2021 ~ 2022 年金融监管的发展趋向。

(一)金融稳定与宏观审慎监管

金融稳定(financial stability),是指一个金融体系所具备的得以消除内生的或

① 参见郭树清:《加强和完善现代金融监管》,载《人民日报》2022 年 12 月 14 日,第 13 版。

重大不利或不可预见的事件而导致的金融失衡的基本属性。一个稳定的金融体系通常会构建相应的干预机制,防范重大突发公共卫生事件、环境污染与气候变化等事件对金融体系和实体经济产生的破坏性影响。在国际金融危机爆发之前,各国普遍缺乏一个维系金融稳定的整体框架,①通常依赖货币政策和银行等重要金融机构的微观审慎监管维护金融体系的稳定性。

价格稳定不代表金融稳定,传统的货币政策难以应对资产价格的剧烈波动。面对金融风险的周期积累以及跨机构、跨市场、跨地域的风险传递所带来的系统性金融风险(systemic risk),关注单一金融机构的风险管理与合规要求的微观审慎监管不足以防范。宏观审慎监管旨在填补宏观经济政策与金融机构微观审慎监管之差距,从而降低金融不稳定的风险和宏观经济成本。各国积极推动宏观审慎金融监管(金融稳定)立法,建立相应的监管机构及监管架构,明确宏观审慎监管的制度目标是防范系统性金融风险。

系统性金融风险具备时间和空间两个维度。时间维度的金融风险源于金融的顺周期性,表现为以大萧条为代表的"集体失败",故需建构逆周期的监管框架。空间维度的金融风险源于金融机构的共同风险暴露,2008 年国际金融危机即由此发轫,故而侧重系统重要性金融机构和"影子银行"的监管。中国人民银行出台《宏观审慎政策指引(试行)》等规范性文件,明确了宏观审慎金融监管的政策目标、工具、传导机制和治理机制,"初步搭建起借鉴国际有益做法、具有中国特色的宏观审慎政策框架……未来将持续完善宏观审慎政策框架,加强对系统重要性银行、系统重要性保险公司、系统重要性证券业机构的评估和监管"②。

宏观审慎监管不属于传统意义上的金融监管。金融监管,通常是指金融市场、金融机构或金融活动之监督及管理,属市场监管法的范畴,③而宏观审慎监管所对应的金融市场秩序之维系,应属宏观调控法之场域,因此不能将在微观审慎监管法的基础上直接建构宏观审慎监管法,正如"宏观审慎政策会运用一些与微观审慎监管类似的工具,例如对资本、流动性、杠杆等提出要求,但两类工具的视角、针对的

---

① See Andrew Godwin, Steve Kourabas & Ian Ramsay, *Financial Stability Authorities and Macroprudential Regulation*, 32 Banking & Finance Law Review 223 (2017).

② 中国人民银行金融稳定局:《防范化解金融风险 健全金融稳定长效机制》,载微信公众号"中国人民银行"2022 年 9 月 26 日,https://mp.weixin.qq.com/s/aufkWoR83JeBl9Nh-jn6fA。

③ 参见顾功耘主编:《经济法教程》,上海人民出版社、北京大学出版社 2013 年版,第 716 ~ 717 页。

问题和采取的调控方式不同,可以相互补充,而不是替代"①。宏观审慎监管法需要将宏观审慎监管权的目标、性质、工具、效力等要素纳入法治的框架中,而不能仅仅停留在对具体的监管措施之重述。金融监管法之统合需要在宏观审慎监管的基础上建构金融监管的一般原理,而微观审慎监管和行为监管之维度的统合存在障碍,盖证券业不强调微观审慎监管,银行业因其间接融资的特征,需要关注商业银行的偿付能力与流动性指标等微观审慎监管要求。宏观审慎监管、微观审慎监管与行为监管之比较见表5。

表5 宏观审慎监管、微观审慎监管与行为监管之比较

金融监管权	宏观审慎监管	微观审慎监管	行为监管
法域范围	金融宏观调控法	金融市场监管法	金融商法
监管目标	金融系统的整体性危机的防范	单个金融机构风险的防范	金融消费者保护
作用对象(风险)	金融的顺周期性以及系统重要性金融机构、"影子银行"所衍生的系统性金融风险	单个金融机构自身的经营风险,不关注跨机构、跨地区的金融风险传递	金融(服务)合同相对人(交易风险或投资风险)
监管工具	时间、空间维度的监管工具	单一金融机构层面的监管工具	私法(商法)强制性规范
银行业监管	金融稳定法、中国人民银行法	银行业法	存(贷)款合同法
证券业监管		证券监管法	金融投资商品法
保险业监管		保险业法	保险合同法

2022年12月27日,《金融稳定法(草案)》首次提请全国人大常委会会议审议。《金融稳定法(草案)》在篇章结构上聚焦系统性金融风险的防范、化解和处置,以及总则、法律责任和附则,共六章48条。试举要如下。

第一,《金融稳定法(草案)》明确中央金融工作领导机构的法律地位,②确立监

① 《宏观审慎政策指引(试行)》第14条。

② 根据2023年中共中央、国务院《党和国家机构改革方案》,组建中央金融委员会,设立中央金融委员会办公室,不再保留国务院金融稳定发展委员会及其办事机构,将国务院金融稳定发展委员会办公室的职责划入中央金融委员会办公室。

管机构、地方政府、保障基金和司法机构的金融稳定职责,明确地方政府在问题金融机构处置中的金融监管权与资源配置权。①

第二,《金融稳定法(草案)》针对前期风险攻坚战中各方责任不够清晰、资金来源不够明确、机制不够健全等问题,②构建金融风险事前防范、事中化解、事后处置的全流程、全链条的制度体系,③确立市场化、法治化的金融风险处置原则,④明确系统性金融风险的处置主体、处置措施和处置资金来源(见表6),从而搭建金融稳定法治保障体系的"四梁八柱"。

表6 系统性金融风险的处置主体、处置措施和处置资金来源

金融风险处置主体	金融风险处置措施	金融风险处置资金	相关法律规范
金融机构(控制股东)	要求控制股东补充资本和实施救助,调动市场化资金参与被处置金融机构的并购重组	私有资金	公司法、商业银行法、保险法等
行业保障基金	担任接管组织、实施清算等	公共资金	存款保险条例、保险保障基金管理办法等
省级地方政府	处置辖区内农村合作金融机构的风险、非金融企业引发的金融风险	公共资金	地方金融监管条例等
金融监管机构	行使金融机构的经营管理权、金融机构业务、资产和负债整体转移、股权和债权减记等	—	商业银行法、证券法、保险法、信托法等
国务院金融稳定委员会	认定重大金融风险,确定处置方案,管理金融稳定保障基金	私有资金、公共资金	—

---

① 参见宋洋、高晋康:《我国问题金融机构处置的央地权力叠合——基于行动者逻辑的分析》,载《财经科学》2022年第4期。

② 参见中国人民银行条法司课题组:《加快制定金融稳定法护航金融发展与安全》,载《中国金融》2023年第2期。

③ 参见李曙光、周陈:《金融稳定长效机制的基本法》,载《中国金融》2022年第8期。

④ 参见《金融稳定法(草案)》第4条。

续表

金融风险处置主体	金融风险处置措施	金融风险处置资金	相关法律规范
中国人民银行、财政部	最后贷款人	公共资金	中国人民银行法等
司法机构	“三中止”、司法审查等	—	民事诉讼法、强制执行法等

第三，《金融稳定法（草案）》确立的金融稳定目标是保障金融机构、金融市场和金融基础设施持续发挥关键功能。[①] 除金融稳定的宏观架构的构建以外，同样应当关注金融机构（公司）治理与金融市场基础设施等金融稳定之微观基础。其一，“公司治理与金融稳定的关系是一个必须加以分析的课题”[②]。金融危机往往起源于公司治理的失败，本质上是股东或内部人控制下监察权虚置问题，[③]《金融稳定法（草案）》因此明确金融机构的主要股东和实际控制人的认定标准和监管要求，禁止主要股东和实际控制人滥用金融机构的控制权。[④] 未来，应当在《公司法》的修改中予以回应，进一步完善公司监督与控制股东的约束机制。其二，金融市场基础设施是金融市场系统稳定性的基础保障。[⑤]《金融稳定法（草案）》要求中国人民银行会同有关部门建立覆盖主要金融机构、金融市场、金融基础设施和金融活动的宏观审慎政策框架、治理机制和基本制度。[⑥] 未来，应当借鉴瑞士的立法经验，制定“金融市场基础设施法”，将支付清算系统、证券交易所、中央对手方、大型互联网平台等基础设施纳入金融稳定的监管范围。[⑦]

第四，《金融稳定法（草案）》规定设立金融稳定保障基金。[⑧] 金融监管、中央银

---

① 参见《金融稳定法（草案）》第 2 条。

② 周小川：《公司治理与金融稳定》，载《中国金融》2020 年第 15 期。

③ 参见冯果、贾海东：《论金融稳定取向下的公司监督权配置改革——以公司法和金融稳定法的联动修改为视角》，载《中国政法大学学报》2022 年第 5 期。

④ 参见《金融稳定法（草案）》第 12 ~ 13 条。

⑤ 参见程或、季奎明、曾大鹏：《金融市场基础设施的法律保护：现状、冲突与改进》，上海人民出版社 2018 年版，第 6 ~ 7 页。

⑥ 参见《金融稳定法（草案）》第 17 条。

⑦ 参见胡滨、陈冠华：《中国金融稳定法律体系的构建》，载胡滨主编：《中国金融监管报告（2022）》，社会科学文献出版社 2022 年版，第 22 页。

⑧ 参见《金融稳定法（草案）》第 29 条。

行的"最后贷款人"职能和存款保险三大制度是金融安全网(financial safety-net)之重要核心。金融监管具有货币维度,[①]故而应当建构货币政策与宏观审慎监管相结合的双支柱框架,从而维持货币币值和金融稳定。行业保障基金处置银行、证券、保险等金融市场的风险,金融稳定保障基金主要应对系统性金融风险、问题金融机构处置和地方政府债务等重大风险,应当加强行业保障基金和金融稳定保障基金的有机结合。[②] 因此,金融监管、存款保险和行业保障基金、中央银行的"最后贷款人职能"、货币政策和金融稳定保障基金之多维度、多层次的金融安全网和金融稳定保障体系得以构建。(见表7)

表7 中国金融安全网的基本架构

基本架构	制度功能	法律依据
金融监管	金融安全	《商业银行法》《保险法》《证券法》等
存款保险和行业保障基金	金融安全	《存款保险条例》《保险保障基金管理办法》
中央银行"最后贷款人"职能	资金流动性	《中国人民银行法》
货币政策	金融稳定	《中国人民银行法》
金融稳定保障基金	金融稳定	《金融稳定法(草案)》

(二)系统重要性金融机构的评估及其监管

我国银行业总资产在金融业总资产中占比超过90%,其中24家大型商业银行的资产规模占银行业70%以上。[③] 因此,系统重要性银行的监管是维护我国金融稳定的关键领域。系统重要性金融机构(Systemically Important Financial Institutions, SIFIs)是对"太大不能倒"概念的继受,是指具备"系统重要性"的金融机构。"系统重要性"具有综合性内涵。一方面,"系统重要性"金融机构具备经济上的"规模"、"关联性"和"结构复杂"等量化的系统性标准;另一方面,"系统重要性"金融机构所提供的金融商品或服务具有特定的政治、经济和社会功能,因此其一旦停止经营,将会严重影响金融体系和实体经济,从而引发系统性金融风险。[④]

---

① 参见许凌艳:《金融法基本理论研究》,上海财经大学出版社2018年版,第86页。

② 参见郭远杰:《金融稳定保障基金的国际经验》,载《中国金融》2022年第16期。

③ 参见中国人民银行金融稳定局:《防范化解金融风险 健全金融稳定长效机制》,载微信公众号"中国人民银行"2022年9月26日,https://mp.weixin.qq.com/s/aufkWoR83JeBl9Nh-jn6fA。

④ 参见郭金良:《系统重要性金融机构危机市场化处置法律制度研究》,法律出版社2016年版,第24页。

国际上通常采取"指标法"识别系统重要性金融机构。金融稳定委员会(financial stability board,FSB)根据巴塞尔银行监管委员会(Basel Committee on Banking Supervision,BCBS)制定的评估标准(围绕规模、关联性、可替代性、跨境活动和复杂性5类指标),确定全球系统重要性银行(global systemically important banks, G-SIBs)名单。G-SIBs名单将G-SIBs根据系统重要性指数的差异划分为不同的组别(从低到高依次是第1组至第5组),要求金融机构所在国采取不同的附加监管要求。① 2022年9月,中国人民银行、银保监会根据《系统重要性银行评估办法》确立的评估指标,发布了我国系统重要性银行名单(见表8),同2021年首次发布的名单相比,仅有中国民生银行的组别发生变动,由第2组变为第1组。系统重要性银行需要根据《系统重要性银行附加监管规定(试行)》采取附加监管要求。②

表8 2022年中国系统重要性银行名单及监管要求

单位:%

组别	系统重要性银行	资本充足率要求	杠杆率要求
第5组	—	9	4.75
第4组	中国工商银行、中国银行、中国建设银行、中国农业银行	8.5	4.5
第3组	交通银行、招商银行、兴业银行	8.25	4.375
第2组	中信银行、中国邮政储蓄银行、浦发银行	8	4.25
第1组	中国民生银行、中国光大银行、平安银行、华夏银行、宁波银行、广发银行、江苏银行、上海银行、北京银行	7.75	4.125

注:中国银行、中国工商银行、中国农业银行和中国建设银行同时是全球系统重要性银行(G-SIBs)。其中,前两家银行位列第2组,后两家银行位列第1组,分别执行1.5%和1%的附加资本要求。《巴塞尔协议Ⅲ》规定的核心一级资本充足率要求为7%,因此我国系统重要性银行的补充监管要求实际上不低于G-SIBs的补充监管要求。

---

① 2022年11月,FSB公布《2022年G-SIBs名单》,此次评估基于2021年底的数据和2018年7月BCBS所发布的经修订的评估方法,共有30家银行在G-SIBs名单中,摩根大通(JP Morgan Chase)是全球系统重要性指数排名第一的商业银行,处于第4组,需要执行2.5%的附加资本要求。

② 根据《商业银行资本管理办法(试行)》《商业银行杠杆率管理办法(2015年修订)》的规定,非系统重要性银行的核心一级资本充足率要求不得低于7.5%(含5%的最低资本要求和2.5%的储备资本要求,银保监会暂未要求提取逆周期资本),杠杆率要求不得低于4%,系统重要性银行需要在此基础上增加0.25%~1.5%的资本充足率要求和附加资本要求50%的附加杠杆率要求。

(三)"影子银行"的识别及其监管

根据金融稳定委员会发布的《2021 年全球非银行金融中介监测报告》,数据覆盖占据全球80%以上GDP的29个主要经济体,截至2021年年底,全球非银行金融资产的规模是239.3万亿美元,同比增长8.9%,在全球金融资产中占比49.2%,其增速相较商业银行、中央银行和其他公共金融机构存在一定的差距。非银行金融中介机构(non-bank financial intermediaries, NBFIs)即所谓的"影子银行",是指所有杠杆化的非银行投资渠道、工具和结构(结构化金融的世界),涵盖共同基金、养老基金、保险公司和其他金融中介机构(other financial intermediaries, OFIs)。"影子银行"由监管套利驱动,在轻度监管的环境下向投资者提供高效的金融产品或服务。① "影子银行"通过高杠杆经营或者发行替代货币的金融工具(货币市场共同基金等)来增加货币和信贷的供给,导致通货膨胀和各类资产价格出现泡沫,影响实体经济中资本与居民财富的分配。② 由于市场碎片化、高度关联性和信息披露的缺失,③"影子银行"系统积累了大量不受控制的金融风险,容易在相互关联的金融体系中蔓延,增加引发系统性金融风险的可能性。因此,自2008年国际金融危机以来,各国监管机构通常以防范系统性金融风险为导向监管"影子银行"。

中国的影子银行以银行理财产品、资产管理计划、资产证券化、互联网金融产品为典型,④通常表现为"商业银行的影子"。⑤ 2018年4月27日,中国人民银行、银保监会、证监会、国家外汇管理局发布《关于规范金融机构资产管理业务的指导意见》(以下简称《资管新规》)。2022年1月1日,《资管新规》的过渡期届满,正式落地。⑥《资管新规》跨越银行、信托、证券、基金、期货、保险之固有边界,从投资范

① See Steven L. Schwarcz, *Regulating Shadow Banking*, 31 Review of Banking and Financial Law 619 (2012).

② See Margaret M. Blair, *Financial Innovation*, *Leverage*, *Bubbles and the Distribution of Income*, 30 Review of Banking and Financial Law 225 (2010).

③ See Dan Awrey, *Complexity*, *Innovation*, *and the Regulation of Modern Financial Markets*, 2 Harvard Business Law Review 235 (2012).

④ 参见朱慈蕴:《中国影子银行:兴起、本质、治理与监管创新》,载《清华法学》2017年第6期。

⑤ 参见沈伟:《银行的影子:以银行法为中心的影子银行分析框架》,载《清华法学》2017年第6期。

⑥ 《资管新规》原本设定的过渡期是到2020年年底。2021年7月31日,经国务院同意,中国人民银行会同发展改革委、财政部、银保监会、证监会、外汇局等部门审慎研究决定,《资管新规》过渡期延长至2021年年底。参见《资管新规过渡期延长至明年年底》,载中国政府网,http://www.gov.cn/xinwen/2020-08/01/content_5531764.htm。

围、杠杆约束、信义义务、信息披露等多个维度作出统一的监管要求,确立机构监管与功能监管相结合的监管理念,采取穿透式的监管方法,明确"卖者尽责、买者自负"的适当性义务,打破"刚性兑付",从而有效防范系统性金融风险,增强金融服务实体经济的能力。在《资管新规》给予的3年过渡期内,各金融机构清理资金池,压缩通道业务和多层嵌套,设立理财子公司以隔离表外资管业务的金融风险,资管行业逐渐"由乱而治"。2022年5月12日,时任中国人民银行副行长陈雨露在中共中央宣传部举行的"中国这十年"系列主题新闻发布会上指出,"经过集中的攻坚,我国金融体系长期积累的风险点得到了有效处置,金融风险整体收敛、总体可控。'影子银行'乱象得到了有效整治,近5000家P2P网贷机构已经全部停业,互联网金融风险的专项整治工作顺利完成,立案查处了非法集资案件2.5万起,将互联网平台企业金融业务全部纳入了监管"①。

(四)金融控股公司的设立及其监管

"金融控股公司"一词源自美国的"银行控股公司"。② 1999年,美国《金融现代化服务法》在1956年的《银行控股公司法》的基础上作出修订,明确银行控股公司在符合资本充足(well-capitalized)、经营良好(well-managed)之条件下,得以转变为金融控股公司,从而突破银行业、证券业(投资银行)分业经营的限制。金融控股公司本身不从事金融业务,而是聚焦金融集团的风险控制,防范内幕交易和利益冲突,建立有效的金融防火墙隔离不同业务之间的风险传递,且得以因应金融中介功能之多样化发展,向消费者提供更具安全性、效率性和综合性之金融服务,相较商业银行等金融机构直接设立金融类子公司的模式更具有利地位。金融控股公司具备组织结构复杂、业务多元且关联度高、金融风险的隐匿性和外溢性等特点,因此需要建构由资本充足率、集团内部控制、关联交易、风险集中度等要素所组成的"并表监管"框架。

2022年3月,中国人民银行正式批准中国中信金融控股有限公司(筹)和北京金融控股集团有限公司的金融控股公司的设立许可。2022年9月,招商局集团全

---

① 《金融风险整体收敛 总体可控》,载央视网2022年5月13日,http://news.cctv.com/2022/05/13/ARTIkkthoc8CV8EwiAVHR8S0220513.shtml。

② 参见阮品嘉:《金融控股公司及其集团之规范与实务》,台北,元照出版有限公司2012年版,第13页。

资子公司招融投资获得金融控股公司设立许可,拟更名为“招商局金融控股有限公司”。2020 年至今,中国人民银行、财政部等国家部委发布《金融控股公司监督管理试行办法》《金融控股公司董事、监事、高级管理人员任职备案管理暂行规定》《金融控股公司财务管理若干规定》《金融控股公司关联交易管理办法》等规范性文件,初步构建了金融控股公司的监管框架。

(五)问题金融机构处置

“援助一家现存的坏银行就是在阻止建立一家未来的好银行。”[①]问题金融机构的处置具有保护公共利益、防范系统性风险、保障金融机构的基本功能、防止影响货币政策等制度目标,而维持金融机构的存续应当排除在金融机构处置的目标范围之外。[②] 中国特色的金融风险处置模式正在由传统的单一处置不良资产转向处置不良资产与处置问题金融机构相结合的新模式。[③]

2021 ~ 2022 年,我国继续按照“稳定大局、统筹协调、分类施策、精准拆弹”的方针,有序处置各类高风险金融机构。2021 年 2 月 7 日,北京市第一中级人民法院裁定包商银行股份有限公司破产,为期 3 年的包商银行风险处置工作基本完成。中国人民银行处置包商银行风险时,最大限度地维护存款人合法权益,打破刚性兑付,保障金融市场的健康发展。[④] 2021 年 2 月 10 日,在银保监会的指导下,大连市人民政府会同金融管理部门派出工作组,指导并督促华信信托加强公司治理建设,积极采取风险处置措施,有序推动清产核资、资产清收、引战重组等工作,依法保护信托受益人和公司债权人的合法权益,维护金融秩序和社会稳定。[⑤] 根据中国人民银行发布的《金融稳定报告(2021)》,2021 年第二季度,中国人民银行对 4400 家银行业金融机构开展央行金融机构评级。评级结果显示,高风险金融机构 422 家,资产占比 1.4%,我国银行业金融机构整体经营稳健,风险总体可控。[⑥]

---

① Walter Bagehot, *Lombard Street*: *Una Descripción Del Mercado de Dinero*, Marcial Pons, Ediciones Jurídicas y Sociales, 2012, p. 84.

② 参见伏军:《危机银行处置:原理、制度与方法》,法律出版社 2018 年版,第 35 ~ 43 页。

③ 参见黄志凌:《问题金融机构处置的实践探索与模式分析》,载《征信》2023 年第 2 期。

④ 参见尹振涛、侯姝琦:《中国金融监管:2021 年重大事件评述》,载胡滨主编:《中国金融监管报告(2022)》,社会科学文献出版社 2022 年版,第 29 页。

⑤ 参见樊融杰:《华信信托启动清产核资工作》,载中国银行保险报网,http://xw.cbimc.cn/2021-03/23/content_387109.htm。

⑥ 参见中国人民银行:《中国金融稳定报告(2021)》,第 70 ~ 71 页。

三、2021～2022 年金融司法发展走向

金融法治建设不仅应当关注成文法,还应关注体现为"活的法律"的金融司法所确立的法治理念与裁判规则,[①]从而回应金融交易与金融产品的法治需要,实现保护金融消费者权益与促进金融市场发展的法治目标。[②] 本部分主要考察 2021～2022 年金融司法的发展走向,重点关注上海金融法院建立的金融市场案例测试机制。

(一)2021～2022 年金融司法概要

2021～2022 年,根据中国裁判文书网公开的案件信息,全国各级人民法院审理金融商事、金融刑事案件共计 2,596,354 件。其中,金融商事案件 2,582,771 件;[③] 金融刑事案件 13,583 件。[④] 其中,最典型的金融案由依次是金融借款合同纠纷、银行卡(民事)纠纷和保险纠纷,占据所有金融案件 90% 以上的比例。2021 年度全国法院审理的金融案件类型见图 1。

---

① 参见王锐:《金融司法的发展——基于制度变迁的历史逻辑》,载《中国应用法学》2020 年第 3 期。

② See La Porta, Lopez-de-Silanes, Shleifer & Vishny, *Law and Finance*, 106 Journal of Political Economy 1113 (1998).

③ 根据最高人民法院《民事案件案由规定》的规定,金融商事案件主要涉及下列案由:票据质权纠纷、债券质权纠纷、存单质权纠纷、基金份额质权纠纷、金融借款合同纠纷、同业拆借纠纷、金融不良债权转让合同纠纷、金融不良债权追偿、进出口押汇纠纷、储蓄存款合同纠纷、银行卡纠纷、融资租赁合同纠纷、金融委托理财合同纠纷、典当纠纷、银行结算合同纠纷、证券纠纷、期货交易纠纷、信托纠纷、保险纠纷、票据纠纷、信用证纠纷。

④ 金融刑事案件主要涉及金融诈骗罪、破坏金融管理秩序罪两项罪名。

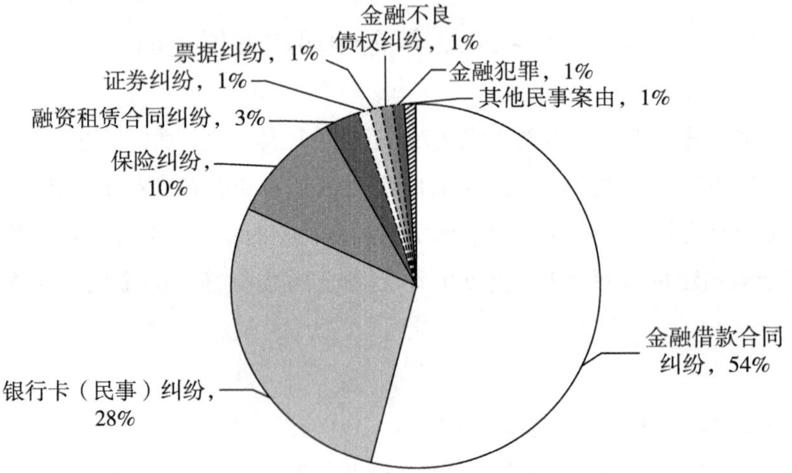

图1　2021 年度全国法院审理的金融案件类型

2021～2022 年,最高人民法院发布司法解释、司法解释性质文件和司法工作文件 13 件。其中,司法解释和司法解释性质文件 3 件,聚焦证券虚假陈述的民事赔偿责任、信用卡民事纠纷与非法集资刑事案件等重点领域。① 司法工作文件 10 件,探索金融司法在构建金融纠纷的多元化解决机制、司法服务保障国家战略(全国统一大市场、深化新三板改革、浙江共同富裕示范区)等重要议题上的作用,②明确上海、北京、成渝金融法院的管辖范围。③

2022 年 1 月 21 日,《最高人民法院关于审理证券市场虚假陈述侵权民事赔偿案件的若干规定》(以下简称《虚假陈述司法解释》)发布,强化证券虚假陈述民事责任制度的投资者保护效果,为中国资本市场的发展提供更加有力的司法保障。一方面,《虚假陈述司法解释》填补了证券虚假陈述民事责任制度的法律漏洞。取

---

① 《最高人民法院关于审理证券市场虚假陈述侵权民事赔偿案件的若干规定》、《最高人民法院关于审理银行卡民事纠纷案件若干问题的规定》、《最高人民法院关于审理非法集资刑事案件具体应用法律若干问题的解释》(2022 年修正)。

② 最高人民法院办公厅、中国人民银行办公厅《关于建立金融纠纷在线诉调对接机制的通知》,最高人民法院办公厅、中国证券监督管理委员会办公厅《关于建立"总对总"证券期货纠纷在线诉调对接机制的通知》,《最高人民检察院关于支持和服务保障浙江高质量发展建设共同富裕示范区的意见》,《最高人民法院关于为深化新三板改革、设立北京证券交易所提供司法保障的若干意见》,《最高人民法院关于为加快建设全国统一大市场提供司法服务和保障的意见》等司法工作文件。

③ 《最高人民法院关于上海金融法院案件管辖的规定》(2021 年修正)、《最高人民法院关于北京金融法院案件管辖的规定》、《最高人民法院关于成渝金融法院案件管辖的规定》。

消前置程序,“追首恶”“打帮凶”,扩张虚假陈述的责任主体范围,在重大性、交易因果关系、损失因果关系等问题上赋予原被告相应的举证责任以及抗辩事由,明确机构投资者的诉讼主体资格,建立预测信息安全港制度。另一方面,《虚假陈述司法解释》重构证券虚假陈述民事责任体系。明确过错责任,确定不同主体的抗辩事由,规定具体化的勤勉尽责表现形式,法院得以在裁判中根据案件事实界定被告的过错程度,确定其损害赔偿范围和比例。①

(二)金融市场案例测试机制的基本构造

金融市场案例测试机制等试验型金融司法模式推陈出新。2022 年 1 月,《最高人民法院关于人民法院支持和保障浦东新区高水平改革开放打造社会主义现代化建设引领区的意见》指出,“打造金融审判创新试验区……创新上海金融法院专业化金融审判机制,积极稳妥探索金融市场案例测试机制,依法保障各项金融创新举措的实施”。2022 年 7 月 5 日,上海金融法院发布《关于金融市场案例测试机制的规定(试行)》,明确案例测试机制的定义、功能目的、基本原则、启动程序、审前程序、案例审理及配套机制,正式建立金融市场案例测试机制,从而回应金融改革创新对明确规则的需求。在比较法上,英国金融行为监管局(Financial Conduct Authority,FCA)在 2020 年向英国高等法院提出首例金融市场测试案例,从而为营业中断保险市场的不确定性提供相对快速和具有成本效益的解决方案。英国法院明确保险合同中“疾病条款”、“拒绝访问条款”和“混合条款”在重大突发公共卫生事件背景下的规范意义,②约束 60 多家保险公司和 370,000 名投保人,涉及 700 余种具体的保险类型。

中国金融市场案例测试机制同英国的测试案例存在一定的差异。第一,我国的金融市场案例测试机制不是一种严格意义上的民事诉讼程序,而是兼具金融法律规范解释与风险预防功能的独特法律程序,③以司法意见书的形式记载其审理结果,仅能为市场主体提供行为指引和风险预判;而英国的测试案例是在诉讼程序中形成的判例,具有广泛的司法拘束力。第二,诉讼当事人的基本范畴和监管机构的定位不同。我国案例测试机制的当事人被限定在金融市场主体的范围内,监

---

① 参见汤欣、李卓卓:《新修虚假陈述民事赔偿司法解释评析》,载《法律适用》2022 年第 3 期。

② See FCA v. Arch and Others [2020] EWHC 2448 (Comm).

③ 参见胡学军:《中国“金融案例测试机制”的创设逻辑》,载《法律适用》2022 年第 12 期。

管机构主要发挥“支持起诉”的作用;而英国的测试案例是由监管机构代替市场主体提起的民事诉讼。未来,应当结合域外经验和本土实践,推动《民事诉讼法》和金融实体法联动修改,进一步完善金融市场案例测试机制等试验型金融司法模式。

四、中国式金融法治现代化的未来展望

(一)“金融法典”编纂与金融投资商品立法

2020年11月,习近平总书记在中央全面依法治国工作会议上强调,要总结编纂民法典的经验,适时推动条件成熟的立法领域法典编纂工作。[①] 全国人大常委会法工委正在积极推进条件成熟立法领域的法典编纂工作。在金融领域基础性法律的立法和修法工作全面推进之际,“金融法典”的编纂同样应当提上议程。

“金融法典”的编纂是金融领域全面深化改革,加强金融法治体系建设,增强中国金融市场国际竞争力的重要途径。金融法领域的“系统整合”具有政策背景、法理基础和实践需要。第一,金融法的法典编纂具有“建设中国特色现代资本市场”[②],“加强和完善现代金融监管”[③]等有利的推动因素,得以反映党的二十大报告中关于金融工作的重大决策部署。第二,金融法虽涵摄银行、证券、期货、基金、保险、信托等差异化的金融市场,但金融部门具有帮助个人和企业融资、投资、储蓄和管理风险的共同制度目标。[④] 各金融部门法具有金融自由、金融效率、金融安全和金融公平等共同的价值理念,因此得以凝聚具有高度抽象性和概括性的“金融法典总则”,发挥金融法上一般性条款之“安全阀”的作用,[⑤]降低金融创新背景下持续性的立法与修法成本。第三,金融法的法典编纂得以整合不同部门(行业)和不同层级的金融监管权,归纳金融监管的一般原理,突破金融立法分散化、碎片化所带

---

① 参见习近平:《坚定不移走中国特色社会主义法治道路 为全面建设社会主义现代化国家提供有力法治保障》,载中国政府网,https://www.gov.cn/xinwen/2021-02/28/content_5589323.htm。

② 参见易会满:《努力建设中国特色现代资本市场》,载《求是》2022年第15期。

③ 郭树清:《加强和完善现代金融监管》,载《人民日报》2022年12月14日,第13版。

④ 参见[澳]谢默斯·米勒:《金融市场与制度目标:规范性问题》,载[德]丽莎·赫佐格主编:《金融正义论:金融市场与社会公平》,袁康译,上海人民出版社2021年版。

⑤ 参见[德]茨威格特、克茨:《比较法总论》(上),潘汉典等译,中国法制出版社2017年版,第284页。

来的监管冲突和监管盲区，从而将各类金融活动全部纳入监管，守住不发生系统性金融风险的底线。但是，"法典一经编纂，其法律形体就会结晶，而不能顺应社会的变迁"①。因此，面对以差异性原理为基础、存在调整范围差异的各个金融法部门，应当以系统工程的思维加以统合，②建立由"一般金融法"、"行业金融法"和"领域金融法"相结合的"金融法典"之框架体系，从而回应金融市场建设中的法治需求。"金融法典"的框架结构见图2。

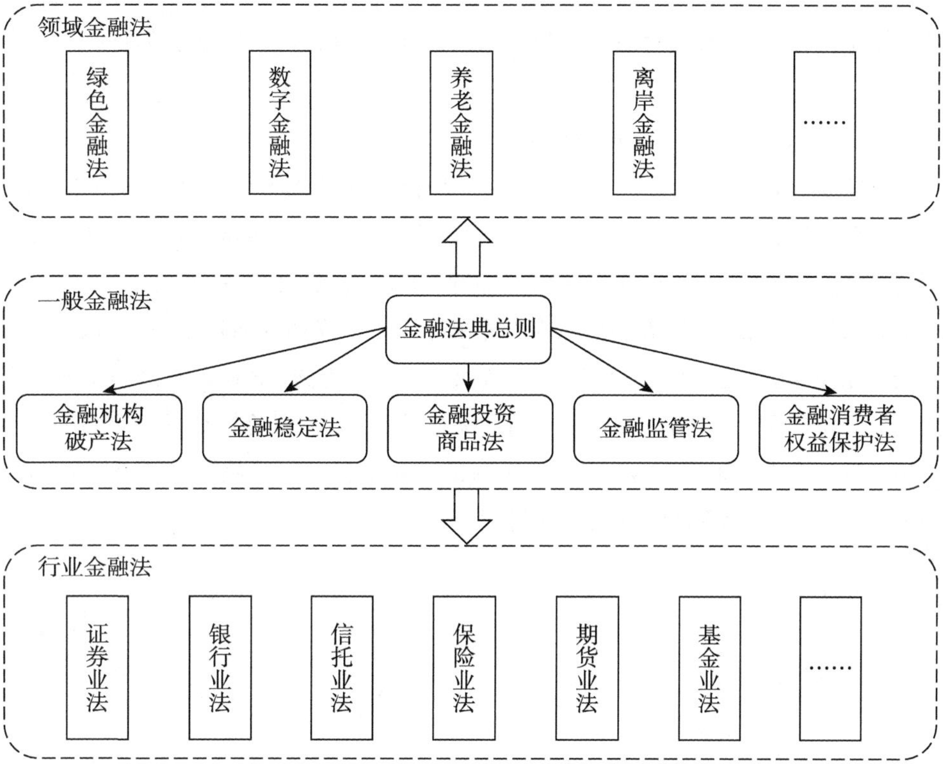

图2 "金融法典"的框架结构

"金融投资商品法"在"金融法典"的框架结构中处于关键位置，上承"金融法典总则"，下启银行、证券、期货、信托等领域的金融投资商品。"金融投资商品法"是多层次资本市场的基本法，由传统的《证券法》扩张、变迁、转型而来。③ 在

① ［日］穗积陈重：《法典论》，李求轶译，商务印书馆2014年版，第17页。
② 参见张守文：《经济法的立法统合：前提与准备》，载《学术界》2020年第6期。
③ 参见邢会强：《我国〈证券法〉上证券概念的扩大及其边界》，载《中国法学》2019年第1期。

比较法上,美国联邦最高法院通过“豪伊测试”(Howey Test)界定“投资合同”(investment contract),[①]从而扩张证券法上“证券”概念的边界,数字资产(digital assets)得以受到美国证券法的约束。韩国《有关资本市场和金融投资业的法律》(资本市场统合法)和日本《金融商品交易法》采取金融(投资)商品取代“证券”的概念。

党的二十大报告指出,“健全资本市场功能,提高直接融资比重”。因此,“金融法典”编纂的前期工作应当是制定“金融投资商品法”,确立“金融投资商品法”的基本概念,构建金融投资商品干预制度,从而奠定“金融法典”的制度基石。

(二)可持续发展的金融法治回应

可持续发展(sustainable development),是指一种既能满足当代人的需求,又不损害子孙后代满足自身需求之能力的发展模式,具有环境、经济和社会之3个维度(见图3)。[②] 公司是现代经济社会的主导者。传统观点认为,“股东至上”价值目标之确立象征公司法的“历史终结”,[③]公司在遵守法律规范的前提下,追求股东利益的最大化便能引导公司促进经济增长和社会福祉。但是,随着人类经济活动负外部性的日益突显,生产力正在丧失其清白无辜的面目。[④] 风险社会的到来没有改变市场经济的基本逻辑,而是将其延伸至新的发展阶段。可持续发展理念降临到金融法的世界,推动金融法治的现代化进程。

---

① See SEC v. W. J. Howey Co., 328 U. S. 293 (1946).

② World Commission on Environment and Development, *Our Common Future*, Oxford University Press, 1987, p. 43.

③ See Henry Hansmann & Reinier Kraakman, *The End of History for Corporate Law*, 89 Georgetown Law Journal 439 (2001).

④ 参见[德]乌尔里希·贝克:《风险社会:新的现代性之路》,张文杰、何博闻译,译林出版社2018年版,第7页。

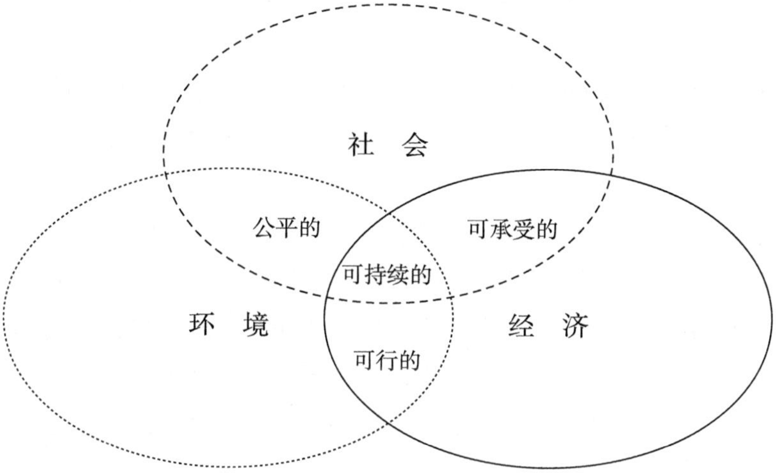

图 3　可持续发展的 3 个维度

可持续发展理念要求重新审视公司经营中所面临的环境、社会和治理风险,回应环境污染、气候变化、食品安全、贫富差距、性别平等、人口老龄化等领域的现实问题,建立环境、社会和治理风险的识别、评估、防范和处置机制,推动利益相关者导向的公司治理结构转型。公司宗旨的规范表达反映私人领域和公共领域间合作的程度。2016 年世界经济论坛"资本主义正处拐点时期,是时候采取新的(公司治理)范式"的呼吁、2019 年美国商业圆桌会议所发表的新的公司目的声明和 2020 年世界经济论坛所提出的"新版达沃斯宣言",描绘风险社会的背景下公司、投资者和利益相关者合作实现公司长期价值的路线图。世界"三大资产管理公司"BlackRock、Vanguard 和 State Street 要求其所投资的企业采取可持续发展和利益相关者导向的治理模式。最新研究表明,虽然我国各主要类型的机构投资者并非如同境外机构投资者一般占据公司股权结构中的支配地位,但其同样在改善公司治理、稳定金融市场和社会秩序、推动经济和社会领域改革等方面发挥了重要作用。①

在比较法上,欧盟《非财务报告指令》(2014/95/EU)要求大型公共利益实体(public interest entity)自 2018 年起需要保持其非财务信息的透明度,向投资者提供环境保护、劳工保护、董事会多样性等与公司可持续发展目标相关的信息。美国

① See Lin Lin & Dan W. Puchniak, *Institutional Investors in China: Corporate Governance and Policy Channeling in the Market Within the State*, 35 Columbia Journal of Asian Law 74 (2022).

《公司治理改善与投资者保护法》(2021 年 6 月经众议院审议通过)要求上市公司定期披露环境(碳排放所引起的气候风险)、社会、治理(董事会结构)的相关信息。《英国管理守则》(UK Stewardship Code 2020)以"遵守或解释"的方式要求资产管理者和资产所有者进行负责任的资本分配、管理和监督,为投资者和利益相关者创造长期价值,从而为经济、环境和社会带来可持续性利益。

正值《公司法》《商业银行法》《保险法》等商事金融立法修改之际,我国应当积极回应风险社会中商事主体的可持续发展需要,满足"双碳"目标、"应对人口老龄化"等国家战略中金融市场的建设要求。以《商业银行法》的立法目的条款为例,商业银行因其所从事金融业务之特性,得以考量环境、社会与治理要素,向环境和资源友好型、社会福利型项目提供资金。因此,商业银行立法条款的表述应当增加社会与环境责任的相关内容。

(三)金融风险治理的"公私合作":金融司法的监管功能及其限度

工业化引发的各种内生性和系统性风险给现代社会带来全方位的挑战,风险治理正在演变为一个全方位的"系统工程"。① 金融风险具有技术性、双面性、隐匿性、积累性、传染性、不确定性等特征,传统以民事法、商事法、刑事法、经济法、诉讼法等部门法为基本单元的风险治理范式面临系统性挑战。面对根深蒂固的部门法壁垒,应当以功能主义为导向,建构金融风险治理的公私法合作框架,将不同的部门法要素在金融法领域整合,产生类似化学反应的正向效果。②

金融监管应当回应金融风险治理的专业性、及时性和针对性需要。③ 金融司法机构不仅是争议解决机构,同样是金融风险治理机构,④因此出现"金融司法监管化"的现象:其一,通过转介条款将金融监管延伸至金融司法,即原《合同法》第 52 条第 4 项"社会公共利益"条款和《民法典》第 153 条第 2 项"公序良俗"条款。⑤ 2019 年《全国法院民商事审判工作会议纪要》第 31 条明确公序良俗条款在金融司

---

① 参见宋亚辉:《超越公私二分:风险领域的公私法合作理论》,商务印书馆 2022 年版,第 3 页。

② 参见刘剑文:《论领域法学:一种立足新兴交叉领域的法学研究范式》,载《政法论丛》2016 年第 5 期。

③ 参见鲁篱:《论金融司法与金融监管协同治理机制》,载《中国法学》2021 年第 2 期。

④ 参见黄韬:《公共政策法院:中国金融法制变迁的司法维度》,法律出版社 2013 年版,第 60 页。

⑤ 原《合同法》第 52 条第 4 款规定,损害社会公共利益(的合同无效)。《民法典》第 153 条第 2 款规定:"违背公序良俗的民事法律行为无效。"

法中的转介作用,规定:“违反规章一般情况下不影响合同效力,但该规章的内容涉及金融安全、市场秩序、国家宏观政策等公序良俗的,应当认定合同无效。人民法院在认定规章是否涉及公序良俗时,要在考察规范对象基础上,兼顾监管强度、交易安全保护以及社会影响等方面进行慎重考量,并在裁判文书中进行充分说理。”转介条款是沟通公法强制与私法自治的管道,而“司法者站在公私法汇流的闸口,正要替代立法者去做决定,让公法规范以何种方式,以多大的流量,注入私法”①。其二,在司法解释中明确得以“参照适用”行政规章。例如,《最高人民法院关于审理票据纠纷案件若干问题的规定》第 62 条第 2 款规定:“中国人民银行制定并公布施行的有关行政规章与法律、行政法规不抵触的,可以参照适用。”其三,通过司法政策直接发挥金融监管作用。例如,《最高人民法院关于审理民间借贷案件适用法律若干问题的规定》(2020 年第 2 次修正)明确民间借贷的最高利率不超过 1 年期贷款市场报价利率的 4 倍。金融司法监管化反映司法权的法理功能、社会功能与政治功能的统一,②但是金融司法和金融监管存在异质性,金融监管(金融司法监管化)中的穿透式监管(审判)思维与一般的商事司法所应当尊重的私法自治理念存在冲突。因此,需要厘清金融司法监管化的边界,从金融法域介面教义学和金融治理协同的角度构建金融风险治理的公私法合作框架。

第一,构建金融法域介面教义学体系。法教义学不是来自某个部门法,而是通过立法、司法与法教义学的互动所形成的某种领域共识。③ 金融法跨越公私法的界线,系合同法、组织法与监管法的交织。④ 面对跨法域金融商事纠纷所对应法律关系的异质性,应当关注部门法之间的耦合介面,采用转介、假借、义和、应和、统合及耦合等技术方法,⑤构建金融法域介面教义学体系。以跨法域金融合同司法裁判中的转介为例,应当确定公司法等部门法中的强制性规范在合同法上的缔约介面、效

① 苏永钦:《走入新世纪的私法自治》,中国政法大学出版社 2002 年版,第 331 页。

② 参见季立刚、张天行、王雨乔:《中国金融法治发展的回顾与展望(1978~2020)》,载季立刚主编:《中国金融法治前沿报告(2019~2020)》,法律出版社 2021 年版,第 54 页。

③ 参见苏永钦:《法域介面教义学》,载《月旦民商法杂志》2021 年第 9 期。

④ 参见王保树:《金融法二元结构的协调与发展趋势——完善金融法体系的一个视点》,载《广东社会科学》2009 年第 1 期。

⑤ 转介指的是公法强制与私法自治之间的管道,假借指的是公私法之间的技术转移,义和指的是构建跨越公私法的金融法理念,应和指的是金融实体法与金融程序法的互动,统合指的是宪法对金融法领域的统合,耦合指的是围绕具体议题串联金融部门法规范。参见苏永钦:《法域介面教义学》,载《月旦民商法杂志》2021 年第 9 期。

力介面、履行介面等基本介面中合理的转介区间,从而实现金融领域合同法与其他部门法之间的价值融合。①

第二,构建金融监管与金融司法治理金融风险的协同机制。在现代社会,金融风险的分立式治理模式不具备现实正当性、智识合理性、功能有效性和结构科学性。② 金融风险治理应当发挥监管权和司法权的制度功能,构建金融监管与金融司法治理金融风险的协同机制:其一,构建金融风险治理的"府院联动"机制,加强司法机构和监管机构的沟通与交流;③其二,构建金融商事合同的监管体系,由金融商品交易场所制定示范性合同,将金融监管要求记载在合同条款中,而后由司法机构予以认定,从而在私法的框架下推动金融监管与金融司法的治理协同。

五、结　　语

2021~2022年,世界经济面临全球性通货膨胀,"世界经济金融正在进入滞胀和分裂的新变局,面临高通胀、紧货币、紧财政、高主权债风险、紧流动性和持续增长低迷的新的宏观政策框架"④。面对气候变化、人口老龄化和技术革命所引发的结构性变革,全球金融治理体系正在面临严峻考验。在国际金融百年未有之大变局的背景下,中国坚持在法治的轨道上推进金融治理体系和金融治理能力现代化,在立法层面进一步加强金融法治建设,推动金融领域重要基础性法律的制定与修改,推动"金融法典"的编纂与"金融投资商品法"的制定;在监管层面推动新一轮金融监管体系改革,加强和完善现代金融监管;在司法层面发挥审判、检察与侦查职能,实现服务实体经济、防范金融风险、保护投资者等金融市场的法治目标,发挥金融治理的协同效应。随着新一轮金融监管机构改革的拉开帷幕,中国正在驶向金融法治现代化的未来。

---

① 参见陈醇:《跨法域合同纠纷中强制性规范的类型及认定规则》,载《法学研究》2021年第3期。

② 参见鲁篱:《论金融司法与金融监管协同治理机制》,载《中国法学》2021年第2期。

③ 参见宋辉:《金融司法的金融监管功能及其权力界限》,载《大连理工大学学报(社会科学版)》2022年第2期。

④ 朱民:《2023世界经济金融:走向滞胀和分裂》,载《国际金融》2023年第1期。

【分报告】

金融业反垄断和反不正当竞争法治新观察

张占江* 兰江华** 韩德鹏***

传统上,金融行业风险管控以金融机构监管为主。一方面,金融行业具有天然的垄断属性,风险高于传统行业,关系国计民生和社会稳定,历来属于全球各地的强监管领域。由于市场的集中度高、消费者转换意愿弱、新企业进入市场难,金融行业垄断行为风险较高,出现不少垄断协议和滥用市场支配地位行为;金融行业还具有密集管制化的特点,这可能催生行政性垄断行为。另一方面,随着新型金融科技的快速发展,一些互联网金融平台通过建立生态圈、跨界经营,掌控着大量数据和市场份额,形成自然垄断和"赢家通吃"的局面。这些平台企业在支付、信贷、理财、保险等领域均有涉猎,通过"烧钱"或交叉补贴等不公平竞争行为抢占市场份额,将反竞争行为的不良效应传导且放大至金融市场,极易引发金融行业的系统性风险,对金融稳定和金融安全造成严重威胁,带来新型"大而不能倒"风险。金融业不正当竞争问题也较为突出,经常出现商业诋毁、侵犯商业秘密和商标、商号混淆等不正当竞争行为,互联网金融平台出现大量涉技术、数据的不正当竞争行为,如非法抓取数据,使用其他网络经营者的用户个人信息,网络抢购,恶意不兼容,等等。信息技术与金融的融合,一定程度上增加了金融市场不正当竞争风险,带来了新的规制挑战。

近年来,我国持续强化金融行业反垄断和反不正当竞争,国家接连推出反垄断政策,并多次强调强化反垄断、防止资本无序扩张。中国银行保险监督管理委员会

---

* 浙江大学光华法学院教授、博士生导师。研究方向:反垄断法、反不正当竞争法。

** 上海财经大学法学院博士研究生。

*** 上海财经大学法学院博士研究生。

(以下简称银保监会)、中国人民银行等金融监管部门持续加强金融行业的反垄断和反不正当竞争监管,不仅制定了一系列规范性文件,而且越来越关注与反垄断执法机构的协调与合作。在此背景下,出现不少针对互联网金融平台的反垄断和反不正当竞争诉讼,反垄断执法机构连续公布对银行、保险、支付平台等经营者的行政处罚决定。反垄断和反不正当竞争是政府开展市场监管的手段之一,在金融行业对规范竞争行为、促进行业健康发展具有重要意义,也是解决"大而不能倒"问题的潜在方案之一,具有强化竞争、限制集中、防范系统性风险等功能。

一、金融行业反垄断和反不正当竞争的实践趋势

(一)强化金融行业反垄断和反不正当竞争的国内关切

近年来,在发挥市场在资源配置中的决定性作用的大背景下,强化金融行业反垄断和反不正当竞争各项工作正在逐步展开。反垄断和反不正当竞争,是完善社会主义市场经济体制、推动高质量发展的内在要求。2020 年年底中央经济工作会议八项重点工作之一,就是"强化反垄断和防止资本无序扩张",特别强调"金融创新必须在审慎监管的前提下进行"。2021 年 10 月 23 日,《反垄断法》修正草案(征求意见稿)新增第 37 条,提到"国务院反垄断执法机构应当依法加强民生、金融、科技、媒体等领域经营者集中的审查"。[①] 2021 年 11 月 18 日,国家反垄断局正式挂牌。关于下一步强化反垄断、深入推进公平竞争的工作安排,时任国家市场监管总局党组书记、局长张工在10 月 22 日的媒体专访时曾明确表示,将"持续规范平台经济、科技创新、信息安全、民生保障等重点领域竞争行为,严格依法查处垄断行为,立规矩儆效尤,以公正监管促进公平竞争;持续加强经营者集中反垄断审查,防止'掐尖式并购',推动形成大中小企业良性互动、协同发展良好格局"。[②] 2021 年 12 月 8 ~ 10 日召开的中央经济工作会议则提出要为资本设置"红绿灯",依法加强对资本的有效监管,防止资本野蛮生长。

除了中央层面表态和反垄断执法机构的关注,金融监管部门近来也密集发声,

---

① 虽然在 2022 年 6 月 24 日完成修订的《反垄断法》中,这一表述改为"依法加强对涉及国计民生等重要领域的经营者集中的审查",但结合修正草案可知,金融领域仍然是加强反垄断执法的重点领域。

② 林丽鹂:《强化反垄断深入推进公平竞争政策实施——访国家市场监督管理总局局长张工》,载《人民日报》2021 年 10 月 22 日,第 7 版。

表示要强化反垄断、促进更公平的市场竞争。2021 年 9 月,时任中国人民银行行长易纲在中德“金融科技与全球支付领域全景—探索新疆域”视频会议开幕致辞中曾表示,大型金融科技公司“赢者通吃”的属性可能引发市场垄断、降低创新效率等。[①] 2021 年 10 月 20 日,时任中国人民银行党委书记、银保监会主席郭树清接受采访时指出,“许多金融垄断和不正当竞争行为明显违反现行法律法规。一些领域特别是数字经济、数字金融方面的法律,需要根据行业发展实际不断健全完善”[②]。他指出,具体的工作原则是“坚决打破垄断,严格依法监管,坚持稳中求进,促进健康发展”。2022 年 1 月 24 日举行的银保监会工作会议指出,要做好全年监管工作,确保经济金融大局稳定,强化金融反垄断和反不正当竞争。会议强调,要坚决防止资本在金融行业的无序扩张,在金融行业为资本设置“红绿灯”。坚持“两个毫不动摇”,充分发挥资本在金融活动中的积极作用。[③]

这些意见和动态表明,金融行业反垄断和反不正当竞争已经成为国家的重点任务,也是竞争执法机构、行业监管部门共同关注的焦点,未来可能会展开更多的联合执法行动,共同推进金融市场的公平竞争和创新发展。

(二)强化金融行业反垄断和反不正当竞争的国际趋势

从世界范围来看,金融行业反垄断和反不正当竞争已经成为全球热点问题。2021 年 8 月 2 日,国际清算银行(Bank for International Settlements,BIS)发布了名为《监管金融行业的科技巨头》的专题报告。[④] 该报告指出,Facebook、Google、Amazon、Alibab 等进入金融行业的大型科技企业,正在利用其海量的用户数据和平台的网络效应重塑金融行业。除带来金融风险、消费者保护和弹性运营等传统问题外,科技巨头进入金融服务领域也带来了数据治理等方面的新挑战,这在一定程度上影响了银行和货币体系的稳定性。

---

① 参见《中国人民银行行长易纲在中德“金融科技与全球支付领域全景—探索新疆域”视频会议的开幕致辞》,载中国人民银行官网 2021 年 9 月 18 日,http://www.pbc.gov.cn/goujisi/144449/144464/4345544/index.html。

② 吴秋余:《依法维护公平竞争的金融市场秩序——访中国人民银行党委书记、中国银保监会主席郭树清》,载《人民日报》2021 年 10 月 20 日,第 2 版。

③ 参见《银保监会召开 2022 年工作会议》,载银保监会官网,http://www.cbirc.gov.cn/cn/view/pages/ItemDetail.html? docId = 1034725&itemId = 915&generaltype = 0,最后访问日期:2022 年 12 月 30 日。

④ See *Regulating Big Techs in Finance*, Bank for International Settlements (Aug. 2, 2021), https://www.bis.org/publ/bisbull45.pdf.

各国为加强金融行业反垄断和反不正当竞争作出了多样化的立法和执法行动。2020 年 11 月,美国司法部就 Visa 收购 Plaid 事宜发起反垄断调查,理由是 Visa 作为在线借记卡服务的“垄断者”,每年向消费者和商家收取数十亿美元的在线支付费用。面对美国司法部的反垄断调查,Visa 在 2021 年初决定取消对 Plaid 的收购。2020 年,Epic 因 Apple 禁止其使用替代支付渠道而提起诉讼,法院最后认为苹果没有市场支配地位,但认定其行为构成不正当竞争。[①] 2021 年 7 月,美国总统拜登发布了一项行政命令,以促进多个部门的公平竞争。该命令特别要求向司法部和消费者金融保护局发出指令,以解决政府对转换成本、小企业信贷限制、消费者保护以及先前银行合并导致的更高利率的担忧。美国联邦储备系统理事会、美国联邦存款保险公司和美国货币监理署联合发布了一份指南,希望借此帮助社区银行评估与金融科技企业的合作风险。

欧盟委员会也强化了对金融行业的反垄断执法。2020 年 6 月 16 日,欧盟委员会认为,苹果公司对支付方式的限制可能违反了欧盟的市场竞争规则,于是宣布对苹果支付(Apple Pay)展开反垄断调查。2021 年 4 月 28 日,欧盟委员会对美国银行旗下的美银美林、瑞士信贷集团及法国农业信贷银行 3 家投行处以 2849 万欧元的罚款,德国德意志银行因主动举报卡特尔而免于受罚。5 月 20 日,欧盟委员会对日本野村证券(Nomura)、瑞银集团(UBS)和意大利裕信银行(UniCredit)的共谋行为处以总计 3.71 亿欧元的罚款,国民西敏寺银行(NatWest)因为向委员会主动举报而免于处罚。

除此之外,英国、日本、法国、澳大利亚等国家金融监管部门也密切关注金融科技与金融行业的发展动态。英国金管局主席近期表示要在数字代币的去中心化方面制定有效的监管制度。日本金融服务局(Financial Services Agency,FSA)的最新政策文件显示,该机构将开始监管 NFT 代币以及初始交易所发行(Initial Exchange Offering,IEO)领域。法国竞争管理局在 2021 年 4 月 29 日发布了一份针对金融科技公司的调查意见,指出主要的数字参与者受益于数据、技术、资金方面的竞争优势,可能导致竞争障碍。2022 年 5 月,澳大利亚反垄断主管机构对万事达提起诉讼,指控其滥用市场支配地位与商户达成折扣安排,以换取商户通过万事达处理全部或大部分交易的承诺。

---

① See Epic Games, Inc. v. Apple Inc., 4:20 - cv - 05640 - YGR (N. D. Cal. Sep. 10, 2021).

可见，金融行业反垄断和反不正当竞争监管已经成为各国关注的焦点，特别是金融科技巨头在金融行业的反竞争行为引发了各国反垄断执法机构的普遍担忧。这也表明金融行业的垄断和不正当竞争问题已经成为制约经济发展的重要障碍，有进一步强化监管的必要性。

（三）强化金融行业反垄断和反不正当竞争的特殊性

1. 竞争与稳定的平衡

金融行业对稳定性、安全性有特殊要求，不能完全放开交易限制和进行市场化定价，否则可能影响正常的社会经济活动。竞争鼓励高效和创新的金融服务，而安全和稳定对于金融行业所依赖的系统性信任至关重要，这些目标并不总是彼此完全兼容。例如，有观点认为，为了保持金融稳定，金融行业的竞争不应过于激烈。因为过度竞争会导致企业过度冒险，如提供高风险贷款，或者采取其他可能导致其偿付能力面临风险的行动，破坏金融稳定和金融安全。金融行业强调的审慎监管原则也有可能会抑制金融创新，如对市场准入、市场退出以及经营范围的限制可能阻碍企业展开公平竞争，导致市场结构失衡。由于竞争政策与产业政策在本质上存在目标和手段的差异，诸多理论研究认为金融行业经常存在金融监管当局与竞争监管当局的冲突或对立，国际金融危机之前很多发达国家的实践也验证了这一现象。① 当然，现在也有越来越多的人注意到，竞争和稳定能够在金融行业共存。更具竞争性的市场结构可以通过减少“大而不能倒”的银行数量来促进稳定。竞争还有助于提高金融行业的效率、改进产品质量、促进创新、降低价格，更强的竞争也能让高效的企业进入市场，促进行业发展。因此，各国都逐渐主张强化金融行业竞争，引入更强大、更独立的反垄断规制，并通过加强协调监管、限制风险行为解决过度冒险问题。总之，金融部门内部有效的市场监管取决于竞争和稳定需求之间的平衡。反垄断和反不正当竞争执法的基本原则在金融行业并没有发生根本改变，但对市场竞争影响的分析必须符合金融行业的现实需要，适度考虑促进金融稳定和安全的目标。这意味着需要遵循逐案分析原则，充分考虑金融行业运行的背景和基本原理。

---

① 参见裴桂芬：《日本金融领域金融监管与竞争监管关系的演变》，载《日本问题研究》2021 年第 4 期。

2. 部门协调更加复杂

在金融行业适用反垄断规制的关键问题是,如何在不损害审慎监管的情况下改善金融市场的竞争环境。金融行业具有金融规制的路径依赖。因为受到系统性风险问题的影响,政府实施密集监管以促进金融部门的平稳运行,这使金融规制成为行业监管的主导者。按照路径依赖理论的推演,金融市场的政策主导程度会不断加强,行业监管力度与监管手段也会不断强化,行业规制成为金融行业发展难以摆脱的动力辅助机制,对其他规制措施具有天然的排斥作用。金融规制的独立性因社会功能和市场特征逐渐表现出唯一性,使竞争法规制作为一种后发的、新的、陌生的规制方式受到排斥,既得利益集团也会希望在既定路径上强化行业规制,竞争法规制因此会遭遇到两个层面的推进障碍。① 金融行业普遍存在、不断变化的行业特定法规也可能会与竞争法对市场参与者的预期相冲突。例如,金融监管机关注重金融安全,很少考虑对市场竞争的影响,可能会采取限制市场准入、经营范围等削弱竞争的管制措施。竞争执法机构主要关注保护市场竞争,与金融监管机关在工作协调上容易出现问题。虽然竞争法适用于金融行业的理论障碍已逐渐消除,但在具体规制实践中,竞争法规制如何穿越金融监管这堵密不透风的墙,是一个较为艰巨、棘手的问题。② 随着金融监管机构对市场监管的不断强化,金融监管机构和竞争主管机构之间的互动也将更加复杂,这需要通过进一步的跨机构协调和合作实施及时有效的变革,以实现金融行业市场化的不断推进。

3. 垄断行为风险较高

金融市场具有较高的垄断风险,这也是加强金融行业反垄断规制的必要性所在。第一,金融行业传统上具有垄断属性,因而发生垄断行为的风险较高。一方面,金融行业为维护金融安全和稳定,具有较高的法律壁垒,进入成本较高。密集管制化还有可能带来行政性垄断风险。金融行业大量的国家干预和行业管制措施可能不符合市场公平竞争的需要,反而成为金融业转型的重大障碍,这可能是未来竞争监管当局关注的焦点。③ 另一方面,金融消费者面临较高的转换成本,容易被现有企业锁定。金融行业的竞争本质上是不完善的,存在相当程度的信息不对称,

① 参见刘乃梁:《银行业反垄断规制的冲突及其协调》,载《法商研究》2019 年第 1 期。

② 参见刘乃梁:《银行业反垄断规制的冲突及其协调》,载《法商研究》2019 年第 1 期。

③ 参见裴桂芬:《日本金融领域金融监管与竞争监管关系的演变》,载《日本问题研究》2021 年第 4 期。

加之金融消费者的风险厌恶，转换成本通常很高，因此许多客户不愿意在银行之间转换他们的全部或部分业务。金融市场的这一特性内生了消费忠诚，降低了金融消费者尝试其他同类产品的可能性，也对竞争造成了严重阻碍。① 此外，银行业机构经常涉及与竞争对手之间关于价格、标准、投资估值以及市场规则的信息交流，这还可能引发共谋风险。

第二，大型科技公司和互联网金融引发了新的垄断风险。随着金融科技的发展，互联网金融平台利用数据、技术以及用户优势迅速进入金融行业。大型科技公司的崛起凸显了数字创新的优势，为金融行业带来了新的竞争压力，有效提升了行业效率和服务质量，但互联网金融平台的不断扩张也带来了新的金融风险和垄断担忧。由于平台具有海量数据和用户的优势，加上平台网络效应和锁定效应的影响，互联网金融平台在新的行业达到一定规模后就能够急速增长，形成“赢家通吃”的局面。一些平台在支付领域已经取得相当大的市场份额，并依靠其对流量和数据的独占获得巨大的话语权，成为其他主体高度依赖的基础设施。这些平台通过混业经营的模式，不仅与整个金融体系关联密切，而且与社会商业体系紧密捆绑，形成新型“大而不能倒”风险。这不仅可能导致扭曲金融市场的公平竞争秩序，而且威胁到金融系统乃至经济社会的稳定。

4. 扭曲竞争危害严重

金融行业的健康发展对实体经济尤为重要，因为金融行业是市场经济体系的核心，其稳定运作关系到实体经济的发展。互联网金融的飞速发展导致金融与各个行业、生活中各个环节的深度融合，与许多民生密切相关、交易量巨大的金融产品挂钩，这也会导致扭曲竞争行为影响范围广、危害大。特别是，一些大型金融平台往往是实质上的混业经营，覆盖面广，在信息披露不充分、监管工具不及时、监管框架不完善的条件下，其金融风险具有极强的传染性、破坏性，容易发生系统性风险。因此，在金融行业通过补贴、倾销等反竞争行为抢占市场的风险极高，扭曲的竞争所形成的损失金额庞大，难以事后补救。

总之，由于金融行业自身的重要性以及金融风险的传染性，发生在金融行业的垄断行为也可能因此破坏性更强，严重影响金融市场的稳定，甚至冲击经济和社会稳定。正因为这种情况，针对金融行业的反垄断和反不正当竞争监管十分必要。

---

① 参见许恋天：《互联网金融反垄断规制谦抑性》，载《竞争政策研究》2018 年第 6 期。

二、金融行业反垄断和反不正当竞争法治新发展

2021年是强化反垄断和反不正当竞争规制之年,也是监管规范完善之年。尽管规制焦点在于互联网平台,但金融行业反垄断和反不正当竞争规制也在不断推进,相关立法、法规、规范性文件密集出台,司法和执法层面也陆续有案件公布。随着竞争执法机构和金融监管部门越来越关注金融行业的监管,金融行业的竞争将会更加有序、规范,金融企业将更好地服务于整体经济的健康发展。

(一)金融行业反垄断和反不正当竞争相关立法动态

反垄断工作本身技术性强、复杂性高、挑战难度大,而金融行业本身涉及复杂的金融系统,具有很强的专业性,导致监管更为困难,因而有必要进一步完善竞争法及其配套制度。中国近年来涉及竞争法和金融监管的法律法规、部门规章、规范性文件等密集落地(见表1),为金融行业竞争法规制提供了明确的指引和稳固的规范基础。这些立法总体上呈现了以竞争为导向,竞争法与金融监管法律齐头并进,彼此照应的态势。

表1 金融行业反垄断相关立法动态

发布时间	文件名称	发布机关	文号
2020年9月11日	《金融控股公司监督管理试行办法》	中国人民银行	中国人民银行令〔2020〕第4号
2021年1月20日	《非银行支付机构条例(征求意见稿)》	中国人民银行	
2021年2月7日	《关于平台经济领域的反垄断指南》	国务院反垄断委员会	国反垄发〔2021〕1号
2021年5月21日	《2021年中国银保监会政务公开工作要点》	银保监会	银保监办发〔2021〕61号
2021年10月29日	《互联网平台分类分级指南(征求意见稿)》《互联网平台落实主体责任指南(征求意见稿)》	国家市场监督管理总局	

续表

发布时间	文件名称	发布机关	文号
2021年12月24日	《关于推动平台经济规范健康持续发展的若干意见》	发展改革委、市场监管总局、中央网信办、工业和信息化部、人力资源和社会保障部、农业农村部、商务部、人民银行、税务总局	发改高技〔2021〕1872号
2022年6月24日	《反垄断法(2022修正)》	第十三届全国人民代表大会常务委员会第三十五次会议	中华人民共和国主席令(第一一六号)

1. 反垄断和反不正当竞争规则层面的立法动态

第一,新《反垄断法》于2022年6月24日公布。在垄断协议方面,新《反垄断法》解决了转售价格维持(Resale Price Maintenance,RPM)违法判定分歧,明确"推定违法"规则,同时赋予经营者反证不具有排除、限制竞争效果的权利。在对纵向垄断协议的审查方面,引入了"安全港"制度,规定经营者如果能够证明其在相关市场的市场份额低于国务院反垄断执法机构规定的标准,并符合国务院反垄断执法机构规定的其他条件,对其纵向协议问题将不予禁止。新《反垄断法》还对"轴辐协议"作出规定,明确了帮助达成协议的经营者如何承担责任的问题。在金融领域,由行业协会组织达成的垄断协议比较普遍,新《反垄断法》明确对帮助达成垄断协议经营者的责任认定,能够加强对此类行为的威慑。

修改后的《反垄断法》第22条第2款对滥用数据和算法优势的反竞争行为作出新的规定:"具有市场支配地位的经营者不得利用数据和算法、技术以及平台规则等从事前款规定的滥用市场支配地位的行为。"在金融行业,互联网金融平台通过滥用数据和算法以及平台规则限制竞争的做法较为突出,不少企业已经多次向监管部门举报、投诉,但将此类行为认定为垄断行为较为复杂,在理论界和实务界均存在争议。新《反垄断法》对此作出积极回应,能够为规制上述行为提供明确指引,有望进一步促进金融行业的公平竞争和创新发展。

新《反垄断法》还对经营者集中制度本身进行了完善。一是建立"安全港"制度,规定达成垄断协议的经营者能够证明其在相关市场的市场份额低于国务院反垄断执法机构规定的标准的,原则上不予禁止;二是建立经营者集中审查期限"停钟"制度,规定在经营者未按规定提交文件、资料导致审查工作无法进行,以及出现对经营者集中审查具有重大影响的新情况、新事实需要进行核实等情况下,国务院反垄断执法机构可以决定中止计算经营者集中的审查期限;三是加大未申报经营者集中处罚力度。根据修改后的反垄断法,企业未依法申报或在"抢跑"交割面临的处罚将从 50 万元大幅提升至数千万元甚至上亿元。这些规定将对金融行业的经营者集中产生影响,有利于遏制金融行业的违法经营者集中。金融市场集中度的提高不仅可能损害金融消费者,还可能威胁到系统性金融安全,这些规定为执法机构降低执法负担,提高审查效率,强化了对违法经营者集中的处罚力度,提高了对违法经营者集中行为的威慑力。

第二,《关于平台经济领域的反垄断指南》(以下简称《平台指南》)确立了有针对性的金融行业反垄断规则。《平台指南》是我国第一部官方正式发布的、专门针对平台经济领域的反垄断指南。《平台指南》强调,"保护平台经济领域公平竞争,防止资本无序扩张"。《平台指南》虽然没有针对金融行业垄断行为作出特别规定,但金融领域反垄断问题也多由科技平台问题引起,因此,《平台指南》的规定对金融行业反垄断具有重要影响。

首先,在相关市场界定方面,《平台指南》明确了双边市场的相关市场界定问题。互联网金融平台的相关市场界定是反垄断规制的难点,对如何界定其相关市场存在争议。针对双边或多边平台,目前国际上较为主流的观点认为,可根据平台属性是"交易型平台"或"非交易型平台"进行划分。[①] 对于交易型平台,考虑到跨平台网络效应对各边的影响,在界定相关市场时,倾向于将各边的情况予以整合考虑。比如,对于信用卡服务,由于商户和持卡人通过平台进行交易,美国联邦最高法院认为,应将商户一侧和持卡人进行整体考虑,将相关市场界定为"信用卡交易市场"。[②] 该做法也存在反对意见,如美国著名反垄断学者霍温坎普就严厉批评了将商户边市场和持卡人边市场界定为一个整体市场的做法。[③]《平台指南》在多边

① See Lapo Filistrucchi, Damien Geradin, Eric van Damme, Pauline Affeldt, *Market Definition in Two-Sided Markets: Theory And Practice*, Journal of Competition Law & Economics, 2014, 10 (2), p. 297.

② See Ohio v. American Express, 138 S. Ct. 2274 (2018).

③ 参见[美]赫伯特·霍温坎普:《平台与合理原则:评美国运通案》,兰磊译,载《竞争政策研究》2019 年第 5 期。

市场的相关市场界定问题上并没有采取绝对的标准,而是规定可以灵活地根据网络效应和对平台经营者的竞争约束界定一个或多个市场。《平台指南》还强调,即使在分别界定多个相关市场时,也要考虑各相关商品市场之间的相互关系和影响。这是一种更具灵活性、合理性的界定标准,英国最新的合并指南也采用了这种方法。

其次,在市场支配地位认定方面,《平台指南》结合平台经济的特点,进一步细化认定平台经济领域经营者具有市场支配地位的考虑因素。《平台指南》指出,反垄断执法机构在评估经营者是否具有市场支配地位时,不仅多维度地考察市场份额及其持续时间,也结合平台经济的特点分析其他可能实现竞争约束的因素。除了考虑经营者的市场份额、市场控制能力、财力和技术条件等传统因素,还需要同时考虑经营者拥有的数据、用户黏性、锁定效应、平台规模效应、网络效应、用户转换成本、技术壁垒等平台经济特征。

再次,《平台指南》对算法共谋、大数据杀熟、强制收集个人信息等问题作出了明确规定,有望为互联网金融平台反垄断规制提供指导。互联网金融平台之间通过算法调整利率、垄断金融数据、侵犯个人信息等问题一直面临较大的质疑,但其中部分行为是否构成《反垄断法》中规定的垄断行为还存在较大争议。《平台指南》的上述规定不仅明确了这些行为涉嫌违反《反垄断法》,而且为如何分析其违法性提供了基本思路。

最后,在经营者集中方面,《平台指南》强调,经营者集中未达到申报标准但具有或者可能具有排除、限制竞争效果的,国务院反垄断执法机构将依法调查处理。《平台指南》明确,涉及协议控制架构(Variable Interest Entities,VIE)的经营者集中,属于经营者集中反垄断审查范围。《平台指南》还对经营者集中审查的考虑因素作出了详细的规定。金融行业的经营者集中是反垄断规制的重点。一方面,大型互联网金融平台对中小平台、初创企业的收购引发"扼杀性"收购担忧,可能损害创新和潜在竞争;另一方面,金融行业的过度集中可能引发系统性风险,因而金融行业的经营者集中历来受到更严格的审查。《平台指南》不仅明确了对未达到申报门槛但可能限制竞争、损害创新的经营者集中行为的主动调查规则,还明确了协议控制架构也属于审查范围,并细化了经营者集中审查的考虑因素,这些规定将为金融行业的经营者集中审查提供有效指引,提高经营者集中审查的可操作性。

第三,《互联网平台落实主体责任指南(征求意见稿)》《互联网平台分类分级指南(征求意见稿)》,从主体交付切入确立了金融行业反垄断规则。《互联网平台分类分级指南(征求意见稿)》根据平台连接对象和主要功能,将平台分为网络销售类平台、生活服务类平台、社交娱乐类平台、信息资讯类平台、金融服务类平台、计算应用类平台。《互联网平台分类分级指南(征求意见稿)》将"平台上年度在中国的年活跃用户不低于5000万;较广业务种类,即平台具有表现突出的主营业务;较高经济体量,即平台上年底市值(估值)不低于1000亿人民币;较强限制能力,即平台具有较强的限制商户接触消费者(用户)的能力"认定为超大型平台,并规定这些平台公平竞争示范、平台治理、开放生态的义务,包括不使用平台内经营者及其用户在使用平台服务时产生或提供的非公开数据,不将使用其他关联平台提供的服务作为前提条件,遵守公平和非歧视原则,推动其提供的服务与其他平台经营者提供的服务具有互操作性等。《互联网平台落实主体责任指南(征求意见稿)》第16条规定,"互联网平台经营者应当遵守反垄断领域的法律、法规、规章等规定,不得从事垄断协议、滥用市场支配地位等垄断行为。互联网平台经营者在实施经营者集中前,应根据有关法律法规履行申报义务,在获得有关部门批准之前,不得实施集中"。

在反不正当竞争方面,《互联网平台落实主体责任指南(征求意见稿)》提出,互联网平台经营者不得利用技术手段,通过影响用户选择或者其他方式,实施妨碍、破坏其他经营者合法提供的网络产品或者服务正常运行的不正当竞争行为。互联网平台经营者不得实施混淆行为,引人误认为是他人商品、服务或者与他人存在特定联系。互联网平台经营者不得编造、传播虚假信息或者误导性信息,损害竞争对手的商业信誉、商品声誉。互联网平台经营者不得通过虚假交易、组织虚假交易等方式进行虚假宣传,不得帮助平台内经营者实施虚假交易行为,或者为虚假交易行为提供便利条件。

《互联网平台分类分级指南(征求意见稿)》《互联网平台落实主体责任指南(征求意见稿)》相互联系,通过对平台分类分级落实义务,体现了"权力越大、责任越大"的监管思路。《互联网平台落实主体责任指南(征求意见稿)》为超大型平台设定了广泛的义务,借鉴了欧盟《数字市场法案》的规定,其中部分义务与反垄断法禁止的滥用市场支配地位行为相似,涉及平台封禁、自我优待、大数据杀熟等行为。按照分级标准,支付宝、微信支付等平台可能被认定为超大型平台,需要承担公平竞争示范、平台治理、开放生态等义务,这对于促进支付领域公平竞争、防范垄断风险具有重要意义。但指南本身不是法律,没有强制性,其内容规定多为监管思路性质和行为倡议,实际效果还取决于执法机构的进一步行动。

在此基础上,2021 年 12 月 24 日,国家发改委等九部门联合发布《关于推动平台经济规范健康持续发展的若干意见》(以下简称《平台意见》),强调对支付领域的反垄断和反不正当竞争监管。《平台意见》提出,“强化支付领域监管,断开支付工具与其他金融产品的不当连接,依法治理支付过程中的排他或‘二选一’行为,对滥用非银行支付服务相关市场支配地位的行为加强监管,研究出台非银行支付机构条例”。

除此之外,《平台意见》还对涉及数据、算法的垄断行为和不正当竞争行为作出了明确要求。《平台意见》提出,“厘清平台责任边界,强化超大型互联网平台责任。建立平台合规管理制度……加大平台经济相关国家标准研制力度,建立互联网平台信息公示制度……建立健全平台经济公平竞争监管制度”。在提升监管能力和水平方面,《平台意见》要求,“对人民群众反映强烈的重点行业和领域,加强全链条竞争监管执法”,“严格依法查处平台经济领域垄断协议、滥用市场支配地位和违法实施经营者集中行为”,“从严管控非必要采集数据行为,依法依规打击黑市数据交易、大数据杀熟等数据滥用行为”。

这些规定包含了涉及互联网平台的垄断行为的大部分类别。对金融行业反垄断而言,涉及数据和算法的新型垄断行为和“二选一”等排他性交易行为也是规制的重点。此外,《平台意见》还强调平台要建立合规管理制度,这对促进公平竞争、防范垄断风险具有显著效果,有进一步落实的必要性。事实上,2020 年 9 月 11 日国家市场监管总局发布了《经营者反垄断合规指南》,各省近年来也陆续发布了合规指引,这可能是未来强化反垄断监管的一个重要方向。

2. 金融行业规则的竞争立法动态

《金融控股公司监督管理试行办法》2020 年 9 月 11 日公布并于 11 月 1 日开始实行,该办法明确对非金融企业投资形成的金融控股公司依法准入并实施监管,规范金融控股公司的经营行为,从制度上隔离实业板块与金融板块。《金融控股公司监督管理试行办法》有较多涉及反垄断和反不正当竞争层面的规定,其第 11 条规定,金融控股公司的控股股东或实际控制人不得滥用市场垄断地位或技术优势开展不正当竞争。第 35 条第 2 款规定:“金融控股公司与其所控股金融机构之外的其他关联方之间发生的关联交易应当遵循市场原则,不得违背公平竞争和反垄断规则。”第 47 条第 3 款规定:“金融控股公司有本条第二款规定情形的,中国人民银行可以要求其股东转让股权或限制股东权利;必要时,中国人民银行可以提请国务院反垄断部门启动反垄断调查,依法作出处理决定。”

《金融控股公司监督管理试行办法》将非金融企业投资形成的金融控股公司整体纳入监管,从制度上隔离实业板块与金融板块,这本身是为了解决非金融企业投资形成的金融控股公司盲目向金融业扩张的问题,旨在防范风险跨机构、跨行业、跨市场的传染。该规定客观上对于强化反垄断、预防无序扩张也具有积极作用,有助于防范形成新型“大而不能倒”风险。《金融控股公司监督管理试行办法》在反垄断方面的规定也值得关注。除强调金融控股公司不得滥用市场支配地位之外,《金融控股公司监督管理试行办法》还强调了人民银行与反垄断执法机构之间的协调合作,规定金融控股公司违反本办法及相关规定造成重大风险时,可以提请国务院反垄断部门启动反垄断调查。监管金融控股公司属于中国人民银行专长经济领域,中国人民银行对市场竞争情况较为了解,强调中国人民银行和国务院反垄断部门之间的协作,有助于两个机构之间的信息共享,提高对金融企业竞争执法的专业性、准确性。

2021 年 1 月,中国人民银行发布了《非银行支付机构条例(征求意见稿)》,对非银行支付机构的反垄断规制措施作出规定,这表明监管部门正逐渐重视对非银行支付机构的反垄断和反不正当竞争规制,未来对非银行支付机构的监管可能会逐步加强。《非银行支付机构条例(征求意见稿)》第 54 条明确规定了“非银行支付机构不得开展不正当竞争,妨害市场公平竞争秩序”的原则。第 55 条规定了市场支配地位预警措施,非银行支付机构在非银行支付服务市场的市场份额达到监管上限时,可对其采取约谈等措施进行预警。第 56 条规定了市场支配地位情形的认定。第 57 条规定了市场支配地位监管措施,包括中国人民银行可以向国务院反垄断执法机构建议采取停止滥用市场支配地位行为、停止实施集中、按照支付业务类型拆分非银行支付机构等。

非银行支付机构给消费者的生活带来便利,向金融行业注入了创新活力,影响力不断扩大,但部分具有垄断地位的大型非银行支付机构给市场带来的限制竞争问题也日益严峻,可能降低支付服务质量,损害金融消费者权益,引发系统性金融风险。《非银行支付机构条例(征求意见稿)》的发布,表明我国越来越重视金融行业的反垄断和反不正当竞争规制,该条例对非银行支付机构的反垄断和反不正当竞争执法工作提出了具体指引。值得注意是,《非银行支付机构条例(征求意见稿)》首次提出了“市场支配地位预警措施”,提出对达到一定市场份额的非银行支付机构可以采取约谈等预警措施。约谈作为一种柔性执法措施,在平台经济领域被大量适用,在规范平台企业经营、促进公平竞争方面发挥了重要作用。相比于复杂的正式执法调查行动,此类柔性执法措施能够更及时地介入垄断行为,起到预防垄断风险的作用,配合事后处罚形成覆盖全过程的规制体系。《非银行支付机构条例(征求意见稿)》还赋予中国人民银行商请国务院反垄断执法机构认定支付服务市场垄断地位的权限,并明确了可以建议采取停止滥用市场支配地位行为、停止实施集中、按照支付业务类型拆分非银行支付机构等救济措施。这些规定为执法提供了明确指引,同时考虑了不同部门之间的协调问题,有利于提高执法措施的适应性、灵活性,使反垄断规制在支付领域更具可操作性和威慑力。但《非银行支付机构条例(征求意见稿)》将相关市场界定为全国电子支付市场,按照该市场进行市场份额的计算,目前的支付平台难以达到预警门槛或者被认定具有市场支配地位。还需要注意的是,市场份额在平台市场力量测算中只是参考因素之一,按照互联网平台市场力量研究的相关理论和最新做法,用户数量、数据、技术、网络效应等因素也占据了重要地位,《非银行支付机构条例(征求意见稿)》后续是否应在“市场支配地位预警措施”和市场支配地位认定方面加入这些因素,是需要进一步考虑的问题。此外,《非银行支付机构条例(征求意见稿)》还明确要求同一法人不得持有两个及以上非银行支付机构10%以上股权。该规定虽然不是直接针对反垄断,但有研究表明横向持股(份额较高、市场集中)可能减少竞争对手之间的竞争程度,进而降低行业效率。① 因此,该规定也可以在一定程度上抑制垄断风险、防范资本的无序扩张。

2021年5月21日,银保监会发布的《2021年中国银保监会政务公开工作要点》,提到加强反垄断和反不正当竞争执法信息披露,稳步扩大预决算公开范围,推进派出机构预算、决算及相关报表公开。银保监会已经多次表态要强化反垄断监管,预计将与反垄断执法机构协同推进金融行业反垄断规制。《2021年中国银保监会政务公开工作要点》指出,要加强反垄断与反不正当竞争执法信息公开工作,这

① See OECD, The Competitive Effects of Common Ownership: Ten Points on the Current State of Play, DAF/COMP/WD(2017)97, 13 December 2017.

是竞争执法工作的重要一环,有利于提高金融行业反垄断规制的透明性、公平性,对促进企业合规经营也具有积极作用。

(二)金融行业反垄断和反不正当竞争相关司法动态

司法在反垄断和反不正当竞争中扮演的角色日益重要,近年来陆续出现了一些影响深远的案例。2021 年 5 月 12 日,最高人民法院召开反垄断审判工作专家座谈会,会议强调,要严格依法制止垄断行为,充分发挥审判职能作用,努力营造市场化、法治化、国际化的营商环境。2022 年中央政法工作会议提出要着力强化执法司法供给,更好地优化营商环境;要加大反垄断、反恶意炒作、反不正当竞争等领域司法力度,推动完善相关法律法规。此外,《反垄断法》新增规定,即对经营者实施垄断行为,侵害社会公共利益的,人民检察院可以依法向人民法院提起民事公益诉讼。这些意见和立法动态表明,司法将在推进反垄断和反不正当竞争规制方面发挥更重要的作用。

1. 规范性文件的发布

2021 年 4 月,最高人民法院发布了《人民法院知识产权司法保护规划(2021—2025 年)》,提出妥善处理互联网领域反垄断纠纷,完善平台经济反垄断裁判规则,防止资本的无序扩张,推动平台经济规范健康持续发展。

2021 年 9 月出台的《最高人民法院关于加强新时代知识产权审判工作　为知识产权强国建设提供有力司法服务和保障的意见》中,专设一条强调"加强反垄断和反不正当竞争司法,维护公平竞争的市场法治环境",提出加强对平台企业垄断的司法规制,依法严惩平台强制"二选一""大数据杀熟"等破坏公平竞争、扰乱市场秩序行为,切实保护消费者合法权益和社会公共利益,维护和促进市场公平竞争。

2021 年 1 月 13 日,《最高人民法院关于充分发挥司法职能作用助力中小微企业发展的指导意见》发布。其中,列举了 20 条具体举措,旨在为中小微企业发展营造公平竞争、诚信经营的市场环境。《最高人民法院关于充分发挥司法职能作用助力中小微企业发展的指导意见》提出,加强反垄断和反不正当竞争案件审理力度,依法严惩强制"二选一"、低价倾销、强制搭售、屏蔽封锁、刷单炒信等垄断和不正当竞争行为;依法认定经营者滥用数据、算法、技术、资本优势以及平台规则等排除、限制竞争行为,防止资本的无序扩张,保护中小微企业生存发展空间;健全司法与执法衔接机制,支持反垄断行政执法机关依法履职,加强沟通协作,推动形成工作合力。

这些规范性文件进一步强调了司法在制止垄断行为、促进公平竞争方面的作用,明确了疑难案件的审理思路,可以起到很强的指引功能,有助于促进企业合规经营和公平竞争。

2. 司法解释工作的推进

在反垄断法方面,司法解释工作正在稳步推进。2021 年 4 月 22 日,在最高人民法院新闻发布会上,最高人民法院知识产权法庭副庭长郃中林表示,最高人民法院将适时制定反垄断民事诉讼司法解释,"结合反垄断法修订和有关行政监管法规的完善,针对垄断民事案件审判实践反映出来的法律适用问题,特别是互联网平台领域反垄断前沿疑难复杂问题,开展深入调查研究,适时出台司法解释,积极构建法律、行政监管法规以及司法解释协调一致、有力高效的反垄断法律规范体系"①。最高人民法院网站发布的《对十三届全国人大四次会议第 6544 号建议的答复》也提到:将强化反垄断司法与行政执法有效衔接。根据《反垄断法》的修订情况,适时出台反垄断民事诉讼司法解释,明确反垄断民事案件的裁判标准,坚决制止互联网领域的垄断行为。反垄断司法解释将围绕"垄断民事案件审判实践反映出来的法律适用问题,特别是互联网平台领域反垄断前沿疑难复杂问题"展开,这对于强化行政执法与司法的协调一致、共同推进反垄断法律规范体系建设具有重要意义。

在反不正当竞争法方面,2022 年 3 月 16 日,《最高人民法院关于适用〈中华人民共和国反不正当竞争法〉若干问题的解释》发布。该解释对互联网金融平台的不正当竞争行为规制具有重要意义。互联网金融平台之间经常出现封禁、屏蔽、不兼容、虚假宣传、网络抢购等不正当竞争行为,这些行为在违法性认定方面缺乏统一标准,特别是涉及商业道德的判断,造成了实践的混乱。该解释细化了这些行为的认定条件,并明确商业道德可以根据"行业规则或者商业惯例、经营者的主观状态、交易相对人的选择意愿、对消费者权益、市场竞争秩序、社会公共利益的影响"等因素进行判断,为案件审理提供了有效指引。

---

① 《最高法举行知识产权宣传周新闻发布会》,载国务院新闻办公室网站 2021 年 4 月 22 日,http://www.scio.gov.cn/xwFbh/gfgjxwfbh/xwfbh/44193/Document/1703063/1703063.htm。

3. 涉互联网金融平台的反垄断和反不正当竞争诉讼

(1)李某诉支付宝垄断案

案情简述:2020 年 4 月,被称为“支付宝反垄断第一案”的李某诉支付宝案在上海立案,引发了社会的广泛关注。李某曾于 2018 年向云南省昆明市中级人民法院提起反垄断诉讼,法院裁定不予受理,后续上诉和再审申请也均被驳回。该诉讼主要针对《支付宝服务协议》中的“代收代付款项收益所有权”“以‘支付宝’名义存放在银行的账户余额”两个条款。李某认为,支付宝滥用市场支配地位,侵害了包括自己在内的 6 亿用户的合法权益,同时涉嫌严重破坏基金市场的公平竞争。

案件评析:反垄断民事案件的审理较为复杂,该案的焦点包括如何界定支付领域的相关市场,支付宝是否具有市场支配地位,支付宝的行为是否损害竞争,以及可能构成何种滥用市场支配地位行为等。该案引起了理论界和实务界对支付领域反垄断的高度关注。互联网支付平台市场具有竞争较弱、高集中度的特征,头部企业一直被质疑存在歧视性收费、垄断数据等违法行为。无论原告的主张能否获得法院支持,该案结果都将为同类垄断案件提供重要指引,并且对金融行业反垄断规制具有启发性意义。

(2)金某诉苹果公司垄断纠纷案

案情简述:金某在苹果手机应用商店 App Store 购买应用产品时发现,其只能选择 Apple Pay 这唯一支付方式支付,而无法选择微信支付和支付宝等国内最常用的移动支付方式支付。同时,金某发现,由于开发者需要向苹果公司支付交易金额 30% 的佣金(苹果税),因此,金某诉至上海知识产权法院,要求法院判决苹果公司、苹果上海公司立即停止滥用市场支配地位的行为,包括但不限于停止“应用内购买”收取交易金额的 30% 佣金的不公平高价行为,停止要求“应用内购买”只能选择 Apple Pay 进行支付的强制搭售行为,停止限定交易、拒绝交易的行为,苹果公司、苹果上海公司赔偿金某经济损失及合理支出 10 万元。①

案件评析:苹果公司设置唯一支付方式和高额的“苹果税”已经在多个国家被起诉。韩国最新的《电信业务法》要求苹果公司和谷歌公司开放支付系统,荷兰消费者和市场管理局要求苹果公司开放第三方支付系统,否则将处以每周 500 万欧元

---

① 参见丛治国:《苹果公司涉嫌垄断案 提出管辖异议被最高院驳回》,载搜狐网 2021 年 10 月 1 日,https://www.sohu.com/a/512938307_120099885。

的罚款,[①]欧盟、美国、俄罗斯、日本、印度也正在对苹果公司的上述做法进行调查或者诉讼。苹果公司设置唯一支付方式有利于 Apple Pay 的发展和自身获得更高的利润,但可能损害其与其他支付平台之间的公平竞争以及消费者的利益。该行为是否违法,还需要考虑苹果公司是否具有市场支配地位,行为的反竞争效果以及是否具有正当理由等因素进行考察。苹果公司在国内外的相关诉讼中,均将维护安全和用户利益作为理由,但这种理由在过去的反垄断案件中很难获得支持。无论案件结果如何,金某诉苹果公司垄断纠纷案的审理都将成为开创性的案例,为其他类似行为的裁判提供指导。

(3)"陆金所金融服务平台"不正当竞争纠纷案

案情简述:上海陆家嘴国际金融资产交易市场股份有限公司(以下简称陆金所公司)是互联网财富管理平台,上海陆金所互联网金融信息服务有限公司(以下简称陆金服公司)系陆金所公司的全资子公司,提供网络借贷中介信息服务(P2P)平台。两公司均开设有金融服务网站及手机应用,债权转让产品交易是其中的热门服务。西安陆智投软件科技有限公司(以下简称陆智投公司)系"陆金所代购工具"的提供者。用户通过陆智投公司运营的"陆金所代购工具"软件、"陆智投"手机应用、"陆智投"微信公众号、"掌上陆智投"微信小程序等渠道,无须关注陆金所、陆金服公司平台发布的债权转让产品信息即可根据预设条件实现自动抢购,并先于手动抢购的会员完成交易。陆金所、陆金服公司认为,陆智投公司提供的网络抢购服务构成不正当竞争,该行为损害了其通过多年经营所积累的竞争优势,导致两公司会员流失、产品关注度下降、商誉受损,造成了较大损失。故将陆智投公司诉至法院。法院经审理认为,被告通过运营软件提供抢购服务的行为,给原告造成严重的损害后果:一是平台流量利益的减损。抢购服务导致用户对两原告平台的访问频度下降,客观上减少了两原告其他金融产品的展示机会。二是用户潜在交易机会的剥夺。抢购服务改变了债权转让产品在两原告平台用户间的收益分配,造成了大量用户机会利益的减损。三是平台营商环境的破坏。抢购服务将冲击两原告平台最为依赖的投资者信心,导致用户黏性降低、投资者与资本流向其他投资渠道。同时,涉案抢购服务行为明显具有不正当性。一方面,抢购服务对两原告平台规则

---

① See *Apple Fails to Satisfy Requirements Set by ACM*, The Authority for Consumers and Markets (Jan. 24, 2022), https://www.acm.nl/en/publications/apple-fails-satisfy-requirements-set-acm.

的颠覆破坏了产品抢购的公平基础。抢购成功率整体上向使用抢购服务的用户严重倾斜,用户间公平竞争的基础丧失殆尽。另一方面,涉案抢购服务刻意规避两原告的监管机制,反映了被告对该行为所持的主观故意。因此,被告提供的抢购服务利用技术手段,通过为两原告平台用户提供不正当抢购优势的方式,妨碍两原告债权转让产品抢购业务的正常开展,对两原告及平台用户的整体利益造成了损害,不正当地破坏了两原告平台公平竞争的营商环境,构成不正当竞争。故法院依法判令被告停止涉案不正当竞争行为、公开消除影响,并赔偿两原告经济损失及合理开支共计人民币50万元。①

案件评析:近年来,金融产业在科技特别是互联网技术的加持下得到长足发展,通过网络平台推出的科技金融产品广受用户欢迎,同时催生了各类网络抢购服务。网络抢购服务作为一种市场行为,应当在符合竞争秩序、遵守商业道德的前提下进行。该案运用《反不正当竞争法》对发生在金融行业的网络抢购服务行为作出评价和规范,合理维护了互联网金融企业的竞争利益和金融消费者的正当利益,同时对净化金融平台营商环境具有重要意义。具体而言,该案表明随着金融市场交易方式的日趋多样化和复杂化,试图将不正当竞争行为完全类型化已然心余力绌。为此,《反不正当竞争法》在对尚未具体化的市场行为进行评判时,应当恪守立法宗旨和初心,坚持以"损害+不正当性"作为判断原则,尊重金融业态发展的客观规律与金融的本质属性,并对金融市场公共利益、金融平台经营者利益以及金融消费者利益予以综合考量。此外,该案还表明随着互联网业态的发展,大量没有直接竞争关系主体之间的利益冲突越来越多,需要对原有的认定不正当竞争行为的必要条件之一"竞争关系"作出扩大解释。

(三)金融行业反垄断相关执法动态

近年来,竞争执法机构持续加强对垄断和不正当竞争行为的审查力度,这在金融行业也有所体现。市场监督管理局在金融行业展开了一系列执法行动,涉及银行、保险公司、投资公司以及互联网金融平台等多个主体,这些执法行动为促进金融行业的公平竞争发挥了重要作用。下文按照垄断协议、滥用市场支配地位、经营者集中、行政性垄断等行为类型对这些案件进行梳理和分析。

---

① 参见上海市浦东新区人民法院民事判决书,(2019)沪0115民初11133号。

1. 垄断协议

案情简述：2020 年 12 月 1 日，安徽省市场监督管理局对亳州市保险行业协会组织本行业的经营者达成垄断协议行为处以罚款人民币 20 万元。[①] 处罚决定书显示，2018 年 2 月，原亳州市安监局以政府采购的名义，通过公开招标方式，确定某分公司和某支公司两家保险机构为亳州市安全生产责任保险项目中标单位，同时确定中标金额为高危行业每人收取保费 220 元、其他行业每人收取保费 200 元。2018 年 5 月 3 日，原亳州市安监局、原亳州市住房和城乡建设委员会、原亳州市经济和信息化委员会、亳州市交通运输局、原亳州市农业委员会、原亳州市人民政府金融工作办公室等 7 家单位联合印发《关于印发〈亳州市高危行业领域强制实施安全生产责任保险工作方案〉的通知》（亳安监〔2018〕45 号），要求全市安全生产责任保险业务由某分公司、某支公司进行承保，统一保费价格。安徽省市场监督管理局认为，上述行为违反了 2007 年《反垄断法》第 16 条，构成行业协会组织本行业经营者达成垄断协议的行为，对当事人处以罚款人民币 20 万元。

案件评析：该案中，保险协会通过组织本行业经营者达成了购买特定经营者服务、统一价格的协议，违反了 2007 年《反垄断法》的相关规定。当事人主张两家公司是通过公开招标选定的，没有限制任何保险公司参与，不构成垄断行为。然而，保险公司的选择和费用应该由市场决定，行业协会利用优势，确定两家企业为全市安全生产责任保险承保人，并固定统一全市安全生产责任保险保费价格，明显是一种反竞争行为，扰乱了保险市场的公平竞争秩序。行业协会组织达成垄断协议是一种常见的垄断行为，在国内外都有较多类似案件。在中国金融市场，伴生于金融业开放的自律机制以及行业协会成为金融机构自律管理的沟通与协作的平台，但不少行业协会和经营者利用这种机制交流竞争性敏感信息或者从事固定金融利率、汇率、费率及佣金等行为。金融机构应当对可能出现的反垄断风险保持警惕，行业协会也应准确定位自身功能，回归其引导企业规范经营及营造公平竞争氛围的作用，而不是利用职能和优势扭曲竞争，为某些企业谋取利益。

2. 滥用市场支配地位

虽然金融行业暂未出现针对滥用市场支配地位行为的正式处罚案例，但反垄

---

① 参见安徽省市场监督管理局皖市监竞争处字〔2020〕5 号行政处罚决定书。

断执法机构和行业监管部门通过约谈、行政指导等方式展开了多次执法行动,有效遏制了经营者滥用市场支配地位损害竞争和消费者利益。这种柔性执法措施更具灵活性、时效性和针对性,未来可能会在金融行业更多地适用。

(1)蚂蚁金融被约谈、暂停上市

案情简述:2020年11月2日,中国人民银行、银保监会、中国证监会、国家外汇管理局对蚂蚁集团实际控制人马云、董事长井贤栋、总裁胡晓明进行了监管约谈。11月3日,上交所发出了蚂蚁暂缓上市的通知。12月26日,中国人民银行、银保监会、中国证监会、国家外汇管理局约谈蚂蚁集团,督促指导蚂蚁集团按照市场化、法治化原则,落实金融监管、公平竞争和保护消费者合法权益等要求,规范金融行业的经营与发展。时任中国人民银行副行长潘功胜指出,蚂蚁集团目前经营中存在的主要问题之一,是"利用市场优势地位排斥同业经营者",要求其"回归支付本源,提升交易透明度,严禁不正当竞争"。潘功胜指出,未来监管的政策取向是"坚决打破垄断,纠正、查处不正当竞争行为,维护公平竞争市场秩序"①。2021年4月12日,中国人民银行等金融管理四部门再次联合约谈蚂蚁集团,要求蚂蚁集团对标监管要求和拟订的整改方案,"纠正支付业务不正当竞争行为,在支付方式上给消费者更多选择权","打破信息垄断",遵循"合法、最低、必要"原则收集和使用个人信息。②

案件评析:蚂蚁金融被约谈和暂缓上市的原因虽然较为复杂,涉及多个方面,但根据透露的信息可知,利用市场优势地位排斥同业经营者、侵犯消费者合法权益也是监管部门关注的要点。互联网金融涉足各类金融和科技领域,跨界混业经营,带来新型"大而不能倒"风险。凭借海量客户和海量数据优势,金融科技巨头的话语权加重,在资本市场的影响力也日益增强,已经形成了对其他企业竞争公平性上的制约,加剧了中国资本市场的混乱,也带来了对金融稳定的隐忧。对蚂蚁金融的一系列约谈、执法行动是金融行业反垄断的开端,虽然相关部门没有作出正式处罚,但有效督促企业展开合规整改,也为互联网金融平台规范经营和竞争行为提供了指导,对强化金融行业反垄断监管、促进公平竞争具有重要意义。

---

① 《中国人民银行就金融管理部门约谈蚂蚁集团有关情况答问》,载中国人民银行网站2020年12月27日,http://www.pbc.gov.cn/goutongjiaoliu/113456/113469/4153479/index.html。

② 参见《中国人民银行副行长潘功胜就金融管理部门再次约谈蚂蚁集团情况答记者问》,载《人民日报》2021年4月13日,第2版。

(2)支付平台互联互通

事件简述:2019 年 9 月,中国人民银行发布的《金融科技(FinTech)发展规划(2019—2021 年)》中明确提出:推动条码支付互联互通,研究制定条码支付互联互通技术标准,统一条码支付编码规则、构建条码支付互联互通技术体系,打通条码支付服务壁垒,实现不同 App 和商户条码标识互认互扫。这为支付行业的互联互通奠定了政策基调。2021 年 9 月 9 日,工信部有关业务部门召开了“屏蔽网址链接问题行政指导会”,阿里、腾讯、字节跳动、百度、华为等一批互联网代表企业参会。9 月 13 日,工信部新闻发言人进一步表示,已要求企业按照整改要求,务实推动即时通信屏蔽网址链接等不同类型的问题,能够分步骤、分阶段得到解决。[①] 在各部门相关政策、发言先后出台的大背景下,越来越多的支付企业开始逐渐打破各自的场景和条码壁垒,接入多种支付方式,各个支付平台之间也逐步实现了相互开放。

事件评析:各个平台之间相互屏蔽、搭建“围墙花园”的做法由来已久,支付领域的竞争由此受到严重阻碍。欧盟《数字市场法案》和美国的最新法案都要求大型平台履行互操作性义务,以减少对竞争和创新的损害。已经取得市场支配地位的企业,如果凭借现有市场的优势地位,屏蔽、阻碍其他支付方式,将会损害支付平台之间的公平竞争,新进入者将难以进入和发展,这将降低创新效率、压制产业的长远发展。阻碍平台之间互联互通的垄断行为主要包括搭售、限定交易、拒绝交易,在国外,科技巨头搭建“围墙花园”的行为已经受到各个执法机构的“围剿”。例如,印度以及英国、荷兰等地反垄断执法机构认为,谷歌强制要求在购买应用程序及应用程序“内部消费”(in-app purchases)时只能使用 Google Play Store 的支付系统构成滥用行为。欧盟委员会也对苹果公司要求在 iOS/iPadOS 系统的应用商店中必须通过 Apple Pay 购买产品和服务等行为启动了调查。中国虽然暂未出现针对这些行为的处罚,但已经通过约谈、行政指导等方式要求支付平台之间相互开放,预防此类行为损害公平竞争和消费者利益。这不仅有助于金融平台的公平竞争和健康发展,也有利于保护消费者选择自由,提高支付服务质量。

---

① 参见栗翘楚:《工信部深入推进互联互通　分享链接或将告别复制乱码》,载人民网,http://finance.people.com.cn/n1/2021/0914/c1004-32227032.html。

(3)中国人民银行约谈13家从事金融业务的网络平台

事件简述:2021年4月29日,中国人民银行、银保监会、证监会、外汇局等金融管理部门(以下简称金融管理部门)联合对部分从事金融业务的网络平台企业进行监管约谈,时任中国人民银行副行长潘功胜主持约谈。腾讯、度小满金融、京东金融、字节跳动、美团金融、滴滴金融、陆金所、天星数科、360数科、新浪金融、苏宁金融、国美金融、携程金融共13家网络平台企业实际控制人或代表参加了约谈。会议指出,互联网金融平台的问题包括存在无牌或超许可范围从事金融业务、公司治理机制不健全、监管套利、不公平竞争、损害消费者合法权益等严重违规问题,强调支付回归本源,断开支付工具和其他金融产品的不当连接,严控非银行支付账户向对公领域扩张,提高交易透明度,纠正不正当竞争行为。同时,要求平台"打破信息垄断","强化金融消费者保护机制,规范个人信息采集使用、营销宣传行为和格式文本合同"。①

事件评析:此次执法行动虽然没有指出互联网金融平台存在具体的垄断行为,但强调存在不公平竞争、损害消费者权益等问题。约谈作为一种柔性执法手段近年来越来越多地被监管部门采用,虽然不具有强制性,但企业往往会为了避免后续的调查处罚而迅速进行整改,约谈因此可以起到预防垄断风险、促进公平竞争的作用。值得注意的是,此次约谈还提到个人信息保护问题,平台利用强势地位过度收集个人信息既可能违反《个人信息保护法》,也可能违反《反垄断法》。《关于平台经济领域的反垄断指南》明确指出,"强制收集非必要用户信息"可能构成《反垄断法》规定的"搭售或者附加不合理交易条件"行为。此次约谈对平台起到了警示作用,有利于规范互联网金融平台的数据采集行为、保护消费者利益。

3. 经营者集中

案情简述:(1)国银泰投资有限公司收购杭银消费金融股份有限公司股权未依法申报违法实施经营者集中案。② 2019年1月,银泰投资收购杭银消费金融股份有限公司34.92%的股权,取得杭银消费金融股份有限公司共同控制权,属于2007年《反垄断法》第20条规定的经营者集中。该并购达到《国务院关于经营者集中申报标准的规定》第3条规定的申报标准,属于应当申报的情形。国家市场监管总局对

---

① 参见《金融管理部门联合约谈部分从事金融业务的网络平台企业》,载中国人民银行网站2022年2月25日,http://www.pbc.gov.cn/goutongjiaoliu/113456/113469/4241211/index.html。

② 参见国市监处〔2021〕39号行政处罚决定书。

这项经营者集中进行评估，认为不会产生排除、限制竞争的效果。最终，给予银泰商业50万元人民币罚款的行政处罚。

（2）苏宁易购与南京银行设立合营企业违法实施经营者集中案。[①] 2014年10月，苏宁易购、南京银行、法国巴黎银行个人金融集团（BNP Paribas Personal Finance）、洋河股份及先声药业签订《苏宁消费金融有限公司出资人协议》，设立合营企业苏宁消费金融，分别持股49%、20%、15%、10%和6%，苏宁易购与南京银行共同控制苏宁消费金融。国家市场监管总局表示，苏宁易购与南京银行设立合营企业并实施共同控制，属于2007年《反垄断法》第20条规定的经营者集中。苏宁易购与南京银行的营业额达到《国务院关于经营者集中申报标准的规定》第3条规定的申报标准，属于应当申报的情形。该合营企业成立之前未向国家市场监管总局申报，违反2007年《反垄断法》第21条的规定，构成违法实施的经营者集中。国家市场监管总局分别给予苏宁易购与南京银行50万元罚款的行政处罚。

（3）福建百度博瑞网络科技有限公司（以下简称百度博瑞）与中信银行股份有限公司（以下简称中信银行）新设合营企业未依法申报违法实施经营者集中案。[②] 中信百信银行的股东百度博瑞与中信银行，在此前合营设立中信百信银行的过程中违反了《反垄断法》的相关规定，百度博瑞和中信银行分别受到50万元的顶格罚单。处罚决定书披露，从百度博瑞、中信银行各自在2014年度全球及中国境内实现的营业额看，彼时双方均达到《国务院关于经营者集中申报标准的规定》第3条规定的申报标准，属于应当申报的情形。国家市场监管总局据此认定，在2017年9月5日百度博瑞和中信银行合营企业设立之前，双方未依法申报，违反了2007年《反垄断法》第21条的规定，构成违法实施的经营者集中。该案被称为银行业反垄断“第一案”。

（4）中华联合保险集团股份有限公司（以下简称中华保险）和上海云鑫创业投资有限公司（以下简称上海云鑫）设立合营企业未依法申报违法实施经营者集中案。[③] 2021年8月12日，国家市场监管总局对中华保险和上海云鑫设立合营企业涉嫌未依法申报违法实施经营者集中案进行立案调查。处罚决定书显示，中华保险是中国东方资产管理股份有限公司的子公司，而上海云鑫则是蚂蚁科技集团股

---

① 参见国市监处〔2021〕62号行政处罚决定书。

② 参见国市监处罚〔2021〕79号行政处罚决定书。

③ 参见国市监处罚〔2021〕108号行政处罚决定书。

份有限公司(蚂蚁集团)的全资子公司。2016 年 12 月 29 日,合营双方签署交易协议,成立农联中鑫科技股份有限公司(以下简称农联中鑫),其中,中华保险持股60%,上海云鑫持股40%。2017 年 3 月 13 日,农联中鑫取得营业执照。国家市场监管总局认为,中华保险和上海云鑫在设立合营企业的过程中涉嫌未依法申报违法实施经营者集中,因此双方分别被处以 50 万元的罚款。

(5)腾讯控股有限公司(以下简称腾讯)与中隆投资有限公司(以下简称中隆投资)等经营者新设合营企业未依法申报违法实施经营者集中案。[①] 处罚决定书显示,中隆投资于 1992 年在我国香港特别行政区注册成立,主要从事投资管理业务。2019 年 5 月 16 日,腾讯和中隆投资等签署协议,共同设立合营企业。交易完成后,腾讯、中隆投资分别持有合营企业 27.78%、38.89% 的股权,共同控制合营企业。2019 年 7 月 4 日,合营企业设立。基于调查情况和评估结论,国家市场监管总局最终决定分别给予腾讯、中隆投资 50 万元罚款的行政处罚。

(6)慕尼黑再保险公司(以下简称慕尼黑再保险)收购卡万塔欧洲资产有限公司(Covanta Europe Assets Limited,以下简称卡万塔)股权未依法申报违法实施经营者集中案。[②] 国家市场监管总局于 2021 年 10 月 15 日对慕尼黑再保险收购卡万塔股权涉嫌未依法申报违法实施经营者集中案进行立案调查。2019 年 7 月 26 日,慕尼黑再保险与迪拜投资基金(Dubai Investment Fund,DIF)签署《股权转让协议》,取得 DIF 原持有的卡万塔 15% 的股权,并取得共同控制权。2019 年 12 月 4 日,卡万塔完成股权变更登记手续。从慕尼黑再保险与绿投集团 2018 年的全球营业额及中国境内营业额的情况来看,达到《国务院关于经营者集中申报标准的规定》第 3 条规定的申报标准,属于应当申报的情形。该案构成未依法申报违法实施的经营者集中,但不具有排除、限制竞争的效果。基于调查情况和评估结论,国家市场监管总局决定给予慕尼黑再保险 30 万元罚款的行政处罚。

(7)活力溪有限公司(Vibrant Creek Limited)收购沣邦融资租赁(上海)有限公司(以下简称沣邦)股权案。[③] 2018 年 5 月,潮溪和上海磐信合曜投资管理中心(有限合伙)、上海磐赉投资管理中心(有限合伙)、中国租赁投资(英属维尔京群岛)有限公司[CPEChina Leasing Investment(BVI) Limited]签署《增资协议》,认购沣邦全

---

① 参见国市监处罚〔2021〕85 号行政处罚决定书。

② 参见国市监处罚〔2022〕1 号行政处罚决定书。

③ 参见国市监处罚〔2022〕9 号行政处罚决定书。

部新增注册资本。本次交易后，潮溪取得沣邦31.1594%的股权。2018年5月30日，沣邦完成股权变更登记，在此之前未依法申报，违反2007年《反垄断法》第21条的规定，构成未依法申报违法实施的经营者集中。

（8）迪润（天津）科技有限公司（以下简称迪润天津）与联想控股股份有限公司（以下简称联想）收购现代财产保险（中国）有限公司（以下简称现代财险）股权案。①该交易系股权收购。2019年7月，迪润天津、联想与现代海上（现代财险原股东）等签订《合资经营合同》，迪润天津、联想分别认缴现代财险注册资本。该交易完成后，迪润天津、联想与现代海上分别持有现代财险32%、32%、33%的股权。2020年4月13日，完成股权变更登记。迪润天津、联想分别收购现代财险32%的股权，取得共同控制权，属于2007年《反垄断法》第20条规定的经营者集中。合并各方达到《国务院关于经营者集中申报标准的规定》第3条规定的申报标准，属于应当申报的情形。2020年4月13日，完成股权变更登记，在此之前未向国家市场监管总局申报，违反2007年《反垄断法》第21条的规定，构成未依法申报违法实施的经营者集中。

案件评析：从上述处罚案件中可以看出，执法机构显著加大了对经营者集中行为的关注。这些案件时间跨度较大，相当一部分属于存量案件，国家市场监管总局对这些违法经营者集中案件进行集中处理，能够对企业产生威慑作用，强化企业的合规意识。从金融行业经营者集中案件的处罚情况来看，处罚主体涉及银行、保险、投资等多个金融行业，均为应当申报而未申报的交易，并不是因为它们的合营或股权收购行为排除、限制竞争。金融行业本身投资并购项目较为活跃，经营者集中案件数量较大，尤其是大型互联网金融平台，在过去一段时间内进行了大量收购。这些收购中存在较多达到申报标准却没有进行申报的情形，可能是为了“抢跑”，也有可能是营业额计算错误或者对控制权理解得不准确。需要注意的是，少数股权投资并不能当然豁免经营者集中申报义务，企业应当仔细审查并谨慎判断其通过少数股权投资取得的公司治理权利是否会构成中国《反垄断法》下的“控制权”。金融企业需要加强反垄断合规意识，这也是国家市场监管总局连续对多个经营者集中案件进行处罚的缘由。金融行业具有很强的通过经营者集中扩大市场势力的动机，因为较高的集中度往往能够使其获得“系统重要性”，不仅能够更好地抵

① 参见国市监处罚〔2022〕25号行政处罚决定书。

御风险,而且可能得到特殊保护,这可能会赋予其不当竞争优势。因此,各国对金融行业的经营者审查历来更为严格,强化对经营者集中的控制也有助于防范进一步的垄断协议和滥用市场支配地位行为。然而,由于处罚决定作出时的依据是2007年《反垄断法》,对未申报案件的处罚数额较小,这些处罚更多的是起到警示作用,对企业本身的影响不大。2022年《反垄断法》大幅度提高了未申报实施经营者集中行为的处罚数额,将对金融行业的违法经营者集中行为产生更强的威慑力。此外,上述案件中还有多起涉及互联网金融平台的经营者集中案件,由于处罚决定书未披露竞争分析的细节,难以获知是否考虑了对创新和潜在竞争的影响。互联网金融平台近年来实施的大规模并购行为引发了对"扼杀型并购"的担忧,但是这种并购的竞争损害难以直接测量,分析其反竞争效果对反垄断执法机构来说是巨大的挑战,未来需要进一步强化这方面的调查和研究,这对于促进金融创新和金融市场的长远发展具有重要意义。

4. 行政性垄断

案情简述:2020年5月14日起,山东省市场监管局在核查相关报道及立案调查的基础上,查明荣成市海洋发展局在山东省2018～2019年安全生产责任保险试点工作有关文件已过期,且相关上级部门没有发布指定性质文件的情况下,在渔业捕捞许可证年审过程中,要求船东必须购买其指定的山东省渔业互保协会荣成办事处的渔船船东雇主责任险,否则不予年审。山东省市场监管局认定该行为违反了行政机关不得"限定或者变相限定单位或者个人经营、购买、使用其指定的经营者提供的商品"的禁止性规定,构成滥用行政权力排除限制竞争。6月10日,荣成市海洋发展局向山东省市场监管局提交了《整改报告》,不再将购买山东省渔业互保协会荣成办事处的安全生产责任险作为渔业捕捞许可证的年审条件。案件调查现已终结。①

案件评析:该案是一起涉及保险行业的行政性垄断案件。该案中,查明荣成市海洋发展局要求船东购买山东省渔业互保协会荣成办事处的渔船船东雇主责任险,构成限定购买指定经营者商品的行为,因而被认定违反了《反垄断法》。金融行业与监管部门的联系较为紧密,属于行政性垄断风险较高的行业。《反垄断法》已

① 参见《山东省市场监管局纠正荣成市海洋发展局滥用行政权力排除、限制竞争行为》,载山东省市场监督管理局网站,http://amr.shandong.gov.cn/art/2020/9/28/art_93584_9825843.html。

经正式加入了公平竞争审查制度,明确了竞争政策的基础性地位,这意味着对行政垄断的审查和处理将会持续强化,有利于推进具有高度管制化特点的金融行业的市场化发展。

三、金融行业反垄断和反不正当竞争规制面临的挑战与展望

金融行业反垄断规制已经取得良好效果,一系列新监管规则得以实施,执法行动稳步推进,企业合规意识不断增强。尽管如此,金融行业反垄断规制仍然存在不少适用障碍。这些障碍既与金融行业本身的特殊性有关,也与互联网平台进入金融行业带来的复杂性有关,推进金融领域反垄断规制需要监管部门和反垄断执法机构密切合作,以克服规制挑战,提升监管能力,完善监管体系。

(一)金融行业反垄断和反不正当竞争法规制面临的挑战

1. 反垄断法在金融领域的适用障碍

反垄断法在金融领域的适用面临诸多理论和实践上的障碍。反垄断法常被尊崇为“经济宪法”,而金融又是现代经济的核心。据此,反垄断法可以适用于金融行业似乎是不言自明的。然而现实并非如此。通常认为,金融内在脆弱性是金融业的本性,这是由金融业高负债经营的特点决定的。[①] 金融业容易受到系统性信任丧失的影响,在金融危机中,对一家主要金融机构失去信心可能会如“滚雪球”般导致对整个市场失去信心。[②] 以银行业为例,因为一家银行无法履行其义务可能会导致其他原本健康的银行破产,接着风险就会转变成系统性的,进而危及整个银行业。[③] 金融业内在的脆弱性使金融管制成为必然,进而确保金融业稳健运行。[④] 有观点认为,过度的市场竞争会导致金融业出现潜在的严重负外部性,监管部门需要平衡好金融业准入、竞争与风险之间的关系,因此,在金融领域往往存在反垄断豁免。[⑤] 长期以来,由于担心激烈的竞争会损害金融稳定,以银行为代表的金融业虽受到严格

---

① 参见王国红:《美国金融危机、金融管制与管制俘获》,载《武汉金融》2010 年第 4 期。

② See OECD, Competition Issues in the Financial Sector, 2011, p. 41.

③ See OECD, Competition Issues in the Financial Sector, 2011, p. 41.

④ 参见王国红:《美国金融危机、金融管制与管制俘获》,载《武汉金融》2010 年第 4 期。

⑤ 参见张雪春、姜晶晶、唐晓雪:《欧美主要国家金融反垄断立法和执法框架及启示》,载《武汉金融》2021 年第 3 期。

的监管,但在许多国家不受严格的竞争政策约束,甚至免于被竞争规则限制。① 但是,2000~2010 年,欧美金融业集中度不断上升,金融衍生品创新泛滥和缺乏适当监管引发了国际金融危机。在此背景下,过去被视为审慎监管问题的违规行为,越来越多地受到反垄断调查。② 在有关反垄断法能否适用于银行业的学界讨论中,有观点认为,管制与反垄断具有不同的规制特征和适用范围,根据反垄断法审查银行业市场管制行为的效果极其有限,控制银行暴利应当立足管制松绑而非反垄断。③ 学界的主流观点对于反垄断法适用于银行业持肯定态度,有学者将支持意见总结为三点:第一,银行业垄断和银行业垄断行为的负外部性是对其进行反垄断规制的主要原因;第二,《反垄断法》的颁布实施为银行业反垄断规制的开展提供了法律支撑;第三,后危机时代的金融监管反思为反垄断规制适用于银行业奠定了基础。④ 但是,以上三点仅说明对银行业进行反垄断存在理论上的可行性,在实际的规制过程中却存在适用障碍。有观点指出,反垄断法自身的理论局限与发展经验表现出之于银行业适用一端的立法选择有限性和反垄断执法有限性。⑤ 由于反垄断机构和银行业监管机构在执法和监管过程中职责不清,削弱了《反垄断法》的有效实施,阻碍了金融市场化的改革进程。⑥

就银行业而言,《反垄断法》的适用面临如下三个方面的挑战。

首先,是《反垄断法》与银行业规制法律的适用冲突。银行业反垄断法规制与金融规制分别源于反垄断法与银行业相关规制法律,前者主要是《反垄断法》,后者主要体现为《商业银行法》和《银行业监管法》,由此反垄断法规制与金融规制的冲突在权力来源层面主要表现为法律适用的冲突。《反垄断法》《商业银行法》《银行业监管法》均由全国人大常委会公布实施,效力层次上均属于"法律",因此它们相

① 参见张雪春、姜晶晶、唐晓雪:《欧美主要国家金融反垄断立法和执法框架及启示》,载《武汉金融》2021 年第 3 期。

② 参见张雪春、姜晶晶、唐晓雪:《欧美主要国家金融反垄断立法和执法框架及启示》,载《武汉金融》2021 年第 3 期。

③ 参见焦海涛:《银行暴利的法律控制:放松管制而非反垄断》,载《华东政法大学学报》2013 年第 2 期。

④ 参见刘乃梁:《障碍与释疑:反垄断法适用于银行业的理论澄清》,载《北方法学》2016 年第 6 期。

⑤ 参见石英、王勇:《论银行业反垄断规制的有限性》,载《辽宁大学学报(哲学社会科学版)》2014 年第 1 期。

⑥ 参见史岩:《我国反垄断机构与金融监管机构的关系研究——以银行业为例》,载《经济问题》2014 年第 6 期。

互之间不存在上位法与下位法之分,属于同一位阶的法律。反垄断法规制与银行业规制的交叉点在于银行业的垄断行为,同时这也是《反垄断法》与《商业银行法》、《银行业监管法》的交叉点。从银行业反垄断规制来讲,如果《反垄断法》与《商业银行法》、《银行业监管法》都存在相关规定,那么《反垄断法》是规制垄断行为的普通法,而《商业银行法》《银行业监管法》则是银行业反垄断规制的特殊法,因此后者优先于前者适用。① 但是,特别法虽优于普通法但并不高于普通法,相对于特别法来说,普通法遵循的原理更基本,有时甚至更高级,在特别法未作规定、规定不明或者规定有矛盾冲突的情况下,就需要将反垄断法乃至市场经济及竞争的一般原理适用于公用事业的垄断问题。② 具体来看,《商业银行法》《银行业监管法》对市场竞争的维护仅在总则部分作出了原则性规定,缺乏具体的行为认定方式以及相应的罚则,而《反垄断法》在这些方面更加凸显其专业性、系统性与普遍性。因此,虽然特殊法优先于普通法适用,但这一规则并不必然排斥普通法的适用。从颁布时间来看,《反垄断法》无疑是新法,但三部法律维护市场机制的规制目标趋同,不存在实质性冲突,因此该规则并不存在适用的条件。③

其次,是合理垄断行为与不合理垄断行为之界分。垄断行为可以分为合理垄断行为与不合理垄断行为。银行业规制行为本身是具有合法权源的,银行业监管机构对银行业市场的控制主要体现在市场利率的厘定和相关金融市场活动的"要式主义"。银行业市场监管过程中大量的审批权无不流露出规制主体行为的垄断属性。然而,这种垄断行为先是依法授权的,再是出于银行业市场秩序和市场安全的合理考量。合理垄断行为之于反垄断法的思考在于,虽然这些行为本身不符合反垄断法的规定,但其市场垄断地位的获得具有合法性和合理性,银行业规制主体的行为本身排除适用反垄断法。不合理垄断行为是银行业经营者不具备合法性和合理性的垄断行为,这是一种较为典型的应当受到反垄断法规制的市场垄断行为。实际上,合理垄断行为与不合理垄断行为的区分是反垄断法规制对行业规制的让步与妥协,从本质上反映出反垄断法对垄断行业的适用障碍,集中表现为反垄断法的豁免与反垄断法的适用除外。《反垄断法》能否适用于银行业,银行业规制行为能否得到《反垄断法》的豁免,这些问题都集中表现出反垄断法规制与银行业规制

---

① 参见刘乃梁:《银行业反垄断规制的冲突及其协调》,载《法商研究》2019 年第 1 期。
② 参见史际春:《资源性公用事业反垄断法律问题研究》,载《政治与法律》2015 年第 8 期。
③ 参见刘乃梁:《银行业反垄断规制的冲突及其协调》,载《法商研究》2019 年第 1 期。

之间的权力冲突,或者说是银行业规制对反垄断法规制的排斥,当然这种排斥可能具有合理性和合法性,也可能不具有合理性和合法性。①

最后,是反垄断法规制机构与银行业规制机构的对比。反垄断法规制与银行业规制权力冲突的载体集中表现在反垄断法规制机构与银行业规制机构之间,实际上,我国反垄断法规制机构与银行业规制机构的冲突集中表现为双方实然规制能力与应然规制期待的强烈错位。银行业规制形成了集中、专业并且富有效率的权力运作模式。相比而言,我国反垄断法规制机构体系则表现出弱势一面,机构的整合虽然在客观上减少了原有因反垄断法规制机构分散而产生的信息成本,但两者基于权力载体的冲突仍然存在。②

银行业发展政策与竞争政策需要一种动态的审视机制,不同时期答案各异。从发展的视角来看,银行业管制以及封闭行业内的垄断行为遭遇了两种市场化的发展诉求。一方面,银行业管制与市场开放、市场自由理念发生冲突;另一方面,银行业垄断行为与市场竞争主体权利理念产生冲突。无论是金融市场化还是主体多元化,都对银行业规制机构提出了新的发展议题,并且对反垄断法的适用提出了新的要求和新的挑战。

2. 互联网金融平台反垄断规制的挑战

互联网平台经济作为一种新兴生产力组织方式,是促进经济发展的新动能。当今世界已经毫无疑问地进入互联网平台主导的时代,平台战略正在成为当代企业竞争的主要模式。金融行业也不例外。互联网技术、信息通信技术不断取得突破,推动互联网与金融快速融合,促进了金融创新,提高了金融资源配置效率,③互联网金融取得长足发展。有观点认为,互联网金融行业的竞争在本质上是一种平台竞争,平台决定了互联网金融企业的竞争广度和深度。④ 金融行业形成“互联网平台 + 金融服务”与“传统金融服务 + 互联网”的新型竞争格局。

(1)相关市场界定的困境

在平台经济领域,竞争的性质正在发生改变。多数传统行业花费几十年时间

---

① 参见刘乃梁:《银行业反垄断规制的冲突及其协调》,载《法商研究》2019 年第 1 期。

② 参见刘乃梁:《银行业反垄断规制的冲突及其协调》,载《法商研究》2019 年第 1 期。

③ 《中国人民银行等十部委发布〈关于促进互联网金融健康发展的指导意见〉》,载中国人民银行网站 2015 年 7 月 18 日,http://www.pbc.gov.cn/goutongjiaoliu/113456/113469/2813898/index.html。

④ 参见王健:《互联网金融平台的反垄断问题》,载许多奇主编:《互联网金融法律评论》2016 年第 2 辑,法律出版社 2016 年版。

才有可能成为全球领导者,而平台企业凭借强大的需求规模经济和爆炸式的网络效应可能用很短的时间便异军突起,夺得市场领导权。“巨头化”成为平台企业的突出特点。近年来,在媒体的曝光下,围绕平台企业的竞争乱象层出不穷;与此同时,中国、美国和欧盟几乎同时举起平台反垄断的大旗,平台治理和反垄断正在成为全球性的浪潮。然而,在对平台企业进行反垄断干预的过程中,反垄断法却遭遇了适用困境,尤其是在界定相关市场时暴露出反垄断法传统分析工具的不足。尽管目前针对互联网金融平台尚不存在纯粹意义上的反垄断案件,但可以预见,平台反垄断遇到的相关市场界定难题同样存在于互联网金融平台。

平台企业相比于传统企业具有明显的双边市场特征。双边市场包括两组不同的消费者,两组消费者之间存在交叉网络效应,平台采用的定价机制不同,企业面临的竞争约束更加复杂,界定相关市场也更加复杂。① 平台领域相关市场界定的困境可以归纳为两个方面。一是超级平台的多边市场构造和交叉传导特征使其具有要素市场的功能,从早期的差异化竞争最终走向同质化聚合型竞争,传统的需求替代分析难以真正实现锁定相关市场之目的。二是超级平台的多边性通常包括多个免费端和收费端,且相互间交叉传导影响力,不考虑超级平台在免费端上的影响力,忽略其整体性和交互传导特征,仅对收费端采取“假定垄断者测试”(Small but Significant Not-transitory Increase in Price,SSNIP)分析方法分析其结果并无实质意义,难以说明超级平台在收费端上的支配地位。故此,无论是从时间维度还是在现行界定方法上,对超级平台相关市场的界定都出现了问题。

此外,互联网金融平台普遍具有跨界混业经营的特点,互联网金融平台与金融系统、实体经济之间的关系盘根错节,理清互联网金融平台的竞争约束变得越发困难。一方面,互联网金融平台之间、互联网金融平台与传统金融机构之间,以及互联网金融平台企业与接入平台的其他金融机构之间存在复杂的竞合关系。另一方面,目前国内广泛存在的以超级网络平台为依托的泛金融化平台,其提供的金融服务与其他非金融服务(如电商服务、即时通信服务等)之间看似不存在直接的竞争关系,但是金融服务所依托的平台为其提供了赖以生存的临界用户规模,非金融服务与金融服务之间的市场势力极易相互传导和相互增强,因而在进行相关市场界

① 参见赵莉莉:《反垄断法相关市场界定中的双边性理论适用的挑战和分化》,载《中外法学》2018年第2期。

定时不得不考虑非金融服务对其带来的影响。①

(2)数据垄断分析和认定的困境

数字经济时代,数据已然从生产产物逐渐演变成重要的生产要素。它不仅是互联网平台企业竞相争夺的核心资源,还是其核心竞争力的重要组成部分。同其他信息密集型行业一样,互联网金融平台的经营活动产生了关于用户个人及其检索、浏览、购买记录等金融交易方面的海量数据。反过来,它们又可以基于这些信息,通过相关算法、算力,提炼出关于用户资金状况、金融消费的意愿及能力等方面的高质量金融数据信息,实现对用户的精准画像和精准推送,挖掘和提供更多的交易机会。②

互联网金融平台既利用数据优势提高了金融消费者搜寻和匹配的效度和精度,以及消费者的福利,又有助于互联网金融平台获得市场力量,并产生新的垄断形式——数据垄断。数据一旦被少数企业所独有且不易被其他企业复制,便会成为市场进入的技术壁垒;在范围经济和规模经济的作用下,又会进一步形成市场进入的规模壁垒。同时,平台为了获得优势地位,会激励并不断强化对金融用户数据的排他性占有,从而放大了"数据封锁"的现实风险和潜在危害。③ 这便导致互联网金融市场寡占的市场结构更易形成和固化。获得垄断地位的互联网金融平台可以利用数据优势,透视金融消费者的消费意愿及价格预期,实施价格歧视,损害金融消费者的福利。它们还可以利用数据优势实现"自我优待",损害接入平台的其他金融机构的福利。数据还为垄断互联网金融平台之间达成默契合谋提供便利。

尽管上述垄断行为的类型在传统产业中并不鲜见,但是与传统垄断相比,数据的特殊性致使数据垄断引致的市场集中程度更高、对社会福利和公共秩序的破坏性更强。④ 这也是数据垄断引起各方广泛关注的重要原因。数字经济反垄断领域本就面临经济理论失范和法律实践失准的困境,对"数据垄断"这一新的垄断形式实施反垄断就更加困难。数据相关市场界定、数据是否应该作为关键基础设施、如何平衡数据隐私与促进竞争之间的关系等一系列问题是当前实施数据反垄断亟须解决的理论难题。

---

① 参见占佳:《互联网金融反垄断规制政策研究》,载《新金融》2021年第9期。

② 参见占佳:《互联网金融反垄断规制政策研究》,载《新金融》2021年第9期。

③ 参见陈兵:《规范平台竞争行为,支持金融创新发展》,载《群言》2021年第4期。

④ 参见孙方江:《数据垄断视角下金融业和互联网平台的共生发展问题研究》,载《西南金融》2021年第3期;钟伟:《警惕数据寡头终极垄断》,载《新金融》2020年第1期。

3. 反不正当竞争法在金融领域适用的困境

第一,竞争关系认定的困境。在互联网不正当竞争案件中,法官在进行不正当竞争行为认定时首先需要对“是否存在竞争关系”作出解释。传统上对竞争关系的认定属于狭义的同业竞争关系,并不能很好地解决互联网金融领域中面临的诸多法律适用与法律解释的难题。[①] 按此分析,法院对大量原、被告间不具有狭义竞争关系的案件应不予立案或驳回原告诉请。[②] 实际上,竞争关系的认定一直缺乏统一的标准,法院在面对互联网金融中的不正当竞争案件时对竞争关系的认定标准也存在很大差异,甚至还会出现相同类型的案件或者是同一案件在不同审理阶段中法院对竞争关系的认定标准存在不一致的问题。[③] 在新兴互联网领域,对互联网金融平台而言,在传统互联网的基础上吸收了投融理财功能、信息交互功能、机会匹配等功能,构成了一个既独立运行又互相依存的有机发展的互联网金融生态链,再加上金融性因素,导致互联网金融更是繁复,对经营者的定义突破传统狭义限制是现实发展的需要。[④]

第二,行为分析标准的模糊。在互联网金融背景下,新型不正当竞争行为层出不穷,现有类型化的不周延导致当事人往往诉诸一般条款,而现有法律规定对互联网金融中不正当竞争案件的“诚实信用”“商业道德”的认定尚未作出具体性规定,致使对该领域的不正当竞争行为的认定存在很大的局限性,缺乏统一的认定标准。“几乎所有商业的争议都可以寻求一般条款的介入,而抽象的诚实信用原则、商业道德标准使得法官具有了极大自由裁量空间。”[⑤]在复杂技术叠加层出不穷的新商业模式背景下,对不正当竞争认定条件把握的不准确和不严格,致使不正当竞争行为认定过于宽泛,可能导致客观上保护了特定竞争者而损害了竞争。

第三,法律规范适用的混乱。互联网金融平台实施的链接封禁、拒绝接入行为同时涉及反垄断和反不正当竞争,如电子商务平台之间不开放竞争性支付渠道,就

---

① 参见周樨平:《反不正当竞争法中竞争关系的认定及意义——基于司法实战的考察》,载《经济法论丛》2001 年第 2 期。

② 参见王永强:《网络商业环境中竞争关系的司法界定——基于网络不正当竞争案件的考察》,载《法学》2013 年第 11 期。

③ 参见李俊辉:《互联网金融不正当竞争行为的法律规制》,载《金融与经济》2022 年第 1 期。

④ 参见富新梅:《互联网金融不正当竞争认定的思考——以“搭便车”行为为例》,载《学习与实践》2017 年第 11 期。

⑤ 参见张占江:《论不正当竞争认定的界限》,载《政法论丛》2021 年第 2 期。

可能同时涉及反垄断法中的拒绝交易和反不正当竞争法中的"恶意不兼容"。然而,在这种情况下如何选择法律适用,并没有确定的指引。由此可能带来的问题是,由于反不正当竞争法的适用门槛更低,可能会使大量案件通过反不正当竞争法规制,导致反不正当竞争法的解释过于宽泛,模糊限制竞争和不正当竞争行为的界限,甚至导致反垄断法"被规避",不当扩大反不正当竞争法的适用范围。为此,需要进一步探明反不正当竞争法和反垄断法在金融行业的适用关系,避免法律适用的混乱。

(二)对金融行业反垄断和反不正当竞争规制的展望

1. 金融管制与反垄断法规制的逻辑关系

首先,金融管制并不意味着金融垄断。金融行业的准入规制本身包含了注册登记和申请审批等不同方式,以及层次各异的政策导向。管制政策不同,最终的实践效果必然不同。① 金融管制的目的在于维护金融市场秩序的安全与稳定,由此造成的市场边界封闭并不意味着必然引发反垄断法意义上的垄断行为。行为实施的本身,抑或反垄断规制的标的需要落脚于"问题"经营者,管制的金融机构市场内部,同样会存在经济垄断趋势,这种趋势下的具体行为才是反垄断规制的重点。②其次,金融业的发展存在从垄断竞争向市场竞争的演进趋势。具体而言,在金融业发展初期,由于市场架构的建设需要市场发展要素的高效供给,因此市场竞争目标应该让位于市场构建目标。此时,垄断经营是比市场竞争更为有效的发展模式。金融外部性的特殊性质促使国家始终密切关注金融的改革发展,应在保持国家对金融的主导控制的前提下逐步推进改革。③ 但是,随着金融业发展到一定程度,经济效率与行业稳定程度的提升伴随着行业可竞争领域的增加,广泛的市场竞争将更有利于行业资源的合理配置,此时反垄断法随着竞争政策优先于产业政策的优势转变而具有更多的规制适用空间。④ 最后,金融行业的管制属性不必然排除反垄断法的适用。但凡适用除外的行业,反垄断法一般都规定了严苛的实体要件,并且客观上同样具备复杂的程序要件,适用障碍是反垄断法慎之又慎后的决定,而普遍

---

① 参见刘乃梁:《障碍与释疑:反垄断法适用于银行业的理论澄清》,载《北方法学》2016 年第 6 期。
② 参见刘乃梁:《障碍与释疑:反垄断法适用于银行业的理论澄清》,载《北方法学》2016 年第 6 期。
③ 参见杨旭:《中国渐进改革中的金融控制———基于金融史视角》,经济科学出版社 2012 年版。
④ 参见刘乃梁:《银行业反垄断规制的冲突及其协调》,载《法商研究》2019 年第 1 期。

法律效力仍是反垄断法追求的目标。[1] 客观上讲,产业政策和竞争政策天然存在冲突,竞争政策的适用范围会对产业政策的适用空间进行压缩。但是,反垄断规制与行业管制的整体发展趋势仍然是从冲突走向融合。金融管制与金融反垄断规制统一于金融市场的发展,二者虽然在规制方式和规制目标等方面多有差异,但最终目标都是促进金融行业平稳健康发展。伴随金融行业市场化程度越来越高,内部可竞争领域将越来越需要反垄断规制以维护金融市场的公平竞争秩序。

2. 探索金融监管与反垄断执法的"二元共治"模式

如前所述,金融管制与金融反垄断规制正在从冲突走向融合,二者基于目标的趋同性和手段的互补性,有机统一于金融市场的发展。正因如此,金融市场的治理不能单纯依靠金融监管机构,而是应该注重金融监管机构与反垄断执法机构的协作,探索金融监管与反垄断执法的"二元共治"模式。

一是统合机构事权。我国互联网金融监管采取"一行两会"[2]的监管架构,与之相比,反垄断执法机构的职能因概括适用于全行业而缺乏相关专业性。为此,反垄断执法权与行业监管权应当统合于互联网金融治理,具体可分为纵向统合与横向统合。在纵向事权统合层面,将反垄断执法对象区分为金融监管机构与互联网金融经营者,反垄断执法机构拥有最高及最终的垄断规制权,可以直接对金融监管机构涉嫌垄断的监管行为进行反垄断审查与执法,金融监管机构必须配合,以此牵制金融监管机构的监管权,防止其权力过大进而间接实施垄断行为。[3] 针对互联网金融经营者的反垄断可以分两级进行:其一,在金融监管机构内增设垄断预审查职能,由金融监管机构对互联网金融经营者进行垄断评估,实施一级垄断防范和规制权力,并将执法情况报反垄断执法机构;其二,在金融监管机构认为互联网金融经营者确有涉嫌垄断的行为并已造成金融消费者权益或社会公共利益受到严重损害时,可以向反垄断执法机构提交垄断预审查报告,进而由反垄断执法机构决定是否实施二级反垄断规制权。[4] 双重审查可以在金融监管机构与反垄断法规制机构之

① 参见刘乃梁:《障碍与释疑:反垄断法适用于银行业的理论澄清》,载《北方法学》2016 年第 6 期。

② "一行三会"是 2018 年国家机构改革前国内金融界对中国人民银行、中国银行业监督管理委员会、中国证券监督管理委员会和中国保险监督管理委员会这四家中国的金融监管部门的简称,2018 年 3 月,全国人大第十三届一次会议通过《国务院机构改革方案》,将中国银行业监督管理委员会、中国保险监督管理委员会合并为中国银行保险监督管理委员会。至此,"一行三会"调整为"一行两会"。

③ 参见许恋天:《互联网金融监管与反垄断执法二元共治》,载《经济与管理》2019 年第 1 期。

④ 参见许恋天:《互联网金融监管与反垄断执法二元共治》,载《经济与管理》2019 年第 1 期。

间实现一种牵制与监督效应,从而降低规制俘获发生的可能性。在横向事权统合层面,两者均须明确各自对互联网金融的治理重点。其中,行业监管的重点是对互联网金融机构的内部规范,以及对其与互联网金融消费者之间的交互行为进行监督与调整;反垄断执法的重点是针对互联网金融机构之间竞争与限制竞争的行为,进行合法性审查与合理规制。

二是加强部门协作。国家市场监管总局通过整合国家发展改革委、商务部、原工商总局的反垄断职责,负责反垄断统一执法。近期,国家市场监管总局又加挂"国家反垄断局"的牌子,设立竞争政策协调司、反垄断执法一司、反垄断执法二司,分工负责反垄断相关工作。反观金融监管机构,则是由中国人民银行、银保监会以及证监会根据不同业态实施分业监管。鉴于互联网金融经营者往往同时涉足多种细分业态,对其垄断行为的审查和分析也需要由多机构协同参与,因此,应当以反垄断执法具体部门为主导,相关细分业态监管部门相配合,共同治理互联网金融市场出现的竞争乱象。同时,金融监管部门在实施互联网金融机构内部规范和系统性风险防控职能时,也可以会同相应的反垄断执法部门,对企业的经营情况,尤其是该企业在市场竞争中的健康程度进行评估,从而更为客观地把握该企业的风险情况。① 此外,金融监管机构与反垄断法执法机构还应建立关于审查信息的共享与问询机制,保证规制信息的透明度。

3. 完善互联网金融平台反垄断的规制方式

(1)注重互联网金融平台的规模

互联网金融平台在强大的网络效应和高度动态的创新性等因素的推动下,形成了竞争性垄断的市场结构。如果按照传统哈佛学派结构主义的思路,将市场份额直接作为衡量市场势力的指标,将会导致错误的结论。高集中度是平台经济的基本特征,此时应按照行为主义的范式,在着重分析具体垄断行为的经济效率后再作出相应的处罚决定。但这并不是要摒弃结构主义的分析规则,一方面,垄断的结构仍是反垄断法得以实施的前提;另一方面,从金融风险防范的角度看,由于"大而不能倒"风险的经济根源在于规模经济和范围经济,因此互联网金融反垄断领域要特别关注互联网金融平台的规模。②

---

① 参见许恋天:《互联网金融监管与反垄断执法二元共治》,载《经济与管理》2019 年第 1 期。

② 参见占佳:《互联网金融反垄断规制政策研究》,载《新金融》2021 年第 9 期。

(2)改进相关市场界定的方法

一是根据双边市场类型改进 SSNIP 测试,在交易型双边市场中,双方存在可观测交易,可以按交易量收费,SSNIP 测试应以总价格为基准价格。对于非交易型双边市场,由于双方不存在可观测的交易,仅能收取预定费,应分别就市场两边的价格进行 SSNIP 测试,但要对相关公式进行修改以反映双边的交叉网络外部性。对存在单向交叉网络外部性的非交易型双边市场,可以直接应用 SSNIP 测试,但是只针对不存在外部性的一边进行测试。① 二是产品性能测试法,该方法运用 SSNIP 测试的原理,以产品性能变化取代价格变化测试需求弹性,进行相关市场界定。如果某一产品的性能显著降低,使消费者转移到其他替代产品,或者新产品的性能显著提高,能够把足够多的其他产品的用户吸引过来,那么替代产品就应该被划入所分析产品的相关产品市场。② 三是性价一体化测试法,根据该方法,能体现兼顾双边市场"总价格"的只有产品质量本身,而产品质量不仅包括产品性能,还应考虑影响双边市场交易平台的定价策略,如网络效应、用户数量、产品差异化、网络产品的兼容性、用户锁定效应强弱、信息传播度、设置排他性使用限制以及产品与辅助工具的综合匹配度等。通过将产品质量量化为多个衡量指标,与产品竞争价格结合,构造一个以性价一体化为核心的综合评价体系。如果目标产品性价指标下降后,即使假定垄断者销售量下降,其也仍然有利可图,则目标产品就构成相关产品市场。③

需要注意的是,尽管平台经济的双边市场特征使在该领域界定相关市场存在困难,但双边市场理论并不是对传统反垄断法理论的颠覆,"相关市场"概念本身所体现的基本内涵仍然是适用的,需要改变的是具体的界定方法和思维惯性。也就是说,确定可能构成竞争约束的因素,并判断每一因素对竞争实质性影响的基本思路仍然是相关市场界定的基础。④ 总之,要在充分认识互联网金融市场的高技术性和强专业性的基础上,根据互联网金融平台的具体情况,理清平台的竞争约束,运

---

① 参见林平、刘丰波:《双边市场中相关市场界定研究最新进展与判例评析》,载《财经问题研究》2014 年第 6 期。

② 参见叶明:《互联网对相关产品市场界定的挑战及解决思路》,载《社会科学研究》2014 年第 1 期。

③ 参见龙振彪:《假定垄断者测试关于相关产品市场界定思路之修正——以奇虎 360 诉腾讯滥用市场支配地位纠纷案为例》,载《中山大学法律评论》第 12 卷第 1 辑。

④ 参见李剑:《双边市场下的反垄断法相关市场界定——"百度案"中的法与经济学》,载《法商研究》2010 年第 5 期。

用定性分析方法确定起点市场,而后再综合运用多种 SSNIP 分析的相关执行方法进行细致的相关市场界定分析,力求界定出“值得垄断的最小市场”。①

4. 优化反不正当竞争法在金融领域的适用

第一,修正竞争关系在不正当竞争案件中的定位。互联网金融发展背景下,大量没有直接竞争关系主体间的利益冲突越来越多,应当突破竞争关系认定限制,转向以传统商业模式对不正当竞争行为界定为基础,以适应商业实践变革发展的实际之需。其一,司法实践中以各种理由和说法扩张竞争关系的解释,实质上已使竞争关系成为虚置,且扩张的理由越来越牵强,其实际目的无非是摆脱竞争关系在认定不正当竞争中的传统束缚,也说明竞争关系确已成为不必要的束缚和障碍,应该否定其作为适用反不正当竞争法的前提条件。② 其二,从法律的调整功能上来说,反不正当竞争法被定位为行为规制法,追求促进市场经济健康发展、维护整体竞争秩序及实现社会整体利益的目标,其重在关注、制止利用不正当市场交易手段损害竞争机制的竞争行为,立足于规制与竞争机制高度关联的行为。是否有利于竞争、是否契合竞争机制的需求,才是评判竞争行为正当性的根本尺度及重要依据。这意味着在实体层面评价竞争行为是否正当不以原被告双方是否具备竞争关系为必然条件,应跳出将竞争关系作为不正当竞争判定必要条件的路径锁定,避免因竞争关系认定而阻碍市场自由竞争。③

第二,明确金融行业不正当竞争的判断标准。对金融领域不正当竞争行为的考察,应遵循以下思路。首先,以竞争秩序受损为前提。反不正当竞争法保护的不是特定竞争者,而是竞争秩序。作为行为法,它旨在禁止与竞争秩序不一致的行为,实现更广泛的意思自治(竞争自由)。质言之,反不正当竞争法以个体意思自治为基础,又超越意思自治,只有存在外部性或涉及公共利益时才进行干预。④ 其次,应根据“不受扭曲的竞争”原则,最大限度兼容相关方的利益。竞争是满足所有市场参与者利益的共同基础。⑤ 在“不受扭曲的竞争”秩序下:经营者凭真本事胜出;

---

① 参见占佳:《互联网金融反垄断规制政策研究》,载《新金融》2021 年第 9 期。

② 参见孔祥俊:《论反不正当竞争法的新定位》,载《中外法学》2017 年第 3 期。

③ 参见陈耿华:《反不正当竞争法自由竞争价值的理论证成与制度调适》,载《比较法研究》2021 年第 6 期。

④ 参见张占江:《论不正当竞争认定的界限》,载《政法论丛》2021 年第 2 期。

⑤ 参见[德]弗诺克·亨宁·博德维希:《全球反不正当竞争法指引》,黄武双、刘维、陈雅秋译,法律出版社 2015 年版。

消费者自由决策(自主选择、公平交易);整个社会层面信息透明、不断创新。反不正当竞争法保护所有市场参与者,[①]"不受扭曲的竞争"标准的确立,意味着一种基于竞争效果的所有相关方利益整体考量式的法律认定方法的确立。[②] 最后,相较于一般的互联网场域,司法在界定互联网金融竞争行为的正当性时,关于对法益损害的判断与利益衡量,应当偏重于对金融消费者利益的保护以及对金融业态的金融本质属性的考量。[③] 尤其是需要将商业伦理放在产业背景下进行考量,对被诉行为是否违反市场经营者普遍遵循的商业惯例、被诉产品或技术是否具有实质性非侵权用途、被告是否具有实施不正当竞争行为的主观故意等因素予以综合判定。[④]

第三,理顺反不正当竞争法与反垄断法适用的关系。互联网金融领域的一些行为同时涉及反垄断和反不正当竞争,进而带来如何选择适用法律规范的问题。在法律适用方面必须谨慎,不能出于便利而偏向于反不正当竞争法。事实上,反垄断法和反不正当竞争法有一定的区隔,不可随意对一个限制竞争行为适用反不正当竞争法,因为反不正当竞争法和反垄断法有着不同的立法目的,将限制竞争行为适用反不正当竞争法,一方面会存在逻辑的问题,另一方面也会弱化反垄断法的作用。[⑤] 一般而言,经营者有自主选择交易对象的自由,因此,在平台在没有支配地位的情况下,实施链接封禁行为、拒绝介入等行为均属于自由竞争范畴。正如孔祥俊教授所说:"不构成垄断的行为,在价值取向上一般被认为属于竞争自由领域的正当竞争,但确实对市场竞争秩序和消费者利益造成不公平影响的,可以适用反不正当竞争法进行调整。"[⑥]概言之,反垄断法优先于反不正当竞争法适用,不构成垄断的行为要谨慎认定为不正当竞争行为,因为反不正当竞争法的调整仅具有有限的补充性。

---

① 参见[德]弗诺克·亨宁·博德维希:《全球反不正当竞争法指引》,黄武双、刘维、陈雅秋译,法律出版社2015年版。

② 参见张占江:《论不正当竞争认定的界限》,载《政法论丛》2021年第2期。

③ 参见刘艳平、赵达:《互联网金融不正当竞争界定的特殊考量与监管制度之完善》,载《学术交流》2021年第11期。

④ 参见陈耿华:《反不正当竞争法自由竞争价值的理论证成与制度调适》,载《比较法研究》2021年第6期。

⑤ 参见王晓晔:《再论反不正当竞争法与其相邻法的关系》,载《竞争政策研究》2017年第4期。

⑥ 孔祥俊:《网络恶意不兼容的法律构造与规制逻辑——基于〈反不正当竞争法〉互联网专条的展开》,载《现代法学》2021年第5期。

四、结　　语

金融领域的反垄断和反不正当竞争,是实现金融治理体系和治理能力现代化的必由之路,也是金融助力经济高质量发展的迫切需要。当下,互联网金融反垄断和反不正当竞争并非要遏制互联网金融的发展;相反,是要预防和制止互联网金融领域的垄断行为,引导金融主体依法合规经营,营造公平竞争的金融市场秩序,维护金融平台的竞争利益、金融消费者的正当利益以及社会公共利益,促进互联网金融持续健康发展。

反洗钱及反恐怖融资法治发展的新趋势

朱　丹*

一、2021～2022 年反洗钱及反恐怖融资法治发展综述

随着世界经济、政治以及军事等多方面复杂的变化,“风险为本”日益成为反洗钱、反恐怖融资和反大规模杀伤性武器扩散融资工作的核心理念。2021～2022 年,作为国际上影响力最大的反洗钱及反恐怖融资政府间国际组织,反洗钱金融行动特别工作组(Financial Action Task Force on Money Laundering,FATF)围绕着“风险为本”发布了相关指引和报告并更新了国际反洗钱、反恐怖融资和反扩散融资标准。在过去的一年中,我国的反洗钱及反恐怖融资的规制体系进一步与国际标准接轨,多部法律法规的草案已进入征求意见稿阶段,包括《中华人民共和国反洗钱法(修订草案公开征求意见稿)》(以下简称《反洗钱法(修订草案)》)、《中华人民共和国公司法(修订草案)》,以及《市场主体受益所有人信息管理暂行办法(草案公开征求意见稿)》(以下简称《市场主体受益所有人信息管理暂行办法(草案)》),在反洗钱合规和受益所有人识别和信息管理等方面取得了重要进展。此外,我国在 FATF 反洗钱及反恐怖融资的后续评估中获得了积极成果。

(一)反洗钱及反恐怖融资国际法制新发展

2021 年 3 月 4 日,反洗钱金融行动特别工作组发布了《风险为本监管指引》。该指引分为三个部分:第一部分提出了“风险为本”的反洗钱及反恐怖融资监管思

---

* 复旦大学法学院副教授,复旦大学中国金融法治研究院研究员。研究方向:国际法。

路,阐述了监管部门评估行业风险、确定监管重点的方法;第二部分提出了应对“风险为本”监管挑战的策略,提供了非金融行业和虚拟资产服务提供商的监管方法;第三部分介绍了全球各司法管辖区的监管实例。该指引旨在帮助监管人员落实“风险为本”方法,将更多资源配置到高风险领域,减轻低风险行业的监管负担,推进金融普惠。该指引特别指出,监管部门应摆脱“打勾式监管”,采取适当有效的措施,确保银行等金融机构、虚拟资产服务提供商、会计师、房地产中介、贵金属和珠宝交易商等特定非金融行业及其从业人员了解自身的业务风险及控制方法,切实履行反洗钱和反恐怖融资义务。

2021 年 10 月 28 日,反洗钱金融行动特别工作组更新了《虚拟资产和虚拟资产服务提供商风险为本反洗钱指引》,以帮助各国(含地区,下同)和相关行业了解其反洗钱及反恐怖融资义务,有效执行 FATF 的要求。在 2019 年发布的指引基础上,该次更新主要集中在六个领域:一是明确虚拟资产和虚拟资产服务提供商的定义,确保 FATF 标准适用于所有金融资产;二是为 FATF 标准应用于“稳定币”提供指引;三是补充各国虚拟资产点对点交易面临的洗钱和恐怖融资风险及应对措施;四是更新虚拟资产服务提供商的核准和注册指引;五是为公共和私营部门实施“数据转移规则”(travel rule)提供补充指引;六是新增虚拟资产服务提供商监管机构之间的信息共享和合作原则。

2021 年 6 月 29 日,反洗钱金融行动特别工作组发布了《扩散融资风险评估和控制指引》。继 2020 年 10 月 FATF 修改了建议 1(风险评估和运用风险为本的方法)及其释义并要求各国及私营部门识别、评估、理解并控制其面临的扩散融资风险,FATF 起草该指引以帮助各国政府、金融机构、特定非金融行业和职业及虚拟资产服务提供商有效执行该建议。该指引分为三个部分:第一部分为各国政府和私营部门提供了扩散融资风险评估的指导方针;第二部分重点介绍各国政府、金融机构、特定非金融行业和职业及虚拟资产服务提供商可以采取的控制其扩散融资风险的具体措施;第三部分就监管机构和自律组织应当如何监管或监测金融机构、特定非金融行业和职业及虚拟资产服务提供商进行扩散融资风险评估和控制提供了一般指引。

2022 年 3 月 4 日,反洗钱金融行动特别工作组发布了关于《打击洗钱、恐怖融资与扩散融资标准:FATF 建议》(以下简称新《四十项建议》)(建议 24)修订的公开声明,随后在 3 月 11 日发布了建议 24 的正式修订条例及其解释性说明,要求各国防止滥用法人进行洗钱或恐怖融资,并确保掌握充分的、准确的,以及最新的法人受益所有权和控制权的信息。这些针对建议 24 的修订包括:第一,要求各国评估在该国成立的法人以及在外国成立的但与本国有充分联系的法人有关的洗钱和恐怖融资风险,并采取综合性的机制以确保主管部门能够及时收集到受益所有权信息。各国可根据风险、背景和重要性决定其使用何种形式的登记或替代机制以使主管部门能够有效地获取信息。第二,要求各国采取更严格的措施防止和缓释滥用无记名股票和无记名股权证的风险,包括禁止发行新的无记名股票和无记名股权证;对于任何现有的无记名股票和无记名股权证,应在合理的时间内采取指定的一种或多种措施进行监管。此外,还要求各国采取措施防止和缓解滥用被提名股东和被提名董事的风险。第三,要求各国应通过金融机构和特定非金融企业及专业人员促进受益所有权和控制权信息的获取,并应要求公司注册机构为金融机构、特定非金融机构和专业人员与其他国家主管部门及时获取其持有的公开信息提供便利。

2021 年 3 月 11 日,FATF 与埃格蒙特集团联合发布了《贸易洗钱风险指标报告》。该报告是对 2020 年 12 月 FATF 与埃格蒙特集团联合发布的《贸易洗钱活动的趋势和发展报告》(前期报告)的补充。前期报告介绍了贸易洗钱风险演变和各国应对贸易洗钱风险的最佳实践,指出贸易洗钱活动利用国际贸易体系,将其非法所得混入合法的国际贸易在国家之间转移,加大了发现和侦查难度。报告还提供了存在贸易洗钱风险的国家风险评估最佳实践案例。最新发布的《贸易洗钱风险指标》在前期报告的基础上补充了四类风险指标:业务结构、贸易行为、商品文件、账户交易。FATF 和埃格蒙特集团从前期贸易洗钱风险研究项目的抽样数据得出上述风险指标,提示异常或可疑交易活动发生的可能性,帮助政府部门和私营部门识别可能的贸易洗钱活动并加强监测。

2021 年 6 月 28 日,反洗钱金融行动特别工作组发布了《洗钱与环境犯罪报告》。该报告在 2020 年 FATF 发布的《打击非法贩卖野生动植物洗钱犯罪报告》的基础上,总结了 FATF 全球网络成员的专业知识、40 多个国家提供的案例研究和实践经验,旨在进一步加强公共和私营部门对环境犯罪相关的洗钱活动的认识。该报告分析了不同环境犯罪资金流的规模、地理趋势等特征,梳理了环境犯罪相关的洗钱案件,指出环境犯罪相关的洗钱手法,包括利用“幌子”公司和空壳公司、贸易欺诈和贸易洗钱、滥用区域和国际金融系统等。该报告指出,各国在识别和打击环境犯罪相关的洗钱方面存在认识不到位、国内外合作不足、风险指标缺乏、私营部门预防能力偏低等一系列挑战。为了应对这些挑战,报告总结了国际实践经验,对各国提出三项建议:应考虑本国金融和非金融行业是否被滥用于环境犯罪相关的洗钱;应确保充分实施 FATF 标准以有效打击洗钱与环境犯罪;应建立健全公共和私营部门合作及信息共享机制,提高对环境犯罪中洗钱活动的监测和调查能力。

2021 年 6 月 30 日,反洗钱金融行动特别工作组发布了《民族或种族主义驱动的恐怖融资报告》。该报告总结了各国及相关组织在打击民族或种族主义驱动的恐怖融资方面的经验,界定了民族或种族主义驱动的恐怖主义的定义和范围,从资金来源、流动、用途三个方面,描述了民族或种族主义驱动的恐怖融资的特征和表现形式,同时分析了需要进一步考虑的问题和挑战。该报告还呼吁 FATF 成员在恐怖融资国家风险评估中纳入民族或种族主义驱动的恐怖融资,建立公共和私营部门之间的合作伙伴关系,加强对这一类型恐怖融资活动的监测,同时与其他国家合作,分享最佳实践,共同应对民族或种族主义驱动的恐怖融资日益跨国化的挑战。

2021 年 7 月 1 日,反洗钱金融行动特别工作组发布了《反洗钱和反恐怖融资新技术应用的机遇和挑战报告》。该报告旨在提高反洗钱部门对新技术解决方案的认识,寻求利用这些解决方案的机遇,推动提升反洗钱及反恐怖融资的有效性。报告共分五部分:一是 FATF 致力于负责任创新(responsible innovation)和数字化转型;二是反洗钱及反恐怖融资新技术将推动 FATF 标准更加有效地实施;三是反洗钱及反恐怖融资新技术将带来新机遇;四是反洗钱及反恐怖融资新技术实施过程中将面临困难挑战;五是努力为反洗钱及反恐怖融资新技术的运用创造良好环境。同日,即 2021 年 7 月 1 日,反洗钱金融行动特别工作组还发布了《数据整合、协作分析和数据保护报告》,该报告结合问卷调查、专家意见及案例研究,总结分析了促进反洗钱及反恐怖融资分析的新技术。这些新技术在注重数据安全和隐私保护的同时,有助于金融机构之间的协作分析,帮助金融机构更好地理解、评估和控制洗钱和恐怖主义融资风险。

2021 年 7 月 5 日,反洗钱金融行动特别工作组发布了《第二轮为期 12 个月的虚拟资产和虚拟资产服务商标准执行报告》。此次评估是 FATF 修订建议 15(新技术)及其释义中关于虚拟资产和虚拟资产服务商的标准以来,进行的第二轮为期 12 个月的评估,评估限期为 2020 年 7 月至 2021 年 6 月。该报告重点关注各国和私营部门如何执行虚拟资产和虚拟资产服务商标准,同时关注虚拟资产领域的洗钱类型、风险趋势和市场结构的变化情况。该报告发现,各国在执行有关虚拟资产和虚拟资产服务商标准上继续取得进展,但工作还远远不够。根据128个国家和地区提供的执行报告,58个已经将修订后的标准纳入法律,其中52个对虚拟资产服务商进行监管,6个禁止虚拟资产服务商运营;其余70个尚未将该标准纳入本国法律。由于各国的执行标准存在差异,防止虚拟资产和虚拟资产服务商被洗钱或恐怖融资滥用的全球机制尚未形成。根据执行情况,FATF呼吁各国尽快实施有关虚拟资产和虚拟资产服务商标准,并将采取以下行动:一是推动执行现有标准,在2021年11月前发布修订后的虚拟资产和虚拟资产服务商指引;二是加快实施"旅行规则"(travel rule,"旅行规则"是反洗钱和反恐怖融资工作的一项重要措施,它要求虚拟资产服务商获取、持有和交换关于虚拟资产转移发起人和受益人的信息);三是继续监控虚拟资产和虚拟资产服务商领域的重大变化和发展趋势。

2021年10月22日,反洗钱金融行动特别工作组在第三十二届第五次全会后发布了《跨境支付反洗钱标准执行情况调查报告》。增强跨境支付是二十国集团(Group of 20,G20)关注的重点。2020年12月至2021年3月,FATF对私营机构在跨境支付中执行反洗钱及反恐怖融资标准的情况开展调查,指出各国执行情况不一致的问题以及由此给跨境支付带来的挑战,并提出建议措施。该报告指出,各国对FATF跨境支付标准执行不一致,导致执行成本上升、支付速度下降、市场准入受限、透明度降低等问题。其中,私营部门在识别和验证客户和受益所有人信息、筛查制裁名单、发送和接收客户或交易信息、建立并维护代理行关系等方面面临很大挑战。造成这些挑战的具体原因包括法律法规相互冲突、对规则的理解或实施不同、监管方法存在差异等。为了应对这些挑战,报告建议:一是各国在制定跨境支付政策时考虑反洗钱及反恐怖融资等要求;二是确立统一的数据采集标准;三是建立国家层面的受益所有权信息登记系统;四是明确并共同执行建议16(电汇)要求;五是制裁名单筛选要全球一致;六是增强私营部门对跨境支付中反洗钱及反恐怖融资政策的理解等。

2021年10月27日,反洗钱金融行动特别工作组发布了《金融情报和执法机构反洗钱数字化转型报告》。该报告重点关注可疑活动监测和金融情报分析,主要内容为数字工具如何应用于反洗钱及反恐怖融资及其优势。该报告建议各国金融情报机构在进行数字化转型时,要明确目标,提供各类必需资源,建立数字化环境,与报告机构和其他主管部门沟通,完成数字化转型。同日,反洗钱金融行动特别工作组发布了《FATF 标准负面影响第一阶段报告摘要》。该摘要从去风险化、金融排斥、抑制非营利组织发展和影响正当程序及权利四个方面分析 FATF 标准不当实施可能造成的负面影响。

2021 年 8 月 23 日,亚太反洗钱组织(Asia/Pacific Group on Money Laundering, APG)发布了《2021 年 APG 年度类型研究报告》。该报告囊括了 15 个 APG 成员提供的 145 个案例,涉及洗钱及恐怖融资手法、变化趋势、反洗钱及反恐怖融资举措和成果,以及与新冠疫情相关的洗钱及恐怖融资案例。该报告还讨论了对扩散融资风险的理解,契合反洗钱金融行动特别工作组在 2020 年 10 月修订的建议 1(评估风险和运用风险为本的方法)及其释义。APG 年度类型报告每年由 APG 各成员提供案例研究、执法行动、国际合作情况等,体现了 APG 成员在打击洗钱和恐怖融资方面的持续努力。

(二)我国反洗钱及反恐怖融资法治新动态

2020 年 12 月 26 日,第十三届全国人民代表大会常务委员会第二十四次会议通过了《刑法修正案(十一)》,对洗钱罪进行了修改,主要的变化包括以下几点:第一,正式将“自洗钱”入刑。修改后的条文删除了“明知”“协助”等明显属于第三人角度的词汇,使洗钱罪的犯罪主体不再仅限于第三人,还包括了实施特定上游犯罪的行为人。这意味着特定上游犯罪行为人实施掩饰、隐瞒犯罪所得及其产生的收益的行为也能构成洗钱罪,此修改不仅弥补了我国反洗钱刑法体系的漏洞,也与 FATF 的国际标准相符合。第二,洗钱罪删除了罚金的限额比例。修订之前,该罪的罚金数额为洗钱数额 5% 以上 20% 以下;修订之后,该罪的罚金不再有比例的限制,扩大了人民法院根据个案情况,决定财产刑金额的自由裁量空间。第三,对单位犯罪的直接负责的主管人员和其他直接责任人员适用罚金刑。修订之前,单位犯洗钱罪的,其直接负责的主管人员和其他直接责任人员仅适用自由刑。

2021 年 1 月 15 日,为了深入贯彻风险为本的反洗钱方法、提高法人金融机构对洗钱与恐怖融资风险的识别能力,中国人民银行反洗钱局制定发布了《法人金融机构洗钱和恐怖融资风险自评估指引》。该指引中的洗钱自评估作为一项常态化工作要求,适用于在我国境内依法设立的法人金融机构和非银行支付机构。自评估的内容包括固有风险评估、控制措施有效性评估及剩余风险评估。其中,固有风险评估包括地域环境、客户群体、产品业务以及渠道四个风险维度。该指引对不同固有风险考量因素进行了细化,如将反洗钱金融行动特别工作组呼吁采取行动的高风险国家和地区、大量接受司法机关刑事执法的地区等纳入地域类别固有风险考量因素,把受同一控制人控制下的关联公司、涉联合国定向金融制裁名单作为评估客户固有风险的考量因素等。在评估控制措施的有效性上,该指引要求从反洗钱内部控制基础与环境、洗钱风险管理机制和针对各维度固有风险的特殊控制措施三个层次上进行评估。对于剩余风险,该指引提出法人金融机构应在整体固有风险评级的基础上,考虑整体控制措施的有效性,得出经反洗钱控制后的机构整体剩余风险评级。

2021 年 4 月 15 日,中国人民银行印发了《金融机构反洗钱和反恐怖融资监督管理办法》,以进一步督促金融机构有效履行反洗钱和反恐怖融资义务监管工作,该办法自 2021 年 8 月 1 日起实施。其修订的主要内容包括:第一,完善反洗钱监管对象范围。在适用范围中增加非银行支付机构、网络小额贷款公司,以及消费金融公司、贷款公司、银行理财子公司等机构类型。第二,完善"风险为本"监管原则和工作要求。该办法明确了中国人民银行及其分支机构应当遵循风险为本和法人监管原则,合理运用各类监管方法,实现对不同类型金融机构的有效监管。第三,增加金融机构反洗钱内部控制和风险管理工作要求,除要求金融机构开展洗钱和恐怖融资风险自评估,并根据经营规模和风险状况建立内部控制制度和制定相应的风险管理政策以外,还增加了金融机构对境外分支机构和控股附属机构的管理要求。第四,优化反洗钱监管措施和手段,包括增加《反洗钱监管提示函》,以便于及时向金融机构提示问题和风险隐患、完善现场风险评估措施以及完善监管走访和约见谈话的适用情形。

2021 年 6 月 1 日,中国人民银行发布了《反洗钱法(修订草案)》,面向社会公开征求意见。此次修订的主要内容包括:第一,反洗钱法的范围扩大。《反洗钱法(修订草案)》删除了原《反洗钱法》列举的七种上游犯罪,而直接以"掩饰、隐瞒犯罪所得及其收益的来源和性质的洗钱活动"作为反洗钱的监管范围。此外,明确提出"预防和遏制恐怖主义融资活动"也适用于该法。第二,首次提出反洗钱合规体系的建设要求。《反洗钱法(修订草案)》规定,在中华人民共和国境内设立的金融机构及其境外分支机构应当在集团层面建立统一的反洗钱合规体系,这与国际社会对洗钱所采取打击与预防相结合的机制相接轨。第三,提出"风险为本"的反洗钱要求。增加国务院反洗钱行政部门开展或会同有关部门开展国家、行业、义务机构洗钱风险评估,根据风险状况合理配置监管资源并采取适当的风险防控措施。此外,要求金融机构基于风险评估状况制定相应的风险管理措施。第四,完善反洗钱义务主体和调查主体范围。《反洗钱法(修订草案)》更新了原《反洗钱法》对金融机构划定的范围,更全面地罗列了新兴的各类金融机构,并明确列举了非银行支付机构、(网络)小额贷款公司为从事金融业务的机构;同时界定了特定非金融机构的范围并提出特定非金融机构在从事特定业务时应参照金融机构相关规定履行反洗钱义务。此外,该草案还将反洗钱调查主体扩展至国务院反洗钱行政主管部门设区的市一级派出机构,并将特定非金融机构等纳入调查范围。第五,增加反洗钱特别预防措施要求。《反洗钱法(修订草案)》要求金融机构建立健全反洗钱内部控制制度和反洗钱特别预防措施制度的具体办法,"及时"获取反洗钱特别预防措施名单,对所有客户及其交易对手开展"实时"审查,按照要求"立即"采取措施,并及时向国务院反洗钱行政主管部门报告。第六,增加市场主体申报"受益所有人信息"制度。明确了受益所有人的概念,并要求公司、企业等市场主体通过市场监督管理部门有关信息系统报送受益所有人信息。国家反洗钱主管部门及其他相关行政主体在履行职责时可以使用受益所有人信息。第七,建立巨额现金收付申报制度。要求任何单位和个人为提供商品或者服务等目的,不通过金融机构而是以现金方式收付,且数额巨大超过规定金额的,应当向中国反洗钱监测分析中心报告,且不得采取拆分现金交易等方式规避巨额现金收付申报义务。第八,增强反洗钱行政处罚的惩戒性。完善反洗钱处罚类型,增加警告处罚;将"未按照规定建立健全内控制度和风险管理政策""未按照规定执行反洗钱特别预防措施"等违法行为纳入处罚范围;提高法律责任中有关违法行为的罚款幅度。

2021年12月27日,为配合落实《市场主体登记管理条例》《反洗钱法(修订草案)》的受益所有人信息制度要求,国家市场监管总局发布了其会同中国人民银行共同起草的《市场主体受益所有人信息管理暂行办法(草案)》。该办法参考国际标准并结合我国实际情况界定了受益所有人的概念,制定了针对公司、合伙企业等制定了具有操作性的受益所有人识别标准,并明确了受益所有人信息采集内容和方式,以及受益所有人信息管理框架。

2022年1月19日,中国人民银行、银保监会、证监会联合印发了《金融机构客户尽职调查和客户身份资料及交易记录保存管理办法》(以下简称《新办法》),原定自2022年3月1日起生效,但是由于技术原因暂缓施行,目前相关业务仍按《金融机构客户身份识别和客户身份资料及交易记录保存管理办法》(以下简称《原办法》)办理。相比《原办法》,《新办法》的主要变化如下:第一,进一步明确反洗钱及反恐怖融资义务主体范围。《新办法》明确将开发性金融机构、村镇银行、消费金融公司、贷款公司、理财公司、从事保险专业代理和保险经纪业务的机构纳入适用范围,并将兜底条款由“其他金融机构”修改为“从事金融业务的其他机构”,以衔接《反洗钱法(修订草案)》将特定非金融机构纳入反洗钱及反恐怖融资义务主体的规定。第二,加强客户身份识别管理要求,新增客户尽职调查要求。在客户身份识别的要求上,《新办法》使用“识别并核实”替换《原办法》中的“了解”,同时明确了“识别并核实”的对象范围包括客户及其受益所有人。《新办法》新增了采取持续尽职调查、强化尽职调查及后续管控措施的总体要求,并明确各金融行业客户尽职调查的具体要求,同时强调基于风险的尽职调查措施,要求金融机构对高风险情形强化尽职调查,允许金融机构对评估出的低风险业务、客户采取简化尽职调查措施。第三,完善了受益所有人的识别要求。客户为非自然人的,《新办法》要求金融机构识别并核实客户身份,了解客户的业务性质、所有权和控制权结构,并综合运用三种方式以识别和核实非自然人客户的受益所有人。第四,完善了代理行、汇款、通过第三方开展尽职调查、高风险国家或地区等特殊业务下的尽职调查要求。第五,完善了客户身份资料及交易记录保存的具体要求。《新办法》提出,要逐步实现以电子化方式保存客户身份资料及交易记录,并保证每笔交易可追溯。《新办法》还将保存的起算点由“记账当年”修改为“交易结束后”。

(三)我国反洗钱和反恐怖融资后续评估报告

2021年10月6日,反洗钱金融行动特别工作组官方发布《中国反洗钱和反恐怖融资第二次后续评估报告》(以下简称《评估报告》)。《评估报告》肯定了我国为后续评估整改所做出的努力,通过重新评估,将2项建议评级提升至合规水平、4项建议评级提升至大致合规水平,但我国仍涉及6项建议不合规。

针对金融机构内控制度、境外分支机构和附属机构管理(建议18),《评估报告》充分认可我国新出台的《金融机构反洗钱和反恐怖融资监督管理办法》,认为我国金融机构在依据洗钱和恐怖融资风险及企业规模确立的内控措施、持续培训、独立内审机制、集团层面反洗钱监管、合规官任命等方面已完全满足合规性要求。针对刑事司法协助中的冻结和没收措施(建议38),《评估报告》认为我国在加速处理外方冻结、查封和没收请求,扣押和没收同等价值财产,以及协助非定罪没收等方面进展显著,已达到合规水平。

在洗钱犯罪方面(建议3),《评估报告》肯定了我国在自洗钱入罪、取消犯罪门槛限额、加大犯罪处罚力度各方面的积极进展,但同时指出我国在洗钱罪的法人刑事责任方面仍存在不完善之处。在非营利组织方面(建议8),《评估报告》认可我国的如下做法:完善了界定易被恐怖融资滥用的非营利组织类型的标准,并且在非营利组织风险评估的标准中列入了非营利组织的下设部门如何被恐怖分子滥用的具体情形;明确了容易被恐怖融资滥用的基金会,并采取有针对性的措施包括修订相关条款的方法降低这些风险;开展"风险为本"的监管并提供好的实践指引;在资源配置和能力方面可以对有嫌疑的非营利组织进行监管,并强化了易被恐怖融资滥用的非营利组织的监管政策;增强与非营利组织尤其是基金会的联络并且提高恐怖融资风险的意识。但《评估报告》同时指出,我国在进一步探索如何在非营利组织方面的最佳实践做法仍存在可以改善的空间。在电汇方面(建议16),《评估报告》认为,我国在识别和核实跨境电汇收付款人或受益人身份的人民币门槛方面有重大改进,但在电汇方面仍存在一定的不足,包括与恐怖融资相关的定向金融制裁相关的建议6。在金融情报中心方面(建议29),《评估报告》认为,我国在金融信息使用和系统建设方面有重大改进,包括对第2代的反洗钱监控和评估系统的使用,该系统中所有义务机构的大额和可疑交易报告都可以被中国的金融情报中心的各方(包括中国反洗钱监测分析中心、反洗钱局和中国人民银行的分支机构)所获得。但是《评估报告》同时认为我国尚未提交对埃格蒙特集团成员资格的无条件申请,仍属不足。鉴于此,以上4项建议符合大致合规评级。

有关我国不合规的6条建议主要涉及两个方面:一是银行等金融机构在尽职调查中,对客户身份识别、制裁及最终受益的识别不到位(建议7、建议24、建议25);二是我国对第三方支付等特定非金融机构在尽职调查、风险评估及监管措施等方面的要求仍不明确(建议22、建议23、建议28)。

自2019年2月起,我国通过了FATF第四轮反洗钱和反恐怖融资互评估,进入强化后续程序,其后在2020年9月,FATF通过《中国反洗钱和反恐怖融资第一次后续评估报告》,提升3项合规性指标评级至大致合规水平。此次发布的第二次后续评估报告反映的是我国截至2021年4月前的反洗钱及反恐怖融资进展情况。我国将在2022年10月向FATF报告下一次后续评估整改情况。

二、2021～2022年反洗钱及反恐怖融资相关行政及司法实践

(一)国际层面

2021年,我国有几家银行的海外分支机构因违反了相关国家的反洗钱及反恐怖融资规定而受到外国监管机构的行政处罚,主要案例如表1所示。

表1 我国银行海外分支机构2021年受到海外监管机构的反洗钱及反恐怖融资行政处罚情况汇总

日期	处罚机构	被处罚机构	处罚金额	处罚事由
2021年7月26日	巴拿马银行监管局	中国银行巴拿马分行	125万美元	该行违反了巴拿马反洗钱及反恐怖融资的相关规定(具体违法行为未公布)
2021年8月26日	美国财政部海外资产控制办公室	中国银行英国分行	232万美元	该行通过美国的代理行处理了数笔涉及苏丹的商业交易,而该行并未对前述涉及苏丹的客户进行标注,违反了美国的《苏丹制裁条例》,其中的从重情节包括: (1)该行无视美国的制裁要求,通过美国金融系统处理在苏丹实体的交易,尽管其账户和交易信息表明这些账户与苏丹有关,并且违反了该银行现有的政策和程序; (2)某些处理交易的人员知道这些付款与苏丹境内的实体有关; (3)在至少1年半的时间里,该行通过处理111笔总计约4060万美元的对外付款,使当时被全面制裁的国家获得了经济利益; (4)该行是一家商业上非常成熟、在国际上处理交易的金融机构

续表

日期	处罚机构	被处罚机构	处罚金额	处罚事由
2021 年 12 月 23 日	加拿大金融交易和报告分析中心	中国工商银行加拿大分行	70 万美元	该行在下述方面违反了《加拿大犯罪所得和恐怖主义融资法》: (1)未将某些个人或实体的活动视为高风险,未采取规定的特别措施; (2)在有合理理由怀疑交易与洗钱或恐怖融资犯罪有关的情况下,未能提交可疑交易报告; (3)未能对其合规政策和程序的某些方面进行审查并将其记录在案

(二)国内层面

反恐怖融资的首要工作是要发现涉恐资金的线索。为了做好恐怖融资资金的监测与分析工作,我国参照有关国际标准并结合我国的具体情况,于 2004 年在中国人民银行成立了中国反洗钱监测分析中心,作为我国的金融情报机构,对涉恐资金进行监测和分析,同时为国家安全部门开展相关工作,为公安机关打击违法犯罪,以及司法与审判部门进行涉恐案件的司法判决、量刑确定提供了重要依据。

根据《中国反洗钱报告》的统计,中国反洗钱监测分析中心和中国人民银行的分支机构每年都会接收大量的大额交易报告和可疑交易报告,并对涉嫌洗钱的交易线索进行了积极的移交、通报和协助调查,详见表 2。

表 2 中国反洗钱监测分析中心和中国人民银行各分支机构移送与协查洗钱线索情况

年份	中心接收大额交易报告/亿份	中心接收可疑交易报告/万份	中心提供金融情报线索/次	分支机构接收可疑交易报告/份	分支机构移送线索/件	分支机构协助调查洗钱案件/件	分支机构协助破获洗钱案件/件
2018	9.19	160.20	649	13,467	3648	2663	540
2019	8.67	163.76	5437	15,755	4858	4007	622
2020	11.8	258.67	6094	16,926	5987	3321	710

资料来源:《中国反洗钱报告》(2019 ~ 2021 年)。

在司法实践方面,我国对洗钱案件开展了有效的调查、起诉和宣判,罪名主要涉及"洗钱罪"、"掩饰、隐瞒犯罪所得、犯罪所得收益罪"以及"窝藏、转移、隐瞒毒品、毒赃罪",而且相关信息的披露和统计完整且及时(见表3),但我国对恐怖融资案件的审判数量较少,主要以"帮助恐怖活动罪"定罪,然而结案数量和涉案人数并没有在中国人民银行每年公布的反洗钱报告中得到完整且及时的呈现。

表3 洗钱相关犯罪起诉审判统计

年份	批准逮捕/件	提起公诉/件	审结案件/件	生效判决/人
2018	3873	5142	4825	11,428
2019	5073	5766	5623	13,700
2020	6647	12,719	6624	15,988

资料来源:《中国反洗钱报告》(2019~2021年)。

根据中国人民银行总行及其分支机构官网公布的行政处罚信息以及有关机构的统计,2021年我国反洗钱罚单总笔数为949笔,罚单总金额约4.92亿元,相比于2020年,总处罚金额有所回落,但仍远远高出2019年的处罚金额。处罚涉及银行类金融机构和其他金融机构,其中银行类金融机构,涉及反洗钱处罚850笔,共计约3.23亿元,占总处罚金额的66%。从处罚原因看,"未按规定履行客户身份识别义务"仍为首要处罚原因,其次为"未按规定报送大额交易报告或可疑交易报告"。

三、对反洗钱及反恐融资法治新动态的评析

(一)受益所有人制度

1. 受益所有人识别及透明度的国际标准

受益所有人,是指能够对某个客户拥有最终所有权或控制权的一个或多个自然人,以及以其名义进行交易的自然人,此外还包括法人或法律安排行使最终有效控制权的自然人,是FATF建议的重要内容之一。在FATF于2012年公布的新《四十项建议》中涉及受益所有人的共有两项,分别为建议24"透明度和法人的受益所有人"、建议25"透明度和法律安排的受益所有人"。为了帮助各国有效实施对受益所有人的识别,2014年FATF发布的《受益所有人透明度指引》对受益人识别标准进行了细化。

根据FATA《受益所有人透明度指引》的要求,对于法人,受益所有人的识别标准包括:第一,直接或间接持有法人一定数量的股份(具体设置比例由各个国家根据本国国情具体制定);第二,股东单独或联合通过协议、备忘录或其他关联关系等能够对其他股东施加控制,这种控制包括经济方面和表决权方面的控制;第三,自然人通过其他方式对法人施加控制,如与上述人员具有其他个人联系;第四,不以持有股份的方式对公司实施控制,如参与公司财务或者存在亲属关系以及有历史联系或其他合同关系;第五,自然人对公司的商业实践或一般战略施加关键性影响;第六,高级管理人员,诸如首席执行官、首席财务官、管理或执行董事等。

FATF在受益所有人信息识别程序作出了四个机制方面的要求:一是明确受益所有人识别过程中应采集的信息,其中包括公司名称、法律形式、注册地址、办公地址、公司章程、股东或成员名单及基本信息、股东持股数及种类等;二是建立法人机构全流程的信息记录、保存、采集机制;三是建立信息公开机制;四是建立不同类型法人的受益所有人风险评估机制。在受益所有权信息的收集方面,FATF提出了三种机制:一是要求公司或公司登记注册部门获得并保存最新的公司受益所有权信息。二是要求公司采取适当措施获取并保存最新的受益所有权信息。三是利用现有信息,包括:(1)由金融机构和/或特定非金融行业和职业获得的信息;(2)其他主管部门获得的公司法人和受益所有权信息(如公司登记注册部门、税务部分、金融或其他监管部门等);(3)由公司掌握的信息;(4)在证券交易所上市的公司为满足受益所有权透明度要求(证券交易所规定、法律或其他强制措施的要求)而披露的信息。

《受益所有人透明度指引》则进一步细化了针对公司受益所有人的信息登记系统是否有效的评价性标准,包括:(1)登记机构的职能范围是否足够涵盖收集、核实和维护受益所有权信息;登记机构是否有义务核实受益所有人信息并有反洗钱及反恐怖融资义务。(2)登记机构是否有充足的人力和资源承担额外的收集、核实和维护受益所有权信息的义务;对公司法的了解和相关知识是不是决定复杂法律安排的受益所有人的必要条件。(3)是否具有保证提供给登记机构的有关受益所有权信息的准确性和最新性的机制;申请设立法人的个人申请者在公司设立时是否被要求向登记机构提交准确的受益所有权信息;登记机构在收到相关信息时是否使用可靠的独立的文件、数据或信息以核实其准确性;向登记机构提供受益所有权信息是不是公司成立的条件。(4)受益所有权信息的变化是否能够得到及时的监控和记录；法人或受益所有人是否被要求在规定的时间内向登记机构提供相关变更信息。(5)是否有相关机构负责这些要求的执行；对于违反这些要求，是否存在有效的、适当的、劝诫性的惩罚措施；法人和/或受益所有人是否没有揭露或更新这些要求时会承担相关责任或惩罚(如未能揭露，或提供不准确、不完整的信息)。(6)其他相关机构是否可以及时地获取登记机构所持有的信息；是否允许在登记机构进行多字段的检索；登记机构是否向其他相关机构提供远程登录或其他机制以直接获取这些信息。(7)登记机构持有的信息是部分可得还是公开的；FATF要求的受益所有权信息的可获得性是否仅针对部分有权机构(如执法机构)，或者可能包括金融机构和特定非金融机构；还应考虑科技的进步，也许可以允许登记机构提供公开查阅途径(虽然这也许会引起并需要考虑和平衡隐私问题)。(8)在执行有效的信息所有人登记上是否存在管辖或者宪法方面的限制。此外，还需考虑数据保护法是否与受益所有权信息的公开存在冲突。

2. 我国受益所有人制度的演进

2017年中国人民银行发布的《中国人民银行关于加强反洗钱客户身份识别有关工作的通知》首次全面、系统地提出了“受益所有人”的判定标准和识别措施。2018年，中国人民银行又发布了《中国人民银行关于进一步做好受益所有人身份识别工作有关问题的通知》对“受益所有人”的判断标准和识别措施进行了更为具体和明确的规定，其中就受益所有人识别的原则、基本要求、受益所有人的判定规则、识别强化、简化及豁免等内容进行了阐述。2018～2019年，FATF组织了针对若干成员的第四轮反洗钱反恐融资风险管理互评估。在其出具的针对中国的互评估报告中，FATF指出，我国没有根据新《四十项建议》第24项建议建立“受益所有人”信息登记系统，并将该项的我国评估结果评为“不合规”。为了改善FATF第四轮互评估结果，弥补“受益所有人”信息登记系统的不足，中国人民银行持续努力通过推动修改反洗钱法，并在2021年6月1日公布了《反洗钱法(修订草案)》，首次在法律层面明确了受益所有人的定义以及“公司、企业等市场主体应当通过市场监督管理部门有关信息系统报送受益所有人信息”等内容。

在受益所有人的识别标准上，我国有关公司、合伙、信托、基金的受益所有人的具体判断标准各不相同，但都分别采取了“逐级追溯”的方法判断最终的受益所有人，如表4所示。

表 4　我国各类机构受益所有人的识别方法及标准

判定方法	公司	合伙	信托	基金	其他
一级追溯	直接或间接持有超过25%的公司股权或表决权的自然人	拥有超过25%的合伙权益的自然人	包括但不限于作为自然人的委托人、受托人、受益人	拥有超过25%的权益份额的自然人	其他类型的机构、组织可参照公司受益所有人的判定标准
二级追溯	通过人事、财务等方法对公司进行控制的自然人	参照公司受益所有人的认定标准判断	对信托实施最终有效控制、最终享有信托权益的自然人	基金经理或直接操作管理基金的自然人	涉及理财产品等的可参照基金受益所有人的判定标准
三级追溯	公司的高级管理人员	普通合伙人或合伙事务执行人	受益人为不特定自然人的,在受益人确定后再将受益人判定为受益所有人	基金未完成募集的,暂定为基金经理或直接操作管理基金的自然人	主要负责人、主要管理人或主要发起人

在受益所有权信息的登记方面,为了落实《反洗钱法(修订草案)》第 17 条有关市场主体申报受益所有人信息制度,2021 年 12 月 27 日,国家市场监管总局发布了其会同中国人民银行共同起草的《市场主体受益所有人信息管理暂行办法(草案)》进一步明确了受益所有人信息采集内容和方式。根据该办法第 2 条的规定,需要向国家市场监管总局登记其受益所有人信息的"市场主体",包括公司、合伙企业和外国公司分支机构,但暂时豁免了非公司企业法人、个人独资企业和农民专业合作社(联合社)的受益所有人信息登记义务。同时,对于注册资本不超过 1000 万元且股东、合伙人全部为自然人的公司、合伙企业,该办法规定如果不存在股东、合伙人以外的自然人对其实际控制或从其获取收益的情形,该"市场主体"可以在书面承诺后免于备案受益所有人信息。对于登记的具体受益所有人信息,该办法第 10 条要求既包括自然人的 9 项基本身份信息(姓名、性别、国籍、出生日期、经常居住地或工作单位地址、联系方式、身份证件或身份证明文件种类、号码、有效期限),也包括

受益所有权关系类型及形成日期、终止日期（如适用）、持有股权或合伙权益的比例，还可能包括自然人实际控制的方式、可获得收益的比例等信息。为了确保受益所有人信息的及时更新，该办法第11条规定，相关主体在“设立登记后”和“受益所有人信息……发生变化之日起30日内”两个时间点上，都需要登记或变更其受益所有人信息。

在受益所有人信息系统的管理上，该办法第4条明确分配了职责分工，即由国家市场监管总局统筹指导登记注册系统建设，保障市场主体受益所有人信息备案的实施，并应及时将市场主体备案的受益所有人信息推送至中国人民银行；由中国人民银行负责建立受益所有人信息管理系统，及时接收、保存、处理受益所有人信息。在受益所有人信息的使用方面，国家有关部门在履行与反洗钱及反恐怖融资有关的职责时，可依法向中国人民银行获取受益所有人信息。金融机构在履行反洗钱及反恐怖融资义务时，可通过中国人民银行查询受益所有人信息。该办法同时要求，中国人民银行、国家市场监管总局应妥善保管受益所有人信息，国家有关部门及金融机构应当对依法获得的受益所有人信息予以保密。除法律规定外，不得向社会公示，也不得向任何单位和个人提供。在责任承担方面，该办法作了概括性的规定，即对违反本办法的，中国人民银行和市场监督管理部门可按照《反洗钱法》《市场主体登记管理条例》等法律法规进行处罚。其中，如果“市场主体”未能及时、完整、准确地登记其“受益所有人信息”，可能面临《市场主体登记管理条例》第44条规定的行政处罚，即“提交虚假材料或者采取其他欺诈手段隐瞒重要事实取得市场主体登记的，由登记机关责令改正，没收违法所得，并处5万元以上20万元以下的罚款；情节严重的，处20万元以上100万元以下的罚款，吊销营业执照”。

3. 对我国受益所有人制度的评析

我国的受益所有人制度经历了从无到有、从不符合FATF反洗钱及反恐怖融资要求到正在逐渐向国际标准靠拢的过程，这涉及我国多部法律法规的修订及完善。例如，我国在2021年12月20日提请全国人民代表大会常务委员会审议的《中华人民共和国公司法（修订草案）》中取消了无记名股，这与国际反洗钱及反恐怖融资的标准及发展趋势相一致，尤其是FATF在2022年发布的建议24的正式修订，其中要求各国采取更严格的措施防止和缓释滥用无记名股票和无记名股权证的风险，包括禁止发行新的无记名股票和无记名股权证；对于任何现有的无记名股票和无记名股权证，应在合理的时间内采取指定的一种或多种措施进行监管。

在我国《反洗钱法(修订草案)》通过之前,我国企业并未被要求向企业登记部门提供受益所有权信息。根据我国《公司法》第6条、第32条,《公司登记管理条例》第2条,《合伙企业法》第9条,《合伙企业登记管理办法》第2条的规定,公司、合伙设立后必须在企业登记机关(市场监督管理局)登记有限责任公司股东或者股份有限公司发起人、合伙人的所有权和身份信息,这些信息仅指法律所有权信息,不包括受益所有权信息。此外,我国现有法律也同样仅要求公司、企业内部文件记载法律所有权信息,而不要求记载受益所有权信息。按照我国《公司法》第25条、第81条,《合伙企业法》第18条的规定,在有限责任公司章程中,必须记载股东的身份、出资额、出资方式、出资时间,股份有限公司章程中必须记载发起人的姓名或者名称、认购的股份数、出资方式和出资时间;合伙协议中必须记载合伙人的姓名或者名称、住所、合伙人的出资方式、数额和缴付期限。这里的股东、发起人、合伙人仅指名义股东、发起人、合伙人,但在实践中,可能存在名义持股、隐名投资等现象,但这些信息在公司的内部文件中无须载明,因此在受益所有人信息收集和透明度的执行方面很难符合FATF反洗钱及反恐怖融资国际标准。2021年中国人民银行公布的《反洗钱法(修订草案)》,以及国家市场监管总局发布的《市场主体受益所有人信息管理暂行办法(草案)》在一定程度上改善了我国有关受益所有人信息登记机制的不足,同时有机结合了FATF《受益所有人透明度指引》中提出的两种实施路径:一方面,要求公司或公司登记注册部门获得并保存最新的公司受益所有权信息;另一方面,要求公司采取适当措施获取并保存最新的受益所有权信息。

然而,与FATF的国际标准相比,我国有关受益所有人的识别和登记仍存在一定的差距。第一,受益所有人识别标准不足。我国对公司、合伙企业、信托、基金所有人的受益所有人识别虽然采取了相对有针对性的判断标准,但合伙企业受益所有人的主要判定标准与公司受益所有人的判断标准基本一致,均在一级追溯中采取了25%控制权的标准,而在二级追溯中要求参照公司受益所有人的标准识别合伙企业的受益所有人,这实际上忽视了合伙企业不同于公司的特殊结构。根据我国《公司法》的相关规定,股东对公司的控制权一般取决于其投资份额的多少,因此以25%的所有权门槛作为识别公司受益所有人的方法是适当的,但按照我国《合伙企业法》,无论是在普通合伙企业还是有限合伙企业中,普通合伙人都具有平等的权利控制合伙企业,其控制权与投资份额无必然关系。

第二,受益所有权信息登记主体范围狭窄。《市场主体登记管理条例》规定,须在市场监督管理部门进行登记的“市场主体”,具体包括“公司”等7类。而《市场主体受益所有人信息管理暂行办法(草案)》仅要求其中的3类“市场主体”登记所有人信息,即《市场主体登记管理条例》中规定的“以营利为目的从事经营活动的自然人、法人及非法人组织”。根据这一规定,需要登记其“受益所有人信息”的市场主体范围远小于国际标准下反洗钱及反恐怖融资意义上的“客户”。同时,《市场主体登记管理条例》暂时豁免其受益所有人信息登记的各类“社会组织”(“非公司企业法人及其分支机构”),诸如社会团体、基金会、民办非企业单位、外国商会等,也是FATF标准下具有反洗钱及反恐怖融资风险的市场主体。此外,对于注册资本不超过1000万元且股东、合伙人全部为自然人的公司、合伙企业,《市场主体登记管理条例》也规定在特定条件下,该“市场主体”可以在书面承诺后免于备案“受益所有人”信息。这进一步缩小、限制须登记“受益所有人”信息的市场主体的范围,而律师事务所、会计师事务所等也是国际上公认的涉及反洗钱及反恐怖融资的高风险行业。

第三,信息所有权登记机构对相关信息真实性的审查力度不够。根据FATF《受益所有人透明度指引》的规定,除收集和维护受益所有权信息以外,登记机构还应核实相关信息的真实性,并须配备充足的人力和资源承担额外的核实所有权信息真实性的义务,并且对复杂法律安排的受益所有人的识别还需要具备特定的有关《公司法》的知识。然而,根据我国《市场主体受益所有人信息管理暂行办法(草案)》的制度设计,我国的国家市场监管总局统筹指导登记注册系统建设,各市场监督管理部门对相关市场主体信息的报送只作形式上的审查,而非实质审查,因此无法确保相关信息的真实性。此外,在原来的制度框架内,我国市场监督管理部门的职能是企业的设立登记,尚未配备额外的人员、资源或具备充分的知识储备以保障对受益所有人信息真实性的核实。

第四,责任承担形式有限。按照FATF的标准,各成员国应具有针对违反受益所有人信息申报行为的有效的、适当的、劝诫性的惩罚措施,且建议除法人以外,受益所有人本身在未能揭露或提供不准确不完整的信息时也应承担相关责任或受到惩罚。但目前我国的《市场主体受益所有人信息管理暂行办法(草案)》第15条仅作了概括性的规定,即对违反本办法的,中国人民银行和市场监督管理部门可按照《洗钱法》《市场主体登记管理条例》等法律法规进行处罚。“市场主体”未能及时、完整、准确地登记其“受益所有人信息”的,依据《市场主体登记管理条例》第44条,仅法人本身须承担相应的行政责任,而对受益所有人本身的责任并无规定。

第五,受益所有人信息的获取途径不够便利。根据 FATF 的国际标准,各国的其他相关机构应该可以及时地获取登记机构所持有的受益所有人信息,并建议登记机构向其他相关机构、金融机构或特定非金融机构提供远程登录或其他机制以直接获取这些信息。根据我国《市场主体受益所有人信息管理暂行办法(草案)》的相关规定,国家市场监管总局通过其登记注册系统负责对受益所有人信息的最初收集,由中国人民银行负责建立受益所有人信息管理系统,以及接收、保存和处理受益所有人信息。国家有关部门或金融机构在履行反洗钱及反恐怖融资义务时可向中国人民银行获取或通过其查询相关受益所有人信息。由此可见,与国际标准要求的相关反洗钱及反恐怖融资机构可直接获取相关受益所有人信息相比,我国的制度设计中涉及两个系统,即市场监督部门的登记系统和中国人民银行的受益所有人信息管理系统的协调和对接,这意味着相关机构在履行反洗钱及反恐怖融资义务时无法直接从市场登记系统中获取受益所有人信息,而是必须经由中国人民银行的受益所有人信息管理系统来获取,因此在信息的更新和时效上可能存在一定的滞后性。此外,根据 FATF 在 2022 年 3 月发布的建议 24 的正式修订条例及其解释性说明,各国应通过金融机构和特定非金融企业及专业人员促进受益所有权和控制权信息的获取,并应要求其公司注册机构为金融机构、特定非金融机构和专业人员与其他国家主管部门及时获取其持有的公开信息提供便利。然而,我国目前的立法设计并未涵盖非特定金融机构对受益所有人信息的获取。

(二)反洗钱及反恐怖融资合规

"合规"一词的英文原词是"compliance",该词至少包括三层意思:对法律法规的遵守,对商业行为守则和企业伦理规范的遵守,对企业规章制度的遵守。① 其产生与发展可追溯到美国的《反海外腐败法》、巴塞尔银行监管委员会的《合规与银行内部合规部门》及经济合作与发展组织的《内部控制、企业道德及合规最佳实践指南》。2014 年,国际标准化组织通过发布《合规管理体系指南》确立了有效合规的国际标准,并于 2021 年修订了该标准。有关反洗钱及反恐怖融资的专门性合规要求,

① 参见陈瑞华:《企业合规制度的三个维度——比较法视野下的分析》,载《比较法研究》2019 年第 3 期。

则体现在 FATF 的新《四十项建议》和相关的监管指南中。

我国虽然在现行《反洗钱法》及相关行政法规中均明确了金融机构和特定非金融机构的反洗钱及反恐怖融资义务，但对“反洗钱合规体系”概念的首次提出是在《反洗钱法（修订草案）》中，其第 24 条规定，“在中华人民共和国境内设立的金融机构及其境外分支机构应当在集团层面建立统一的反洗钱合规体系，国务院反洗钱行政主管部门和国务院有关金融监督管理机构可以根据本法对其实施监督管理”。虽然《反洗钱法（修订草案）》提出了建设反洗钱合规体系的要求，并在相关的反洗钱内控制度、风险评估，以及责任承担等方面作出了更全面的规定，①但是对于反洗钱合规体系的内涵、外延及合规性评估标准均未作出明确的界定。

在我国，金融机构及特定非金融机构长期承担着反洗钱及反恐怖融资的相关义务，但反洗钱合规体系的提出无疑为两类主体提出了更高的要求，而合规体系的建设能否落实也存在一定的挑战和困难。第一，合规观念有待提高。较多的非银行类金融机构及其工作人员尚未能全面认识到反洗钱及反恐怖融资合规的重要意义，对相关工作的重视程度不够，即使在面对传统的反洗钱义务，如客户身份识别问题，也因为不合规而受到行政处罚的主体部分。反洗钱合规体系的建设不仅包括客户身份识别、可疑交易报告等常规反洗钱及反恐怖融资义务的设定，还需要建立反洗钱的内控制度、管理组织体系、风险评估体系、监督体系等相关机制，因此需要更强的合规意识。第二，反洗钱专门机构的缺失。反洗钱及反恐怖融资合规的建设应设立专门的合规部门和合规人员，然而在实际操作中，很多金融机构或特定非金融机构均未设定专门的反洗钱专门机构，而是选择指定其他内设机构兼职负责反洗钱工作，这在开展传统的反洗钱义务如客户身份识别义务时可能并无大碍，但无法满足反洗钱合规体系的建设要求，后者需要更加丰富的合规经验及独立的监督权限，普通的业务机构部门或人员兼职恐怕无法胜任。第三，监管部门的处罚力度及执行力不够。针对不履行反洗钱及反恐怖融资义务，我国现行《反洗钱法》及修订草案中的行政处罚措施威慑力不够，无论是罚款数额还是对直接责任人的罚款，上限较低。虽然我国现行《反洗钱法》设置了未按照规定建立反洗钱内部控

① 例如，《反洗钱法（修订草案）》第 51 条在处罚事由上作了扩展，包括未有效实施反洗钱内部控制制度的；未根据经营规模和洗钱风险状况配备相应人力资源的；未评估风险状况并制定相适应的风险管理措施的；反洗钱相关系统存在机制性缺陷的；未有效开展内部审计或者独立审计，监督检查反洗钱内部控制制度的有效实施的；其他反洗钱内部控制机制不健全的情形。

制制度、未按照规定设立反洗钱专门机构或者指定内设机构负责反洗钱工作的,以及未按照规定对职工进行反洗钱培训的责任,但在以往的行政实践中以未履行这些反洗钱合规的体系性建设义务为由作出行政处罚的比例很小,大部分的行政处罚仍集中于传统的客户身份识别及可疑交易报告等业务性的反洗钱义务的违反。第四,特定非金融机构的反洗钱及反恐怖融资合规风险突出。虽然我国在2017年就出台了《关于规范购房融资和加强反洗钱工作的通知》,要求作为特定非金融行业的房地产开发企业履行反洗钱义务并健全反洗钱内控制度体系,但由于缺乏对特定非金融机构明确的工作指引且监管力度不大,实际反洗钱合规落实情况不佳,这就将洗钱和恐怖融资风险识别的责任转嫁给了银行及政府监管部门,但由于房地产交易形式的多样性及复杂性,银行及政府监管部门很难实现有效监管。第五,缺乏有效的反洗钱合规体系指引。无论是我国现行的《反洗钱法》还是其修订草案均缺乏有效的指引,相关的义务要求散落在法条中,反洗钱合规体系的内涵和外延、不同的义务主体如何建立反洗钱及反恐怖融资合规体系缺乏明确的说明,因此也很难有效地引导金融机构和特定非金融机构反洗钱及反恐怖融资合规体系的建设和落实。

(三)反扩散融资问题

大规模杀伤性武器的扩散问题日益影响着国际和平与安全,传统的针对武器本身(包括零部件、设备、原料等)的控制措施主要应对的是此类武器在主权国家层面的扩散。随着非国家行为体成为扩散主体,以杜绝资金融通的方法防范和控制大规模杀伤性武器的扩散活动正发挥着越来越显著的作用。反大规模杀伤性武器的扩散融资(反扩散融资)不仅成为全球治理的重要内容,也是各国维护国家利益、实现国家战略安全的手段和工具。自2012年起,FATF在其新《四十项建议》中将反扩散融资和反洗钱、反恐怖融资三部分内容平行列入反洗钱工作框架中,并在2018年出台了《有关联合国安理会大规模杀伤性武器扩散决议的实施指引》,对国际反扩散融资标准及其实施提出了详细要求。《不扩散核武器公约》《禁止化学武器公约》《禁止生物武器公约》《制止核恐怖主义行为国际公约》,联合国安理会相关决议以及反洗钱金融行动特别工作组的相关指引和建议,共同构成了国际法框架下的反扩散融资法律体系。值得注意的是,FATF在2021年专门发布了《扩散融资风险评估和控制指引》,为各国提供了扩散融资风险评估的指导方针及控制其风险的具体措施，FATF 也将依据相关国际反扩散融资标准定期对我国反扩散融资机制的技术合规性和内容有效性进行评估。

在制止大规模杀伤性武器扩散问题上，我国虽然通过了《军品出口管理条例》《核两用品及相关技术出口管理条例》《出口管制法》等相关法律法规，从出口管制的角度防止扩散分子及其支持者获取扩散所需物品、服务、技术和专业知识，但我国有关通过限制融资的方式控制大规模杀伤性武器扩散的法律基础相对薄弱，且仍处于反洗钱及反恐怖融资立法的交叉领域。在反洗钱及反恐怖融资领域，我国通过了较多的法律法规，包括《反洗钱法》《反恐怖主义法》《涉及恐怖活动资产冻结管理办法》《金融机构报告涉嫌恐怖融资的可疑交易管理办法》等，这些法律法规同样也构成了我国的反扩散融资法律体系，但该体系在扩散融资问题的规定上比较原则化、粗线条，与新的国际反扩散融资标准仍有较大差距。同时，当扩散融资的资金来源合法或者扩散融资最终并非出于恐怖目的时，反洗钱及反恐怖融资的法律法规也未必适用。金融反扩散实际上在我国的国家安全战略中仍处于相对缺位状态，无法满足应对严峻的大规模武器扩散问题。此外，我国出口企业及银行业在走出国门的过程中，也面临反扩散融资合规方面的挑战及外国金融制裁的风险。因此，我国反扩散融资相关法律制度亟待对照最新国际标准并参照其他国家的良好做法予以完善。

四、对我国反洗钱及反恐怖融资法治发展的展望

当前，我国面临的国内外洗钱及恐怖融资形势严峻复杂，反洗钱及反恐怖融资国际标准正在发生深刻的变化。我国反洗钱及反恐怖融资体系在 2021 年的发展也尤为突出，特别是通过基础法律包括《反洗钱法》《公司法》等的修订已逐渐与国际标准接轨，但仍存在着一定的立法缺陷和执行障碍，影响我国洗钱及恐怖融资打击体系的有效性，有待进一步完善。在具体的制度建设上，我国应以《中国反洗钱和反恐怖融资互评估报告》和反洗钱金融行动特别工作组确立的反恐怖融资最新国际标准作为指南，重点关注以下几个方面。

第一，我国应高度重视受益所有人识别标准的完善。从本文前述的实践和行政处罚数据中不难看出，因客户身份识别所引起的反洗钱处罚是金融机构受到反洗钱处罚的最主要原因。客户身份识别是目前反洗钱及反恐怖融资工作中的重

点,其中的工作难点在于对受益所有人的身份识别。例如,对于存在多层控制权机构的公司或者跨境控股机构的公司,受益所有人需要追溯到哪一层,以及如何识别"通过人事、财务等其他方式对公司进行控制的自然人"都需要更明确的标准。此外,对于我国合伙企业的受益所有人识别标准应结合合伙企业的特殊结构予以确定,而不应完全等同于公司的受益所有人识别标准。

第二,我国应进一步完善受益所有人的信息登记系统。首先,扩大登记主体的范围。受益所有人的登记主体范围不应小于国际标准下反洗钱及反恐怖融资意义上的客户,即除了以营利为目的从事经营活动的自然人、法人及非法人组织,还应登记具有高洗钱和恐怖融资风险的基金会等社会组织。其次,加强信息登记机关对受益所有人信息真实性的实质审查。除了收集和维护登记信息,登记机构还应配备足够具有相应法律知识储备的人员对受益所有人信息的真实性进行审查。最后,完善统一的受益所有权信息登记平台和系统。建议中国人民银行发挥引导作用,协调市场监督部门和反洗钱反恐怖融资的义务机构,运用大数据等科技手段,建立跨行业、跨系统的受益所有人信息查询系统,实现市场登记机构与反洗钱及反恐怖融资义务机构信息的互通,真正提高受益所有人信息收集和查询的信息化水平,以便于反洗钱及反恐怖融资义务机构直接并即时获取全面而准确的受益所有权信息。

第三,我国虽然在《反洗钱法(修订草案)》中提出了"反洗钱合规体系"的概念,但对于反洗钱合规体系的内涵、外延及合规性评估标准均未作出明确的界定。我国各相关机关机构正在积极探索具体领域针对不同主体的合规指引,如中国证券业协会2021年发布的《证券公司合规管理有效性评估指引》、上海市浦东检察院2021年修订的《企业知识产权合规标准指引(试行)》,以及上海市杨浦检察院2022年发布的《企业数据合规指引》等。建议中国人民银行借鉴这些专门的合规指引,并根据国际标准化组织最新的《合规管理体系要求及使用指南》,同时结合原银监会于2006年发布的《商业银行合规风险管理指引》制定我国专门的《反洗钱合规指引》。

第四,我国应构建独立的反扩散融资机制。我国当前的反扩散融资法律法规基础薄弱,仍处于反洗钱及反恐怖融资立法的交叉领域。虽然我国在应对洗钱及恐怖融资的刑事定罪、监督管理、金融制裁、军备控制等问题方面有着相对丰富的立法和实践经验,但鉴于反扩散融资的复杂性、特殊性,国际反扩散融资制度的快速发展,我国仍缺乏有效的预防和打击扩散融资的相关法律机制。尽快建立和完善我国的反扩散融资法律机制,既是遵守联合国及反洗钱金融行动特别工作组多边机制的要求,也对维护国家安全和发展具有重大战略意义。此外,目前国内学界对国际反扩散融资的研究整体上系统性和深入性不够,建议相关学术研究运用国际法与比较法研究、跨学科研究、实证研究等方法,在梳理、总结、系统研究国际反扩散融资标准的基础上,对我国在反扩散融资监管、监测、调查、起诉、审判、资产冻结与没收、国际国内合作方面的机制完善问题进行全面深入的探讨,并分别提出针对性建议,以便为构建我国高效的反扩散融资法律机制提供理论和智力支持。

美国"长臂管辖"对其他国家金融机构的影响

刘思竹*

一、美国"长臂管辖"的法律结构

(一)传统管辖形态

国家的管辖是国家对其领土及其国民行使主权的具体体现。传统国际法理论和实践主要将主权国家的管辖权分为属地管辖、属人管辖、保护性管辖和普遍性管辖。属地管辖权是最基本、主要的权利。一国的法律适用范围与领土范围密不可分,国家对其领土范围内的一切人、物、事享有完全和排他的管辖权。属地管辖是一国领土主权的本质属性,也是国内法属地效力的基石。后三种管辖权都会在某种程度上构成对属地管辖的突破,进而为国内法的域外效力提供正当性依据。

随着第二次世界大战后威斯特伐利亚体系的建立,国家行使管辖权一度被严格限定在领土范围之内,彼时美国联邦最高法院对涉外案件中的美国法也多作出严格的属地性解释。① 而随着国际局势的变动和欧洲中心主义的传统国际法秩序的衰落,各国对领土利益的关切逐渐拓展至对其国民在域外的保护。1927 年"荷花号案"确立了国家突破传统管辖权的国际法依据。常设国际法院在该案中指出,除非有国际法上的禁止性规则,否则一国有权行使域外刑事管辖权。②

属人管辖,是指国家对一切在国内和在国外的本国人有权行使管辖,国籍是国

---

* 复旦大学法学院讲师,复旦大学中国金融法治研究院研究员。研究方向:国际法。

① See The Apollon, 22 U. S. 362, 370 (1824); Rose v. Himeley, 8 U. S. 241, 279 (1808); Brown v. Duchesne, 60 U. S. 183, 195 (1857).

② S. S. Lotus (France v. Turkey), P. C. I. J. (ser. A) No. 10, Collection of Judgments, Sep. 7th 1927, para. 46.

家行使属人管辖的权力依据。在属地和属人管辖权中,有时会发生一国依据属人管辖与另外一国的属地管辖发生冲突与重叠的情况,此时,一般是前者服从于后者。因为无论一国多么重视对其在外国犯罪的本国公民行使管辖权,都不能到他国境内行使其主权权利,否则将被视为对他国领土主权的侵犯。所以,属地管辖权是基础的,属人管辖权是辅助的。①

保护性管辖,是指国家以保护本国重大利益为基础对外国人在外国的犯罪行使管辖的权利。保护性管辖是国家属地管辖的例外,但这种例外仅适用于影响国家安全和重大利益的严重罪行。

普遍性管辖,是指国家基于对国际和平与安全及全人类利益的维护,不论犯罪行为发生地和罪犯的国籍,而根据国际法对于某些特定的国际罪行行使管辖权。依据有关国际公约和习惯国际法,普遍性管辖权主要适用于战争罪以及严重破坏人权的罪行。②

(二)美国域外管辖权

在国际法语境中,"管辖"或"管辖权"通常包含立法管辖、司法管辖和执法管辖,国际法的"域外管辖"即指一国将其法律的适用范围或其司法和行政管辖范围扩展至该国领土之外,包括域外立法管辖、司法管辖和执法管辖。③ 一般来说,各国的执法管辖仅限定在国家的领土范围之内,除非有双边协议或其他国际合作的情形,通常不会跨境执法,但立法管辖和司法管辖延伸至境外的情形却较为普遍。美国作为超级大国的代表,其联邦法在第二次世界大战后实施域外适用的情况不断增多,联邦法院和各州法院的民事管辖权逐渐扩张,成为最频繁也最擅长域外管辖的国家。

与域外管辖相关的两个概念分别是国内法的域外适用和"长臂管辖权"(long-arm jurisdiction)。国内法的域外适用是以各国领土的地理界限为判断标准,突破了一国主权的属地性特征。美国法的域外适用是美国行政机关和司法机关将美国国

---

① 参见王铁崖主编:《国际法》,法律出版社2019年版,第92页。

② 参见[英]詹宁斯、瓦茨修订:《奥本海国际法》(第1卷第1分册),王铁崖等译,中国大百科全书出版社1995年版,第335~336页。

③ 参见霍政欣:《国内法的域外效力:美国机制、学理解构与中国路径》,载《政法论坛》2020年第2期。

会立法适用于在美国境外的人和事。“长臂管辖权”是美国法的特有概念,最初由属人管辖权衍生而来。根据《布莱克法律词典》的解释,“长臂管辖权”是法院对不在法院地居住,但与法院具有某种联系的被告所享有的管辖权。① 美国法规定的“长臂管辖”仅局限于民商事领域,涉及私主体之间的争议,其法律依据通常是各州的“长臂法案”。从法理层面看,域外管辖、“长臂管辖”和国内法的域外适用是三个虽有交叉但存区别的概念,其中域外管辖是统称概念,“长臂管辖”限于对人管辖权中的特别管辖权,而美国法的域外适用主要指成文法的适用范围问题。②

美国行使域外管辖权以国际法作为权利主张,并提供了四种管辖依据,即上述属地原则、属人原则、保护原则和普遍原则,每一种都有域外管辖的适用空间,都可作为域外管辖的适用依据。③ 具体而言,美国将“效果原则”扩大解释为特殊的属地原则;将“消极国籍”作为一国基于在域外的本国国民受害而主张管辖权;以保护性管辖为借口主张美国国家利益受损,从而对外国自然人和法人行使管辖权;还曾在联邦最高法院以普遍性管辖为由向他国公民提起诉讼。④

(三)基于“长臂条款”的域外管辖

一个国家的法律能否超越国土疆界,能超越多远,既与特定的时代背景有关,也反映了政治、经济和社会问题。⑤ 以反腐败领域为例,美国在 1977 年出台了《反海外腐败法》(Foreign Corrupt Practices Act,FCPA),并分别于 1988 年、1994 年和 1998 年进行了修订,该法成为全球第一部惩治贿赂外国官员行为的法律。FCPA 旨在对跨国公司的商业贿赂行使域外管辖权,并主要以属人和属地管辖作为“长臂管辖”合法性依据。

首先,根据属地管辖原则,美国国民之外的任何自然人,或者根据外国的法律组织成立的任何有限公司、合伙企业、协会、股份制公司、非社会性团体、独资经营

---

① See Bryan A. Garner, *Black's Law Dictionary*, West Publishing Co., 2004, p. 869.

② 参见李庆明:《论美国域外管辖:概念、实践及中国因应》,载《国际法研究》2019 年第 3 期。

③ See Christopher L. Blakesley, *United States Jurisdiction over Extraterritorial Crime*, 73 Criminal Law Journal of Criminal Law and Criminology 1109 (1982), p. 1109 - 1163; *Draft Convention on Jurisdiction with Respect to Crime*, 29 The American Journal of International Law 439 (1935), p. 439 - 442.

④ See United States v. Furlong, 18 U. S. 184, 197 (1820).

⑤ 孙南翔:《美国法律域外适用的历史源流与现代发展——兼论中国法域外适用法律体系建设》,载《比较法研究》2021 年第 3 期。

者以及这些主体的董事、职员、代理人,或者代表主体行事的股东,在美国领土内,利用美国的邮政系统或任何跨州的商业方法和手段实施贿赂行为的,都可以构成 FCPA 规定的犯罪。因此,无论是否具有美国国籍,只要在美国实施了贿赂行为就受 FCPA 的管辖。同时,FCPA 反贿赂条款约束任何“部分或全部”在美国地域范围内对外国官员行贿的人。

其次,根据属人原则,FCPA 管辖的对象主要包括三方:一是“发行人”,即“任何发行证券已在美国登记的公司或依法应向美国证券交易委员会(United States Securities and Exchange Commission,SEC)定期备案或报告的公司”;二是“国内相关主体”,指“美国公民、美国国民或者定居在美国的自然人”;三是“其他主体”,即除发行人和国内相关主体以外的官员、董事、雇员、代理人或代表发行人和国内主体行事的股东,为了获取或维系业务而违法行贿的主体。因此,如果具备美国国籍或居民资格的个人受雇于美国公司的海外子公司,代表公司贿赂当地官员,即使发生在美国域外,也要受 FCPA 的管辖与制裁。同理,作为在美国上市的外国发行人、美国国内母公司要对外国雇员或代理人所进行的行贿行为负责。

更为特殊的是,美国还在该法中独创了一种“长臂管辖权”的法律依据——“母子公司连带责任”(Parent-Subsidiary Liability)。根据该原则的规定,母公司应对子公司所实施的海外贿赂行为承担刑事责任。所谓子公司,是指通过协议或其股份按比例被另一个公司所持有,因而受到该公司实际控制的公司。只要该公司持有子公司 50% 以上比例的股份,就能够实现对子公司的实际控制,那么该公司也被称为母公司。若子公司在海外实施贿赂行为,且相应的腐败性支付体现在子公司的账务中,无论母公司是否直接参与子公司的海外贿赂行为,其都将被视为知晓或应当知晓子公司的违法行为,承担刑事责任。然而,根据国际通行的做法,美国母公司控制的海外子公司应属东道国国籍的法人,但是 FCPA 也将其商业贿赂行为纳入管辖,跨国公司被迫放弃了法律对公司人格的独立性保护,也突破了传统的属地和属人管辖原则。

二、“长臂管辖”的法律风险

(一)美国法“长臂管辖权”的发展态势

“长臂管辖权”是域外管辖权的美国表达,系 20 世纪中期以来逐渐通过判例及成文法确立的。随着美国行使“长臂管辖权”的实践不断增多,其适用范围日益扩大,涵盖内容推陈出新。而在实施机制方面,美国的“长臂管辖”一般以司法管辖权、立法管辖权和执法管辖权分别得以实现,下面将从这三个方面分别探讨“长臂管辖”的发展。

1. 司法管辖原则更宽泛

美国“长臂管辖权”最初旨在解决州法院对他州居民或法人行使管辖权的问题,在1945年“国际鞋业公司诉华盛顿州案”中,美国联邦最高法院确立了在不违反公平竞争和实质正义的传统观念的前提下,以“最低联系原则”作为确立民事诉讼管辖权的标准,放弃了此前的属地主义原则。该原则用于确定一个州的法院何时适合对另一州的被告主张属人管辖权,如他州居民与本州居民签订合同,其出售的产品流通至本州等,都可相应建立起他州居民与本州的最低联系。被告的最低联系方式可采取一般管辖权和特定管辖权的形式,并在确立了最低限度之后考察该限度的合理性,如行使管辖权是否会给被告带来负担,法院所在地州在审理案件中的利益,以及原告是否在获得救济上确实方便且有效。此后,美国联邦最高法院还通过一系列判例丰富了“最低联系”标准,同时发展出“长臂管辖权”适用的其他各项标准,如1958年“汉森案”确立的“故意利用”标准,1980年“世界大众汽车公司案”确立的“可预见性”标准,1984年“霍尔案”确立的“持续和系统联系”标准等。[①]

随着美国宪法开始认可各州的主权权力,“长臂管辖权”的应用逐渐从国内阵地转向国际战场,“最低联系”成为连结外国当事人与美国的程度要求。只要有此种“最低联系”,美国法院就可以对不在美国的当事人行使管辖权。

另外,美国法院还在实践中不断调整国内法域外适用的标准,尽可能延伸“长臂管辖”的范围。在“最低联系原则”的基础上,发展出“效果原则”和“公平公正原则”。前者是指公司在国外或他州的行为对国内或一州产生“效果”时,不论行为人的住所和国籍,受影响的国家或州有权对其行使管辖权。与“效果原则”相对应的还包括“自愿服从原则”,即指非居民的被告人以明示或暗示的方式表示接受他国或他州的管辖,如应诉、答辩或提起反诉等。“公平公正原则”则指若相关行为被美国国会认定为“威胁美国国家安全或其他可能具有全球性危害的行为”,相应的行

① See Helicopteros Nacionales de Colombia, S. A. v. Hall, 466 U. S. 408, 417 (1984).

为实体可被纳入美国管辖范围之内，这类原则也是保护性管辖的变种。在此原则之下，与恐怖主义有关的金融活动，或金融机构涉嫌对恐怖主义融资、洗钱等金融行为，都会受到制裁。

由此可见，只要被告在美国有相关经营活动，或其他经营活动与美国存在利益相关，即使涉案人员、地点与美国无关，也会与其他国家产生管辖权的分歧与争议。《美国冲突法重述》中列举了行使“长臂管辖”的十项标准，其中既包含属地管辖原则、属人管辖原则，同时不乏“效果原则”“自愿服从原则”等，这些条款共同构成并呈现了所谓“最低联系原则”的“最低标准”。① 也正因“长臂管辖”混合了多种管辖原则，美国法院的司法管辖权越来越宽泛，“臂”伸得越来越“长”，他国企业和金融机构越来越难走出其构建的“法网”。

2. 管辖法案和条款覆盖更全面

随着“长臂管辖权”在美国司法中的演进，超过 50 个州相继制定了本州的“长臂法规”，以明确其自身的立法管辖权。而在美国联邦层面，虽然没有专门的“长臂立法”，但联邦法院可以借用各州的“长臂法规”，从而扩大美国法的域外立法管辖权。另外，美国的各类联邦立法也越来越多地开始涵盖并纳入“长臂条款”，而这类“长臂条款”的适用范围则根据所处背景有所侧重，实施目的也各有不同。“冷战”初期至 20 世纪 70 年代，美国“长臂管辖”主要在于防止西方盟国对社会主义阵营出口高科技。因此，美国国会、国务院、商务部出台了一系列的成文法规与行政命令，包含罚款与制裁等措施在内的各类“长臂条款”，如《出口控制法》《武器出口管制法》《武器国际运输条例》《出口管理条例》等。

20 世纪 70 年代末至 90 年代末，美国的“长臂管辖”范围逐步扩大，不再局限于西方盟友，并颁布了 FCPA 以打击商业腐败的形式将管辖权延伸到外国企业。然而，该法颁行至第一次修订 10 余年间，SEC 仅仅查处了 6 起相关案件。1988 年首次修订之后，情况未有实质变化，1989 年到 2001 年“9·11”事件爆发前，SEC 仅查处了 4 起案件，此时的“长臂管辖权”还未成为美国行政执法部门的普遍共识。②

① 十项标准分别是：(1) 当事人在该州有行为；(2) 当事人在该州有住所；(3) 当事人常居住在该州；(4) 当事人是该州公民；(5) 当事人同意该州法院管辖；(6) 当事人正式出庭应诉；(7) 当事人在该州从事经营活动；(8) 当事人在该州有与争议或诉因相关的行为；(9) 当事人在他州的经营行为对该州产生了效果；(10) 当事人在该州具备相应的产业且与诉求相关。

② 参见戚凯：《美国“长臂管辖”与中美经贸摩擦》，载《外交评论(外交学院学报)》2020 年第 2 期。

进入21世纪,尤其是“9·11”事件爆发至2008年金融危机前,“长臂管辖”重心转向打击恐怖主义、洗钱与其他危及国家安全的行为。在这一阶段,“最低联系原则”逐渐发展为“效果原则”和“公平公正原则”,在这两大原则下,美国对涉嫌恐怖主义的俄罗斯、伊朗、苏丹等予以制裁。另外,跨国金融机构也相应成为重点查处的对象。包括法国巴黎银行、农业信贷银行,英国汇丰银行、渣打银行,德国商业银行和德意志银行等在内的多家欧洲国际性银行被实施“长臂管辖”且“勒索”高额罚款,而这类高额罚款被美国用以充实其自身国库。

2008年至今,美国“长臂管辖”范围全面扩张,领域涉及毒品、涉恐洗钱、反腐败等10余个,手段也呈现多样化与复合化的趋势,如对他国企业征收巨额罚款,切断关键物资出口,派驻监管专员,同时对企业管理层采取刑事起诉措施。在管辖对象上,由于欧美经贸关系的紧密联结,欧洲企业多受到制裁的波及。

如今在立法层面,“长臂管辖”已成为美国各领域法律中竞相引入的制度。美国国会作为成文法制定的最高权力机关,不断规制有关他国实体及个人的跨国经贸活动,形成了具有“长臂”功能的一系列法案(见表1)。其中,美国国会出台的FCPA和萨班斯法案、美国商务部制定的《出口管理条例》是“长臂管辖”的三大重要法律武器,分别从商业腐败、内控合规、进出口管理等方面对国内外企业实施监管。

表1 美国国会涉及“长臂管辖”的部分立法(1949~2021年)

法案及时间	领域	具体条文号	“长臂管辖”措施	效力状态
1949年《出口控制法》	出口控制		在军用、民用、军民两用领域控制敏感技术出口	已失效
1970年《反犯罪组织侵蚀合法组织法》	打击有组织犯罪	第844条	有关“邮政及电信欺诈”“银行欺诈”的规定,为美国权力部门实行域外管辖提供了法理依据	已生效
1974年《贸易法》	国际贸易	第301条	美国总统可对他国采取所有适当行动,包括报复措施或制裁行动,以使外国政府撤销任何对美国商业发展造成负担与限制的当地法令、政策或惯例	已生效;并于1979年、1988年和2002年多次修订

续表

法案及时间	领域	具体条文号	“长臂管辖”措施	效力状态
1977 年《国际紧急状态经济权力法》	国家安全、经济安全		授权美国总统处理主要或全部来自美国以外的威胁，总统可根据该法行使外汇管制、阻止外国投资等各项权力	已生效
1977 年《反海外腐败法》	跨国腐败犯罪		打击跨国商业贿赂犯罪，规范企业会计规则	已生效，并于 1988 年、1994 年和 1998 年多次修订
1996 年《赫尔姆斯—伯顿法》	经济制裁	第 3 条	针对被古巴政府“没收”的美国公司和个人财产，美国公民可以在美国法院向使用这些财产的古巴实体以及与其有经贸往来的外国公司提起诉讼	已生效，但冻结第 3 条，2019 年第 3 条生效
2000 年《伊朗核不扩散法案》	经济制裁		被美国政府认定为与伊朗、朝鲜和叙利亚有违反制裁内容经贸往来或技术转让的其他国家的企业或个人，受美国制裁	已生效；2005 年叙利亚被列入，2006 年朝鲜被列入
2001 年《爱国者法案》	反洗钱，打击恐怖主义	第 215 条	联邦调查局局长或指定人员可以申请要求对任何有形物品的生产进行调查，以防止国际恐怖主义或秘密情报活动	已失效
2002 年《萨班斯—奥克斯利法案》	证券领域	第四分章	允许监督机构访问在美国上市公司的所有信息。 任何在美国上市的公众公司必须接受美国证券交易委员会至少 3 年 1 次的审核；公布资产负债表外的财务信息；实时更换外聘审计人员	已生效
2010 年《全面制裁伊朗、究责和撤资法案》	经济制裁		禁止外国银行与伊朗开展业务，禁止美国及外国人向伊朗提供成品油和炼油设备或服务	已生效

续表

法案及时间	领域	具体条文号	“长臂管辖”措施	效力状态
2010 年《多德—弗兰克华尔街改革和消费者保护法》	金融监管	第 112 条	建立金融稳定监督委员会识别影响美国金融稳定的银行或非银行金融公司的活动。扩大对跨国银行、证券交易机构及相关个人的管辖权	已生效
2010 年《海外账户税收合规法案》(Foreign Account Tax Compliance Act, FATCA)	海外账户信息披露		为防止滥用离岸税收政策,要求外国金融机构披露其美国客户的账户信息	已生效
2016 年《对恐怖主义资助者实行法律制裁法案》	打击恐怖主义	第 3 条、第 4 条	明确外国针对美国的国际恐怖主义的责任,以及协助和教唆有关恐怖主义行为的民事责任	已生效
2017 年《美国敌对国家制裁法》	经济制裁		加强对俄罗斯、伊朗与朝鲜的经济制裁	已生效
2020 年《外国公司承担责任法案》	在美上市公司额外信息披露要求	第 2 条	要求特定债券发行人证明其不受外国政府拥有或控制。如果 SEC 确定受监管的发行人连续 3 年未进行检查,SEC 应禁止该证券发行人在证券交易所或其他方式交易	已生效
2021 年《加强尼加拉瓜遵守选举改革法案的条件》	监测、报告和解决尼加拉瓜的腐败和侵犯人权行为	第 4 条	指示美国在国际金融机构的领导层加强与尼加拉瓜有关的任何贷款或金融技术援助项目的监督。 对阻碍选举的人实施定向制裁	已生效

3. 各部门配合执法更严密

在执法管辖权层面,一方面,国会授权各个行政部门可积极制定宽泛的执法规则,实施其“准立法权”。譬如,国会将1949年《出口控制法》、2000年《防止向伊朗、朝鲜和叙利亚扩散法》和2017年《美国敌对国家制裁法》中的大量执法权赋予国务院和商务部,将1974年《贸易法》和1977年《国际紧急状态经济权力法》所含有的执法权力大幅下放给总统本人及贸易代表办公室,司法部(Department of Justice,DOJ)和SEC则获得了打击海外腐败、非法证券交易的广泛权力,美联储、财政部及其下属的各种庞大分支机构则被国会授权处理各类跨国金融、海外税收等事务。

另一方面,各行政部门除具备“准立法权”外,国会还充分授予其执法权,使“长臂管辖”得以全方位地执行与开展。美国实施“长臂管辖”的主体不再局限于财政部和商务部,国防部、司法部、海关等部门也加入队伍,各司其职,构成了程度严密又彼此协作的执法体系。在处罚手段上,除了大额罚金,相关部门还利用刑事追责加速制裁,如FCPA规定,对于犯罪的自然人处以最高10万美元罚金和5年以下监禁。而“9·11”事件后的《爱国者法案》则将“长臂管辖”发展到了新的高度,其主旨是“赋予总统和联邦政府一切有效手段,用于打击恐怖主义”,扩大和加强了财政部、司法部、联邦调查局和中央情报局等政府机关对国内外金融活动的监督、检查和控制的权力,详细规定了金融机构的客户识别、业务禁止、情报收集和报告等义务,以此加强涉恐资金流向的识别和监控,并使美国执法部门的触角从美国国内伸向其他国家,实际大大扩大了美国司法的管辖范围和溯及力(具体实施机制见表2)。

表2　美国“长臂管辖”的实施机制

部门性质	部门	职能
立法部门	国会	制定“长臂管辖”相关法律,授权其他行政部门“准立法权”
司法部门	司法部	(1)打击海外腐败、非法证券交易;(2)拓展域外管辖的确立标准和管辖范围

续表

部门性质	部门	职能
行政部门	国务院	(1)制定、指导与外交政策相协调的制裁政策,对内指导相关部门许可证审批工作,对外争取其他国家和企业的合作;(2)下属贸易办公室、国防贸易管制局、国防安全与防扩散局等开展贸易相关执法
	总统	发布金融制裁的行政命令,紧急状态可控制实体在美资产
	财政部	负责跨国金融、海外税收等事务:(1)协同国务院、法院制定制裁名单和实施相关措施;(2)审批各类许可,监管被制裁实体、处罚违反制裁行为;(3)下属海外资产控制办公室直接管理金融制裁行动,负责拟定制裁名单和制裁措施,监管和处罚被制裁实体
	商务部	下属工业与安全局监管《出口管理条例》的实施情况,设定实体清单、实行出口管制及对应的调查与处罚
	国防部	下属国家安全局为财政部、司法部和商务部的调查提供情报支持

(二)“长臂管辖权”对金融机构在不同领域的适用

1.“长臂管辖”在反腐败领域的适用

自20世纪70年代起,打击商业腐败成为美国实施“长臂管辖”的主要借口与理由。自其实施以来最有影响的案例包括“赛波特公司行贿巴拿马政府案”“洛克希德公司行贿埃及政府官员案”“美国通用电气公司行贿以色列空军官员案”“百特公司行贿欧洲和中东中间人案”等。FCPA确立了两个极为重要的法律条款,一是反贿赂条款;二是账簿与记录条款,又称会计处理条款。根据前一条款,禁止任何美国公司向外国政府官员给付任何有价物,以帮助其获取或者维持业务。作为一部反海外腐败的专门立法,FCPA内列举的有关腐败贿赂的行为在管辖范围上具有一致性,只要是送现金、珠宝、奢侈品,或是提供旅游、娱乐等,属于FCPA规制的违法事项,美国有关机构就可以通过“长臂管辖”制度获得管辖权,“长臂管辖”的范围呈现不断扩大的趋势。

FCPA自1977年颁布以来,历经3次修订,适用范围扩展至外国公司和个人。具体而言,FCPA的管辖对象既包括企业也包括个人,有从事商事活动的直接主体,如发行人、内部董事、高管、职员、代理人或股东等,还包括在美国境内进行商事活动的自然人和企业,如美国境内的非居民个人或企业。上述两种管辖类型分别以属人和属地管辖为基础。除此之外,FCPA 涉及“长臂管辖”的范围还体现在另外两个方面:一是与美国公司有关联关系的境外个人或企业,二是借助或使用美国境内通信、商业工具的个人或企业。在前一种情况下,对注册并设立在他国的美国公司子公司、关联公司或代理人突破了传统的属人管辖,但因其以美国公司作为连结点,仍可认定为具备一定合理性。然而,后者赋予了有关机构对不在美国境内但使用了美国的邮件或商业工具以促成贿赂等不当行为的个人或企业的管辖权。换言之,FCPA 将“邮件”“商业工具”的所属国作为连接境外商事主体的管辖权依据,不仅突破了一般管辖权原则,还大大降低了管辖的门槛,是美国“长臂管辖”的进阶形式。

就 FCPA 的执法来说,它的执法机关包括 SEC 和 DOJ,具体而言,SEC 的反海外腐败单位和 DOJ 的反欺诈科负责执行 FCPA 规制的违法事项,前者负责对发行人、股东、董事、高管和职员等具有关联关系的个人违反反贿赂条款的民事执法权,而后者则具备刑事执法权。在实践中,SEC 和 DOJ 不仅有权决定调查的启动、处罚的形式,还可决定是否进入起诉、和解和裁决程序等。此外,由于案件的复杂性,SEC 和 DOJ 往往配合执法,甚至与外国机构联合执法,这类执法活动统称为“FCPA 执法”。从 2012 年至 2021 年的 10 年间,美国司法部实施 FCPA 执法共 361 起(见图 1),执法数量和罚款金额屡创新高。然而,经过 2019 年和 2020 年的记录高峰值,受疫情影响的 2021 年只有 18 起执法案件,为近 15 年来的最低点。一方面,这是由于疫情的长期持续,导致经济增长缓慢甚至倒退,并因此加剧了 FCPA 调查和执法的困难。另一方面,政权更迭和拜登政府的上任也是执法数量波动的因素,但尽管如此,FCPA 的执法低谷还是令人大跌眼镜。综合 2021 年 FCPA 的执法情况,银行业案件成为 FCPA 的“常客”,首案德意志银行和尾案瑞信银行都因腐败和非法交易等问题被 FCPA 追诉。

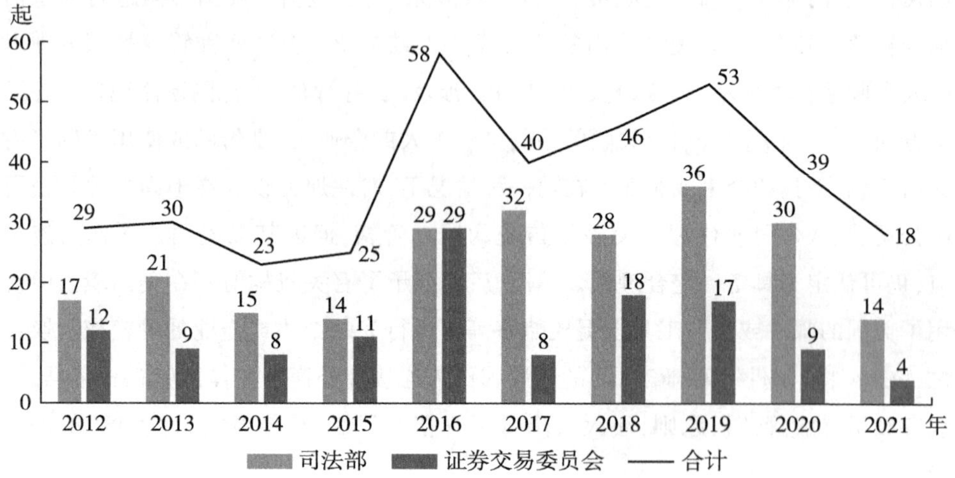

图1　2012~2021年FCPA执法数量

资料来源:美国证券交易委员会和司法部官方网站公开信息。

此外,近年来FCPA执法在美国国内与国际政府机构间的联合持续加强。2021年,SEC和DOJ分别与巴西、瑞士和英国当局协调及合作达成了两项全球反腐败决议,在这两项决议中DOJ和SEC不仅协调各自的调查,还将支付给其他国家的罚款和罚金计入贷方。① 就目前FCPA执法的情况来说,DOJ倾向于以不起诉协议或附追缴条件的不起诉决定方式执法结案,和解方式解决大于实际性处罚。不过一旦作出处罚决定,罚金则相对较高。在有史以来的十大FCPA罚单中,九项是针对非美国公司的。

最后,FCPA执法在未来会有更严格与细致的趋势,全球普遍预计FCPA执法行动会在2022年回升并持续增加,这对全球企业实施有效的合规计划敲响了警钟。而对于个人腐败案件来说,2020~2021年是继2019~2020年以来第二年大幅下降,其个人执法案件数量比10年平均水平降低了约38%,而在此之前,2017~2019年是个人腐败案件起诉的高峰期(见图2)。随着美国司法部的全新改组,未来的个人腐败案件的执法力度将重新发力并继续加大。

---

① 分别是英国的阿美科福斯特惠勒能源公司(Amec Foster Wheeler,AMFW)与美国、巴西和英国当局达成的一项超过1.77亿美元的全球决议,以及瑞士信贷(Credit Suisse)向美国、瑞士和英国当局支付了共4.75亿美元的罚款以达成和解。

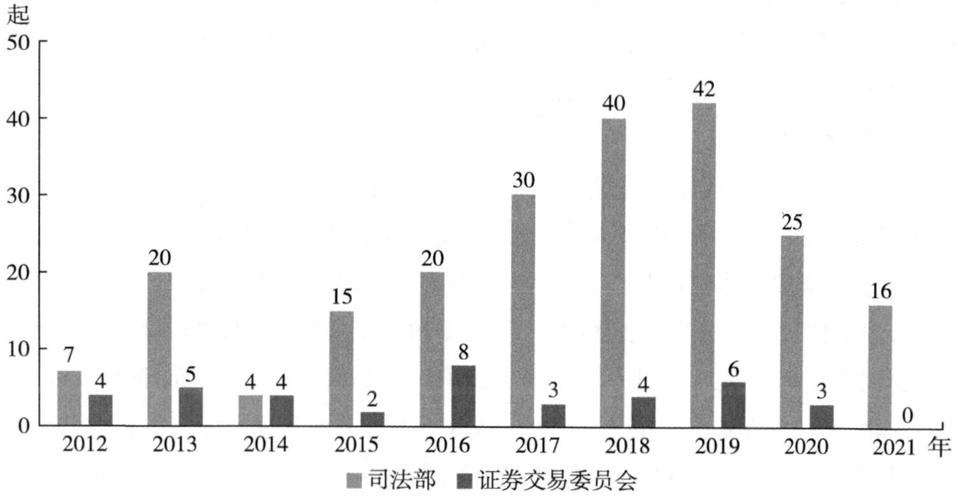

图 2　2012～2021 年 FCPA 对个人执法数量

2.“长臂管辖”在反洗钱领域的适用

随着美国“长臂管辖”原则在金融领域应用的深入和广泛，金融机构的反洗钱风险成为美国“长臂管辖”适用的另一个普遍场景。在过去 10 年中，美国法院不断重申其法规域外适用的情形，其中反洗钱法规则越来越多地被美国司法部用来起诉和美国实质关系并不大的犯罪。因此，了解美国对洗钱法规的规定对金融机构至关重要，其作为交易渠道往往会“有意”或“无意”地卷入美国政府对第三方潜在洗钱活动的调查。

美国是世界上第一个制定反洗钱立法的国家，其反洗钱框架的基石是 1970 年颁布的《货币和外国交易报告法》，也被称为《银行保密法》。2001 年，“9·11”事件后，为了遏制和打击涉嫌资助恐怖主义的资金交易，美国出台《爱国者法案》，进一步强化和完善了《银行保密法》的已有规定，要求金融机构加强客户识别、开展尽职调查，并要求金融机构和政府之间信息共享。反洗钱也是美国对外行使“长臂管辖权”的核心和重要领域，相关政策亦集中体现在《爱国者法案》中。通过该法案，美国对金融机构的“长臂管辖”越伸越“长”，管制对象不再局限于美国境内的金融机构，还通过“最低联系原则”将手伸到其他可产生联系的境外金融机构。如该法案第 317 条规定：“如外国公民或根据外国法设立的金融机构参与洗钱活动，只要对其依照《美国联邦民事诉讼规则》或所在地法律送达诉讼文书，美国法院即可对其行使‘长臂管辖’。”根据该条款，美国不断加强对外资银行在其境内反洗钱工作的合法性审查,对于在美国境外实施犯罪行为而其犯罪所得资金转移到美国境内的外资银行,美国司法机关都可以洗钱罪名对其提起刑事诉讼并没收犯罪所得资金。这种情况不但拓展了管辖的对象,还可能导致美国与外国人或外国金融机构所在国司法管辖的冲突。

2021 年 1 月,美国国会通过了 2020 年《反洗钱法案》,对银行和其他金融机构提出了更广泛的反洗钱和反恐融资义务,不仅对已有的反洗钱框架作了补充,还对金融机构在许多具体规定上有了不同方面的更新和更高的监管要求。如在该法案中"金融机构"的定义被拓展,新纳入了"从事古董交易的人/机构,包括顾问、咨询或交易商"。此外,该法案进一步扩大了美国司法部门对外国银行的传唤权限,对在美国拥有代理行账户的外国银行可以调取不限于美国代理行账户的任意特定调查的相关账户记录。该规定和《爱国者法案》第 319 条相似,因其相当于超越了通行的国际刑事司法协助规则,干预外国独立的司法管辖权,使银行要么违背所在地银行保密法,要么对抗美国监管机关的强制性要求,从而处于必将受到其中一方惩罚的两难境地。①

除了上述核心法案,美国还通过了其他有关洗钱的基础性法案和战略性法案,各项反洗钱法律授权了美国财政部门、司法部门、毒品管理局和各类行政部门反洗钱执法权。美国财政部是金融层面反洗钱监管的核心部门,其中,金融执法局和外国资产控制局分别负责制定金融监管法规、提交立法草案和实施具体监管活动。此外,司法部及其项下的联邦调查局和毒品管理局也是反洗钱领域主要的执法部门。美国金融犯罪执法网络(Financial Crimes Enforcement Network, FinCEN)则是美国反洗钱监管体系的核心,其隶属于美国财政部,主要通过收集、分析和传播金融情报来打击国内和国际洗钱、恐怖主义融资和其他金融犯罪。因此,金融交易数据是 FinCEN 情报收集的主要部分,同时为执法目的对数据进行分析,并与其他国家的对口组织和国际机构建立全球合作。

近 10 年来,因违反"反恐、反洗钱"为名遭受上亿美元罚款的他国银行案例高达 20 余起,总处罚金额近 300 亿美元,受罚银行所属国多为欧洲国家(见表 3)。然而与天价罚单相比,各国金融机构更担心被美国财政部认定为"主要洗钱网点",并实施一系列制裁措施,其中最严重的是被剥夺或限制与任何美国金融机构的代理

① 参见徐超、单超:《美对我滥用"长臂管辖"及其应对》,载《世界社会主义研究》2017 年第 6 期。

银行账户或过渡账户，从而被排除在美元交易系统之外。鉴于美元的储备地位和稳定的流通性，被排除在美元交易体系之外对于跨国金融机构意味着无可估量的损失，而对规模较小的银行，甚至会影响其生存。

表 3　2010～2019 年国际银行因反洗钱“长臂管辖”处罚上亿美元案例汇总

时间	金融机构	主要原因	执法部门	罚款金额/亿美元
2010 年	英国巴莱克银行	掩盖汇款来源，向古巴、伊朗、利比亚、苏丹和缅甸提供金融交易服务	美国司法部	2.9
2012 年	英国汇丰银行	伪造交易记录，为墨西哥毒枭洗钱、向基地组织的银行提供资金	美国司法部	19.2
2012 年	英国渣打银行	为苏丹、伊朗、利比亚和缅甸客户处理 2500 亿美元金融交易	纽约金融服务局	6.7
2012 年	荷兰国际银行	非法隐瞒交易实质，在曼哈顿地区为古巴和伊朗客户转移资金	美国财政部海外资产办公室	6.2
2013 年	东京三菱银行	删除客户资料，为伊朗、苏丹和缅甸转移资金	纽约金融服务局	2.5
2014 年 1 月	摩根大通银行	未能报告伯纳德·麦道夫证券欺诈案涉及的可疑交易	纽约州南区检察官办公室、货币监理局	20.5
2014 年 6 月	法国巴黎银行	隐藏客户姓名，协助苏丹、伊朗和古巴等受制裁国家转移资金	纽约金融服务局、美联储、美国财政部海外资产办公室	89.74
2014 年 8 月	英国渣打银行	整改后的反洗钱合规情况未达到 2012 年与纽约金融服务局协定的标准	纽约金融服务局	3
2014 年 11 月	东京三菱银行	协助普华永道删除该银行与伊朗、苏丹、缅甸等受制裁国的关键交易信息	纽约金融服务局	3.15

续表

时间	金融机构	主要原因	执法部门	罚款金额/亿美元
2015年	法国东方汇理银行	反洗钱合规存在重大缺陷	纽约金融服务局	7.8
2015年3月	德国商业银行	隐瞒客户信息,协助古巴、伊朗、缅甸和苏丹等受客户转移资金	纽约金融服务局、纽约南区检察官办公室、美联储	17
2015年7月	花旗银行	全资控股的墨西哥国民银行未能有效执行反洗钱合规项目	联邦存款保险公司、加利福尼亚州商业监督部	1.4
2015年11月	德意志银行	代表伊朗、利比亚等美国制裁对象从事交易	纽约金融服务局	2.58
2016年2月	英国巴克莱银行	为津巴布韦等受制裁国转移资金	美国财政部海外资产办公室	248.5
2017年	德意志银行	镜像交易存在洗钱嫌疑,反洗钱合规存在重大缺陷	美联储	6.3
2018年	英国渣打银行	代表伊朗客户秘密转移10亿美元	美国司法部、美国财政部海外资产办公室、纽约郡地区检察官办公室、纽约金融服务局	11
2018年	法国兴业银行	通过美国金融系统与古巴进行数10亿美元业务往来	美国财政部海外资产办公室	13
2018年	法国社会保障银行	与伊朗、利比亚、古巴和苏丹存在超过100亿美元金融交易往来	美国财政部海外资产办公室	13.4
2019年	意大利裕信银行	通过美国金融系统向伊朗转移数亿美元	美国司法部、美国财政部海外资产办公室	13

3.“长臂管辖”在金融制裁领域的适用

金融制裁是经济制裁的重要部分,是21世纪后美国寻求替代以贸易制裁为主的经济制裁的重要工具。尽管金融制裁具有经济性质,但它实质是一种为政治服务的工具,通过冻结金融资产、阻止金融支付来控制国家间的贸易往来。近年来,美国金融制裁已由“法律对总统在国家紧急状态时的特殊授权”逐渐转变为“常态化外交工具”。《国际紧急经济权力法》《与敌贸易法》《国外毒品主要销售法》《爱国者法案》是美国金融制裁的主要法律基础。其中,《爱国者法案》是金融制裁和反洗钱共同分享的法律基础,使二者成为紧密相连的不同主题。美国把金融制裁和反洗钱监控相结合,一方面有效防范各种规避手段,另一方面扩大了反洗钱法律实施的边界。

近年来,美国的金融制裁不断通过依托美元霸权体系、强化清单系列制裁和次级制裁,提升制裁的“聪明”程度。[①] 而为了进一步提高制裁打击的精确度和力度,美国将制裁延伸到多个维度,甚至到被制裁对象的交易对手方,分别进行“一级制裁”和“次级制裁”。其中,“一级制裁”是指美国相关监管机构直接对美国个人与实体进行限制,限制其与特定被制裁主体进行交易;而“次级制裁”则禁止第三国人与一级制裁下的目标国进行贸易,意在迫使第三国对目标国采取与它相同的制裁措施,意图将单边制裁转化为多边行为。[②] 美国通过次级制裁不断拓展其国内法的域外效力,赋予国会制定具有域外效力的联邦法,并扩大总统的行政权,实现“长臂管辖”。就次级制裁来说,只要涉及如下的美国连结点因素,就会面临被处以制裁的风险:(1)交易涉及美国人;(2)交易通过美元或美国金融机构进行结算;(3)交易涉及美国原产物项。

在执法层面,由美国财政部海外资产控制办公室(The Office of Foreign Assets Control of the US Department of the Treasury,OFAC)发起的经济制裁是美国经济制裁体系中的重要一环,而OFAC也是金融制裁的主要执法部门。截至2022年3月,OFAC共实施37个制裁项目,涉及27个国家和地区,涵盖10个制裁名单,共包括

---

① 参见郑联盛:《美国金融制裁:框架、清单、模式与影响》,载《国际经济评论》2020年第3期。

② See Cedric Ryngaert, *Exterritorial Export Control* (*Second Boycotts*), 7 Chinese Journal of International Law 625, (2008), p. 638.

7300余名个人和实体。[①] 金融制裁的常用手段包括禁止被制裁方在美投资或封锁制裁方已在美投资企业,冻结被制裁者财产,禁止进入美国金融市场,以及切断美元获取和使用渠道等。以"阿拉伯商业银行英国分行案"为例,因该行与受美国制裁的苏丹客户汇款途经纽约的分行而被OFAC进行次级制裁。尽管阿拉伯商业银行与苏丹客户之间同美元有关的交易未直接使用美国金融系统,且均在美国境外处理,但美元资金在转汇的途中因经由非美金融系统在美国开立了美元清算账户,据此被OFAC认定为此环节涉及美国金融系统,从而处以2.2884亿美元的罚款。后经英国审慎监管局协商和积极补救,才将罚金降至400万美元。[②] 可见,次级制裁是在一级制裁基础上出现的,是对一级制裁在适用范围上的扩张。

除此之外,美国的经济制裁在进入"聪明制裁"阶段之后还发展出了"行业制裁"和"名单制裁"的概念,分别以行业类别和不同的制裁项目为背景,对经营或协助经营该行业或相关项目的主体进行制裁。2014年,OFAC为了限制俄罗斯部分经济部门从美国获取资金,首次公布了"行业制裁识别名单",该名单涉及俄罗斯国防、矿产、能源和金融服务等多个重要的行业领域,成为"行业制裁"成型的典型标志。而"名单制裁"实则将违反同类制裁规定的不同主体汇集为一个制裁名单,对这些主体施以相同或同类别的制裁措施。目前,OFAC已发展并公布了包括指定国民名单(Specially Designated Nationals And Blocked Persons List,SDN)在内的10个制裁名单。其中,SDN名单是OFAC对外金融制裁体系中的核心名单,被列入的对象包括公司、组织和个人,主要基于从事美国认定的恐怖活动或极权活动,或是对美国国家安全及外交、经济政策等存在危害。而任何与美国有业务往来或交易的企业,若与SDN名单上的实体或个人进行交易都将遭受次级制裁。"561名单"则是OFAC针对伊朗进行金融制裁的特殊名单。若境外金融机构违反了美国联邦法规第31篇(Code of Federal Regulations,Title 31,31 CFR)第561部分条款,将被列入"561名单"。该条款又称"伊朗金融制裁法规"(Iranian Financial Sanctions Regulations,IFSR),主要规定境外金融机构禁止协助伊朗相关实体进行交易的条件和标准。2021年国际金融机构受OFAC制裁具体情况见表4。

---

① 参加美国财政部网站,https://home.treasury.gov/policy-issues/financial-sanctions/sanctions-programs-and-country-information。

② 参见蔡开明等:《案例分析:英属阿拉伯商业银行违反美国〈苏丹制裁条例〉一案》,载微信公众号"走出去智库"2020年7月8日,https://mp.weixin.qq.com/s/sliTxpldtyPVeyBURUUUKA。

表 4　2021 年国际金融机构受 OFAC 制裁情况

时间	处罚对象	主要违规事由	制裁处罚
2021 年 11 月	阿拉伯马什雷克银行伦敦分行	违反 OFAC 现已废除的苏丹制裁计划,通过美国金融机构直接或间接处理了总计 4,085,427,520 美元的涉及苏丹的商业交易	采取违反制裁的裁定(Finding of Violation, FOV),未进行民事罚款
2021 年 8 月	罗马尼亚第一银行	通过美国银行代表伊朗和叙利亚的各方处理了 98 笔商业交易	罚款 862,318 美元
2021 年 7 月	派安盈(Payoneer)	为乌克兰、伊朗、苏丹和叙利亚克里米亚地区的各方处理交易;为 OFAC 特别指定国民和被封锁人员名单(SDN 名单)上的受制裁人员处理交易	罚款 1,385,901.40 美元
2021 年 4 月	速汇金	为获得 OFAC 的允许为被关押在美国联邦监狱的个人处理交易;为发起涉及叙利亚商业交易的个人处理交易	罚款 34,328.78 美元
2021 年 1 月	阿拉伯和法国银行联盟	为美国制裁名单上的叙利亚金融机构处理支付业务	罚款 8,572,500 美元

三、“长臂管辖”的风险应对

(一)深化金融机构的合规体系建设

尽管很多企业都设有风控部门,但合规管理体系不等同于传统的风险控制,也不是防控一般意义上的“风险”,而主要是防控因违法违规行为而受到监管处罚和刑事处罚的风险,更区别于企业的经营风险和财务管理风险。① 银行企业在经营活动中会遇到各种各样的合规风险,企业建立合规体系和合规机制,最早也是从金融业开始的。2005 年,巴塞尔银行监督管理委员会发布了《合规与银行内部合规部门》的文件,为会员国银行企业组建合规部门和建立合规体系确立了基本的原则和

① 参见陈瑞华:《企业合规基本理论》(第 2 版),法律出版社 2021 年版,第 21 ~23 页。

制度框架。

在合规计划制定上,应避免大而全的合规总计划,而应针对特定领域量身打造各企业的专项合规计划。就金融机构来说,常见的风险领域包括商业贿赂与反腐败、反洗钱以及面临欧美和国际组织的制裁。在2008年金融危机后,全球监管机构为防范金融风险出台了一系列监管措施,不断扩展合规的要求并加大惩罚的力度。各国的反洗钱立法不断更新完善,如美国实施《海外账户税收合规法案》并发布关于金融机构开展客户尽职调查的最终规则,欧盟通过第4版反洗钱指令,日本修订《犯罪收益转移防止法》等,监管要求日益加码,趋严趋细。而在反腐败领域,各国的合作加深,致力于共同打击跨国腐败犯罪活动。

此外,银行机构规避美国金融制裁最有效的方式是,使用独立于美国打造的国际支付清算体系,建立自主的跨境交易系统。目前国际贸易的结算和支付主要以美元为货币,并通过"环球银行间金融电讯协会"(Society for Worldwide Interbank Financial Telecommunication,SWIFT)和"纽约清算所银行同业支付系统"(Clearing House Interbank Payment System,CHIPS)。只要金融机构从事美元转账、支付与结算等业务,便不得不使用SWIFT系统,从而与美国产生联系及被其制裁的风险。为避免遭受此类制裁,一些国家已有建立其他交易系统的初步尝试。例如,俄罗斯早在2014年便开始建设俄罗斯金融信息传输系统(System for Transfer of Financial Messages,SPFS),以期日后可以彻底替代SWIFT系统。不过,尽管俄罗斯近年来在国内外大力推行SPFS系统,但该系统的发展并不顺畅,目前其刚刚开始与其他国家银行的联通,在俄罗斯国内市场份额还未过半。除了俄罗斯,英国、法国、德国还于2019年联合创立"贸易往来支持工具"(Instrument for Supporting Trade Exchanges,INSTEX),凭借此系统,欧盟企业可不经由SWIFT系统进行跨境支付结算,从而规避因美国对伊朗金融制裁而引发的次级制裁风险。不过该系统有其局限性,即交易范围仅限于人道主义相关物品,而伊朗的国际贸易主要依靠石油,仅以此系统为交易媒介难以实现与欧盟的进出口平衡,所以INSTEX系统并未达到预期规避美国金融制裁的效果。

对于其他国家的银行而言,在海外发展主要面临三大风险:国别风险、合规风险及商业风险,其中合规是银行海外业务发展的"压舱石"。[①] 因此,以银行为代表

① 参见瞿亢:《银行走出去的主要风险与防范》,载《中国金融》2018年第21期。

的金融机构在海外发展时不能以牺牲合规为代价开展业务，必须高度重视机构内部的合规管理问题。第一，不断熟悉市场特征和国际规则，关注相关国家审批、反洗钱或反恐融资等合规要求，严格审查并执行境外法律，防范境内外法律冲突风险。第二，完善内部合规管控体系，通过强化内控合规管理，将合规理念从形式合规向实质合规转变，识别主要风险驱动因素，对风险进行评估与监测，确保金融机构的制度和管控措施适当且有效。第三，强化不同风险领域国际动态的前瞻性研究，如全球反洗钱监管和反腐败执法等，加强合规文化建设的顶层设计；并通过定期交流和员工培训，提升各部门的风险防范意识，组建自上而下的合规管理人才队伍。

（二）“长臂管辖”的阻断

面对域外国家不断伸长的管辖权，第三国通过立法反制予以应对是目前各国广为接受的方式之一。有学者指出，各国反制裁立法和措施可分为对抗型、规避型和抵消型三类，其中抵消型是直接针对他国具有域外适用效果的制裁立法或措施，制定抵消性的反制裁法——阻断法。① “阻断法”属于冲突法的一种，是在管辖冲突出现的情况下，禁止在本国管辖范围内适用外国具有域外效果之法律并消除其影响的一类国内法的统称。② 面对美国不断扩大和强化的域外管辖权，欧盟开始制定“阻断法”，以立法的方式击破他国域外管辖和单边次级制裁的有效性，维护其企业和个人在海内外的合法经营权益。

早在1996年，欧盟就颁布《阻断法》以应对美国《古巴自由与民主团结法案》《伊朗和利比亚制裁法案》带来的域外制裁效力。欧盟为支持欧洲企业在古巴、伊朗和利比亚三国继续开展合法贸易，颁布该条例来阻断美国的制裁，欧盟可不执行、也不会执行第三国施行美国规定的封锁制裁的判决或决定，欧盟公司可追回任何因制裁而造成的损害。不过，这起冲突最终以欧美双方之间达成政治协议而宣告结束，该法并未得到真正实施，仅成为一种有威慑力作用的政治工具。

2018年，美国重启对伊朗的制裁，包括具有域外适用性的次级制裁措施。为应

---

① 参见漆彤：《欧盟〈阻断法〉的适用困境及其对我国的启示——以伊朗梅利银行诉德国电信案为例》，载《财经法学》2022年第1期。

② See Menno T. Kamminga, *Extraterritoriality*, in R. Wolfrum ed., Max Planck Encyclopedia of Public International Law, Oxford University Press, 2012, para. 26.

对美国次级制裁给欧盟企业和经营者带来的不利影响,欧盟也随之重启《阻断法》,同时出台了配套的实施条例和指导说明。欧盟《阻断法》中有三项核心制度:阻断美国特定法律在欧盟境内的效力和执行、禁止相关主体遵守美国特定法律,以及允许相关主体就美国特定法律带来的损失进行索赔。[①] 但在实践中,该法在成员国内适用的案例很少,在2018年重启之前,欧盟对《阻断法》的适用仅有两次初步尝试,但两个案件最后都以政治方式解决,《阻断法》并未得到有效实施。在重启之后,“伊朗梅利银行诉德国电信案”是欧洲法院首次对《阻断法》发表官方意见。[②] 该案也反映出欧盟《阻断法》的实施困境,由于《阻断法》与次级制裁之间的制度对立,促使当事方陷入进退两难的境地,面临着不遵守美国次级制裁的法律风险和违反欧盟规定而引发赔偿风险的矛盾选择。此外,欧盟《阻断法》的定位存在模糊之处和灰色地带,它的法律意义似乎受限于其政治内涵:一方面,欧盟引入各类保障机制以维护企业经营者的利益;另一方面,欧盟似乎更倾向将《阻断法》作为与美国的谈判筹码,这种政治价值的赋予导致该法的实施存在诸多不确定性,也影响了其作为一项“法律”而本应得到适用的实际效力。

总体来说,《阻断法》虽然无法完全“阻断”域外管辖的所有风险,但这种立法可以给相关企业和金融机构提供一种缓冲机制,在一定程度上降低美国单边制裁的不可预见性的损害程度。

(三)反制措施

针对美国的金融制裁,阻断立法虽然具备一定的威慑力,但其保护力度有限,难以应对美国当前复杂多变的经济制裁法律体系。鉴于此,多国“升级”已有的阻断立法,以反制裁立法模式向美国的单边制裁予以回击,以期达到双方制裁对等的效果。如2018年,俄罗斯颁布《关于针对美国和其他国家不友好行为的反制裁措施法案》,为俄罗斯反制裁提供了重要的法律依据。[③]

欧盟在面对美国域外制裁时还通过制定史上最严个人数据保护条例《通用数

---

① 参见叶研:《欧盟〈阻断法案〉述评与启示》,载《太平洋学报》2020年第3期。

② 参见漆彤:《欧盟〈阻断法〉的适用困境及其对我国的启示——以伊朗梅利银行诉德国电信案为例》,载《财经法学》2022年第1期。

③ 参见张红侠:《制裁与反制裁:俄罗斯经济困局及脱困之路》,载《俄罗斯东欧中亚研究》2016年第6期。

据保护条例》(General Data Protection Regulation,GDPR)来保护欧盟公民信息安全,并借此提高美国法院获取欧盟个人数据信息的成本和门槛,防止美国滥用“长臂管辖”打击欧盟企业和个人。通过数据保护来建立“数据主权”,相当于在信息获取和情报收集上对美国起到反制“长臂管辖”的作用。

国际新协定与金融法治发展

俞弘志*

2014年以来,随着新的国际经济形势发展,中国越来越主动地参与国际金融开放的进程,进一步加大金融对外开放力度。这表现在中国国内自主开放的金融负面清单和国际协定谈判的金融负面清单两个维度。

在2013年7月中美第五轮战略与经济对话中,双方同意以"负面清单"模式为谈判基础进行《中美双边投资协定》的实质性谈判,拟对包括准入环节的外国投资各个阶段提供国民待遇。中国自此积极研究并采取进一步主动扩大服务业对外开放的措施,如建立上海等自由贸易试验区并以国内负面清单模式试行新的外资管理模式,为各类国内外投资者及其投资的市场准入设置平等条件。

金融服务业对外开放属于国际服务贸易的范畴。按照世界贸易组织界定的国际服务贸易的四种形式,其中商业存在形式为外国直接投资的同义语,其余三种形式(包括境外消费、跨境提供和自然人流动)统称为跨境服务贸易。以负面清单的"自由化+例外"(具体而言,为"准入前国民待遇+负面清单")模式处理外国金融直接投资和跨境金融服务贸易准入法律问题的典型国际经贸协定最早为《北美自由贸易协定》(North American Free Trade Area,NAFTA),其中附件七即为单独的金融负面清单。国际上签订的高标准经贸协定,诸如《全面与进步跨太平洋伙伴关系协定》(Comprehensive and Progressive Agreement for Trans-Pacific Partnership, CPTPP)、《美墨加协定》(United States-Mexico-Canada Agreement,USMCA)等,均包含单独的金融负面清单。本文参考典型国际经贸协定中单独金融负面清单的概

---

* 复旦大学中国金融法治研究院特邀研究员,复旦大学法学博士,美国哥伦比亚大学法律硕士(LLM)。研究方向:国际金融法。

念,将中国国内自主开放的负面清单或中国缔结国际经贸协定的负面清单中涉及金融业的特别管理措施统称为金融负面清单。未来我国要加入 CPTPP 等高标准国际经贸协定,也应按照“准入前国民待遇 + 负面清单”的模式作出对外国直接金融投资和跨境金融服务贸易的自由化承诺和规定相应的监管权力,提出单独的金融负面清单,而签订国际经贸协定的金融负面清单应以国内金融负面清单为依托或引领其发展。中国签订国际经贸新协定的金融服务开放承诺与中国国内涉外金融法治发展的互动研究正是在这样的背景下展开的。

一、从自贸试验区到《外商投资法》的金融业外资准入负面清单管理模式

以 2013 年中美第五轮战略与经济对话为契机,一方面,中国在“中美双边投资协定谈判”中准备以“负面清单”模式进一步扩大投资和服务贸易开放,并且在《中欧全面投资协定》(China-EU Comprehensive Agreement on Investment, CAI)中已经对外商投资准入采取“准入前国民待遇 + 负面清单”缔约模式。另一方面,中国从上海自由贸易试验区开始,探索全面实施外资准入的“准入前国民待遇 + 负面清单”管理模式,从而集国内实践经验为国际谈判提供立场参考;而国内实践又区分自贸试验区与全国版的负面清单两种路径,分别可与国际经贸协定金融负面清单中的中央政府层级与地方政府层级的不符措施相对应。鉴于 USMCA、CPTPP 等高标准国际经贸条约中均以单独的金融负面清单形式列出金融不符措施,研究国内负面清单相关法规中的金融负面清单部分将为未来中国在国际经贸谈判中提出单独的金融负面清单提供出发点和经验。

(一)自贸试验区金融负面清单开放承诺内容的演变

在 2013 年版《上海自由贸易试验区负面清单》中,涉及金融负面清单的表格项目内容包含 1 个门类(J 金融业),4 个大类(J66 货币金融服务、J67 资本市场服务、J68 保险业、J69 其他金融业),21 个中类(J661 中央银行服务、J662 货币金融服务、J663 非货币银行服务、J664 银行监管服务、J671 证券市场服务、J672 期货市场服务、J673 证券期货监管服务、J674 资本投资服务、J679 其他资本市场服务、J681 人身保险、J682 财产保险、J683 再保险、J684 养老金、J685 保险经纪与代理服务、J686 保险

监管服务、J689 其他保险活动、J691 金融信托与管理服务、J692 控股公司服务、J693 非金融机构支付服务、J694 金融信息服务、J699 其他未列明金融业),5 项特别管理措施。(见表 1)

表 1 2013 年版《上海自由贸易试验区负面清单》中的金融负面清单

门类 (代码及名称)	大类 (代码及名称)	中类 (代码及名称)	特别管理措施
J 金融业	J66 货币金融服务、J67 资本市场服务、J68 保险业、J69 其他金融业	J661 中央银行服务、J662 货币金融服务、J663 非货币银行服务、J664 银行监管服务、J671 证券市场服务、J672 期货市场服务、J673 证券期货监管服务、J674 资本投资服务、J679 其他资本市场服务、J681 人身保险、J682 财产保险、J683 再保险、J684 养老金、J685 保险经纪与代理服务、J686 保险监管服务、J689 其他保险活动、J691 金融信托与管理服务、J692 控股公司服务、J693 非金融机构支付服务、J694 金融信息服务、J699 其他未列明金融业	(1)限制投资银行、财务公司、信托公司、货币经纪公司。 (2)限制投资保险公司(含集团公司、寿险公司外方投资比例不超过 50%)、保险中介机构(含保险经纪、代理、公估公司)、保险资产管理公司。 (3)限制投资证券公司[外方参股比例不超过 49%,初设时业务范围限于股票(包括人民币普通股、外资股)和债券(包括政府债券、公司债券)的承销与保荐、外资股的经纪、债券(包括政府债券、公司债券)的经纪和自营,持续经营 2 年以上符合相关条件的,可申请扩大业务范围]、证券投资基金管理公司(外方参股比例不超过 49%)、证券投资咨询机构(仅限港、澳证券公司,参股比例不超过 49%)、期货公司(仅限港、澳服务提供者,参股比例不超过 49%)。 (4)投资小额贷款公司、融资性担保公司须符合相关规定。 (5)投资融资租赁公司的外国投资者总资产不得低于 500 万美元;公司注册资本不低于 1000 万美元,高级管理人员应具有相应专业资质和不少于 3 年从业经验

在 2014 年版《上海自由贸易试验区负面清单》中,涉及金融负面清单的表格项目内容缩减为涉及 1 个部门(J 金融业),4 个领域(J66 货币金融服务、J67 资本市场服务、J68 保险业、J69 其他金融业),4 项特别管理措施。对比 2013 年版,2014 年版

《上海自由贸易试验区负面清单》中的金融负面清单有如下变化：(1)对货币金融服务的特别管理措施从"限制投资银行、财务公司、信托公司、货币经纪公司"修改为"投资银行业金融机构须符合现行规定"，即对有关货币金融服务的外商投资准入，从具体列举有关准入范围，修改为由现行法律法规决定准入范围；(2)取消"投资小额贷款公司、融资性担保公司须符合相关规定"的限制。(见表2)

表2 2014年版《上海自由贸易试验区负面清单》中的金融负面清单表格项目

部门	领域	序号	特别管理措施	国民经济行业分类代码
J 金融业	J66 货币金融服务、J67 资本市场服务、J68 保险业、J69 其他金融业	105	投资银行业金融机构须符合现行规定	J66
		106	限制投资保险公司(含集团公司、寿险公司外方投资比例不超过50%)、保险中介机构(含保险经纪、代理、公估公司)、保险资产管理公司	J68
		107	限制投资证券公司，外方参股比例不超过49%，初设时的业务范围限于股票(包括人民币普通股、外资股)和债券(包括政府债券、公司债券)的承销与保荐、外资股的经纪、债券(包括政府债券、公司债券)的经纪和自营，持续经营2年以上符合相关条件的，可申请扩大业务范围；限制投资证券投资基金管理公司外方参股比例不超过49%；限制投资证券投资咨询机构，仅限港澳证券公司，参股比例不超过49%；限制投资期货公司，仅限港澳服务提供者，参股比例不超过49%	J67
		108	投资融资租赁公司的外国投资者总资产不得低于500万美元；公司注册资本不低于1000万美元，高级管理人员应具有相应专业资质和不少于3年从业经验	J69

2015年，随着国家批准在广东、天津、福建设立自由贸易试验区，国务院办公厅印发《自由贸易试验区外商投资准入特别管理措施(负面清单)》(以下由国务院或国家部委发布的适用于全国自由贸易试验区的"负面清单"均简称《自贸试验区负

面清单》,以年度标示为区别)。2015 年版《自贸试验区负面清单》含 15 个门类,50 个条目,122 项特别管理措施。

在 2015 年版《自贸试验区负面清单》中,涉及金融负面清单的内容包含 1 个行业(金融业),10 个领域(含银行业股东机构类型要求、银行业资质要求、银行业股比要求、外资银行、期货公司、证券公司、证券投资基金管理公司、证券和期货交易、保险机构设立、保险业务),14 项特别管理措施。由于负面清单的发布机构由上海市地方政府改为国务院有关部门,因而相比 2014 年上海市的版本,金融负面清单的结构、内容有了很大的变化,对相关措施做了进一步的梳理。(见表 3)

表 3　2015 年版《自贸试验区负面清单》中的金融负面清单

序号	领域	特别管理措施
(二十七)	银行业股东机构类型要求	64. 境外投资者投资银行业金融机构,应为金融机构或特定类型机构。具体要求: (1)外商独资银行股东、中外合资银行外方股东应为金融机构,且外方唯一或者控股/主要股东应为商业银行; (2)投资中资商业银行、信托公司的应为金融机构; (3)投资农村商业银行、农村合作银行、农村信用(合作)联社、村镇银行的应为境外银行; (4)投资金融租赁公司的应为金融机构或融资租赁公司; (5)消费金融公司的主要出资人应为金融机构; (6)投资货币经纪公司的应为货币经纪公司; (7)投资金融资产管理公司的应为金融机构,且不得参与发起设立金融资产管理公司; (8)法律法规未明确的应为金融机构
(二十八)	银行业资质要求	65. 境外投资者投资银行业金融机构须符合一定数额的总资产要求,具体包括: (1)外资法人银行外方唯一或者控股/主要股东、外国银行分行的母行; (2)中资商业银行、农村商业银行、农村合作银行、农村信用(合作)联社、村镇银行、信托公司、金融租赁公司、贷款公司、金融资产管理公司的境外投资者; (3)法律法规未明确不适用的其他银行业金融机构的境外投资者。 66. 境外投资者投资货币经纪公司须满足相关业务年限、全球机构网络和资讯通信网络等特定条件

续表

序号	领域	特别管理措施
(二十九)	银行业股比要求	67. 境外投资者入股中资商业银行、农村商业银行、农村合作银行、农村信用(合作)联社、金融资产管理公司等银行业金融机构受单一股东和合计持股比例限制
(三十)	外资银行	68. 除符合股东机构类型要求和资质要求外,外资银行还受限于以下条件: (1)外国银行分行不可从事我国《商业银行法》允许经营的"代理发行、代理兑付、承销政府债券""代理收付款项""从事银行卡业务",除可以吸收中国境内公民每笔不少于100万元人民币的定期存款外,外国银行分行不得经营对中国境内公民的人民币业务; (2)外国银行分行应当由总行无偿拨付营运资金,营运资金的一部分应以特定形式存在并符合相应管理要求; (3)外国银行分行须满足人民币营运资金充足性(8%)要求; (4)外资银行获准经营人民币业务须满足最低开业时间要求
(三十一)	期货公司	69. 期货公司属于限制类,须由中方控股
(三十二)	证券公司	70. 证券公司属于限制类,外资比例不超过49%。 71. 单个境外投资者持有(包括直接持有和间接控制)上市内资证券公司股份的比例不超过20%;全部境外投资者持有(包括直接持有和间接控制)上市内资证券公司股份的比例不超过25%
(三十三)	证券投资基金管理公司	72. 证券投资基金管理公司属于限制类,外资比例不超过49%
(三十四)	证券和期货交易	73. 不得成为证券交易所的普通会员和期货交易所的会员。 74. 不得申请开立A股证券账户和期货账户
(三十五)	保险机构设立	75. 保险公司属于限制类(寿险公司外资比例不超过50%),境内保险公司合计持有保险资产管理公司的股份不低于75%。 76. 申请设立外资保险公司的外国保险公司,以及投资入股保险公司的境外金融机构(通过证券交易所购买上市保险公司股票的除外),须符合中国保险监管部门规定的经营年限、总资产等条件

续表

序号	领域	特别管理措施
（三十六）	保险业务	77. 非经中国保险监管部门批准，外资保险公司不得与其关联企业从事再保险的分出或者分入业务

2017 年版《自贸试验区负面清单》划分为 15 个门类、40 个条目、95 项特别管理措施；与 2015 年版相比，该清单减少了 10 个条目、27 项措施。在 2017 年版《自贸试验区负面清单》中，涉及金融负面清单的内容包括 1 个产业（金融业），3 个子产业（银行服务、资本市场服务、保险业），13 项特别管理措施（见表 4）。《国务院办公厅关于印发自由贸易试验区外商投资准入特别管理措施（负面清单）（2017 年版）的通知》表明："此次修订进一步放宽外商投资准入，是实施新一轮高水平对外开放的重要举措。"比较 2015 年版《自贸试验区负面清单》，在金融负面清单部分取消的特别管理措施有：（1）外国银行分行不可从事我国《商业银行法》允许经营的"代理发行、代理兑付、承销政府债券"；（2）外资银行获准经营人民币业务须满足最低开业时间要求；（3）境外投资者投资银行业金融机构须符合一定数额的总资产要求；（4）非经中国保险监管部门批准，外资保险公司不得与其关联企业从事再保险的分出或者分入业务。即自 2017 年 7 月 10 日起，上述四个方面不再成为金融行业外商投资准入的限制。

表 4　2017 年版《自贸试验区负面清单》中的金融负面清单

序号	领域	特别管理措施
（二十六）	银行服务	45. 境外投资者投资银行业金融机构，应为金融机构或特定类型机构。具体要求： （1）外商独资银行股东、中外合资银行外方股东应为金融机构，且外方唯一或者控股/主要股东应为商业银行； （2）投资中资商业银行、信托公司的应为金融机构； （3）投资农村商业银行、农村合作银行、农村信用（合作）联社、村镇银行的应为境外银行； （4）投资金融租赁公司的应为金融机构或融资租赁公司； （5）消费金融公司的主要出资人应为金融机构； （6）投资货币经纪公司的应为货币经纪公司；

续表

序号	领域	特别管理措施
(二十六)	银行服务	(7)投资金融资产管理公司的应为金融机构,且不得参与发起设立金融资产管理公司; (8)法律法规未明确的应为金融机构。 46. 境外投资者投资银行业金融机构须符合一定数额的总资产要求,具体要求如下: (1)取得银行控股权益的外国投资者,以及投资中资商业银行、农村商业银行、农村合作银行、村镇银行、贷款公司和其他银行的外国投资者,提出申请前1年年末总资产应不少于100亿美元; (2)投资农村信用(合作)联社、信托公司的外国投资者,提出申请前1年年末总资产应不少于10亿美元; (3)拟设分行的外国银行,提出申请前1年年末总资产应不少于200亿美元; (4)在中国境外注册的具有独立法人资格的融资租赁公司作为金融租赁公司发起人,最近1年年末总资产应不低于100亿元人民币或等值的可自由兑换货币; (5)法律法规未明确不适用的其他银行业金融机构的境外投资者,提出申请前1年年末总资产应不少于10亿美元。 47. 境外投资者投资货币经纪公司须从事货币经纪业务20年以上,并具有从事货币经纪业务所必需的全球机构网络和资讯通信网络等特定条件。 48. 单个境外金融机构及被其控制或共同控制的关联方作为发起人或战略投资者向单个中资商业银行、农村商业银行、农村合作银行、农村信用(合作)联社、金融资产管理公司等银行业金融机构投资入股比例不得超过20%,多个境外金融机构及被其控制或共同控制的关联方作为发起人或战略投资者向单个中资商业银行、农村商业银行、农村合作银行、农村信用(合作)联社、金融资产管理公司等银行业金融机构投资入股比例合计不得超过25%。 49. 除符合股东机构类型要求和资质要求外,外资银行还受限于以下条件: (1)外国银行分行不可从事我国《商业银行法》允许经营的“代理收付款项”“从事银行卡业务”,除可以吸收中国境内公民每笔不少于100万元人民币的定期存款外,外国银行分行不得经营对中国境内公民的人民币业务; (2)外国银行分行应当由总行无偿拨付不少于2亿元人民币或等值的自由兑换货币,营运资金的30%应以指定的生息资产形式存

续表

序号	领域	特别管理措施
(二十六)	银行服务	在,以定期存款形式存在的生息资产应当存放在中国境内3家或3家以下的中资银行; (3)外国银行分行营运资金加准备金等项之和中的人民币份额与其人民币风险资产的比例不可低于8%
(二十七)	资本市场服务	50. 期货公司外资比例不超过49%。 51. 证券公司外资比例不超过49%。 52. 单个境外投资者持有(包括直接持有和间接控制)上市内资证券公司股份的比例不超过20%;全部境外投资者持有(包括直接持有和间接控制)上市内资证券公司股份的比例不超过25%。 53. 证券投资基金管理公司外资比例不超过49%。 54. 不得成为证券交易所的普通会员和期货交易所的会员。 55. 除中国政府另有规定的情况外,不得申请开立A股证券账户和期货账户
(二十八)	保险业	56. 寿险公司外资比例不超过50%;境内保险公司合计持有保险资产管理公司的股份不低于75%。 57. 向保险公司投资入股,全部外资股东出资或者持股比例占公司注册资本不足25%的,全部外资股东应为境外金融机构(通过证券交易所购买保险公司股票的除外),提出申请前1年年末总资产不少于20亿美元。 申请设立外资保险公司的外国保险公司,应当具备下列条件: (1)经营保险业务30年以上; (2)在中国境内已经设立代表机构2年以上; (3)提出设立申请前1年年末总资产不少于50亿美元

在2018年版《自贸试验区负面清单》中,金融负面清单的内容相比2017年版大为缩减,为1个产业,2个子产业,3项特别管理措施(见表5)。具体有下列变化:(1)取消银行服务领域的特别管理措施。(2)资本市场服务领域的特别管理措施从6项减少到2项。仅余的2项特别管理措施,证券公司和证券投资基金管理公司的外资股比限制也从"不超过49%"修改为"不超过51%",这意味着外资可以在中国境内自贸试验区的证券公司和证券投资基金管理公司中取得控制权;并预告从2021年起取消外资股比限制,这意味着从2021年起外资可以全资

控股中国境内自贸试验区的证券公司和证券投资基金管理公司。(3)保险业领域的特别管理措施从2项减少为1项。仅余的1项特别管理措施,寿险公司的外资股比限制也从“不超过50%”修改为“不超过51%”,这意味着外资可以在中国境内自贸试验区的寿险公司中取得控制权;并预告从2021年起取消外资股比限制,这意味着从2021年起外资可以全资控股中国境内自贸试验区的寿险公司。

表5　2018年版《自贸试验区负面清单》中的金融负面清单

序号	领域	特别管理措施
(十九)	资本市场服务	25. 证券公司的外资股比不超过51%,证券投资基金管理公司的外资股比不超过51%。(2021年取消外资股比限制) 26. 期货公司的外资股比不超过51%。(2021年取消外资股比限制)
(二十)	保险业	27. 寿险公司的外资股比不超过51%。(2021年取消外资股比限制)

在2019年版《自由贸易试验区负面清单》中,涉及金融负面清单的内容包括1个行业,3项特别管理措施(见表6)。具体内容与2018年的版本相比并无变化,只是改变了排列方式。

表6　2019年版《自贸试验区负面清单》中的金融负面清单

序号	特别管理措施
19	证券公司的外资股比不超过51%,证券投资基金管理公司的外资股比不超过51%。(2021年取消外资股比限制)
20	期货公司的外资股比不超过51%。(2021年取消外资股比限制)
21	寿险公司的外资股比不超过51%。(2021年取消外资股比限制)

2020年版《自贸试验区负面清单》已经取消金融不符措施表格项目,比2019年版预告的取消限制时间还有所提前。

2021年版《自贸试验区负面清单》同样取消了金融不符措施表格项目。

(二)全国版《外商投资准入负面清单》中金融负面清单开放承诺内容的演变

在以负面清单形式对外商投资准入进行规制之前,我国原来在全国层面对外国直接投资的管理模式体现为《外商投资产业指导目录》中的“鼓励、限制、禁止”三类外商投资产业政策,直至2015年版《外商投资产业指导目录》,仍对外商投资产业政策进行上述分类。

2016年10月,国家发改委、商务部发布公告规定:由于人大常委会《关于修改〈中华人民共和国外资企业法〉等四部法律的决定》将不涉及国家规定实施准入特别管理措施的外商投资企业设立及变更由审批改为备案管理,即将我国外商投资管理模式变更为“负面清单”管理模式,该公告对《外商投资产业指导目录(2015年修订)》进行了修改,将其中的限制类和禁止类,以及鼓励类中的股权要求、高管要求,以及涉及外资并购设立企业及变更的现行有关规定,合并为外商投资准入特别管理措施(负面清单)。以上《外商投资产业指导目录(2015年修订)》的“限制外商投资产业目录”中的金融业相关内容,即可理解为2016年全国版《外商投资准入负面清单》中的金融负面清单。(见表7)

表7　2016年全国版《外商投资准入负面清单》中的金融负面清单

序号	特别管理措施
24	银行(单个境外金融机构及被其控制或共同控制的关联方作为发起人或战略投资者向单个中资商业银行投资入股比例不得超过20%,多个境外金融机构及被其控制或共同控制的关联方作为发起人或战略投资者投资入股比例合计不得超过25%,投资农村中小金融机构的境外金融机构必须是银行类金融机构)
25	保险公司(寿险公司外资比例不超过50%)
26	证券公司(设立时限于从事人民币普通股、外资股和政府债券、公司债券的承销与保荐,外资股的经纪,政府债券、公司债券的经纪和自营;设立满2年后符合条件的公司可申请扩大业务范围;外资比例不超过49%)、证券投资基金管理公司(外资比例不超过49%)
27	期货公司(中方控股)

2017年版《外商投资产业指导目录(2017年修订)》中包含《外商投资准入负面清单》,后者包括"限制外商投资产业目录""禁止外商投资产业目录"。2017年版《外商投资准入负面清单》中"限制外商投资产业目录"第25~28条为涉及金融业的限制措施,较之2016年版,增加关于设立外国银行分行、外商独资银行、中外合资银行的境外投资者、唯一或控股股东的资格要求:要求必须为境外商业银行;非控股股东可以为境外金融机构;对外商投资证券公司、外商投资证券投资基金管理公司,将"外资比例不超过49%"的要求改为"中方控股"。(见表8)

表8 2017年全国版《外商投资准入负面清单》中的金融负面清单

序号	特别管理措施
25	银行(单个境外金融机构及被其控制或共同控制的关联方作为发起人或战略投资者向单个中资商业银行投资入股比例不得超过20%,多个境外金融机构及被其控制或共同控制的关联方作为发起人或战略投资者投资入股比例合计不得超过25%;投资农村中小金融机构的境外金融机构必须是银行类金融机构;设立外国银行分行、外商独资银行、中外合资银行的境外投资者、唯一或控股股东必须为境外商业银行,非控股股东可以为境外金融机构)
26	保险公司(寿险公司外资比例不超过50%)
27	证券公司(设立时限于从事人民币普通股、外资股和政府债券、公司债券的承销与保荐,外资股的经纪,政府债券、公司债券的经纪和自营;设立满2年后符合条件的公司可申请扩大业务范围;中方控股)、证券投资基金管理公司(中方控股)
28	期货公司(中方控股)

2018年全国版《外商投资准入负面清单》中涉及金融业的特别管理措施,内容与2018年版《自贸试验区负面清单》中金融负面清单的表格项目内容一致(见表9)。这标志着就金融业外国投资开放程度而言,自2018年7月30日起,中国境内自贸试验区内外已经达到一致。

表9　2018年全国版《外商投资准入负面清单》中的金融负面清单

序号	领域	特别管理措施
(二十一)	资本市场服务	27.证券公司的外资股比不超过51%,证券投资基金管理公司的外资股比不超过51%。(2021年取消外资股比限制) 28.期货公司的外资股比不超过51%。(2021年取消外资股比限制)
(二十二)	保险业	29.寿险公司的外资股比不超过51%。(2021年取消外资股比限制)

2019年全国版《外商投资准入负面清单》中涉及金融业的特别管理措施,与2019年版《自贸试验区负面清单》金融负面清单的表格项目内容一致(见表10)。这延续了自2018年开始的金融业开放程度在中国境内、自贸区内外保持一致的安排。

表10　2019年全国版《外商投资准入负面清单》中的金融负面清单

序号	特别管理措施
22	证券公司的外资股比不超过51%,证券投资基金管理公司的外资股比不超过51%。(2021年取消外资股比限制)
23	期货公司的外资股比不超过51%。(2021年取消外资股比限制)
24	寿险公司的外资股比不超过51%。(2021年取消外资股比限制)

2020年全国版《外商投资准入负面清单》已取消表格项目内的金融业外商投资准入限制措施,较此前昭示取消限制的日期还有所提前。这也与2020年版《自贸试验区负面清单》中的取消金融业特别管理措施表格项目的安排一致。

2021年全国版《外商投资准入负面清单》同样取消了表格项目内的金融业负面清单措施。

(三)中国不断推出金融自主开放新举措,进一步扩大金融市场准入

在金融业国内自主开放层面,在提出全国版《外商投资准入负面清单》《自贸试验区负面清单》的同时,为提升金融业的国内国际竞争力,中国仍不断推出国内金融业自主开放的新举措,而这些金融业自主开放新举措并未完全体现在上述《自贸试验区负面清单》和《外商投资准入负面清单》中。

2018年,中国银行监督管理委员会(以下简称银保监会)推出12条金融对外开放举措,涉及放宽金融外资持股比例、放宽外资金融机构和业务准入条件、扩大外资金融机构业务范围和优化外资金融机构监管规则四个方面;并发布《关于进一步放宽外资银行市场准入相关事项的通知》《关于放开外资保险经纪公司经营范围的通知》,确保上述措施及早落地。银保监会推出12条金融对外开放措施的落实情况见表11。

表11 2018年银保监会金融对外开放措施落实情况

序号	金融对外开放措施	落实情况	落实依据
1	取消对中资银行和金融资产管理公司的外资持股比例限制,实施内外一致的股权投资比例规则	已落实	有关取消中资银行的外资持股比例限制已落实为《中国银保监会中资商业银行行政许可事项实施办法》第11条。 有关取消对金融资产管理公司的外资持股比例限制已落实,删去原《中国银监会非银行金融机构行政许可事项实施办法》第117条
2	对商业银行新发起设立的金融资产投资公司和理财公司,外资持股比例不设置限制	已落实	《金融资产投资公司管理办法(试行)》第8条要求金融资产投资公司的主要股东为在中国成立的商业银行,第9条规定金融资产投资公司的股东为境内外法人机构;但不对金融资产投资公司的主要股东或外资股东的持股比例设置限制。《商业银行理财子公司管理办法》第7条要求理财子公司的控股股东为在中国注册成立的商业银行,第8条规定理财子公司的股东为境内外金融机构;但不对理财子公司的外资股东或控股股东的持股比例设置限制

续表

序号	金融对外开放措施	落实情况	落实依据
3	鼓励信托、金融租赁、汽车金融、货币经纪、消费金融等各类银行业金融机构引进境外专业投资者	部分已落实	《中国银保监会信托公司行政许可事项实施办法》第9条关于境外金融机构作为信托公司出资人条件中已取消10亿美元总资产要求。 2005年8月《货币经纪公司试点管理办法》第7条规定境外出资人可独资或合资设立货币经纪公司,但实践中外商投资货币经纪公司全部为合资公司。《中国银保监会非银行金融机构行政许可事项实施办法》(已失效)第50条再次规定境外出资人可独资或合资设立货币经纪公司。 有关鼓励金融租赁、汽车金融、消费金融等银行业金融机构引进境外专业投资者的措施尚未落实
4	将外资人身险公司外方股比放宽至51%,3年后不再设限	已落实	2018年、2019年全国版《外商投资准入负面清单》中包含上述规定。2020年全国版《外商投资准入负面清单》中已不再包含该条不符措施。《外资保险公司管理条例》已删除有关外资人身险公司外方股比上限51%的规定
5	允许外国银行在中国境内同时设有子行和分行	已落实	《外资银行管理条例》第25条规定外国银行可在中国设立独资子行和分行,或者合资子行和分行
6	在全国范围内取消外资保险机构设立前须开设2年代表处的要求	已落实	《外资保险公司管理条例》第8条设立条件中已不含外国保险公司在中国申请设立外资保险公司前需开设2年代表处的条件
7	全面取消外资银行申请人民币业务须满足开业1年的等待期要求	已落实	《外资银行管理条例》第34条规定,外资银行营业性机构经营条例规定业务范围内的人民币业务的,应当符合国务院银行业监督管理机构规定的审慎性要求

续表

序号	金融对外开放措施	落实情况	落实依据
8	允许外国银行分行从事“代理发行、代理兑付、承销政府债券”业务	已落实	《外资银行管理条例》第31条规定了外国银行分行的业务范围
9	降低外国银行分行吸收单笔人民币定期零售存款的门槛至50万元	已落实	《外资银行管理条例》第31条就外国银行分行的业务范围进行了规定
10	允许符合条件的境外投资者来华经营保险代理业务和保险公估业务	已落实	《银保监会关于允许境外投资者来华经营保险公估业务的通知》(银保监发〔2018〕29号),允许经营保险公估业务3年以上的境外公估机构和开业3年以上的在华外资保险公司可以经营保险公估业务。《银保监会关于允许境外投资者来华经营保险代理业务的通知》(银保监发〔2018〕30号),规定经营保险代理业务3年以上的境外保险专业代理机构和开业3年以上的在华外资保险公司设立的保险专业代理机构可以经营保险代理业务
11	对外国银行境内分行实施合并考核	已落实	2019年《外资银行管理条例实施细则》第58条、第60条、第61条规定生息资产比例、流动性比例、境内本外币资产余额、境内本外币负债余额均进行境内分行合并考核
12	调整外国银行分行营运资金管理要求	已落实	2019年《外资银行管理条例实施细则》第58条规定,外国银行分行应按不低于公众负债额的5%持有银保监会指定的生息资产。当外国银行分行持有的银保监会指定的生息资产余额达到营运资金的30%时可以不再增持,但银保监会另有要求的除外

2019 年,中国针对银行业和保险业推出两轮对外开放新举措,包括银保监会于 5 月在对 2018 年 12 条措施进行研究的基础上宣布推出的 12 条开放措施和国务院金融稳定发展委员会于 7 月宣布推出的 11 条措施中的 7 条。银保监推出 12 条金融业对外开放措施的落实情况见表 12。

表 12　2019 年银保监会金融对外开放措施落实情况

序号	金融对外开放措施	落实情况	落实依据
1	按照内外资一致原则,同时取消单家中资银行和单家外资银行对中资商业银行的持股比例上限	已落实	《中国银保监会中资商业银行行政许可事项实施办法》第 11 条
2	取消外国银行来华设立外资法人银行的 100 亿美元总资产要求和外国银行来华设立分行的 200 亿美元总资产要求	已落实	《外资银行管理条例》第 9 条已不含外资银行股东的总资产要求
3	取消境外金融机构投资入股信托公司的 10 亿美元总资产要求	已落实	《中国银保监会信托公司行政许可事项实施办法》第 9 条关于境外金融机构作为信托公司出资人条件中已取消 10 亿美元总资产要求
4	允许境外金融机构入股在华外资保险公司	已落实	《外资保险公司管理条例》第 41 条规定,境外金融机构可以入股外资保险公司。《保险公司股权管理办法》第 6 条规定,境外金融机构可以成为保险公司股东
5	取消外国保险经纪公司在华经营保险经纪业务须满足 30 年经营年限、总资产不少于 2 亿美元的要求	已落实	《中国银保监会办公厅关于明确保险中介市场对外开放有关措施的通知》(银保监办发〔2021〕128 号)第 1 条规定,《关于印发我国加入 WTO 法律文件有关保险业内容的通知》(保监办发〔2002〕14 号)中,设立外资保险经纪公司需满足投资者应在 WTO 成员境内有超过 30 年经营历史、在中国设立代表处连续 2 年以及提出申请前一年总资产不低于 2 亿美元的相关要求不再执行

续表

序号	金融对外开放措施	落实情况	落实依据
6	放宽中外合资银行中方股东限制，取消中方唯一或主要股东必须是金融机构的要求	已落实	《外资银行管理条例》第11条删除“中方唯一或主要股东必须是金融机构”的要求
7	鼓励和支持境外金融机构与民营资本控股的银行业保险业机构开展股权、业务和技术等各类合作	未落实	
8	允许外国保险集团公司投资设立保险类机构	已落实	《中国银保监会办公厅关于明确保险中介市场对外开放有关措施的通知》第2条规定，允许外国保险集团公司、境内外资保险集团公司在华投资设立的保险专业中介机构经营相关保险中介业务。保险专业中介机构包括保险专业代理机构、保险经纪机构及保险公估机构
9	允许境内外资保险集团公司参照中资保险集团公司资质要求发起设立保险类机构	已落实	
10	按照内外资一致原则，同时放宽中资和外资金融机构投资设立消费金融公司方面的准入政策	未落实	
11	取消外资银行开办人民币业务审批，允许外资银行开业时即可经营人民币业务	已落实	《外资银行管理条例》第34条规定，外资银行营业性机构经营本条例第29条或者第31条规定业务范围内的人民币业务的，应当符合国务院银行业监督管理机构规定的审慎性要求
12	允许外资银行经营“代理收付款项”业务	已落实	《外资银行管理条例》第29条第9项规定，将代理收付款项列入外资银行的业务范围

银保监会针对国务院金融稳定发展委员会推出的11条措施,研究推出了7条对金融负面清单有意义的扩大金融业对外开放的措施(除表13中的1、9、10、11以外)。《外资银行管理条例》《外资银行管理条例实施细则》《外资保险公司管理条例实施细则》已分别于2019年9月和12月、2021年3月公布施行,上述措施目前已基本落地。国务院金融稳定发展委员会推出11条金融业对外开放措施的落实情况见表13。

表13　国务院金融稳定发展委员会金融对外开放措施落实情况

序号	金融对外开放措施	落实情况	落实依据
1	允许外资机构在华开展信用评级业务时,可以对银行间债券市场和交易所债券市场的所有种类债券评级	未落实	
2	鼓励境外金融机构参与设立、投资入股商业银行理财子公司	已落实	《商业银行理财子公司管理办法》第7条要求理财子公司的控股股东为在中国注册成立的商业银行,第8条规定理财子公司的股东为境内外金融机构;但不对理财子公司的外资股东或控股股东的持股比例设置限制
3	允许境外资产管理机构与中资银行或保险公司的子公司合资设立由外方控股的理财公司	未落实	
4	允许境外金融机构投资设立、参股养老金管理公司	未落实	
5	支持外资全资设立或参股货币经纪公司	未落实	

续表

序号	金融对外开放措施	落实情况	落实依据
6	人身险外资股比限制从51%提高至100%的过渡期，由原定2021年提前到2020年	已落实	2020年版《自贸试验区负面清单》、全国版《外商投资准入负面清单》中已取消2019年版《自贸试验区负面清单》、全国版《外商投资准入负面清单》中关于人身保险公司外资股比不超过51%的限制措施。2021年3月发布的《外资保险公司管理条例》修订版已删去原有的人身险外资股比限制不超过51%的规定
7	取消境内保险公司合计持有保险资产管理公司的股份不得低于75%的规定，允许境外投资者持有股份超过25%	已落实	2022年9月《保险资产管理公司管理规定》第8条规定：保险资产管理公司股东应当为境内保险集团（控股）公司、保险公司、其他金融机构、非金融企业，境外保险集团（控股）公司、保险公司、资产管理机构等。上述规定不再限制外资保险公司持有保险资管公司股份的比例上限，为境内外股东设置了统一适用的股东资质条件
8	放宽外资保险公司准入条件，取消30年经营年限要求	已落实	2019年9月《外资保险公司管理条例》第8条规定，申请设立外资保险公司的外国保险公司所应具备的条件中，不再包含30年经营年限要求
9	将原定于2021年取消证券公司、基金管理公司和期货公司外资股比限制的时点提前到2020年	已落实	2020年版《自贸试验区负面清单》、全国版《外商投资准入负面清单》已取消2019年版《自贸试验区负面清单》、全国版《外商投资准入负面清单》中关于证券公司、基金管理公司和期货公司外资股比不超过51%的限制措施
10	允许外资机构获得银行间债券市场A类主承销牌照	未落实	
11	进一步便利境外机构投资者投资银行间债券市场	已落实	2019年9月《关于进一步便利境外机构投资者投资银行间债券市场有关事项的通知》落实了相关便利措施

二、中国新签区域经贸协定中的金融服务开放承诺内容

在国际协定谈判层面,中国在认真履行入世承诺的基础上积极参与国际贸易和投资谈判。在入世承诺方面,中国在贸易服务总协定(General Agreement on Trade and Services,GATS)金融服务承诺中,银行业承诺向外资银行放开对所有客户的外汇业务,逐步放开经营人民币业务的地域限制和客户对象范围等;保险业承诺逐步取消外资保险公司设立的地域限制,逐步放宽业务领域和外资股权占比等。中国的GATS金融服务开放承诺具有以下特点:第一,中国在GATS中未明确规定有关存款保险或金融基础设施的管理措施。第二,在外资持股比例限制方面,银行业未明确规定对外资的持股比例限制;而保险业规定寿险公司外资比例可达51%,保险经纪公司外资比例可达50%(入世3年后不超过51%)。第三,在股东资格要求方面,银行业规定了对外国保险经纪公司的总资产规模要求。与CPTPP缔约方相比,中国银行业和保险业在GATS中对跨境金融服务的开放水平较高。

在国际经贸条约缔约实践方面,中国原有有关金融服务规则和负面清单规则的缔约经验仍不够丰富。在《中韩自贸协定》中,中国与韩国均采用正面清单模式作出金融服务的具体承诺,《中韩自贸协定》第二阶段谈判已确定将首次以负面清单模式开展金融服务章节谈判。在《中澳自贸协定》中,澳大利亚采用金融负面清单模式,而中国采用正面清单模式作出金融服务承诺,双方约定将在协定生效后3年内审议双方之间的投资法律框架,在审议结束后将开启全面投资章节谈判,届时中国将以负面清单方式作出投资承诺减让表。

从NAFTA/USMCA、CPTPP、CAI的缔约实践来看,目前世界主要经济体大多以负面清单模式商谈自贸协定,未来中国必然面临更多贸易和投资伙伴国提出以负面清单模式开展国际投资协定或国际贸易协定金融服务谈判的要求。因此,在进行国内负面清单实践的同时,中国在新近签订的国际经贸协定中根据缔约各国的合意以正面清单或负面清单模式作出金融服务开放的承诺。其中,RCEP是中国以正面清单模式作出金融服务开放承诺的代表,而中国在CAI中首次以负面清单模式作出金融服务开放的承诺,尽管CAI中有关金融业的特别管理措施并未以单独金融负面清单的形式出现。

(一)RCEP中国金融服务承诺的模式和内容

RCEP在附件Ⅱ中规定了服务贸易的具体承诺表。RCEP附件Ⅱ采用正面清单模式,但其中澳大利亚、文莱、印度尼西亚、日本、韩国、马来西亚、新加坡7国采用负面清单模式作出承诺(其中印度尼西亚、韩国、马来西亚、新加坡4国的金融负面清单实为变形的正面清单);而中国、柬埔寨、菲律宾、老挝、缅甸、新西兰、泰国、越南剩余8国采用正面清单方式进行承诺,并规定在协定生效6年内转化为负面清单。

RCEP附件Ⅱ"服务具体承诺表"中的《中国服务具体承诺表》"解释性说明"部分第4条规定:"在协定附件Ⅲ(服务与投资保留及不符措施承诺表)中,中国的投资保留和不符措施承诺表不涵盖服务类投资的任何方面。服务类投资的任何方面仅在本承诺表项下被涵盖。"因此,就RCEP的中国金融服务具体承诺而言,涵盖于服务类投资项下的金融服务类投资承诺为正面清单形式。

RCEP《中国服务具体承诺表》第7部分"中国金融服务具体承诺表",即RCEP中国金融正面清单。该正面清单将金融服务部门区分为:银行及其他金融服务(其中含非银行机构从事汽车消费信贷,但不包括保险和证券)、证券服务、所有保险及与其相关服务等金融产业子部门。

RCEP"中国金融服务具体承诺表"中有关金融服务开放承诺内容如下。

1. 对保险及其相关服务的承诺

保险及其相关服务包括寿险、健康险、养老金/年金险、非寿险、再保险和保险附属服务。

首先,在市场准入限制方面:对于跨境提供再保险、国际海运、空运和运输保险,以及大型商业险经纪、国际海运、空运和运输保险经纪、再保险经纪,开放市场准入。对于境外消费保险经纪,限制市场准入。对于商业存在的企业形式,允许外国非寿险公司设立分公司或者独资子公司,没有企业形式限制;外国人寿保险公司可以设立分支机构或外商投资企业,不受任何形式的设立限制;允许外国保险经纪公司设立外商投资公司;允许在中国设立外商投资保险公司的外国保险公司在境内设立分支机构;允许在中国设立外商投资保险经纪公司的外国保险经纪公司在境内设立分支机构。对于商业存在的业务范围,允许外国非寿险公司提供无地域限制的"统括保单"保险①/大型商业险保险;允许外国保险经纪公司不迟于中国保险经纪公司、并以不低于中国保险经纪公司的条件提供"统括保单"业务;允许符合条件的外国投资者在中国境内从事保险代理业务和公估业务;外国保险经纪公司的经营范围与中国保险经纪公司相同;允许外国非寿险公司向外国和国内客户提供全部非寿险服务;允许外国保险公司向外国人和中国人提供健康险、个人险/团体险和养老金/年金险;允许外国保险公司以分公司或外商投资公司的形式提供寿险和非寿险的再保险服务,无地域限制或发放营业许可的数量限制。对于商业存在的许可,规定许可的发放没有经济需求测试或许可的数量限制;规定设立外国保险机构的资格条件为,在提出申请的前一年年末总资产应当超过 50 亿美元,但保险经纪公司除外。对于自然人流动,除水平承诺中的内容外,不做承诺。

其次,在国民待遇限制方面:对于跨境提供和境外消费保险及与其相关服务没有限制。对于商业存在,规定外国保险机构不得从事法定保险业务(除允许外国保险机构从事第三方汽车责任保险业务外),除此之外没有限制。

RCEP"中国金融服务具体承诺表"中还规定了保险及其相关服务的最惠国待遇:在加入 RCEP 后,中方向外国保险公司提供的任何进一步授权,若其条件优于该承诺表中所含条件(包括通过设立分公司、子公司或任何其他法律形式而使享受祖父条款的投资得到扩大),则将向曾提出要求的其他外国服务提供者提供。

2. 对银行及其他金融服务的承诺

银行及其他金融服务包含银行服务和其他金融服务。银行服务包括:接收公众存款和其他应付公众资金;所有类型的贷款,包括消费信贷、抵押信贷、商业交易的保理和融资;金融租赁;所有支付和汇划服务,包括信用卡、赊账卡和贷记卡、旅行支票和银行汇票(包括进出口结算);担保和承诺;自行或者代客外汇交易。其他金融服务包括:提供和转让金融信息、金融数据处理以及与金融服务提供者有关软件;就上述所有银行及其他金融服务活动进行咨询、中介和其他附属服务,包括资信调查和分析、投资和证券研究与建议、关于收购的建议和关于公司重组与战略制定的建议。

有关银行服务的承诺。在市场准入限制方面:对于跨境提供,除对于跨境提供

① "统括保单"指对同一法人不同地点的财产和责任进行统一承保的保单。"统括保单"只能由保险公司总公司或其授权的省级分公司的业务部门出具,其他分支机构不允许出具"统括保单"。

和转让金融信息、金融数据处理以及与其他金融服务提供者有关的软件，以及就上述所有银行及其他金融服务活动进行咨询、中介和其他辅助金融服务开放市场准入以外，限制市场准入。对于境外消费，没有限制。对于商业存在，在地域限制方面，外币和本地货币业务不受地域限制；在客户限制方面，对于外汇业务，允许外国金融机构在中国提供服务而无客户限制，对于本币业务，有关客户的要求完全是审慎的；在营业许可方面，中国金融服务部门进行经营的批准标准仅为审慎性的（不含经济需求测试或营业许可数量限制）。对于自然人流动，除水平承诺中的内容外，不做承诺。

有关非银行金融机构从事汽车消费信贷的承诺。在市场准入限制方面：对于跨境提供，除对于跨境提供和转让金融信息、金融数据处理以及与其他金融服务提供者有关的软件，以及就上述所有银行及其他金融服务活动进行咨询、中介和其他辅助金融服务开放市场准入以外，限制市场准入。对于境外消费和商业存在，没有限制。

有关其他金融服务的承诺。在市场准入限制方面：对于跨境提供和境外消费，没有限制；对于商业存在，中国金融服务部门进行经营的批准标准仅为审慎性的（不含经济需求测试或营业许可的数量限制），允许外国机构设立分支机构；对于自然人流动，除水平承诺中的内容外，不做承诺。

3. 对证券服务的承诺

首先，在市场准入限制方面：对于跨境提供，允许外国证券机构直接（不通过中国中介）从事 B 股交易；对于符合中国有关法律和法规要求的外国服务提供者，允许其向合格境内机构投资者（Qualified Domestic Institutional Investor，QDII）提供代理 QDII 买卖证券、提供证券交易建议或投资组合管理服务、托管 QDII 境外资产等服务；除上述内容以外不做承诺。对于境外消费，没有限制。对于商业存在，规定外国证券机构在中国的代表处可以成为所有中国证券交易所的特别会员；符合监管要求和条件的外国服务提供者经批准，可以设立外商独资基金管理公司，从事境内证券投资基金管理业务（无须中国中介机构）；经批准，符合监管要求和条件的外国服务提供者，可以设立外商独资证券公司，从事境内证券业务（无须中国中介机构）；允许外国服务提供者持有期货公司 100% 的股权；中国金融服务部门进行经营的批准标准仅为审慎性的（不含经济需求测试或营业许可的数量限制）。对于自然人流动，除水平承诺中的内容外，不做承诺。

其次,在国民待遇限制方面:对于跨境提供、境外消费、商业存在,没有限制。对于自然人流动,除水平承诺中的内容外,不做承诺。

对比 GATS 金融服务贸易承诺,中国在 RCEP 金融服务贸易开放承诺方面进一步取消了限制:取消银行业的外资持股比例上限、外资设立分行和子行的总资产要求;取消证券业的证券公司、基金管理公司和期货公司的外资持股比例上限;取消保险业的人身险公司外资股比上限,放开保险代理和公估业务,扩大外资保险经纪公司的经营范围,以与中资一致,取消在华经营保险经纪业务经营年限和总资产要求等。

(二)CAI 中国金融服务承诺的模式和内容

2020 年 12 月 30 日,中欧双方达成 CAI 原则协定。目前虽然协议批准程序暂缓推进,但根据双方公布的谈判明细表对 CAI 金融负面清单的模式和内容进行分析仍具有参考意义。根据欧盟委员会于 2021 年 3 月 12 日公布的 CAI 双方市场准入承诺和保留明细表,《中方承诺与保留明细表》附件 Ⅰ 为现存不符措施,该报告将其中金融不符措施整理为 10 个条目。附件 Ⅱ 为未来不符措施,该报告将其中金融不符措施整理为 2 个条目。附件 Ⅲ 为《关于市场准入的特定承诺与限制明细表》,其中第 7 部分为金融服务;附件 Ⅲ 实际上采用正面清单的形式,按照金融服务部门和子部门列出市场准入承诺,同时规定相应的限制措施,所以这些限制措施也可以理解为针对相应金融服务部门和子部门市场准入承诺的负面清单模式的不符措施。该报告将附件 Ⅲ 涉及金融业的不符措施整理为 3 个现行不符措施条目。

对比 RCEP 金融开放承诺,并考虑 2018 年以来的国内金融自主开放新举措,CAI 的金融开放承诺有以下特点:(1)CAI 金融服务开放承诺模式为负面清单,而 RCEP 金融服务开放模式为正面清单,因此尽管 CAI 中国金融负面清单中所列举的子领域不如 RCEP 中国金融正面清单详尽,但这并不意味着中国在 CAI 中未开放该子领域的外资市场准入或授予该子领域的外资以国民待遇。(2)CAI 金融负面清单和 RCEP 金融正面清单对同一子领域设置限制条件时,可对两者的开放程度进行比较。其一,RCEP 规定设立外国保险机构的资格条件为,在提出申请的前一年年末总资产应当超过 50 亿美元,但保险经纪公司除外。[①] 而 CAI 规定,如果一个或

① 参见 RCEP 附件二:中国服务具体承诺表,第 27 页。

多个外国投资者在一家保险公司的投资比例低于25%，该一个或多个外国投资者应为外国金融机构（在证券交易所购买保险公司股票的外国投资者除外），每一外国投资者在前一年年末的总资产不应低于20亿美元；如果申请设立一家保险公司的一个或多个外国投资者的投资比例为25%或更多，上述外国投资者投资的保险公司为外资保险公司，且每一外国投资者应满足以下要求：应为外国保险公司，其在申请设立之前一年的年末总资产不应低于50亿美元。① 对比之下：RCEP未对设立外国保险机构的股东资格限定为外国金融机构或外国保险公司，当保险经纪公司作为股东设立外国保险机构时可不遵守50亿美元的总资产要求；CAI在对参股境内保险公司或设立外资保险公司的股东资格予以更严格限定的前提下，对参股境内保险公司的股东规定了更低的总资产要求，而对设立外资保险公司的股东规定了与RCEP相同的总资产要求。其二，RCEP规定，符合监管要求和条件的外国服务提供者经批准，可以设立外商独资基金管理公司，从事境内证券投资基金管理业务（无须中国中介机构）；②而CAI规定，投资证券投资基金管理公司（公共和私人）的外国投资者应为外国金融机构。③ CAI对外资证券投资基金管理公司股东资格的规定较RCEP更为明确、可操作，在投资比例方面的规定更为宽泛。其三，RCEP规定，经批准，符合监管要求和条件的外国服务提供者，可以设立外商独资证券公司，从事境内证券业务（无须中国中介机构）；④而CAI规定，投资证券公司的外国投资者应为外国金融机构，但仅通过国内外二级市场的证券交易累计获得证券公司股份不超过5%的外国投资者，不受限制。⑤ CAI对外资证券公司股东资格的规定较RCEP更为明确、可操作，在投资比例方面的规定更为宽泛。

三、中国完善国际投资协定金融负面清单模式的建议

国际经贸协定中的金融负面清单是联结国内开放措施和国际经贸规则的桥梁。2020年11月20日，中国在亚太经合组织（Asia-Pacific Economic Cooperation，

① 参见中欧CAI中方承诺明细表，第41页。
② 参见RCEP附件二：中国服务具体承诺表，第29～30页。
③ 参见中欧CAI中方承诺明细表，第39页。
④ 参见RCEP附件二：中国服务具体承诺表，第30页。
⑤ 参见中欧CAI中方承诺明细表，第38页。

APEC)领导人非正式会议上对世界宣示,中国“将积极考虑加入”CPTPP。[①] CPTPP金融负面清单所代表的金融服务投资规则,是国际高标准金融服务投资规则的样本,也是缔约各方综合考量其国内金融监管体系现状和发展要求、多方博弈后的结果。从国内监管规则角度来看,CPTPP金融负面清单循序了GATS金融服务承诺的轨迹而演进;但其较诸GATS金融服务承诺的碎片化状态可能有所收敛,逐渐兼具了国际规则的特点。借鉴CPTPP金融负面清单模式和内容,有助于中国改进金融业对外开放措施、提升金融业开放水平,以及设计参加国际经贸协定谈判的金融负面清单。综合上述对中国国内自贸区金融负面清单、全国版金融负面清单、新一轮国内金融自主开放措施和中国新签区域经贸协定金融服务开放承诺内容的考察,本文认为,目前中国金融业对外开放的负面清单机制还面临自主开放举措尚未完全转化为国内负面清单、国际经贸协定金融负面清单实践经验不足、国内外金融负面清单研究不平衡等问题。为此,本文提出以下三个方面的政策建议。

(一)优化国内金融业自主开放布局

第一,因应国内负面清单取消外资股权数量型限制的趋势,深化机制型措施研究,完善金融业外资准入监管。国内负面清单目前已取消金融业外资持股比例、总资产规模等数量型限制。建议借鉴CPTPP金融不符措施规则,顺应国际上数量型限制措施的演进趋势,研究出台基于国民待遇原则的股权管理机制型措施。整合公司治理规则、关联交易规则和股东资格要求等机制型监管规则,平衡金融开放和系统风险。区分实施地理范围和行业范围,分别制定国家、自贸试验区和金融业外商投资安全审查制度。根据《外商投资法》引发的外资身份认定问题,修改并完善金融业监管法规的相关规定。

第二,将金融业自主开放措施完全转化为国内负面清单。虽然中国国内金融业自主开放不断推出新举措,但这些举措并未反映在自贸试验区负面清单和全国版负面清单的金融业部分。换言之,如果外国金融投资者依据两份国内负面清单探究中国金融业开放的现状,将无法窥知中国金融开放的全貌。建议改进提升国内金融负面清单的透明度和有效性,以便达到促进外国金融投资的要求。

---

① 参见习近平:《携手构建亚太命运共同体——在亚太经合组织第二十七次领导人非正式会议上的发言》,载中国政府网2020年11月20日,https://www.gov.cn/gongbao/content/2020/content_5567740.htm。

第三,根据国际经贸协定金融负面清单出价,需要安排国内金融业自主开放。由于国际经贸协定金融负面清单的约束力,其对国内金融业开放水平的反映程度相较国内负面清单更为准确。中国未来在出台金融业开放新举措时,应综合国际经贸协定谈判需要和国内金融开放形势,有序安排金融业开放节奏。

(二)合理设定国际经贸协定金融负面清单出价水平

第一,合理设定国际经贸协定中的金融业对外开放水平。从 CPTPP 金融不符措施分析来看,从 GATS 金融服务承诺开始的金融服务自由化演进轨迹并不必然是正向的,中国参加高标准国际经贸协定谈判的金融负面清单出价还应考虑不同金融业细分领域的现有发展水平和金融新业态出现的可能性。同时,应综合考量不同经贸伙伴的金融实力和金融市场开放水平,使金融负面清单出价在国际环境和国内需求之间达到动态平衡。

第二,区分金融服务贸易的不同模式,灵活运用正面清单和负面清单。由于跨境金融服务不能无照经营或超范围经营,如果在负面清单中针对跨境金融服务采用现行不符措施模式承诺,有关措施将受到“棘轮效应”的约束,不便在未来新增措施或加大监管力度。考察 CPTPP 跨境金融服务贸易承诺方式,缔约国对于除金融业商业存在以外的跨境金融服务贸易三种模式采用在金融服务章附件 11 - A(跨境贸易)以正面清单方式进行承诺,并在负面清单中可能对附件 11 - A 中的承诺进行减损。

第三,妥善设定未来不符措施清单,预留监管空间。CPTPP 未来金融不符措施主要侧重于补贴金融市场基础设施、限制跨境金融服务贸易、为国内发展预留空间和新金融服务等领域。中国应妥善利用未来金融不符措施保留加大监管力度的可能性,为关键敏感领域或尚待发展的金融服务产品预留政策空间,防止不加计划开放而引发金融风险。

(三)统筹协调国内法和国际协定金融负面清单

第一,促进国内法和国际协定金融负面清单的互相联动。国际经贸协定金融负面清单的制定与国内金融负面清单的开放水平设定应当呈现互相促进和良性循环的关系。中国应跟踪国际经贸协定金融负面清单的最新发展,努力捕捉各国金融服务承诺的变化轨迹;同时,应在不同谈判平台与主要经济体互相学习,了解各国金融负面清单出价服务于其国内国际金融发展战略的背景,使金融开放意图和规则制定实践达到有机统一。

第二,统筹国际缔约实践协调完善国内金融负面清单。国际经贸协定的金融负面清单具有格式合理、透明度高、方便易用的特点,中国应当在学习国际缔约实践的基础上逐步完善国内负面清单的产业分类、涉及义务、政府层级、措施依据和措施描述等方面内容,使国内负面清单实践和国际缔约实践互相沟通协调,促进国内负面清单规则的发展。此外,国际缔约实践对地方政府层级的负面清单运用较为娴熟,这也为中国根据不同区域金融业发展的不同水平有针对性地开展金融服务自由化提供了丰富的开放维度和规则借鉴。

虚假陈述侵权的新发展及对金融法治的影响

汪倪杰[*]

证券侵权的主要类型可分为虚假陈述、内幕交易和操纵市场。其中,最为重要的类型是虚假陈述。其作为证券法与侵权法的交叉领域,具有高度专业性和技术性的特征。在以往的司法实践和学术研究中,虚假陈述问题往往被归入《证券法》领域,忽略了其与民法的结合关系,由此引发了虚假陈述侵权的构成要件及责任形态等多方面的理论与实务争议。在《民法典》颁布后,实务界与学术界都不再满足于以往依靠个别规范性文件或司法解释规定"头疼医头,脚疼医脚"的规制方式,开始思考并尝试将虚假陈述侵权整合入《民法典》侵权责任编的基本框架之中,构建其基础法理。下文即以该视角分述 2020～2021 年虚假陈述侵权领域的新发展,并归纳其对我国金融法治的影响。

一、虚假陈述侵权规范的新发展

2022 年 1 月 21 日,《最高人民法院关于审理证券市场虚假陈述侵权民事赔偿案件的若干规定》(法释〔2022〕2 号,以下简称《新虚假陈述规定》)发布,取代了 2003 年实施的《最高人民法院关于审理证券市场因虚假陈述引发的民事赔偿案件的若干规定》(法释〔2003〕2 号,以下简称《旧虚假陈述规定》),对虚假陈述侵权的

---

* 复旦大学法学院讲师,复旦大学中国金融法治研究院研究员,研究方向:民商法。本文的资料收集工作和文字校对工作有赖于 2021 级法律硕士研究生严怡同学、冒雨潇同学和沙寅超同学,在此向上述同学表示感谢。

责任要件进行细化,重点包括主观过错、虚假陈述行为、重大性、交易/损失因果关系、损失计算等问题。此外,《新虚假陈述规定》还涵盖了虚假陈述的特别案型,如控股股东和实际控制人组织指使财务造假、上市公司并购重组中交易对手方财务造假、上市公司业务相关方帮助进行财务造假等,明确了在这些情形下相关主体的民事赔偿责任。下文将结合《民法典》《新虚假陈述规定》对虚假陈述侵权的基本问题做一梳理。

《民法典》侵权责任编中并无证券侵权的相关问题,因此,从体系上说,证券侵权无法归入《民法典》规定的特殊侵权类型。又因过错推定、无过错归责均需法律特别规定(原则上应排除司法解释,其并非我国的正式法源),故虚假陈述侵权只能被归入一般过错侵权之中。根据我国的通说,一般过错侵权的责任要件包括侵害行为、过错、因果关系和损害。从《新虚假陈述规定》的序言来看,证券侵权基本维持了一般侵权责任要件的结构,但各要件内部作了变造,修正了传统理论的一些见解。

(一)虚假陈述的侵害行为要件

就侵害行为,即虚假陈述的认定,《新虚假陈述规定》并非仅强调虚假陈述行为的样态,而是首先设定行为人的法定义务。若其违反该义务,且无抗辩事由,则构成虚假陈述。如该规定第 4 条第 1 款为虚假陈述作出界定:"信息披露义务人违反法律、行政法规、监管部门制定的规章和规范性文件关于信息披露的规定,在披露的信息中存在虚假记载、误导性陈述或者重大遗漏的,人民法院应当认定为虚假陈述。"从该定义来看,虚假陈述首先体现为违反信息披露的法定义务。所谓法定,包括法律、行政法规、部门规章与规范性文件的规定。义务则主要列举了虚假记载、误导性陈述和重大遗漏三种行为类型。《新虚假陈述规定》第 4 条第 2 ~ 4 款随即对三者进行了详细界定,第 2 款规定:"虚假记载,是指信息披露义务人披露的信息中对相关财务数据进行重大不实记载,或者对其他重要信息作出与真实情况不符的描述。"第 3 款规定:"误导性陈述,是指信息披露义务人披露的信息隐瞒了与之相关的部分重要事实,或者未及时披露相关更正、确认信息,致使已经披露的信息因不完整、不准确而具有误导性。"第 4 款规定:"重大遗漏,是指信息披露义务人违反关于信息披露的规定,对重大事件或者重要事项等应当披露的信息未予披露。"

上述规则涉及对虚假陈述典型行为的描述,对司法认定而言,具有巨大意义。但回归民法理论框架,仍需回答此处的义务违反与过错之间是否可以等置?传统欧陆民法(以德国法为例)区分违法性与过错。违法性指向对一般法益的侵害,成为客观不法;而过错评价的是行为人在侵害客观法益的前提下,未在可预见、可期待的范围内尽到自己的相关义务。我国侵权责任要件中,虽无违法性要件,但过错评价实际上包含了违法性判断。据此,《新虚假陈述规定》第 4 条对行为义务的列举不完全等同于设定注意义务标准。行为人的过错评价仍需回归案件的具体场景,对其未尽法定义务是否超过可预见性与可期待性进行评价。否则,虚假陈述侵权将沦为某种程度上的结果责任,无形中抬高或扩大信息披露人的注意义务的强度或边界。

上述观点虽未被《新虚假陈述规定》普遍接纳,但在个别条文中有所展现。如《新虚假陈述规定》第 6 条规定:被侵权人单纯以信息披露中盈利预测、发展规划等预测性信息与实际经营情况存在重大差异为由主张发行人实施虚假陈述的,人民法院不予支持。其背后的理由为:仅有客观不法,不足以满足责任要件,还需另行考察行为人的主观不法。该条列举了如下三项:(1)信息披露文件未对影响该预测实现的重要因素进行充分风险提示;(2)预测性信息所依据的基本假设、选用的会计政策等编制基础明显不合理;(3)预测性信息所依据的前提发生重大变化时,未及时履行更正义务。上述内容实为行为义务的列举,包括风险提示义务,对预测信息的审查义务,以及对错误信息的更正义务。这恰恰印证了虚假陈述侵权责任的逻辑结构仍在一般过错侵权之内,仍需受制于客观不法与主观不法的基本要求,仅以违反法定义务为由认定侵权,将违反侵权责任要件的一般规律。①

(二)虚假陈述人的过错要件

如前所述,侵害行为的规定已与过错内容产生关联。但过错认定的主要内容体现于《新虚假陈述规定》第四部分。学理上对可预见性与可期待性的判断,归根到底要落实在具体案情中。由此,该司法解释对虚假陈述行为人的过错形态作了分门别类的处理。

《证券法》第 85 条与《新虚假陈述规定》第 4 条仅规定了信息披露人违反行为

---

① 参见廖升:《虚假陈述侵权责任之侵权行为认定》,载《法学家》2017 年第 1 期。

义务的客观表现,即"未按照规定披露信息,或者公告的证券发行文件、定期报告、临时报告及其信息披露资料存在虚假记载、误导性陈述或者重大遗漏"[①]。但《新虚假陈述规定》第13条对判断过错(故意与过失)的一般标准作了规定。就故意情形,指的是"行为人故意制作、出具存在虚假陈述的信息披露文件,或者明知信息披露文件存在虚假陈述而不予指明、予以发布";就过失情形,指的是"行为人严重违反注意义务,对信息披露文件中虚假陈述的形成或者发布存在过失"。[②] 该表述的重要之处在于分别规定了过错与注意义务。在证券发行、报告等强监管领域,找到相关机构与法人的法定义务并不困难,但更重要的是依据具体案情与技术能力判定其为防止虚假信息披露,是否尽到相关的作为义务。如《证券法》第163条规定,证券服务机构制作、出具专业报告/意见书时应尽勤勉尽责义务,应当对文件资料内容的真实性、准确性和完整性进行核查和验证。此处的"勤勉尽责"不仅是客观注意义务的标准,更是主观层面可期待性的评价,将落地为故意或过失的具体判断。[③]

又如《新虚假陈述规定》第14条第1款规定,在判定发行人的董事、监事、高级管理人员与其他责任人员的过错时,应当"根据其工作岗位和职责,在信息披露资料的形成和发布等活动中所起的作用、取得和了解相关信息的渠道、为检验相关信息所采取的措施等实际情况"进行审查。所引内容对上述人员在整个证券发行流程中的具体角色进行定位,而后对其避免虚假陈述行为的可期待性作出评价。后续条款又规定了但书:(1)如上述人员"不从事日常经营管理、无相关职业背景和专业知识、相信发行人或者管理层提供的资料、相信证券服务结构出具的专业意见"(《新虚假陈述规定》第14条第2款),即可排除过错评价;(2)如发行人的董事、监事、高级管理人员以书面方式发表附具体理由的意见并依法披露(《新虚假陈述规定》第15条),也可否定其主观上的可归责性。

再如对于独立董事,《新虚假陈述规定》第16条详细列举了4项其过错的例外情形,但并非完全列举。其第5项的表述可概括为"能够证明已尽勤勉尽责义务"。若将其抽象化,则可表述为该条第2款,即独立董事在履职期间能够按照法律、监管

① 参见《证券法》第85条。

② 参见《最高人民法院关于审理证券市场虚假陈述侵权民事赔偿案件的若干规定》(法释〔2022〕2号)第13条。

③ 参见邢会强:《证券市场虚假陈述中的勤勉尽责标准与抗辩》,载《清华法学》2021年第5期。

部门制定的规章和规范性文件以及公司章程的要求履行职责,或在虚假陈述被揭露后及时督促发行人整改。

此外,就保荐结构、承销机构及其直接责任人员,《新虚假陈述规定》第 17 条指明其提交的尽职调查工作底稿、尽职调查报告、内部审核意见须满足如下情形,方可认为没有过错:(1)按照法律、行政法规、监管部门制定的规章和规范性文件、相关行业执业规范的要求,对信息披露文件中的相关内容进行了谨慎尽职调查;(2)对信息披露文件中没有证券服务机构专业意见支持的重要内容,经过审慎尽职调查和独立判断,有合理理由相信该部分内容与真实情况相符;(3)对信息披露文件中证券服务机构出具专业意见的重要内容,经过审慎核查和必要的调查、复核,有合理理由排除了职业怀疑,并形成合理信赖。

就会计师/律师事务所、资信评级机构、资产评估机构、财务顾问等证券服务机构,《新虚假陈述规定》第 18 条亦要求其在制作、出具文件时尽到审慎义务,即按照法律、行政法规、监管部门制定的规章和规范性文件,符合行业执业规范规定的工作范围和程序要求;如证券服务机构依赖其他机构的基础工作/专业意见,则需证明对其依赖的基础工作或专业意见已经审慎核查和必要的调查、复核,得以排除职业怀疑,并形成合理信赖。可见,设定证券服务机构的注意义务在相当程度上依赖于行业内的准则规范。故《新虚假陈述规定》第 19 条以会计师事务所为例,列举了其应尽的主要注意义务类型:(1)按照执业准则、规则确定的工作程序和核查手段,并保持必要的执业审慎,如仍未发现被审计的会计资料存在错误,则不认定为过错;(2)对于审计业务必须依赖的相关单位提供虚假证明文件,会计师事务所保持了必要的职业谨慎仍未发现,不认定为过错;(3)已对发行人的舞弊迹象提出警告,并在审计业务报告中发表了审慎审计意见,也不认定为过错。

上述规定的复杂性源于行为主体隶属于证券行业的不同环节,受束于不同行业准则和规范。但违反行业规范(更详细的是指法律、法规、部门规章、规范性文件,乃至行业准则、规范)所要求的注意义务,并不当然等同于具备虚假陈述侵权项下的过错要件。关键在于,过错并非仅仅衡量行为人的主观状态,而是违法性在主观层面的投射。进一步说,(宽泛意义上的)法律/行业注意义务的违反须和虚假陈述所侵犯的法益具有相同指向,才可认定行为人具有主观层面的不法性。[①] 具体而

---

① 参见施鸿鹏:《债权的侵权法保护及其法理构成》,载《法学家》2022 年第 1 期。

言,无论是董事、监事、高级管理人员,保荐人,独立董事,或者是证券服务机构,其在行业准则之下所负有的行为义务是带有行政管理性的。换言之,其注意义务的违反触碰的首先是行政法所保护的行业秩序,而非受害人的民事权益。当这些规范纳入侵权法范畴时,需将其行业规范本身的属性与虚假陈述侵权所保护的法益进行仔细比对。① 两者在大部分情形下交叉,但前者带有规制市场秩序的公法成分,后者则是平等民事主体之间的权益保护。由此,违反法律/行业规范,并不意味着对受害人的民事权益产生威胁。

在实践中,较为常见的是相关证券从业主体在被法院判决承担虚假陈述的民事赔偿之前,已被证监会等证券监管机构进行了行政处罚,并在处罚书中认定为违反相应的勤勉义务,构成虚假陈述。但此种结论不宜直接拿来,移用于民事裁判。关键在于,行政处罚指向的违法性不同于侵权责任中的违法性。前者针对证券从业者违反法定注意义务,进而扰乱证券市场的合法秩序;而后者则针对证券从业者违反相关注意义务,进而造成相关民事主体合法民事权益的损害。由此,在行政法层面认定的违反勤勉义务,并不等同于侵权法层面的勤勉义务违反。应将此种勤勉义务的判断标准纳入侵权规范的保护范围中。仅在侵害侵权法所保护法益的前提下,方能认定证券从业者的义务违反与过错存在。

综上所述,《新虚假陈述规定》的相关规范尽管对各类行为主体的行为义务进行了详细,甚至是细致入微的列举,但面对丰富的证券实践,仍需要有抽象性/兜底性的判断依据,即无论审慎义务的具体行为方式体现为警示、告知抑或审查等,仍需关注其虚假陈述行为的“不法性”是否指向受害人的法益本身。而后者恰恰是虚假陈述侵权中模糊的内容,这有待在损害要件中进一步展开。

(三)虚假陈述的重大性与因果关系要件

1. 重大性标准的性质

《新虚假陈述规定》第10条规定了虚假陈述的重大性要件,并提供了相应的判断标准,包括:(1)虚假陈述的内容属于《证券法》第80条第2款、第81条第2款规定的重大事件;(2)虚假陈述的内容属于监管部门制定的规章和规范性文件中要求披露的重大事件或重要事项;(3)虚假陈述的实施、披露或者更正导致相关证券的

---

① 参见饶爱民:《证券虚假陈述民事责任性质之界定》,载《法治研究》2010年第4期。

交易价格或者交易量产生明显的变化。分析可见，上述三者的性质并不统一，(1)和(2)更偏向于法定义务的违反，(3)更偏向于虚假陈述行为引发的后果。从条文后述"前款第一项、第二项所列情形，被告提交证据足以证明虚假陈述并未导致相关证券交易价格或者交易量明显变化的，人民法院应当认定虚假陈述的内容不具有重大性"来看，(1)和(2)可视为重大性的形式标准，(3)所列交易价格或交易量的明显变化为实质标准。交易价格/数量的变动直接影响了受害人的损失幅度。由此可知，重大性的实质，并非指向行为是否违反特定行为义务的违法性评价，而是指向行为能否引发具体损害相当性的判断。

但此处仍存有采取何种相当性判断标准的疑问。在传统理论中，相当性的判断有两种方式：一是德国法院发展出的最优观察者学说，即认为由从侵害行为发生到损害产生的所有细节均可知悉的人来判断行为是否能够引发损害。[①] 最优观察者的标准，当然为法律拟制的产物，最为接近这一角色者无非案件的承办法官。套用在虚假陈述案件中，交易价格/交易量的明显变化，看似如同会计统计一般的客观现实，但实际上其证券价格/交易量的变化受制于复杂的市场因素，将其认定为虚假陈述行为所致，仍含有法官的主观判断。二是卡尔·拉伦茨(Karl Larenz)等学者所提出的主观化标准，即假设社会一般理性人处于行为人的位置去看行为是否会引发相应的后果。[②] 其实质是在因果关系的判定中一定程度地采用可预见性评价，但评价标准并非行为人本身的视角，而是社会的一般人视角。套用到虚假陈述侵权中，即交易价格/交易量的变化视为以一般社会认识所能预见。上述区别，虽未在《新虚假陈述规定》明确，但在司法裁判中必定会以相应方式体现。由此，重大性标准的功能可体现为，在虚假陈述行为与受害人的最终损害之间，设定交易价格/数量的客观标准，进而简化因果关系的证明。一方面，该标准无法避免裁判者的主观因素介入决断过程；另一方面，其不能取代完整的因果关系判断流程。[③]

由此衍生出一项推论，即重大性并非针对虚假陈述行为的抽象评价，而是植根于侵权行为与损害结果之间的具体关系。由此，就不同主体之间的虚假陈述，其重大性的评价并不相同。如某一上市公司作出虚假陈述行为，在其交易过程中牵涉

① 参见李中原：《论侵权法上因果关系与过错的竞合及其解决路径》，载《法律科学(西北政法大学学报)》2013年第6期。

② 参见叶金强：《相当因果关系理论的展开》，载《中国法学》2008年第1期。

③ 参见廖升：《诱空虚假陈述侵权责任之因果关系》，载《法商研究》2016年第6期。

的证券从业主体虽参与虚假陈述的不同环节,但其各自应尽的注意义务各不相同,由此义务违反所导致损害的范围与相当性各不相同。基于此,虚假陈述重大性的评价应当在确定责任主体的前提下,在一个完整的侵权构成要件中加以综合判定。其作为独立构成要件的效果不应被夸大,更多的是义务违反、损害范围与因果关系的综合评价结果。

2. 因果关系判断标准

值得注意的是,《新虚假陈述规定》明确区分了交易因果关系与损失因果关系。根据该规定第 11 条的规定,所谓交易因果关系,意为原告的投资决定与虚假陈述之间的因果联系。与之相对,损失因果关系指的是交易决定虽受虚假陈述所影响,但损失未必为虚假陈述行为所致。《旧虚假陈述规定》第 18 条采取了损失因果关系概念,即"人民法院应当认定虚假陈述与损害结果之间存在因果关系"。其具体的认定标准为:(1)投资人所投资的是与虚假陈述直接关联的证券;(2)投资人在虚假陈述实施日及以后,至揭露日或者更正日前买入该证券;(3)投资人在虚假陈述揭露日或者更正日及以后,因卖出该证券发生亏损,或者因持续持有该证券而产生亏损。细究之下,(1)、(2)两项并未出现直接损失,只是投资人买入/投资虚假陈述的证券。而(3)中投资人才出现实际损失。《新虚假陈述规定》抛弃了此种分类,目的在于区分虚假陈述侵权行为本身与其引发的民事赔偿。其第 11 条列举满足交易因果关系的情形,包括:(1)信息披露义务人实施了虚假陈述;(2)原告交易的是与虚假陈述直接关联的证券;(3)原告在虚假陈述实施日之后,揭露日或者更正日之间实施了相应的交易行为,即在诱多型虚假陈述中买入了相关证券,或者在诱空型虚假陈述中卖出了相关证券。

《新虚假陈述规定》颁布后,有评论者指出,其修改了《旧虚假陈述规定》中对因果关系的推定,对原告(投资人)科以一定的证明责任。但该观察流于表象,更关键的是,《新虚假陈述规定》将虚假陈述与损害之间的因果关系,置换为虚假陈述与受害人投资行为之间的因果关系。换言之,最高人民法院将损失大小从虚假陈述侵权的构成中抽离出去,将侵害结果理解为投资者投资自主状态的丧失。这一构造,一方面,与《民法典》总则部分的欺诈行为相似,即受害人因行为人的欺诈行为陷入认识错误,并基于这一错误做出违背其真实意思的法律行为。尽管《民法典》第 148 条仅规定了受欺诈一方向人民法院或仲裁机构的撤销权,但欺诈行为的构造可以类推适用于虚假陈述行为。换言之,衡量一项行为是否构成虚假陈述,并非看其是否造成了具体损害,而是看受害人是否因此作出了非由其真实意思所追求的投资行为。

另一方面,交易与损失因果关系的区分又与责任成立与责任范围的因果关系极为类似。但后者的区分基础在于当侵权法益体现为绝对权时,对于其权利完满性的侵害本身即构成违法性,故无须损害的实际发生,即可判断侵权责任是否成立。责任范围的因果关系仅在判断被侵害的权益与最终损失之间是否存在因果关联,进而使行为人承担责任。[①] 但在虚假陈述侵权中,被侵犯的法益并非投资者固有的人身或财产权利,而是其基于真实信息进一步实施投资行为的自主性。因之直接判断侵权责任成立,在传统学理上难以找到依据。从教义学的构造来看,虚假陈述所造成的损失更接近于纯粹经济损失中的所谓反射损失,即在受害人的绝对权受侵犯产生的直接或间接损失以外,因信赖该虚假陈述投资,进而衍生的一系列纯粹财产性损失。[②] 对此,传统的侵权理论原则上不会予以救济。仅当满足行为人故意、侵害人行为违背善良风俗,并在行为与损害之间存在相当因果关系时,才可判定为构成侵权行为。显然,《新虚假陈述规定》对虚假陈述侵权的认识并未采取欧陆侵权法的传统理路。

实际上,损失因果关系仍是受害人请求赔偿时无法绕开的一项要件。在《旧虚假陈述规定》运行的近 20 年,司法审判业已继受美国证券法上的推定因果关系学说。基于信赖推定和有效市场假说,法院不要求原告举证证明自身损失与行为人虚假陈述行为之间存在具体的因果关系,而是由原告提供表面证据,即其投资/买入了与虚假陈述相关的证券,且在其披露日/更正日以后,因买卖证券造成亏损。[③] 但此类因果关系的推定,在侵权法的一般理论中并无坚实的教义学基础。尤其在《民法典》将过错推定与无过错责任明确限缩在有法律规定的场合,因果关系推定虽为司法裁量的自由领域,但仍与侵权责任的严格化趋向不相符合。

较为详细的因果关系抗辩规则,见于《全国法院审理债券纠纷案件座谈会纪要》(法〔2020〕185 号,以下简称《债券纠纷纪要》)第 24 条第 4 款。其规定:“发行人及其他责任主体能够证明债券持有人、债券投资者的损失部分或者全部是由于

---

① 参见廖升:《诱空虚假陈述侵权责任之因果关系》,载《法商研究》2016 年第 6 期。

② 参见饶爱民:《证券虚假陈述民事责任性质之界定》,载《法治研究》2010 年第 4 期。

③ 参见于莹、潘林:《证券虚假陈述侵权责任中信赖推定之证成——欺诈市场理论局限性的克服》,载《法治与社会发展》2011 年第 2 期。

市场无风险利率水平变化(以同期限国债利率为参考)、政策风险等与欺诈发行、虚假陈述行为无关的其他因素造成的,人民法院在确定损失赔偿范围时,应当根据原因力大小相应减轻或者免除赔偿责任。”从这一规定来看,推定因果关系的含义不仅在于因果关系是否成立,更在于因果关系的大小/份额。被告抗辩的效力,鲜能否定因果关系的全部,只是考虑市场风险等其他因素,将其转化为侵权法上较为常用的原因力概念,以间接结合导致按份责任的方式,减轻虚假陈述人的责任。从这一意义上看,所谓交易因果关系的实际功能,仅指向因果关系的成立;而所谓损失的因果关系,则指向虚假陈述在整个损害中所占比例的评价。而此前一直使用的推定因果关系概念并未真正消失,而是以交易因果关系的概念继续存在,并以表面证据的方式,减轻了原告对因果关系证明的难度。①

(四)虚假陈述的损失要件

《证券法》第 85 条规定:“信息披露义务人未按照规定披露信息,或者公告的证券发行文件、定期报告、临时报告及其他信息披露资料存在虚假记载、误导性陈述或者重大遗漏,致使投资者在证券交易中遭受损失的,信息披露义务人应当承担赔偿责任……”在一般侵权责任中,损失体现为受害人固有利益的损失,较为容易计算。《民法典》第 1184 条规定:“侵害他人财产的,财产损失按照损失发生时的市场价格或者其他合理方式计算。”但在虚假陈述侵权中,损失体现为受害人信赖虚假陈述而卖出或买入证券。其实际损失并非买入或者卖出证券本身的价值,而是这部分证券的现实价值与其本应呈现的价值之间的差额。

故《新虚假陈述规定》第 25 条规定:“信息披露义务人在证券交易市场承担民事赔偿责任的范围,以原告因虚假陈述而实际发生的损失为限。原告实际损失包括投资差额损失、投资差额损失部分的佣金和印花税。”所谓投资差额损失,是指受虚假陈述欺诈后交易证券所丧失的利益,即谓的“实际发生的损失”。虽称“实际”,但并非现实发生。要将该部分差额计算出来,归根到底需要假设状态下的基准价格,与现实交易价格对比,从而计算出一个差价,方可确定损失额度。

为了追求计算的准确度,法院依据经济学模型引入了相关概念,包括实施日、

---

① 参见丁宇翔:《证券发行中介机构虚假陈述的责任分析——以因果关系和过错为视角》,载《环球法律评论》2021 年第 6 期。

披露日、变更日以及基准日。所谓基准日,《新虚假陈述规定》第26条给出了定义,即虚假陈述揭露或更正后,为将原告应获赔偿限定在虚假陈述所造成的损失范围内,确定损失计算的合理期间而规定的截止日期。但具体的基准日算法仍需依据交易模式的具体情形进一步细化。《新虚假陈述规定》提出了两种计算方法:一是针对以证券交易所为蓝本的集中竞价市场,自揭露日或更正日起,被虚假陈述影响的证券集中交易累计达到可流通部分100%之日为基准日。二是针对非竞价的集中交易市场,如果累计换手率在10个交易日内达到可流通部分100%的,以第10个交易日为基准日;在30个交易日未达到可流通部分100%的,以第30个交易日为基准日。在确定基准日的基础上,可进一步确定基准价格,即虚假陈述揭露日或更正日起至基准日期间,每个交易日收盘价的平均价格。①

在确定上述基本概念之后,《新虚假陈述规定》第27条、第28条分别针对买入证券和卖出证券,规定了投资差额损失的计算方法。就买入股票的情形,分为两类:

第一类是因虚假陈述买入相关证券的情形。根据其是否后续卖出,分为情形一与情形二。

情形一:在实施日之后、揭露日或者更正日之前买入,基准日之前卖出,则"投资差额损失=(买入股票的平均价格-卖出股票的平均价格)×已卖出的股票数量"。

情形二:在实施日之后、揭露日或更正日之前买入,基准日之前未卖出,则"投资差额损失=(买入股票的平均价格-基准价格)×未卖出的股票数量"。

若投资人信赖虚假陈述后买入股票,但仅卖出部分股票,其损失的计算则是情形一和情形二的叠加。②

第二类是因虚假陈述卖出相关证券的情形。根据其是否后续买回,分为情形一与情形二。

情形一:在实施日之后、揭露日或更正日之前卖出,但后续在基准日之前买回,则"投资差额损失=(买回股票的平均价格-卖出股票的平均价格)×买回的股票数量"。

---

① 参见《最高人民法院关于审理证券市场虚假陈述侵权民事赔偿案件的若干规定》(法释〔2022〕2号)第26条。

② 参见《最高人民法院关于审理证券市场虚假陈述侵权民事赔偿案件的若干规定》(法释〔2022〕2号)第27条。

情形二:在实施日之后、揭露日或更正日之前卖出,但后续在基准日之前未买回,则“投资差额损失=(基准价格-卖出股票的平均价格)×未买回的股票数量”。[①]

上述计算方法解决了在实务界和学术界长期争论的“诱空型”虚假陈述中,投资者可否依据《民法典》第1184条的规定请求虚假陈述人赔偿损失的问题。所谓“诱空”,是指信息披露义务人披露虚假的利空信息/隐瞒遗漏利多信息,诱使投资者低价卖出而遭受损失。所谓“诱多”,是指信息披露义务人发布虚假的利多信息/隐瞒重大利空信息,诱使投资者看多买入,结果价格降低而遭受损失。学界和法院对此通常有三种观点:观点一是在“诱空型”案件中,投资者不得请求赔偿损失。《旧虚假陈述规定》仅规定了“诱多型”虚假陈述的民事责任,故投资者的请求缺乏法律依据。观点二则支持该主张,理由是虽无具体的法律规定,但可依据《民法典》第1184条,参照《旧虚假陈述规定》第18条、第19条的规定,确定“诱空型”虚假陈述行为与投资者损失之间的因果关系。更为激进的观点三认为,对“诱空型”虚假陈述的救济,无须要求消费者在揭露日或更改日后,才卖出证券。即便在实施日后、揭露日前买入卖出,由于虚假陈述的信息未能在持股期间兑现,投资者因未能享受其本应获得的红利而遭受损失,故该部分投资者也可请求损失赔偿。

《新虚假陈述规定》的条文实际上给予了既有争论阶段性的答复,即对“诱空”和“诱多”均给予了损失赔偿的计算方式。表面上,是否救济和如何救济,已经不是问题。但其背后的理论依据仍有待进一步思考,即损失的因果关系究竟是如何建立的。在《新虚假陈述规定》颁布之前,法院实际上是依据《旧虚假陈述规定》第18条、第19条处理的。前文已述,第18条规定了推定的因果关系,而第19条则从反面否定了因果关系的存在,具体情形包括:(1)在虚假陈述揭露日或者更正日之前已经卖出证券;(2)在虚假陈述揭露日或者更正日及以后进行的投资;(3)明知虚假陈述存在而进行的投资;(4)损失或者部分损失是由证券市场系统风险等其他因素所导致;(5)属于恶意投资、操纵证券价格的。上述情形围绕的均为因果关系的成立问题,而非损害的份额问题。尽管《新虚假陈述规定》以交易因果关系简化了侵权行为是否成立的论证,但损失的具体裁判仍离不开因果关系的强度判定。

学理上和实践中的真正难题落在两方面:一是在认定虚假陈述之后,因果关系

---

① 参见《最高人民法院关于审理证券市场虚假陈述侵权民事赔偿案件的若干规定》(法释〔2022〕2号)第28条。

的贡献大小如何判断；二是即便判断了因果关系大小，因衡量损失需要在瞬息万变的市场中找到一项各方认可的基准，这一基准如何确定？就前一方面，《新虚假陈述规定》第 31 条第 1 款规定："人民法院应当查明虚假陈述与原告损失之间的因果关系，以及导致原告损失的其他原因等案件基本事实，确定赔偿责任范围。"条文的言外之意是，在明确虚假陈述行为与损失之间因果关系的基础上，仍需考虑虚假行为与其他原因之间的结合关系。就此，其第 2 款规定："被告能够举证证明原告的损失部分或者全部是由他人操纵市场、证券市场的风险、证券市场对特定事件的过度反应、上市公司内外部经营环境等其他因素所导致的，对其关于相应减轻或者免除责任的抗辩，人民法院应当予以支持。"由此来看，推定因果关系仍在《新虚假陈述规定》中得以贯彻，即不仅是因果关系的成立可以交易因果关系的形式加以推定，其对损害的份额也被推定为全部。但被告可在抗辩中反驳该推定，将需要承担的责任份额降低。

由上述分析可知，无论是《证券法》还是新、旧虚假陈述司法解释，规范的制定者始终将虚假陈述与其他市场行为假想成按份责任的构造，更准确地来说，是《民法典》第 1172 条的构造，即"二人以上分别实施侵权行为造成同一损害，能够确定责任大小的，各自承担相应的责任；难以确定责任大小的，平均承担赔偿责任"。但这一构造有一个前提，即虚假陈述与其他市场行为必须满足"分别实施"造成"同一损害"的条件。所谓分别实施，是指双方之间并无意思联络。而"同一损害"，并非指同一个损害或者同一性质的损害，也非受害人遭受的损害（此处为差额交易损失）不可分割，而是各个侵权人分别实施的行为与受害人的权益被侵害之间存在因果关系。① 虚假陈述中并无明显的权益受侵害的外观（若一定要说有，则是投资人出于自由意思进行投资决策的自主性），经济损失直接体现为虚假陈述行为引发的损害后果。同时，在判断是否减轻虚假陈述人的相应责任时，至少应当同时检测其他市场行为（包括受害人自身的行为）与其最后损失之间存在责任成立的因果关系，即《新虚假陈述规定》中所称的交易因果关系。②

除此之外，《新虚假陈述规定》并未提及虚假陈述与其他市场行为的其他结合可能。该部分应参照《民法典》侵权责任编共同侵权的规定做进一步处理。

---

① 参见程啸：《论无意思联络的数人侵权——以〈侵权责任法〉第 11、12 条为中心》，载《暨南学报（哲学社会科学版）》2011 年第 5 期。

② 参见邢会强：《证券中介机构法律责任配置》，载《中国社会科学》2022 年第 5 期。

《民法典》第1168条规定:"二人以上共同实施侵权行为,造成他人损害的,应当承担连带责任。"尽管《证券法》《新虚假陈述规定》均将虚假陈述描述为违反特定审慎义务的行为,但此仅为行为的外部表征,不能完全确定主观上的过错形态。如果虚假陈述人与其他市场主体对"诱空"或"诱多"具有意思联络的故意,即指向同一个受害人的投资行为,并且在各自行动的协同上产生合意,则可构成共同故意。此时,其因果关系的证明,则不再需要指明各方的行为与最终损害之间均有责任成立的因果关系,而只要任何一个单独行为造成损害的全部结果即可。而其后果则并非《新虚假陈述规定》中所谓的减轻相应责任(按份责任),而是连带责任。虽然在虚假陈述侵权中对行为人的理解可以界定为复数,诸如公司高管与相关保荐机构存在相互串通的情形,可以按照既有规定直接科以连带责任,但共同故意侵权作为共同侵权的基本规则,仍为关系错综复杂的市场提供了基础性的责任分配途径,可作为《新虚假陈述规定》之外的补救性规范。

此外,共同侵权中共同过失的情形也不应被忽视。在学说上,共同过失虽无意思联络的故意,不指向同一个目标,但有合同行为的合意,并在行为外观上表现出行为的一致性。在此情形下,无须双方均表现为故意状态,可分别评价各自就共同行为对损害的可预见性,从而判定其过失程度。其责任形态仍为连带责任。[①] 在虚假陈述侵权的场景中,共同过失的适用余地更为宽泛,理由在于虚假陈述行为人的信息要作用于投资人的投资行为,其间极可能有多个证券服务机构经手,出具相关的专业意见/报告。后者在大部分情况下都不知道潜在的投资人是谁,但是披露信息的行为以委托为典型的合同方式参与其中,构成行动上的协同性。如果这些主体以其违反相关法律法规,或行业规定的不作为行为与受害人损失之间并无因果关系为由进行抗辩,则法院仍有法律工具将其与虚假陈述行为人相关联,让其对虚假陈述的结果承担责任。[②]

(五)虚假陈述的责任主体要件

虚假陈述案件的责任主体问题,也向来是争议所在。[③] 原因在于《证券法》第

---

① 参见叶金强:《共同侵权的类型要素及法律效果》,载《中国法学》2010年第1期。

② 参见谬因知:《证券虚假陈述赔偿中审计人责任构成要件与责任限缩》,载《财经法学》2021年第2期。

③ 参见杨城:《论我国虚假陈述民事责任主体的困境与创新》,载《证券市场导报》2017年第7期。

85 条对责任人的界定较窄，仅限于信息披露义务人。但何为信息披露义务人，则没有进行界定。该条后半段列举了发行人的控股股东、实际控制人、董事、监事、高级管理人员和其他直接责任人员以及保荐人、承销的证券公司及其直接责任人员，认为其应与发行人承担连带责任。条文的言下之意，上述人员均可为信息披露义务人。既然如此，为何要强调其与发行人承担连带责任？照此理解，该条上半段的“信息披露义务人”原则上限于证券发行人。仅当证券承销链条上的其他主体也参与虚假陈述时，其也应当按照法定要求，与发行人承担共同的侵权责任。换言之，其背后的逻辑是，发行人之外的主体与发行人一起构成共同侵权。①

这一推论在《新虚假陈述规定》第 20 条第 1 款可得印证。该条规定：“发行人的控股股东、实际控制人组织、指使发行人实施虚假陈述，致使原告在证券交易中遭受损失的，原告起诉请求直接判令该控股股东、实际控制人依照本规定赔偿损失的，人民法院应当予以支持。”该规定细化了控股股东/实际控制人与发行人之间的关系，即只有在前者组织、指示后者虚假陈述时，二者才需要承担连带责任。这说明两点：一方面，《证券法》第 85 条所称“信息披露义务人”的文义应当限于发行人；另一方面，帮助、指示构成了双方在共同行动上的意思联络，由此构成双方承担连带责任的基础。此外，《新虚假陈述规定》第 20 条第 2 款还赋予了发行人向上述主体进行追偿的权利，追偿内容包括“实际支付的赔偿款、合理的律师费、诉讼费用等损失”。该规则显示：在连带责任的内部责任层面，将控股股东/实际控制人等其他主体设置为终局责任人。

此外，《新虚假陈述规定》第 21 条列举了《证券法》规定之外的其他情形，即公司重大资产重组的交易对方如提供的信息不真实、不准确、不完整，导致公司披露的相关信息存在虚假陈述，原告可以起诉请求判令该交易对方与发行人等责任主体赔偿由此导致的损失。该条文并未指明二者承担的是何种责任。从因果关系来看，如果没有交易对方的错误信息，则不会有投资人的损失。同样，如果发行人合理审核交易对方的信息，投资人同样不会有损失。但二者的各自行为并不会引发全部损害。由此，因果关系的层面体现为一定程度上的间接结合。但在主观层面，交易双方在提供信息的层面存在协同性和一致性。在指向侵害目标的层面，双方

---

① 参见曹兴权、洪喜琪：《证券虚假陈述中监事民事责任研究——兼论〈证券法〉第 85 条的适用》，载《北方法学》2021 年第 5 期。

既可能具有意思联络,也可能只是处于各自的故意/过失违反应尽的审慎报告/检查义务,进而结合行为上的共同性,要么构成共同故意,要么构成共同过失,形成共同侵权基础上的连带责任基础。就其内部的追偿,《新虚假陈述规定》并未言明。但其构造应当与第20条类似,因虚假信息的源头出于交易对方,其理应作为内部责任的终局承担者。《新虚假陈述规定》第21条虽仅提及交易对方,但具有规范适用层面的典型意义。其背后的共同侵权理论可以类推适用于发行人以外的各类行为主体,进而使责任主体的范围在《证券法》第85条的基础上逐步扩宽,而非直接以法定的方式强行对相关主体科以虚假陈述的损失赔偿责任。①

该理论在《新虚假陈述规定》第22条的分析中也可得到印证。第22条规定:"有证据证明发行人的供应商、客户,以及为发行人提供服务的金融机构等明知发行人实施财务造假活动,仍然为其提供相关交易合同、发票、存款证明等予以配合,或者故意隐瞒重要事实致使发行人的信息披露文件存在虚假陈述,原告起诉请求判令其与发行人等责任主体赔偿由此导致的损失的,人民法院应当予以支持。"上述规定同样没有指明供应商/客户/服务机构与发行人之间的责任形态。但细究之下,其行为类型可以分为两种:一是明知发行人造假而予以配合,此为典型的有意思联络的共同加害行为,二者承担连带责任;二是该类主体故意隐瞒重要事项,而发行人自身并未发现,最终未披露此信息,导致投资者损失的情形。该情形下,二者并不存在意思联络,但双方在制作披露信息内容的层面存在协同和分工,尽管在主观上并未共同指向一个受害人,但仍可认定为共同过失,要求其承担虚假陈述的连带责任。

此处,也可考虑另一种构造,即将供应商/客户/服务机构的行为评价为一般过错责任,而将发行人的行为评价为虚假陈述侵权。双方由于不同的原因导致相同内容的赔偿责任,可由一方的给付而使赔偿之债消失,二者的性质即为不真正连带责任,并可在其内部进一步规定一方的责任为终局责任承担者。② 两种构造比较之下,后者较为可疑,原因在于两种主体的行为虽与最终损害均有因果关系,但难以断定其是否构成全部的损害,由此二者是否负有相同的给付内容存疑。由此,更为妥当的解释论仍是将供应商/客户/服务机构的故意隐瞒行为视为共同侵权中协同

① 参见陈洁:《证券虚假陈述中审验机构连带责任的厘清与修正》,载《中国法学》2021年第6期。

② 参见张平华:《连带责任的弹性不足及其克服》,载《中国法学》2015年第5期。

行为的组成部分,对其科以与发行人一起的连带责任。至于内部关系,则应适合套用连带责任的一般规定,审查各自的过错大小以及对损害份额的贡献能力,进而判定其各自应当承担的比例。

尽管《新虚假陈述规定》已就责任主体作了扩充性规定,但理论界与实务界最为关注的问题是,除《证券法》明确规定的虚假陈述责任主体之外,是否依据《民法典》第1165条(一般过错侵权)的规定包括其他主体?第一种观点认为,不可以包括其他主体。因信息披露义务为法定义务,该主体也由法律明确规定。如果依据《民法典》上的一般过错责任认定侵权,则等于随意扩大了虚假陈述侵权责任主体,泛化了侵权责任。第二种观点认为,虚假陈述侵权属于特殊侵权,在不满足虚假陈述构成要件时,理所当然可以回到一般过错要件进行处理,体现的仍是侵权法对特定法益的保护,而不存在与虚假陈述侵权的交叉或者重合。

笔者认为,上述观点各有依据,前者侧重政策考虑,后者偏重体系解释。从《新虚假陈述规定》的扩展性规范来看,完全割裂虚假陈述侵权与《民法典》之间的关系,并不明智。在复杂多样的交易场景中,任何与发行人发生信息交换和互动的主体均可能构成损害的引发者。将其行为划归为虚假陈述,或一般过错侵权,不能只看是否存在特殊规定,而应当探究其行为是否涉及虚假陈述侵权所保护的法益,即提供虚假信息对投资人行为的自主性是否有所侵害?若是,则可进一步检验其是否与发行人等责任主体构成共同侵权,对其科以虚假陈述的连带责任。若否,则应将其归于一般侵权责任,在侵权法所保护的一般范围内,检验其是否违反了案件情形下的注意义务,并评价其是否超越了对义务违反的可预见性和可期待性,结合相关的损害与因果关系的检讨,判定其是否负有相应的侵权责任。① 上述问题的解决,要求将《新虚假陈述规定》的解释始终与《民法典》侵权责任编的规范体系紧密结合,而不能将《新虚假陈述规定》视为仅针对虚假陈述的独立规则体系。如此,则可能舍覆盖面广泛,且极富弹性的民事责任救济体系不用,而陷入刻舟求剑的境地。

---

① 参见邢会强:《上市公司虚假陈述行政处罚内部责任人认定逻辑之改进》,载《中国法学》2022年第1期。

二、司法裁判领域的新发展

除了法律规定和司法解释规范的新发展,在司法裁判领域也有相关的动向。《新虚假陈述规定》的大部分源于司法实践,但并非所有法院的裁判观点均被吸纳为司法解释。对相关案例的汇总可知,裁判的新进展包括扩张投资者保护范围、明确虚假陈述行为人的比例连带责任。

(一)扩张投资者保护范围

就证券投资者保护范围的扩展,深圳市中级人民法院裁判的"朱某甲诉中航三鑫股份有限公司等证券虚假陈述纠纷案"取得巨大突破。该案中,被告中航三鑫公司等3家公司因虚假陈述行为收到深圳证监局的责令整改措施,投资者由此起诉要求被告赔偿其投资损失。被告辩称,《旧虚假陈述规定》第6条第1款规定:"投资人以自己受到虚假陈述侵害为由,依据有关机关的行政处罚决定或者人民法院的刑事裁判文书,对虚假陈述行为人提起的民事赔偿诉讼,符合民事诉讼法第一百零八条规定的,人民法院应当受理。"即要求法院受理投资者因虚假陈述受损的案件,需以行为受到监管部门的行政处罚或者刑事制裁为前提条件。①

但深圳市中级人民法院认为,深圳证监局出具的责令整改文书属于监督管理措施;属于与市场禁入、行政处罚等执法活动并列,并不相同的管理行为。《旧虚假陈述规定》第6条虽有此规定,但新的司法政策有所变化。

如《债券纠纷纪要》第9条规定:"……债券持有人、债券投资者以自己受到欺诈发行、虚假陈述侵害为由,对欺诈发行、虚假陈述行为人提起的民事赔偿诉讼,符合民事诉讼法第一百一十九条规定的,人民法院应当予以受理。欺诈发行、虚假陈述行为人以债券持有人、债券投资者主张的欺诈发行、虚假陈述行为未经有关机关行政处罚或者生效刑事裁判文书认定为由请求不予受理或者驳回起诉的,人民法院不予支持。"

此外,《最高人民法院关于证券纠纷代表人诉讼若干问题的规定》(法释〔2020〕

---

① 参见朱某甲诉中航三鑫股份有限公司等证券虚假陈述纠纷案,广东省深圳市中级人民法院(2019)粤03民初2031号民事判决书。

5号)第5条规定:“符合以下条件的,人民法院应当适用普通代表人诉讼程序进行审理:……(三)原告提交有关行政处罚决定、刑事裁判文书、被告自认材料、证券交易所和国务院批准的其他全国性证券交易场所等给予的纪律处分或者采取的自律管理措施等证明债券侵权事实的初步证据……”

在缺乏现行规定的情形下,法院实际上采用了将《债券纠纷纪要》中的司法政策扩用于一般证券纠纷的方式,扩大了投资者的保护范围。从技术角度看,法院将行政监管措施决定书作为证券侵权事实的初步证据,只要其他起诉要件具备,法院当然受理此案。这背后具有明显的政策性因素,该案承办法官在案件评注中提到:《旧虚假陈述规定》的相关规定基于当时国内证券市场刚刚起步,投资者的法制观念较低、上市公司治理结构不完备的大环境,具有合理性。但现阶段,我国证券市场日趋完善,投资者的理性程度有较大提升,再以行政处罚或刑事责任的认定,作为民事赔偿的前提,已不符实际情况。

笔者认为,单就理论而言,虚假陈述的违法性或体现于对公法上行为义务的违反,或体现于对民法保护权益的侵害。二者虽有交叉,但并不完全等同。行政法/刑法上的行为义务可作为判定其是否具有民事违法性的参考依据,但后者仍应在民法(特别是虚假陈述侵权所在的侵权法层面)构成要件项下,作出独立判断。[①] 由此,则无须在法政策的层面多做纠缠,从长期来看,应当肯定证券侵权与《民法典》基础规范之间的天然联系。唯有如此,方能最大限度地保护作为民事主体的投资人的合法权益和行为自由。

(二)明确虚假陈述行为人的比例连带责任

1.“中安科案”的判决及其理由

虚假陈述侵权中的责任形态,不仅是规范层面关注的重点,也是实务中的难题。备受业界瞩目的“李某、周某诉中安科股份有限公司等证券虚假陈述民事责任纠纷案”(“中安科案”)中,对资产重组的中安科上市公司,招商证券和瑞华会计师事务所分别出具审计报告。但中安科被证监会认定存在虚假陈述而受到行政处罚。李某、周某作为受害的投资人向法院起诉,要求招商证券和瑞华会计师事务所

---

① 参见陈洁:《证券民事赔偿诉讼取消前置程序的司法应对——以虚假陈述民事赔偿为视角》,载《证券市场导报》2021年第5期。

与中安科一同承担连带责任。上海金融法院一审判决:招商证券、瑞华会计师事务所等中介机构对构成虚假陈述侵权责任的中安科相关赔偿付款义务承担连带责任。后招商证券与瑞华会计师事务所提出上诉,要求撤销承担连带责任。上海市高级人民法院终审判决:中介机构招商证券与瑞华会计师事务所承担比例连带责任。①

所谓比例连带责任,是指多个侵权主体之间并非就损害的全部承担连带责任,而是就双方对损害均有贡献的部分承担连带之责。对招商证券,上海市高级人民法院认为,其作为重大资产重组中的独立财务顾问,需对重组活动进行审慎的尽职调查,对上市公司申报文件的真实性、准确性和完整性进行充分校验。即便其出具意见中采用了其他证券服务机构/人员的专业意见,仍应审慎核查,并对利用该专业意见所形成的结论负责。对比该注意义务,上海市高级人民法院认为,招商证券并未尽到独立财务顾问的职业所要求的勤勉尽职义务。其所出具的专业意见因在审核"班班通"项目相关材料时存在过错,导致最终的《独立财务顾问报告》出现误导性陈述。对由此导致的投资者损失,招商证券应当与中安科承担连带赔偿责任。②

对瑞华会计师事务所,上海市高级人民法院同样认为,其未尽到审计业务准则所要求的勤勉尽职义务,导致其出具的审计报告中的部分内容存在虚假陈述。对由此导致的投资者损失,瑞华会计师事务所应承担连带赔偿责任。③

上述"由此导致的投资者损失"的表述,是为比例连带责任作的铺垫。但法院可以直接援用的依据并不多。从判决书来看,上海市高级人民法院用了已被修改的1998年《证券法》第161条,其规定,专业机构和人员应就其负有责任的部分承担连带责任。由此,法院绕开了现行《证券法》中的条文,提炼出了如下法理,即"证券服务机构的注意义务和应负责任范围,应限于各自的工作范围和专业领域,其制作、出具的文件有虚假记载、误导性陈述或重大遗漏,应当考量其过错程度、造成投

① 参见李某、周某诉中安科股份有限公司等证券虚假陈述民事责任纠纷案,上海市高级人民法院(2020)沪民终666号民事判决书。

② 参见李某、周某诉中安科股份有限公司等证券虚假陈述民事责任纠纷案,上海市高级人民法院(2020)沪民终666号民事判决书。

③ 参见李某、周某诉中安科股份有限公司等证券虚假陈述民事责任纠纷案,上海市高级人民法院(2020)沪民终666号民事判决书。

资者损失的原因力等因素,分别确定其应当承担的法律责任”①。

在该案责任的判定中,法院分别考察了招商证券与瑞华会计师事务所参与虚假陈述的内容与整体行为的比例关系,二者过错程度相比于中安科的高低,以及二者原因力的大小(案涉“班班通”项目对中安科股票价格和投资者交易决策的影响)进行综合判断。由此酌定招商证券在25%的范围内承担连带责任,瑞华会计师事务所在15%的范围内承担连带责任。②

2. 比例连带责任的侵权法基础

法院上述规则的确立颇有一些动态体系论的味道。但在侵权法的传统理论中,比例连带责任并非新事物,而是因果关系形态中的特例。典型的例子如甲、乙、丙3人排污,甲、乙造成受害人的全部损害,丙造成受害人的部分损害。此情形下,对于丙造成的部分损害,甲、乙、丙3人承担连带责任;而对于剩余部分,甲、乙承担连带责任。换言之,责任分配的关键是因果关系的贡献,即法院所称的原因力要素。由于招商证券和瑞华会计师事务所仅能造成部分的损害,故其只能对该范围内的损害承担连带责任。

法院提及的过错和行为部分之于整体的比例关系,能否量化为责任份额存有疑问。原因在于构成要件中,过错要件的功能是衡量行为人对注意义务违反的主观可期待性。对于侵权而言,传统上过错仅在区分故意和过失时,才对因果关系的评价产生影响。如甲故意或重大过失开车将违反交通行为规范的乙撞伤,则甲无法援引过失相抵减轻自身的责任份额。在其他情形下,过失的多寡并不能突破因果关系的限制。③

另一个例外,则是不作为侵权中,行为人没有履行积极作为的义务导致受害人遭受直接侵权人的侵害。此时,不作为行为人的过错,即对此时此刻注意义务的违反,可被直接评价为对损害可能性的可预见性,由此决定其对损害贡献程度的大小,进而要求其承担相应的责任。④ 但此类规定往往是法定的,如《民法典》中安全保

① 参见李某、周某诉中安科股份有限公司等证券虚假陈述民事责任纠纷案,上海市高级人民法院(2020)沪民终666号民事判决书。

② 参见李某、周某诉中安科股份有限公司等证券虚假陈述民事责任纠纷案,上海市高级人民法院(2020)沪民终666号民事判决书。

③ 参见彭真明:《论会计师事务所不实财务报告的民事责任——兼评上海大智慧公司与曹建荣等证券虚假陈述责任纠纷案》,载《法学评论》2020年第1期。

④ 参见冯珏:《安全保障义务与不作为侵权》,载《法学研究》2009年第4期。

障义务人承担补充责任的构造,其本质属性就是先有法定义务,再有补充的责任形态。而在虚假陈述案件中,尽管招商证券和瑞华会计师事务所也表现为对特定行为义务的违反,但其外部行为仍表现为积极作为,即其出具的专业审计报告/意见书。由此,二者过错的多寡,只要并非故意或重大过失,对因果关系的影响即可忽略不计。

此外,法院也提及二者所出具报告的内容在整个虚假陈述行为中所占比例有限,由此可以判定其对损害的贡献也较小。但这一逻辑存在纰漏。关键在于以行为的局部性判断因果关系的部分性,只能说明法院背后的逻辑是将二者的行为与中安科的虚假陈述行为分开对待。换言之,认定其符合"分别实施,造成同一损害"的构造。然而,这一推论与实际情况不符。中安科的虚假陈述作为一个整体,显然与独立财务顾问和会计师事务所的意见/报告紧密相连。三方在行动上显然具备协同性和一致性。如果一定要将三者的行为进行区分,只能说三者缺乏侵害对象上的意思联络,故三者实施的行为并不能被评价为一个整体。但在具有协同性的行为部分,仍可构成共同过失。如就招商证券出具的报告,招商证券与中安科具有行动的协同性;就瑞华会计师事务所出具的报告,瑞华会计师事务所与中安科也具有行动的协同性。在此范围内,以上主体可各自构成共同过失,进而就两份报告的部分承担连带责任。

3. 笔者观点

由此观之,对于比例连带责任的法理论证,仍需在《民法典》共同侵权(包括主观共同与客观共同)的框架内进一步展开。笔者认为,比例连带责任的侵权场景可还原为作出虚假陈述行为的公司与提供法律/财务审计的证券服务机构的结合侵权。前者实为积极作为的直接侵权人,后者则为消极不作为的间接侵权人。对此作为与不作为结合的侵权样态,我国《民法典》侵权责任编并无直接规定,但关键在于理解《民法典》第1171条与第1172条之间的关系。

《民法典》第1171条规定:二人以上分别实施侵权行为造成同一损害,每个人的侵权行为都足以造成全部损害的,行为人承担连带责任。主流解释论采直接结合说,即要求数个行为紧密结合,且各自原因力与加害部分无法区分,以至于使数个行为人凝结为一个共同的加害行为。① 在此理解下,要求各行为人对全部损害的

① 参见最高人民法院民事审判第一庭:《最高人民法院人身损害赔偿司法解释的理解与适用》,人民法院出版社2004年版,第63页。

贡献均体现为事实因果关系,实打实地促成损害发生。由此产生两个结果:一是要求数个侵权行为均为积极作为;二是将“足以”解释为每个侵权行为均现实地构成全部损害。

但事实上,不作为的间接侵权亦可符合《民法典》第1171条的规范,关键在于抛弃直接结合的解释论。具体而言,尽管就作为/不作为侵权因果关系的相当性判断,可区别剔除说与代入说,进而前者表现为事实因果关系,后者为法律因果关系,但法律评价的最终效果均为确定责任归属,性质上并无区别。由此,“足以”的表述不应限于现实构成全部损害,而应囊括虽不满足自然因果关系,但已构成特定注意义务违反,而被评价为对损害发生具有相当因果关系。由此,处于间接侵权人地位的证券服务机构,若其对注意义务的违反已经抬升至完全避免损害发生,或彻底防止虚假陈述行为的强度,实际上已与直接侵权人构成积累的因果关系,可被科以连带责任。

《民法典》第1172条规定:二人以上分别实施侵权行为造成同一损害,能够确定责任大小的,各自承担相应的责任;难以确定责任大小的,平均承担责任。就上述规定,主流解释论采间接结合说,即虽存在数个侵权行为,但某些行为只是另一行为直接/必然导致结果创造条件,而本身不会也不可能直接/必然发生损害结果。① 我国学界普遍认为:一是间接结合要求各方均为作为;二是间接结合中,若存在故意侵权人,过失侵权人将不负责任。但上述见解并不准确。

间接结合的本旨,意在构建直接结合的对照情形。二者相加,可囊括无意思联络数人侵权的所有结合形态。故间接结合说的实质是强调各行为人本身并不直接/必然产生全部损害。由此可以得出两项推论:一是该条并不要求各项行为均为作为,不作为亦能为作为导致损害创造条件;二是与直接结合相反,各行为本身并非均足以造成全部损害。在逻辑上展开,包括三种情形:一是各行为人均不足以造成全部损害,只有相互结合,才能造成最终损害;二是一方行为人足以导致全部损害发生,另一方行为人与其结合方能产生损害;三是各方侵权人虽造成全部损害,但无法查明两人导致的具体份额。②

上述情形中,仅第三种类型与不作为的间接侵权相关。假设在虚假陈述场景

---

① 参见最高人民法院民事审判第一庭:《最高人民法院人身损害赔偿司法解释的理解与适用》,人民法院出版社2004年版,第65页。

② 参见冯德淦:《〈侵权责任法〉第12条适用范围之厘定》,载《法治研究》2018年第5期。

下,甲为直接侵权的虚假陈述人,乙为间接侵权的证券服务机构。甲的行为造成受害人实际损失,而乙虽有义务违反,但唯有与甲结合,方能产生损害。该情形完全符合间接结合说的两项推论。具体而言,证券服务机构与虚假陈述人的结合方式,本质上属于前者无法独自造成损害,仅为后者导致损害提供条件,并由后者独自造成损害结果的情形。若在解释论上放弃以作为侵权与自然因果关系充当间接结合的必要条件,则证券服务机构的义务违反问题,完全可以落在《民法典》第 1172 条的射程范围内。

综上所述,所谓的比例连带责任不能仅仅依据证券市场的法政策或业界生态加以论证,而应回归《民法典》侵权责任编中无意思联络数人侵权的一般规则加以系统理解。从侵权法的基本原理来看,证券服务机构的义务违反既可能涵盖受害人全部损害,进而与虚假陈述人承担连带责任,也可能无法导致全部损害,进而与虚假陈述人就重叠部分承担连带责任,由后者承担剩余部分损害。所谓比例,即证券服务机构的义务违反对应的部分损害与虚假陈述人所致全部损害之间所形成的具体份额。

(三)投资者损失的计算方式

虚假陈述侵权责任最终落实于投资者损失的认定中,对其数额的认定是难点所在。在“许某鑫等诉上海普天邮通科技股份有限公司证券虚假陈述责任纠纷案”中,上海金融法院推出了“多因子量化模型”的计算方式。

该案中,上海普天邮通科技股份有限公司(以下简称普天公司)系于 1993 年 10 月~2019 年 5 月在上海证交所上市,于 2019 年 5 月 23 日被摘牌。2017 年 1 月 19 日,普天公司发布公告称收到证监会立案调查通知书。2018 年 1 月 10 日,普天公司发布公告称收到证监会上海监管局《行政处罚事先告知书》。告知书载明,普天公司为了弥补 2014 年度的利润缺口,通过虚假贸易,虚增利润总额占普天公司 2014 年度合并财务报表利润总额的 73.68%,其在 2015 年 3 月 21 日发布的 2014 年年度报告中虚假披露的行为构成证券虚假陈述行为。许某鑫等投资者于 2015 年 3 月 21 日后买入普天公司股票,其根据《行政处罚决定书》认定的相关事实起诉普天公司,要求其赔偿因信息披露违规行为所造成的损失。该案审理过程中,上海交通大学中国金融研究院接受上海金融法院的委托,于 2020 年 2 月 19 日出具《损失核定意见书》,对投资者因普天公司虚假陈述产生的投资差额损失进行了核定。①

上海金融法院一审认为,关于投资差额损失的计算方式,《损失核定意见书》采用第一笔有效买后的移动加权平均法计算买入均价,即从投资者第一笔有效买入之日起,每次买入证券后,以新买入的证券成本加上原来的持仓成本,除以当前持仓数量。转换为数学语言,则可表示如下:

“证券买入均价 $= (a_1b_1 + a_2b_2 + \cdots + a_nb_n)/(b_1 + b_2 + \cdots + b_n)$”

a_n为新买入的证券价格;b_n为新买入的证券数量。

关于证券市场系统风险等其他因素导致的损失,法院认为应当体现为,提出虚假陈述因素,投资者投入相同的成本可以获得的损益金额。《损失核定意见书》给出的计算方式为:

“市场系统风险等其他因素导致的损失 = 投资者买入成本 × 模拟损益比例”②

其中的关键因素为“模拟损益比例”。《损失核定意见书》采用所谓“因子模型法”,即计算大盘、行业及各种风格因素导致的普天公司 A 股股票日收益。通过 A 股和 B 股的关联关系,计算普天公司 B 股股票日收益率,由此得出普天公司 A 股、B 股的模拟价格,计算在无虚假陈述影响下普天公司股票的模拟损益比例。③

上述计算办法受到普天公司的质疑,普天公司上诉至上海市高级人民法院。上海市高级人民法院认为,2003 年《旧虚假陈述规定》第 18 条规定了推定存在因果关系的具体情形。被告未能提出相反证据,不能推翻上述推定。关于损失的认定,证券领域具有高度专业性,虚假陈述的损失计算涉及经济学、金融学、会计学、数学和计算机编程等多个学科和领域。由专业、中立的第三方出具《损失核定意见书》,符合程序正义和实体正义,因而驳回上诉,维持原判。

上文在法律规范的分析中已经提及,损失计算,一方面,涉及责任范围的确定,其背后实为因果关系和多数人侵权领域的问题;另一方面,则涉及具体的损失计算问题,涉及对证券基准价格的拟定,即涉及大数据分析的数学/经济学计算问题。上述计算公式在数学层面是否合理,笔者限于专业能力无从评价。但在法学上的

---

① 参见许某鑫等诉上海普天邮通科技股份有限公司证券虚假陈述责任纠纷案,上海市高级人民法院(2020)沪民终 294 号民事判决书。

② 参见许某鑫等诉上海普天邮通科技股份有限公司证券虚假陈述责任纠纷案,上海市高级人民法院(2020)沪民终 294 号民事判决书。

③ 参见许某鑫等诉上海普天邮通科技股份有限公司证券虚假陈述责任纠纷案,上海市高级人民法院(2020)沪民终 294 号民事判决书。

正当性仍可推敲。关键在于《损失核定意见书》所采纳的二分法,即区分虚假陈述行为所引发的损失与市场其他因素所引发的损失,是否具有充分的正当性?如前所述,虚假陈述人以外的其他主体,虽可归入市场风险之中,但不应忽视二者之间可能存在的意思联络与行动协同。在此情形下,二者可能落入共同侵权而被科以连带责任。而《损失核定意见书》中二分法的正当性仍建立在将二者视为无意思联络的多数人侵权项下间接结合的情形。此仅为逻辑上的推定情形,在具体案件中,当事人(主要是被告)仍可能以多个行为人之间的具体交易关系,尤其是就虚假陈述事项上的合作联系,来推翻该公式的适用。上述分析提醒我们,损失计算方法虽具有高度技术性和专业性,但并非放之四海而皆准的万能公式,在适用时须时刻检验其背靠的多数人侵权类型。

三、对虚假陈述侵权规范与实践新发展的评述与建议

《民法典》颁布后,虚假陈述侵权的规则制定,完善了我国金融法治,体现在保护投资人合法权益的司法政策,对证券从业机构的行为规范提出了更高、更全面的要求。从规范和实践角度来看,其有意识地向《民法典》侵权责任编的规范体系靠拢,促使二者相互协调。其规范的新发展集中体现于2022年出台的《新虚假陈述规定》,而其实践的新发展则以各级法院个案裁判的方式体现。归纳规范与实践中的变化,有如下三个方面尤其值得关注。

第一,虚假陈述作为《证券法》中的特定规则,其责任构成越发与《民法典》的侵权构成产生紧密关联。其中,最为明显的入口是责任主体。在多数行为人的场合,无论规范还是司法实践,均突破了《证券法》上既有的行为人类型,而扩张至一般的证券从业主体。各主体之间的关系,涉及共同侵权以及无意思联络数人侵权的相关情形,在虚假陈述逐步扩大适用范围时,尤其需要其与侵权一般理论相结合,把握其理论性和政策性之间的平衡关系。

第二,虚假陈述的损失计算方式,从最初的推定因果关系逐步过渡到多学科参与的交叉计算方式,具有极强的技术性和专业性。但在裁判过程中,损失计算体现为法学与经济学的交叉。法学角度,解决的实为损失的范围(责任范围的因果关系)问题;而经济学角度,解决的则是损失的具体数量问题。法院的实践表明,上述两种视角缺一不可,否则将使虚假陈述的损害赔偿脱离其法学母体,成为纯粹的数

字游戏。

第三,虚假陈述侵权的新发展表明,该领域在法学上的难点和焦点仍集中于因果关系问题。因果关系一方面,涉及责任成立的判断;另一方面,涉及责任范围的裁量。在理论上和实践中,前者发展出了交易因果关系,后者则发展出了比例连带责任。其背后均为因果关系理论的进一步发挥和适用。其中,涉及作为侵权与不作为侵权的构成理论在证券法领域的具体实践,亦涉及直接侵权与间接侵权的构成理论在虚假陈述人与其他证券从业者(尤其是证券服务机构)之间对最终损害赔偿责任的分配。在证券侵权领域出现的新问题对传统理论构成冲击,须在侵权法的既有框架下给出有力的答案。

在总结与归纳上述新发展和新动向的基础上,就现有的虚假陈述侵权规范和实践,可提出如下三条设想,作为观察该领域进一步发展的三个视角。

第一,尽管虚假陈述侵权司法规则的更新体现了过去近 20 年证券法实践的积累和沉淀,但其作为商法规范的痕迹依然明显。《新虚假陈述规定》虽在体例上以责任主体、过错、重大性及因果关系、损失认定等明显的民法要件思维规制虚假陈述行为,但在规范的细节层面,仍带有明显的商法调控思维,而缺乏从民法,特别是侵权责任构成的教义学思维将虚假陈述所侵犯的法益界定清晰,进而在此基础上充分展开其责任构成,从而厘清其与一般侵权责任之间的联系与区别。该作业在规范层面恐难以在短期内达成,仍需要大量的民法学者介入商法研究,进而逐步构建关于虚假陈述侵权的成熟教义学体系。

第二,虚假陈述尽管被界定为侵权行为,但大量的证券交易行为均有合同作为基础。在规范层面均以侵权责任的要件体例规范虚假陈述行为时,在理论上和实践中却不应将合同救济的道路堵死。虚假陈述在英美法上就具有明显的合同法和侵权法交叉的属性,当事人可以依据具体的案情在二者之间自由选择。合同法的优势不仅在于确定注意义务较为灵活,更在于计算损失方面可预见性规则的适用便利。尤其是虚假陈述引发的投资者损失往往是纯粹经济损失,无论以何种经济学/数学模型加以计算,始终需在法学上找到可以自圆其说的损害赔偿类型,是合同产生的可得利益损失,还是侵权行为引发的受束于相当性规则所衍生的损害,须在不同的归类中进一步加以说明。

第三,虚假陈述侵权仅是证券侵权中的一种类型。典型的证券侵权还包括操作市场和内幕交易等。作为三者中规范最为完备的类型,虚假陈述侵权的规范和实践显然肩负着将该领域的规则类推适用于其他证券侵权类型的使命。要达成这种使命,实际上更需要将虚假陈述侵权的救济规则在解释论上打造为证券侵权中的普适性规则。由此,更需要在其侵权构成中抽象出一般要素,如主体范围的认定、过错的判定标准、因果关系的裁量,以及证券投资损失的计算规则等。上述作业既有待于学者的学术研究,也有赖于法院通过个案中的裁判说理,将既有的虚假陈述侵权规则不断地深化和扩展,使其发挥更为广泛的功能。

综上所述,虚假陈述侵权的特殊问题既为传统的侵权法理论带来了挑战,也为侵权法的一般构成提供检验其可操作性的新舞台。无论在侵权行为的认定、义务违反/过错的归责要件,还是损害范围与因果关系的裁量、多数人侵权的责任分摊等方面均提供了深入思考和理论重构的素材。就未来的虚假陈述问题研究,应在《民法典》侵权责任编与《证券法》在内的商法规范之间"顾盼流连",促成民法与商法的进一步交流,构建民商事法律在规范与理论层面的相互沟通,进而推进我国金融法治的建设和完善。

金融消费者保护中适当性义务的新进展

葛江虬[*]　李雅琪[**]

适当性义务，是指金融产品发行人、销售者以及金融服务提供者①在推介、销售高风险等级金融产品和提供高风险等级金融服务时，应当履行了解客户、了解产品、将适当的产品（或者服务）销售给适合的金融消费者等义务。② 其目的在于保护金融消费者的合法权益，避免在金融产品创新过程中，将金融产品提供给风险承受能力并不匹配的群体，影响到金融市场的创新发展。③《九民纪要》第五章对其作出了详细规定。在此前后的《证券法》《中国人民银行金融消费者权益保护实施办法》《证券期货投资者适当性管理办法》《关于金融机构资产管理业务的指导意见》等意在保护金融消费者的各个层级的规范性文件中，有关适当性义务的内容也频繁出现。④ 在我国银行、证券、保险业审判与行政执法过程中，适当性义务是保护金融消费者的重要工具之一，因此近年来发展、积累了相当数量的实践素材。

本文旨在通过观察2021年较高审级的审判实践情况，⑤观察并梳理适当性义

---

* 复旦大学法学院院长助理，副教授，复旦大学中国金融法治研究院研究员。研究方向：民商法、消费者法。

** 复旦大学法学院硕士研究生。

① 关于适当性义务责任主体范围的研究，参见王锐：《适当性义务责任主体范围演进的实证研究》，载《中国应用法学》2021年第4期。

② 参见第九次《全国法院民商事审判工作会议纪要》（以下简称《九民纪要》）第72条。

③ 为便利行文，本文以下将"金融消费者""投资者"等概念作一体把握，称为"金融消费者"，指向各立法、行政法规、部门规章等规范性文件中适当性义务规则的保护对象。

④ 对适当性义务的整理，以及从立法论角度的批评，参见任自力：《金融机构适当性义务的规范逻辑》，载《法律适用》2022年第2期。

⑤ 本文以"适当性义务"为关键词在北大法宝数据库进行检索，对2021年由各地高级法院、北京金融法院及上海金融法院审结的相关案件进行了全面收集、审阅、筛选与分析，最终获取了41个案例。

务相关问题于司法层面的最新进展——具体指向适当性义务案件审理过程中需要辨明的“适当性义务究竟是何性质、能够适用哪些规范性文件,又适用于哪些案例”“适当性义务究竟包括哪些内容”“如何评价适当性义务是否已经有效履行”“违反适当性义务会导致怎样的责任,且如何承担”这四大问题。在相关规范性文件的制定过程中,这些问题曾引起广泛讨论。虽然《九民纪要》在一定程度上已经对其予以澄清,但是学术界和司法实务界对其仍存在一定争论。因此,整理工作将帮助读者进一步了解我国适当性义务实践的发展情况——有利于金融消费者了解自己的合法权益,有益于金融机构明晰规范性文件对自己的行为要求,有助于审判和行政执法部门统一司法与执法尺度,做到类案类判、类案类罚。

一、适当性义务的性质、渊源与适用范围

(一)适当性义务的性质

关于适当性义务的性质,学界对其是否属于法定义务,是属于先合同义务还是合同义务存在不同观点。

针对第一个问题,法定义务说认为,由于我国《证券法》《证券投资基金法》《九民纪要》等法律法规对其内容与违反后果已有明确规定,故属于金融机构必须履行的法定义务,①且不能通过约定予以排除(如排除在市场发生波动时提醒消费者的义务)。②

在本文选取的41个案例中,有13个案例明确提及适当性义务为法定义务。③另有案例直接援引监管规范认定卖方机构负有适当性义务,④即认为适当性义务系监管规定所规范的义务。⑤ 此外,在3个案例中,法院没有完全遵循合同路径,而是在判决书中对金融机构在履行适当性义务的过程中是否存在过错、是否满足侵权

---

① 参见毛立琦:《过失相抵制度在金融机构适当性义务案件中的适用研究》,载《湖南科技大学学报(社会科学版)》2021年第6期。

② 参见黄辉:《金融机构的投资者适当性义务:实证研究与完善建议》,载《法学评论》2021年第2期。

③ 如吉林省高级人民法院民事判决书,(2021)吉民申708号;上海市浦东新区人民法院民事判决书,(2020)沪0115民初4489号;上海金融法院民事判决书,(2021)沪74民终775号等。

④ 参见上海金融法院民事判决书,(2021)沪74民终313号。

⑤ 参见蔡晓倩:《适当性义务司法适用评析——以金融消费权益保护为视角》,载《南方金融》2021年第4期。

责任的构成要件进行了分析,认为适当性义务属于侵权法上的义务。[①]

针对第二个问题,在先合同义务与合同义务之间,前者认为适当性义务为先合同义务,金融机构违反适当性义务应当承担缔约过失责任,[②]请求权基础为《民法典》第500条。合同义务说认为,适当性义务为合同义务,金融机构违反适当性义务应当承担违约责任。

在本文选取的41个案例中,其中3个案例明确提及适当性义务为先合同义务。法院认为,卖方机构适当性义务的本质为诚信义务在金融产品销售领域的具体化,主要体现为先合同阶段的诚信义务,违反该义务的民事责任应认定为缔约过失责任。[③] 此外,另有案例虽未明确说明适当性义务的性质,但在判决书中援引原《合同法》第42条缔约过失责任的有关规定作为法律依据。[④] 相较之下,本文所选取的案例中并无案例明确支持"合同义务说"。

(二)适当性义务的渊源

《九民纪要》第73条规定:"在确定卖方机构适当性义务的内容时,应当以合同法、证券法、证券投资基金法、信托法等法律规定的基本原则和国务院发布的规范性文件作为主要依据。相关部门在部门规章、规范性文件中对高风险等级金融产品的推介、销售,以及为金融消费者参与高风险等级投资活动提供服务作出的监管规定,与法律和国务院发布的规范性文件的规定不相抵触的,可以参照适用。"也就是说,审理适当性义务案件可以适当突破传统民事案件的引用规则,允许引用监管部门的规范性文件。

在本文选取的案件中,法院通常在判决的说理部分引用《私募投资基金监督管理暂行办法》《商业银行个人理财业务管理暂行办法》等部门规章,以及《中国银监会关于规范商业银行代理销售业务的通知》等规范性文件作为金融机构适当性管

---

① 参见辽宁省高级人民法院民事判决书,(2021)辽民申3407号;湖北省武汉市中级人民法院民事判决书,(2020)鄂01民终3588号;上海市杨浦区人民法院民事判决书,(2019)沪0110民初11905号。

② 参见最高人民法院民事审判第二庭编著:《〈全国法院民商事审判工作会议纪要〉理解与适用》,人民法院出版社2019年版,第413~414页。

③ 参见山西省大同市中级人民法院民事判决书,(2020)晋02民终1723号;北京市西城区人民法院民事判决书,(2021)京0102民初6081号;上海市浦东新区人民法院民事判决书,(2020)沪0115民初38975号。

④ 参见上海市浦东新区人民法院民事判决书,(2021)沪0115民初10966号。

理义务的来源;[①]引用《中国银监会关于规范商业银行代理销售业务的通知》等规范性文件,以及《私募投资基金募集行为管理办法》等行业规定作为金融机构告知说明义务的来源。[②]

此外,法院要求作为适当性义务渊源的规范性文件必须即时有效。在本文选取的41个案例中,法院普遍认为,在确定金融机构适当性义务的内容时不应溯及既往,应适用在当时有效的、规制金融机构销售相应金融产品的法律法规、规章或规范性文件,不能以案涉合同签订后颁布实施的法律法规、规章或规范性文件所规定的适当性义务溯及约束金融机构。[③]

(三)适当性义务的适用范围

《九民纪要》第72条将适当性义务确定为在销售或提供"高风险等级金融产品或服务"中存在的义务。此处所谓"高风险",论者普遍认为,它不是指金融学意义上的高风险,而是特指将来发生不利益状态之可能性,是"未来本金发生损失状态的可能性及其程度"[④]。因此,该条的适用范围实际上包括除存款外的所有具有本金损失可能性的金融产品和服务。在本文选取的41个案例中,法院虽没有直接对案涉金融产品是否属于《九民纪要》第72条中的"高风险"进行讨论,但普遍认为金融机构在销售风险评级为中低风险的金融产品时也应当履行适当性义务,[⑤]某种程度上可以认为是对学界上述立场的肯定。

---

① 如上海金融法院民事判决书,(2021)沪74民终1743号;辽宁省高级人民法院民事裁定书,(2021)辽民申3407号;上海金融法院民事判决书,(2021)沪74民终1325号等。

② 如北京市第二中级人民法院民事判决书,(2021)京02民终3599号;北京市第二中级人民法院民事判决书,(2021)京02民终2490号;北京市第二中级人民法院民事判决书,(2021)京02民终3679号等。

③ 如上海市浦东新区人民法院民事判决书,(2020)沪0115民初27080号;上海金融法院民事判决书,(2021)沪74民终1377号;上海市浦东新区人民法院民事判决书,(2020)沪0115民初88214号;上海金融法院民事判决书,(2021)沪74民终313号。

④ 毛立琦:《过失相抵制度在金融机构适当性义务案件中的适用研究》,载《湖南科技大学学报(社会科学版)》2021年第6期。

⑤ 如上海金融法院民事判决书,(2021)沪74民终1011号;上海金融法院民事判决书,(2021)沪74民终1012号;辽宁省高级人民法院民事裁定书,(2021)辽民申3407号等。

二、适当性管理义务的内容与履行标准

我国无论学术界还是实务界,均不认为适当性义务属于某种仅具有单一内容的义务,而是多种义务构成的义务群。具体来看,适当性义务一是要求金融机构对潜在客户进行风险测评和分类,是为"了解客户"之义务;二是要求金融机构了解自己销售之金融产品,是为"了解产品"之义务;三是要求金融机构将适当的产品或者服务销售或者提供给适当的客户,是为"适当推介"(客户与产品匹配)之义务;四是要求金融机构在推介过程中将风险信息向消费者充分告知,使其在掌握充分信息、基于真实意思的情况下做出选择,是为"告知说明"(风险揭示)之义务。[①] 在这四项义务中,前三项侧重金融机构对金融消费者适当性的管理,故本文将之归为一类,即"适当性管理义务";第四类侧重与金融消费者的互动过程,故在下一章予以专门说明。[②]

(一)了解客户义务的内容与履行标准

从本质上看,"了解客户"无疑属于适当性义务的范畴。论者曾将了解客户义务描述为:"应尽可能地收集金融消费者的年龄、学历、投资经验、财务状况、投资目标以及风险偏好等信息,从而能够对金融消费者有一定程度的了解。具体到金融产品的销售场景中,了解客户主要表现为销售商在为金融消费者推荐金融产品前,需要对金融消费者进行风险评估,从而确定金融消费者的风险等级。"[③]申言之,了解客户义务的核心内容指向金融机构在缔约前需要对金融消费者的风险认知、风险承受能力进行测试,了解其风险偏好与承受能力。如果金融机构没有尽到了解客户的义务,则可以断定该金融机构未能履行适当性义务。因此在实践中,了解客户义务的履行往往依赖于标准化的风险测评问卷。这样做的好处是可以快速判断。但问题是,由于问卷的主观性强、填写流程流于形式,尤其是金融消费者未必

---

① 参见黄辉:《金融机构的投资者适当性义务:实证研究与完善建议》,载《法学评论》2021 年第 2 期。同样对适当性义务持"四义务说"立场的,参见任自力:《金融机构适当性义务的规范逻辑》,载《法律适用》2022 年第 2 期。

② 关于适当性义务与告知说明义务乃包含与被包含的关系、告知说明义务乃适当性义务之一环,参见任自力:《金融机构适当性义务的规范逻辑》,载《法律适用》2022 年第 2 期。

③ 何颖、阮少凯:《论金融产品销售商的投资者适当性义务》,载《财经法学》2021 年第 1 期。

理解问题的含义,存在误读的问题,故问卷可能无法真正实现了解客户的目的。[①]所以,实践中有关了解客户义务的案例仍然很多。

在本文选取的41个案例中,法院认为,金融机构在向金融消费者推介、销售金融产品与提供金融服务的过程中有必要履行了解客户的义务,内容主要包括对金融消费者的风险认知、风险偏好和风险承受能力等进行测试,并在此基础上对其进行分类。[②]

关于前述了解客户义务是否履行,法院往往会从以下几个方面加以判断。

其一,金融消费者是否填写了风险适应性调查问卷并签字确认,或在双录视频中认可风险适应性调查问卷为其本人所填。[③] 特别地,当金融消费者以风险测评问卷系金融机构工作人员代为填写为由,主张金融机构未充分履行适当性义务时,在本文选取的41个案例中,法院通常不予采纳。例如,有法院在判决书中认为,虽然案涉调查问卷系金融机构工作人员代为填写,金融消费者只是签字确认,但作为完全民事行为能力人,金融消费者的签字即意味着对调查问卷填写过程及内容的认可,金融机构并未违反适当性义务。[④]

其二,金融机构是否基于风险适应性调查问卷对金融消费者进行了风险评级。[⑤]

其三,在线上场景中,如金融消费者在网上购买案涉金融产品前必须进行个人投资风险承受力评估,否则系统无法进行后续的购买操作,即使金融消费者不承认其曾经做过风险评估,法院也会认定金融机构已经履行了解客户的义务。[⑥]

其四,“了解客户”并不必然要求金融机构在金融消费者每次购买金融产品前均对其进行风险测评和分类。在本文选取的案例中,有法院认为,风险评估问卷系针对金融消费者而非针对产品进行的调查,产品不同不等于金融消费者风险承受

---

① 参见黄辉:《金融机构的投资者适当性义务:实证研究与完善建议》,载《法学评论》2021年第2期。

② 如上海金融法院民事判决书,(2021)沪74民终1743号;上海金融法院民事判决书,(2021)沪74民终1626号;上海金融法院民事判决书,(2021)沪74民终313号等。

③ 如上海市浦东新区人民法院民事判决书,(2020)沪0115民初21684号;北京市西城区人民法院民事判决书,(2021)京0102民初6081号;上海市奉贤区人民法院民事判决书,(2020)沪0120民初970号等。

④ 参见上海金融法院民事判决书,(2021)沪74民初184号。

⑤ 参见上海市杨浦区人民法院民事判决书,(2019)沪0110民初11905号。

⑥ 参见北京市第二中级人民法院民事判决书,(2021)京02民终3599号。

能力也随之不同。因此,案涉金融机构没有在推介案涉金融产品时对原告金融消费者进行风险评估,但在购买案涉金融产品前10余天向原告推介另一金融产品时进行了风险评估,且无证据显示原告金融消费者在此期间金融资产发生较大变化,原告金融消费者亦没有主动要求重新评估。对此,法院认为案涉金融机构已经满足"了解客户"的要求。①

此外,有学者建议,问卷应当进行个性化设置,在遇到新型和复杂产品时,要多调查金融消费者对这类产品的了解程度,且金融机构应负有审核义务:如果金融消费者填写问卷时出现明显与事实不符或可疑之情况,金融机构需要提醒消费者并予以确认。此外,金融机构应持续追踪金融消费者的情况,如果客户或产品发生重大变化,则应重新测评。② 然而,在本文选取的案例中,并没有可佐证以上观点的案例,特别是其中的第二条建议,法院认为,只要投资人为完全民事行为能力人,其对自身的投资行为应当具有审慎的注意义务,在调查问卷中作出与基本事实不符的陈述应当自行承担相应责任,不能对金融机构科以核实风险问卷信息是否真实的义务,否则显失公平。③

(二)了解产品义务的内容与履行标准

所谓"了解产品"义务,系指向金融机构应了解所销售产品或服务的特征及风险,并对风险等级进行区分。上海金融法院认为,从现有法律法规及相关监管部门规章的规定来看,了解产品及其分级的内容主要包括了解产品的特征和风险等因素,并在此基础上划定风险等级。要求卖方机构了解产品是为了对产品风险等级作出正确评估,进而将适当的产品卖给适当的金融消费者。④ 有论者认为,如今金融消费者分类和风险类型划分,以及产品或服务的风险等级评估仍较为混乱,客观上也影响了适当性义务的履行,本文认为,这种观点殊值重视。⑤

在本文选取的41个案例中,法院认为,金融机构在向金融消费者推介、销售金

---

① 参见上海金融法院民事判决书,(2021)沪74民终313号。

② 参见黄辉:《金融机构的投资者适当性义务:实证研究与完善建议》,载《法学评论》2021年第2期。

③ 如北京市西城区人民法院民事判决书,(2021)京0102民初6081号;上海市浦东新区人民法院民事判决书,(2020)沪0115民初4150号;上海市高级人民法院民事判决书,(2020)沪民终610号等。

④ 参见上海金融法院民事判决书,(2021)沪74民终148号。

⑤ 参见任自力:《金融机构适当性义务的规范逻辑》,载《法律适用》2022年第2期。

融产品与提供金融服务的过程中有必要履行了解产品的义务,内容主要包括建立金融产品的风险评估及相应管理制度。①

关于了解产品义务是否履行,法院往往会从以下两个方面加以判断。

其一,案涉金融产品概要或发售公告中是否明确记载产品的收益与风险特征、风险等级等内容。②

其二,如果金融消费者可举证证明监管部门认定案涉金融产品的风险评级有误,则法院可能会据此认定金融机构违反了了解产品的义务。③

(三)适当推介义务的内容与履行标准

适当性管理义务中的适当推介义务要求专业人士提供合理的建议,将适当的产品推荐给适当的金融消费者。在已履行了解客户义务、了解产品义务的情况下,适当推介义务着眼于产品与客户的适配性,强调金融机构应当为消费者推荐风险评级与其风险承受能力相匹配的金融产品。相较而言,适当性义务是对金融机构提出了更高要求。学界认为,如果金融消费者风险评级与产品风险等级匹配,且金融机构能够完整保存风险评估记录和金融消费者的购买记录,则应认定金融机构已履行了适当推介义务。④

在本文选取的41个案例中,法院认为,金融机构在向金融消费者推介、销售金融产品与提供金融服务的过程中有必要履行适当推介义务,内容主要包括将适当的产品销售给适当的客户。⑤

关于适当推介义务是否履行时,法院可能会从以下三个方面加以判断。

其一,案涉金融产品的风险级别不得高于金融消费者风险承受级别。⑥ 如金融消费者在购买案涉金融产品时的风险等级低于相应金融产品的风险评级,法院会

---

① 如上海金融法院民事判决书,(2021)沪74民终1743号;上海金融法院民事判决书,(2021)沪74民终1626号等。

② 参见上海市浦东新区人民法院民事判决书,(2020)沪0115民初4150号;湖北省高级人民法院民事裁定书,(2021)鄂民申158号。

③ 参见上海市浦东新区人民法院民事判决书,(2020)沪0115民初4150号。

④ 参见任自力、刘佳:《论金融机构适当性义务的理论基础与规则完善》,载《中南大学学报(社会科学版)》2021年第5期。

⑤ 如上海金融法院民事判决书,(2021)沪74民终313号等。

⑥ 参见上海市浦东新区人民法院民事判决书,(2020)沪0115民初22712号;上海金融法院民事判决书,(2021)沪74民终1011号等。

据此认定金融机构存在向客户销售高于其风险承受能力的产品的情况,未尽适当性义务。[①]

其二,在线上场景中,如金融消费者在网上购买案涉金融产品时,风险评估结果低于产品风险等级时无法进行交易,法院会据此认定金融机构已履行适当推介义务。[②]

其三,如金融消费者在《风险揭示书》上签字确认愿意自行承担的风险包括"自身风险承受能力与基金风险等级不匹配的投资风险(如有)",法院会据此认定金融机构没有妥善履行将适当的产品销售给适合的金融消费者之义务。[③]

需要注意的是,学界有观点认为,过往将风险承受能力等同于财产状况的做法是错误的,而是应当将其"具体划分为投资者的客观承受能力和主观承受能力,客观承受能力主要取决于投资者的财产状况,主观承受能力主要取决于投资者的投资目标、风险偏好"[④],以避免高估客户的风险承受能力。在推介金融产品时,则应考虑根据木桶效应,在投资者的财产状况良好且具备承担一定风险的财产基础时,以其主观承受能力作为适配依据;"当投资者的客观承受能力比较薄弱,而其主观承受能力强烈时,客观承受能力应具有优先性。因为虽然投资者主观上具有承受高风险的意愿,但是如果不加以规制,极有可能导致投资者血本无归"[⑤]。但在本文选取的案例中,并无判决明确支持该观点。相反地,如果本金遭受损失的金融消费者在风险评估时并未选择"损失可能超过本金"的选项,并以此主张金融机构违反了适当性义务,法院并不会因此认定金融机构违反了适当性管理义务。[⑥] 此外,实践中一些银行在客户风险评估时取客户主观评估等级与客观评估等级的中间值作为客户的综合评估等级,法院也对该种做法予以认可。[⑦]

此外,有学者认为,适当推介义务不仅应当有质的要求,也应当有量的要求。也就是说,金融机构不仅不能向金融消费者推介不符合其风险承受能力的产品,也

---

① 参见上海市浦东新区人民法院民事判决书,(2020)沪0115民初38975号。

② 参见湖北省高级人民法院民事裁定书,(2021)鄂民申158号。

③ 参见上海市浦东新区人民法院民事判决书,(2021)沪0115民初10966号;上海市浦东新区人民法院民事判决书,(2020)沪0115民初4489号;上海市浦东新区人民法院民事判决书,(2021)沪0115民初35314号。

④ 何颖、阮少凯:《论金融产品销售商的投资者适当性义务》,载《财经法学》2021年第1期。

⑤ 何颖、阮少凯:《论金融产品销售商的投资者适当性义务》,载《财经法学》2021年第1期。

⑥ 参见北京市第二中级人民法院民事判决书,(2021)京02民终5343号。

⑦ 参见湖北省高级人民法院民事裁定书,(2021)鄂民申158号。

不能推荐数量不适合金融消费者的产品——尤其是以“即将停售”“限时开放”等方式。[①] 但在本文的研究对象中,并无涉及该类金融产品的案例。

三、告知说明义务的内容与履行标准

(一)告知说明义务的内容

与侧重于匹配产品与金融消费者的管理义务不同,告知说明义务着眼于金融机构是否将卖方机构的主体身份、产品的概括性风险、金融消费者的类型归属和适配性意见明确地向金融消费者传达。[②] 在产品具有较高金融风险的场合,金融机构还需要向金融消费者进行详细说明。在大部分的学术研究中,告知说明义务也被认为是适当性义务群上的重要一环。值得特别注意的是,这里的告知说明义务是指缔约前的义务,有别于缔约时与缔约后对合同条款具体风险的揭示与信息披露——后两者并不属于适当性义务的范畴,而是属于其他先合同义务或合同义务中的附随义务。[③]

在本文选取的案例中,法院认为,金融机构在向金融消费者推介、销售金融产品与提供金融服务的过程中有必要履行告知说明义务,内容主要包括告知金融消费者案涉金融产品的各类风险与风险级别、是否有本金损失可能、产品风险等级与金融消费者自身风险承受能力的匹配性等。[④] 特别地,如果金融机构提供的案涉金融产品宣传材料中载有变相的保本保收益承诺,如“预计收益率年化不低于……”的字样,法院通常据此认定金融机构违反了告知说明义务,误导投资人错误认识产品风险。[⑤]

---

① 参见黄辉:《金融机构的投资者适当性义务:实证研究与完善建议》,载《法学评论》2021 年第 2 期。

② 参见葛翔:《金融产品销售中告知说明义务与适当性义务——从缔约阶段切入》,载《地方立法研究》2022 年第 2 期。

③ 参见葛翔:《金融产品销售中告知说明义务与适当性义务——从缔约阶段切入》,载《地方立法研究》2022 年第 2 期。

④ 如上海金融法院民事判决书,(2021)沪 74 民终 775 号;上海金融法院民事判决书,(2021)沪 74 民终 1011 号;上海金融法院民事判决书,(2021)沪 74 民终 148 号等。

⑤ 参见上海市浦东新区人民法院民事判决书,(2021)沪 0115 民初 10966 号;上海市杨浦区人民法院民事判决书,(2019)沪 0110 民初 11905 号。

(二)告知说明义务的履行标准

关于如何评价告知说明义务是否有效履行,法院往往会从告知说明的形式、程度、具体对象等多个角度构建评价标准。

1. 告知说明的形式要求

从本文选取的案例来看,法院在判断告知说明义务是否履行时通常存在一些形式方面的判断标准,主要包括金融机构提供书面风险告知文件,且金融消费者签字确认;①金融机构为金融消费者播放风险提示音频;②金融消费者在风险告知文件上手抄声明表示自己已知晓产品相关风险(如“经审慎考虑后,本人坚持投资该产品,并愿意承担该项投资可能引起的损失和其他后果。投资该项产品的决定,系本人独立、自主、真实的意思表示,与贵公司及相关从业人员无关”);③金融消费者在产品回访中确认知晓金融产品的风险以及与自身风险承受能力的匹配性,④等等。

特别地,在线上场景中,金融机构可以通过提供视频以证明客户经理在销售案涉金融产品时充分说明了其中存在的本金、收益风险,且金融消费者认可已阅读了相关风险提示,进而证明自己已经履行告知说明义务的主张。⑤

此外,在了解客户义务场合,如果填写问卷、完成适格性调查的不是消费者本人,那么了解客户义务就无法被评价为有效履行——这也同样适用于告知说明义务。如果知情同意书不是金融消费者本人书写/签字,那么金融机构的告知说明义务也无法被认为有效履行。法院会根据风险提示文件中金融消费者手抄声明并非金融消费者本人书写的事实,认定金融机构未尽到告知说明义务。⑥

2. 告知说明的程度要求

有学者认为,适当性与告知说明义务之间具有正相关性,“金融机构承担的适

---

① 参见辽宁省高级人民法院民事裁定书,(2021)辽民申427号;上海市浦东新区人民法院民事判决书,(2020)沪0115民初4150号。

② 参见上海金融法院民事判决书,(2021)沪74民初168号。

③ 参见上海市浦东新区人民法院民事判决书,(2020)沪0115民初27080号;上海市浦东新区人民法院民事判决书,(2020)沪0115民初88214号。

④ 参见上海金融法院民事判决书,(2021)沪74民终1011号;上海金融法院民事判决书,(2021)沪74民终148号。

⑤ 参见北京市第二中级人民法院民事判决书,(2021)京02民终3599号。

⑥ 参见辽宁省鞍山市中级人民法院民事判决书,(2020)辽03民终2954号。

当性要求越高,其所承担的告知说明义务就越重”①。

从本文选取的41个案例来看,法院在判断告知说明义务是否履行时通常在程度方面存在一些判断标准,如法院通常认可金融机构以加粗字体方式提供的风险提示达到显著的程度,进而认定金融机构履行了告知说明义务。②

特别地,在线上场景中,风险提示的位置以及是否显著同样是关键评价因素。如果风险提示出现在金融产品电子合同的首页,且重点提示内容以不同于其他内容的加粗黑体字显示给客户,法院会据此认定金融机构已履行告知说明义务。③

3. 告知义务的对象对其履行判断的影响

(1)基于主客观相一致原则的一般标准构建

《九民纪要》中确立了基于主客观相一致原则的告知说明义务履行标准,即“人民法院应当根据产品、投资活动的风险和金融消费者的实际情况,综合理性人能够理解的客观标准和金融消费者能够理解的主观标准来确定卖方机构是否已经履行了告知说明义务”。在司法实践中,上海金融法院将该标准进一步阐释为,以一般人能够理解的客观标准为主,以特定金融消费者能够理解的特别标准为辅的认定路径。④

在本文选取的41个案例中,法院在部分判决中围绕这一标准,论证金融机构是否尽到了适当性义务中的告知说明义务。在客观方面,法院通常关注金融机构是否在书面风险揭示文件中披露案涉金融产品的风险级别及运作过程中可能存在的各类风险,金融消费者是否以书面签字确认的形式表明其已清楚该产品的投资风险并自愿自行承担投资目标产品的收益和损失风险,在金融机构的电话回访录音中金融消费者是否表示对案涉金融产品的投资风险已有认知;在主观方面,法院通常关注金融消费者在购买案涉金融产品前是否曾购买与之风险相当的金融产品、是否曾从事股权投资等高风险投资行为。⑤

---

① 任自力:《金融机构适当性义务的规范逻辑》,载《法律适用》2022年第2期。

② 如上海市浦东新区人民法院民事判决书,(2020)沪0115民初22712号;上海市浦东新区人民法院民事判决书,(2019)沪0115民初60596号;上海市浦东新区人民法院民事判决书,(2020)沪0115民初22705号等。

③ 参见辽宁省大连市旅顺口区人民法院民事判决书,(2019)辽0212民初3297号。

④ 参见上海金融法院民事判决书,(2021)沪74民终1011号;上海金融法院民事判决书,(2021)沪74民终1012号。

⑤ 参见上海金融法院民事判决书,(2021)沪74民终1011号;上海金融法院民事判决书,(2021)沪74民终1012号。

(2)特殊金融消费者类型Ⅰ:高龄

在金融机构适当性义务有关的案件中,经常出现原告金融消费者为老年人的情形。在本文选取的41个案例中,法院通常会综合考虑金融消费者年龄、投资经验、学历背景、经济状况等多方面因素,并在此基础上判断金融机构是否尽到了应尽的适当性义务。

在一些案例中,金融机构针对金融消费者年龄较大的特殊情况进行了特别的风险提示,表明案涉金融产品的风险程度可能已超过金融消费者所在年龄段的一般风险承受能力,强调不保证本金和收益,并要求金融消费者在该特别提示项下抄录声明(如"本人具有完全民事行为能力,本人已明确知晓并理解本项目风险,并已阅读特别提示,自愿承担项目投资风险和损失,确认认购本产品")。该种情形下,法院据此认定金融机构已履行风险告知义务。[①]

在另一些案例中,虽然金融机构没有针对金融消费者年龄较大的特殊情况进行特别的风险提示,但是金融机构已履行一般的适当性管理义务和告知说明义务,加之高龄金融消费者具有较为丰富的投资理财经验,或较好的学历背景、经济状况、风险承受能力等,法院通常也会认定金融机构已履行风险告知义务。[②]

(3)特殊金融消费者类型Ⅱ:文化水平较低

在金融机构适当性义务有关的案件中,时常出现原告金融消费者文化水平较低的情形。在本文选取的案例中,亦存在此种情形的案例,但法院并未因此而提高金融机构的告知说明义务的履行标准。只要金融机构已履行一般的适当性管理义务和告知说明义务,金融产品与金融消费者的风险级别相匹配,金融消费者对符合前述形式要求、程度要求的风险提示进行签字确认,法院则据此认定金融机构已履行告知说明义务。[③]

(4)特殊金融消费者类型Ⅲ:具有较丰富投资经验或专业知识

在金融机构适当性义务有关的案件中,时常出现原告金融消费者具有较丰富投资经验或专业知识的情形。在本文选取的案例中,法院在判断金融机构是否尽

---

① 参见北京市西城区人民法院民事判决书,(2021)京0102民初6081号;北京金融法院民事判决书,(2021)京74民终478号。

② 参见上海市杨浦区人民法院民事判决书,(2019)沪0110民初11905号;北京市第二中级人民法院民事判决书,(2021)京02民终3599号;上海市高级人民法院民事判决书,(2020)沪民终610号。

③ 参见辽宁省高级人民法院民事裁定书,(2021)辽民申1643号。

到了应尽的适当性义务时,通常会将这一情况纳入考量,认为金融消费者丰富的投资经验或专业知识可用于印证金融消费者系自主决定案涉交易,并未受到金融机构的影响;①或据此认定金融消费者对案涉金融产品的运作模式和存在的风险具有识别能力,并结合金融机构的风险揭示事实认定金融机构已履行告知说明义务。②

四、适当性义务不履行的法律责任

(一)责任成立中的因果关系问题

曾有学者对司法实践进行整理,认为金融机构若有适当性义务不履行,法院一般将进一步审查金融机构义务违反与金融消费者损失之间是否存在因果关系。若有因果关系,则金融机构须为金融消费者的损失承担赔偿责任。③ 若无因果关系,则金融机构无须承担责任。这样的做法在一定程度上可以获得《九民纪要》的支持:据其第 78 条的规定,"卖方机构能够举证证明根据金融消费者的既往投资经验、受教育程度等事实,适当性义务的违反并未影响金融消费者作出自主决定的,对其关于应当由金融消费者自负投资风险的抗辩理由,人民法院依法予以支持"。虽然《九民纪要》仅提到金融消费者自身原因阻断因果关系的情形,但一些论者认为这同样适用于市场波动、正常金融风险等其他场合。总的来说,违反适当性义务与金融消费者作出自主决定、遭受损失之间无因果关系的,法院不应支持金融消费者的损害赔偿请求权。

在本文选取的 41 个案例中,没有涉及由于消费者原因阻断适当性义务因果关系的情形,但在本文针对该问题另行检索的案例中曾有判决立场与前述规范与学界的见解相近,值得注意。在该案中,虽然金融机构的客户经理存在不妥的保底表述,但由于金融消费者自述注意到合同中关于不承诺保本和最低收益的约定,且之后并未要求退出案涉信托计划而是对案涉信托计划的投资方向和盈亏情况持续关注,法院据此认定金融消费者购买案涉信托计划并非基于保底的错误认知,而是对

---

① 参见湖北省高级人民法院民事裁定书,(2021)鄂民申 158 号。

② 参见北京市西城区人民法院民事判决书,(2020)京 0102 民初 26854 号;北京市第二中级人民法院民事判决书,(2021)京 02 民终 5343 号。

③ 参见任自力、刘佳:《论金融机构适当性义务的理论基础与规则完善》,载《中南大学学报(社会科学版)》2021 年第 5 期。

该信托计划的性质和风险有了充分了解后愿意购买并继续履行信托合同。此外,虽然金融消费者主张金融机构未对其进行风险承受测试,但法院结合其受教育程度(国际贸易专业本科学历)、工作经历(保险经纪)及投资经验,认定即使金融机构确未对其进行风险评估亦并不影响金融消费者对购买案涉信托产品作出自主决定。①

除消费者个人原因之外,本文没有找到因市场波动阻断适当性义务因果关系的案例。这可能是由于市场波动或金融风险是无处不在的,在实践中,导致投资亏损的直接原因通常是市场波动,而金融机构适当性义务的违反仅为间接原因。消费者能否主张经营者承担损害赔偿责任,主要还是取决于适当性义务的履行与否。在金融消费者尽到了审慎的注意义务的前提下,如果金融机构违反了适当性义务,则需要对因市场波动导致的金融消费者损失予以赔偿。

(二)责任分配问题:过失相抵规则的适用

《九民纪要》第 77 条规定:"卖方机构未尽适当性义务导致金融消费者损失的,应当赔偿金融消费者所受的实际损失……"据此,先前学术界与审判实践中有观点认为,我国在适当性义务问题上采"全有或全无"思路,即金融机构"要么不赔,要么全赔"。② 从本文观察的司法实践情况来看,大多数案例(40/41)都是判决全部损失由金融消费者自行承担或全部损失由违反适当性义务的金融机构承担,或因金融机构存在除违反适当性义务之外的其他违法违规行为而判决金融机构按照百分比分别承担责任。③

然而,由于我国《证券法》第 88 条第 3 款规定了"相应的赔偿责任",故有一些论者认为,至少在证券法领域,我国在适当性义务问题上应适用过失相抵规则。事实上,《九民纪要》第 78 条也规定了卖方机构在金融消费者故意提供虚假信息、拒绝听取卖方机构的建议时可以免去相应责任。因此,即便金融机构存在未履行适当性义务的情形,其民事责任亦有因金融消费者存在过错而减轻的可能性。有学

---

① 参见浙江省杭州市中级人民法院民事判决书,(2020)浙 01 民终 10296 号。

② 参见王艺璇:《适当性义务纠纷中过失相抵之适用——平安银行代销基金巨赔案评议与引申》,载《金融法苑》2021 年第 1 期。

③ 如上海金融法院民事判决书,(2021)沪 74 民终 775 号;上海金融法院民事判决书,(2021)沪 74 民终 777 号等。

者认为,在适当性义务领域确立过失相抵规则,将有助于实现"买者自负",减少道德风险与逆向选择的发生概率。① 在审判实践中,法院一般会从金融消费者的身份与动机入手,根据其金融交易能力确定其注意义务,②再由其注意义务违反确定其需要在最终责任承担中所占据的比例。③

在本文选取的41个案例中,有1个案例体现了适当性义务领域的过失相抵规则,值得注意。在该案中,法院认为原告金融消费者在购买案涉金融产品的过程中未能主动了解该金融产品的相关情况和风险等级,对投资结果和风险没有形成足够的认识而决定投资,故金融消费者自身对投资失败造成的损失具有过错,应承担主要责任(本金损失的80%);被告金融机构在对原告金融消费者进行风险能力调查后并未对其进行风险评级,且在案涉金融产品的说明书中没有提及该产品的高风险,履行适当性义务存在瑕疵,应对原告金融消费者的财产损失承担一定的赔偿责任(本金损失的20%)。④

五、结　　论

本文基于2021年由各地高级人民法院、北京金融法院及上海金融法院审结的适当性义务相关案件展开分析,观察并梳理司法实践中对适当性义务案件审理过程中四大重要问题的最新回应。

针对"适当性义务究竟是何性质、能够适用哪些规范性文件,又适用于哪些案例"的问题,基于本文观察的2021年司法实践情况,法院的立场如下:关于适当性义务的性质,法院更倾向于"法定义务说",亦有少量案例采"先合同义务说",并无案例明确支持"合同义务说";关于适当性义务的渊源,法院通常以《民法典》《证券法》《信托法》等法律规定的基本原则作为判决依据,同时在判决的说理部分引用有

---

① 参见王艺璇:《适当性义务纠纷中过失相抵之适用——平安银行代销基金巨赔案评析》,载《金融法苑》2021年第1期。

② 参见王艺璇:《适当性义务纠纷中过失相抵之适用——平安银行代销基金巨赔案评析》,载《金融法苑》2021年第1期。

③ 参见毛立琦:《过失相抵制度在金融机构适当性义务案件中的适用研究》,载《湖南科技大学学报(社会科学版)》2021年第6期。

④ 参见上海市杨浦区人民法院民事判决书,(2019)沪0110民初11905号;上海金融法院民事判决书,(2020)沪74民终371号。

关部门规章或规范性文件作为金融机构适当性义务的来源。此外,法院要求作为适当性义务渊源的规范性文件必须即时有效,不能溯及既往;关于适当性义务的适用范围,应涵盖除存款外的所有具有本金损失可能性的金融产品和服务,包括风险评级为中低风险的金融产品和服务。

针对"适当性义务究竟包括哪些内容"的问题,我国学术界与审判实践中,均认为适当性义务系由了解客户义务、了解产品义务、适当推介义务、告知说明(风险揭示)义务构成的义务群。其中,了解客户义务的内容主要包括对金融消费者的风险认知、风险偏好和风险承受能力等进行测试,并在此基础上对其进行分类;了解产品义务的内容主要包括建立金融产品的风险评估及相应管理制度;适当推介义务的内容主要包括将适当的产品销售给适当的客户;告知说明义务的内容主要包括告知金融消费者案涉金融产品的各类风险与风险级别、是否有本金损失可能、产品风险等级与金融消费者自身风险承受能力的匹配性等。

针对"如何评价适当性义务是否已经有效履行"的问题,基于本文观察的2021年司法实践情况,法院在判断金融机构是否有效履行适当性义务时存在一系列判断标准。其中,了解客户的履行标准通常包括金融消费者填写了风险适应性调查问卷并签字确认,或在双录视频中认可风险适应性调查问卷为其本人所填、金融机构基于风险适应性调查问卷对金融消费者进行了风险评级等;了解产品义务的履行标准通常包括案涉金融产品概要或发售公告中明确记载产品的收益与风险特征以及风险评级等内容、监管部门认定案涉金融产品的风险评级无误等;适当推介义务的履行标准通常包括案涉金融产品风险级别不高于金融消费者风险承受级别、在线上场景中如金融消费者风险评估结果低于产品风险等级时无法进行交易等;告知说明义务的履行标准则在告知说明的行使和程度方面存在要求,同时强调主客观相一致原则,即采取"以一般人能够理解的客观标准为主,以特定金融消费者能够理解的特别标准为辅的认定路径",基于金融消费者的年龄、投资经验、学历背景、经济状况等多方面因素综合考量。

针对"违反适当性义务会导致怎样的责任,且如何承担"的问题,如果金融机构未履行适当性义务,且适当性义务的违反与金融消费者作出自主决定及蒙受损失之间存在因果关系,金融机构须为金融消费者的损失承担赔偿责任;若无因果关系,则金融机构无须承担责任。在责任分配方面,在本文选取的41个案例中,绝大多数案例中法院仍判决全部损失由金融消费者自行承担或全部损失由违反适当性义务的金融机构承担,但仍有1个案例体现了适当性义务领域的过失相抵规则。

最后,基于本文观察的2021年司法实践情况,罕有金融消费者风险类型与案涉金融产品风险等级不匹配的情况发生,且裁判结果多为由金融消费者自行承担全部损失。这可能是由于随着立法与监管的逐步完善,金融机构越发注重适当性义务的履行;抑或在其他情况中,金融机构已在私下对金融消费者进行了赔偿并在诉外和解。

中国碳金融市场的法治保障研究

张叶东*

实现碳达峰、碳中和(以下简称“双碳”目标),是一场广泛而深刻的经济社会系统性变革。全面依法治国是国家治理的一场深刻革命,必须将“双碳”目标纳入这场治理变革之中,只有在法治轨道上推进碳达峰、碳中和,才能为实现“双碳”目标提供有力的法治保障。在中国现有的关于环境与气候治理、推进“双碳”目标实现的法治建设现状下,仅凭修订几部法律,难以解决环境和气候治理的根本问题。其根本途径还是要靠发展理念的普及、整体法治环境的优化、完善的法律体系、严格的执法与公正的司法。当前生态环境保护仍滞后于经济社会发展,生态环境依然是立法重点领域。① 从这个意义上讲,加强“双碳”立法,保障中国碳金融市场的有序运行,以法治思想和途径实现中国“双碳”目标是一项艰巨的任务。因此,本文将系统分析中国碳金融市场法治发展的客观情况,并结合实践情况分析后,给出未来碳金融市场法治发展的相关建议。本文分为五个部分:一是中国碳金融市场法治发展的历史回顾,二是中国碳金融市场立法发展状况,三是中国碳金融市场执法发展状况,四是中国碳金融市场司法发展状况,五是对中国碳金融市场法治发展的新展望。

一、中国碳金融市场法治发展的历史回顾

党的二十大报告指出,要积极稳妥推进碳达峰碳中和,健全碳市场交易制度,

---

* 复旦大学中国金融法治研究院助理研究员,博士研究生。研究方向:环境资源法、气候变化法。

① 参见莫纪宏、田禾:《法治蓝皮书:中国法治发展报告 No. 21(2023)》,社会科学文献出版社 2023 年版,第 46 页。

推进绿色低碳发展。从一定程度说,碳市场兼具金融市场、环境市场、能源市场的属性,因此碳市场在很大程度上就可以视为碳金融市场。碳金融市场是利用市场机制控制温室气体排放、降低全社会减排成本的重大制度创新,也是推动实现"双碳"目标的重要政策工具。历经10余载,中国已经初步建立起符合中国实际、具有一定特色的碳金融市场。回顾历史,中国碳金融市场的建设从地方试点起步,从2011年国家发展改革委同意上海、北京、广东等7个省市开展碳排放权交易试点,到2021年7月16日全国碳市场上线交易,①中国碳金融市场经过10年发展,取得了积极进展。② 因此,中国碳金融市场的发展离不开法治的保驾护航,在中国的本土碳金融市场实践中,已经逐步形成了符合本土国情、切合本土实际、具有一定特色的碳金融市场,从制度形式到制度内容逐渐构建了符合实际的碳交易制度框架,培育了多层次、多主体的碳交易市场结构,取得了低成本降碳的实施效果。

(一)初步构建了符合国情的碳交易制度框架

借鉴欧盟等国际碳金融市场的相关经验,结合我国实际情况,全国碳金融市场和各试点碳金融市场逐步探索构建形成了符合中国实际的碳交易制度框架。

一是制度形式上,形成了以法规为引领,以规章为支撑,以规范性文件、机构规则和管理规范为补充的多层级碳金融市场规则体系(见表1)。从全国层面看,全国碳金融市场已初步形成以《碳排放权交易管理办法(试行)》这一部门规章为统领,以碳排放权登记、交易和结算等规范性文件为补充依据的碳交易规则体系。从地方层面看,碳交易试点地区的相关政策法规最高效力等级不同,如北京和深圳出台了地方性法规,分别是《北京市人民代表大会常务委员会关于北京市在严格控制碳排放总量前提下开展碳排放权交易试点工作的决定》《深圳经济特区碳排放管理若干规定》,为碳金融市场建设和运行提供了强有力的法律保障;③上海、广东、湖北等以政府规章的形式发布了相关管理办法。此外,试点碳市场主管部门也发布了针对特定问题的一系列规定、指南等规范性文件。

---

① 参见《全国碳市场于2021年7月16日正式启动上线交易》,载上海环境能源交易所官网,https://www.cneeex.com/c/2021-07-16/491247.shtml。

② 参见吕敦虎、周继:《中国碳市场建设十年历程:基于政府与市场关系的视角》,载《可持续发展经济导刊》2022年第Z2期。

③ 参见孙永平:《中国碳市场的目标遵循、根本属性与实现逻辑》,载《南京社会科学》2020年第12期。

表 1　国家和地方碳市场相关立法政策

中央/地方	法律规范	发布机构	生效时间
中央	《全国碳排放权交易市场建设方案(发电行业)》	国家发展和改革委员会	2017 年 12 月 18 日
	《碳排放权交易有关会计处理暂行规定》	财政部	2020 年 1 月 1 日
	《碳排放权交易管理办法(试行)》	生态环境部	2021 年 2 月 1 日
	《碳排放权结算管理规则(试行)》	生态环境部	2021 年 5 月 14 日
	《碳排放权交易管理规则(试行)》	生态环境部	2021 年 5 月 14 日
	《碳排放权登记管理规则(试行)》	生态环境部	2021 年 5 月 14 日
	《关于全国碳排放权交易相关事项的公告》	上海环境能源交易所股份有限公司	2021 年 6 月 22 日
北京	《北京市碳排放权交易管理办法(试行)》	北京市人民政府	2014 年 5 月 28 日
	《北京市人民政府关于调整〈北京市碳排放权交易管理办法(试行)〉重点排放单位范围的通知》	北京市人民政府	2015 年 12 月 16 日
上海	《上海市碳排放管理试行办法》	上海市人民政府	2013 年 11 月 20 日
天津	《天津市碳排放权交易管理暂行办法》	天津市人民政府	2020 年 7 月 1 日
湖北	《湖北省碳排放权管理和交易暂行办法》	湖北省人民政府	2014 年 6 月 1 日
	《湖北省人民政府关于修改〈湖北省碳排放权管理和交易暂行办法〉》	湖北省人民政府	2016 年 11 月 1 日

续表

中央/地方	法律规范	发布机构	生效时间
深圳	《深圳市碳排放权交易管理暂行办法》	深圳市人民政府	2014 年 3 月 19 日
	《深圳经济特区碳排放管理若干规定》	深圳市人民政府	2019 年 9 月 5 日
广东	《广东省碳排放管理试行办法》	广东省人民政府	2014 年 3 月 1 日(2020 年 5 月 12 日修订)
	《广东省碳排放管理实施细则(试行)》	广东省发展和改革委员会	2014 年 3 月 20 日
四川	《四川省碳排放权交易管理暂行办法》	四川省发展和改革委员会	2016 年 8 月 9 日
重庆	《重庆市碳排放权交易管理暂行办法》	重庆市人民政府	2014 年 4 月 26 日
福建	《福建省碳排放权交易管理暂行办法》	福建省人民政府	2020 年 8 月 7 日

二是制度内容上,构建了覆盖配额总量、分配、交易、核查、履约的核心管理制度。具体内容包括:(1)配额总量制度。通过在排摸历史排放数据的基础上,确定各试点碳市场配额总量目标,各试点年度配额总量为 0.5 亿～2.65 亿吨。(2)配额分配制度。在总结各地碳市场配额分配的基础上,我国逐渐形成以免费为主,自愿拍卖为辅的配额分配方式,拍卖比例逐渐提高。以广东为例,在强制竞拍 3% 配额总量的规定遭遇适用困难后,当地政府取消了强制拍卖的规定,1 年分 4 次进行拍卖,企业可以自主选择是否参与拍卖。(3)交易制度。中国目前的碳金融市场交易主体是以控排企业为主,投资机构为辅,同时容许个人有限参与,整体上表现为以履约为目的的特征。① 以全国碳市场为例,目前交易主体全部为控排企业,第一个

① 参见徐卫星:《全国碳市场运行平稳有序,低成本减碳效果初现》,载中国环境网 2022 年 7 月 18 日,https://www.cenews.com.cn/news.html? aid =991152。

履约周期70%的交易量集中在履约截止日期前的1个月(2021年12月)。(4)核查制度。我国的碳核查制度是政府主导型,由政府制定标准和方法,并主要由政府购买服务或提供补贴的第三方机构进行核查检验。目前全国已有300多家第三方核查机构,积极支持碳排放数据核查核验工作。(5)履约制度。我国的履约制度以配额清缴为主,以国家核证自愿减排量(Chinese Certified Emission Reduction, CCER)抵销清缴为辅。据统计,全国碳市场第一个履约周期约3400万吨CCER被用于配额抵销清缴,为企业降低了配额清缴履约的经济负担。

(二)初步培育了服务碳排放管理的碳交易市场

一是形成了从地方到国家的多层级碳交易市场体系。目前,中国碳金融市场已经初步形成了1个全国碳市场、8个地方配额市场和9个自愿减排市场的分布体系,碳交易市场体系初步形成。中国碳金融市场运行总体平稳,基本发挥了市场调控及资源配置功能,有效实现了市场导向与政府推动相结合,同时立足实际统筹推进,充分发挥试点碳市场的探索作用,使我国碳交易市场建设和发展具备了可持续性。

二是探索了多层次碳交易产品和多样化价值实现路径。各试点碳市场均高度重视加强碳金融市场创新和碳金融的发展及实践,探索形成了依托碳排放权的各类融资工具、交易工具及支持工具。以上海碳市场为例,自2014年起相继推出了碳配额及CCER的借碳、回购、质押、信托等业务,协助企业运用市场工具有效盘活碳资产超600万吨,协助企业实现融资超7000万元。上海环境能源交易所与上海清算所合作推出的上海碳配额远期产品于2017年1月上线,截至2021年累计成交量400多万吨,累计成交额超1.5亿元。此外,部分试点地区还发挥地方特色,探索开展了依托森林碳汇的生态产品价值实现路径,如广东省龙川县碳汇造林项目将林业碳汇纳入碳交易中,为生态产品的价值实现提供市场路径,实现了经济持续运行与生态环境保护的"双赢"。

三是循序渐进,鼓励多样化主体参与。自2013年各试点地区相继启动交易以来,试点市场覆盖了电力、钢铁、水泥20多个行业近3000家重点排放单位。除重点排放单位外,各试点地区均纳入投资机构,多数试点地区还引入了个人参与碳金融市场,据统计约超1000家投资机构和1万个自然人参与了碳金融市场交易。多样化的交易需求对提高市活跃度,促进交易市场发展起到了积极作用。截至2022年10月,试点地区碳金融市场累计配额成交量超5亿吨,成交额超140亿元。

如表 2 所示,碳金融市场中各交易主体的分类、作用及影响,以及主要动机亟待分析。交易主体包括控排企业、减排项目业主、碳资产管理公司、碳基金等金融投资机构、个人投资者、第三方中介、第四方平台和监管部门。各主体在碳交易市场中通过不同方式推动市场运作和节能减排,并以低成本完成减排目标、实现利润和增强市场流动性为主要动机,从而共同促进碳市场的规范与发展。

表 2　碳金融市场交易主体

参与主体分类		作用及影响	主要动机
交易双方	控排企业	市场交易; 提高能效降低能耗,通过实体经济中的个体带动全社会完成减排目标; 通过主体间的交易实现最低成本的减排	完成减排目标(履约); 低买高卖,实现利润
	减排项目业主	提供符合要求的减排量,降低履约成本; 促进未被纳入交易体系的主体以及其他行业的减排工作	出售减排项目所产生的减排量以获得经济、社会效益
	碳资产管理公司	提供咨询服务; 投资碳金融产品,增强市场流动性	低买高卖,实现利润
	碳基金等金融投资机构	丰富交易产品; 吸引资金入场; 增强市场流动性	拓展业务并从中获利
	个人投资者	交易获利的新平台; 市场活跃的催化剂	参与市场交易并营利
第三方中介	监测与核证机构	保证碳信用额的“三可”原则(可测量、可报告、可核实); 维护市场交易的有效性	拓展业务
	其他(如咨询公司、评估公司、会计师及律师事务所)	提供咨询服务; 碳资产评估; 碳交易相关审计	拓展业务

续表

参与主体分类		作用及影响	主要动机
第四方平台	登记注册机构	对碳配额及其他规定允许的碳信用指标进行登记注册； 规范市场交易活动并便于监管	保障市场交易的规范与安全
	交易平台	交易信息的汇集发布； 降低交易风险，降低交易成本； 价格发现； 增强市场流动性	吸引买卖双方进场交易，增强市场流动性并从中获利
监管部门	碳交易监管部门	制定有关碳排放权交易市场的监管条例，并依法依规行使监管权力； 对上市的交易品种进行监管，监督交易制度、交易规则的具体实施； 对市场的交易活动进行监督； 监督检查市场交易的信息公开情况； 与相关部门相互配合对违法违规行为进行查处，维护市场健康稳定	通过市场监管，规范市场运行； 通过市场机制运作促进节能减排

（三）初步取得了保障低成本降碳的实施效果

从减排效果来看，中国碳金融市场的运行有效控制了增量，排放强度明显下降，扭转了二氧化碳排放快速增长的态势。从全国来看，根据生态环境部于2022年10月发布的《中国应对气候变化的政策与行动2022年度报告》，2021年，中国单位国内生产总值二氧化碳排放比2020年降低3.8%，比2005年累计下降50.8%。从地方试点来看，上海、湖北、广东等地的碳排放均得到有效控制。以深圳为例，数据显示，深圳市煤电碳排放强度在国内同类型机组领先水平的基础上进一步下降了2.5%，气电则大幅下降了8.9%，电力部门的整体碳排放强度下降了约10%。同期，碳排放交易体系管控的制造业企业平均碳强度由0.43吨CO_2/万元下降至0.29吨CO_2/万元，下降幅度为34.8%。

总的来说，尽管中国碳金融市场运行10年以来形成了具有一定特色的制度框架和市场体系，并在低成本减排方面取得初步成效，逐渐形成政府与市场交融的法治保障体系，但是作为新生事物，中国碳金融市场仍将面临一系列挑战，如何进一步完善中国碳金融市场的立法、监管和司法,推动中国碳金融市场的高质量发展,是未来亟待解决的重大课题。①

(四)初步形成了多样化的碳金融产品体系

碳金融产品分为狭义碳金融产品和广义碳金融产品。狭义碳金融产品,是指以碳排放权期货和期权为代表的金融衍生产品。广义碳金融产品不仅包括碳排放权及其衍生产品的投资交易、投机、买卖产品,也包括发展低碳能源项目的担保、咨询、融资等服务产品。目前,各地方试点开发和创新碳金融产品,为碳金融制度完善提供了充足的资金保障。结合证监会发布的《碳金融产品》(JR/T 0244—2022)标准,从产品谱系上看,碳金融产品主要是主流金融产品在碳市场的映射,目前国内主要的碳金融产品有碳质押、碳期货、碳债券、碳保险、碳票据、碳基金、碳信托、碳指数等(见图1)。

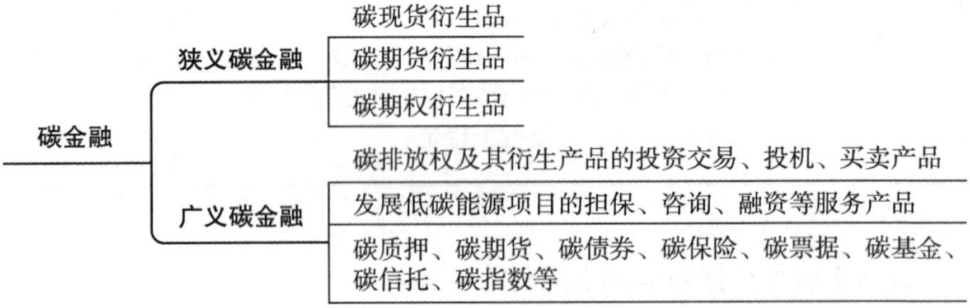

图1　碳金融体系

1. 碳质押

碳质押,是指控排企业将碳排放权(碳配额)作为质押物进行融资。碳质押是在为推进二氧化碳等温室气体减排而实施碳排放权交易的过程中发展起来的。20世纪末,因过量人为温室气体排放肇致的气候变化成为世界关注的热点问题。为减少温室气体排放,1997年《京都议定书》创造性地引入了碳排放权交易机制,即将排放温室气体界定为一种以碳配额(allowance)或碳信用(credit)为凭证的量化权利,进而通过碳配额或碳信用的交易为碳排放主体创造减排经济诱因,促使其减少排放。研究碳质押制度的核心在于剖析碳排放权的特殊性,正是碳排放权的可交

① 参见宾晖、张叶东:《关于中国碳市场建设和发展的若干思考》,载《环境保护》2022年第22期。

易性衍生出碳质押的交易实践。

2. 碳期货

碳期货是以碳排放权配额及项目减排量等现货合约为标的物的合约，基本要素包括交易平台、合约规模、保证金制度、报价单位、最小交易规模、最小/最大波幅、合约到期日、结算方式、清算方式等。碳期货作为典型的跨期投资商品，具有管控交易风险、价格发现、套期保值等优势，能够以公开、连续、前瞻性的价格引导碳排放主体，经由任意性规范交易合约，利用未来碳排放配额交易收入，通过金融市场转变为当前的碳减排技术投资，实现绿色低碳转型。金融监管服务将碳金融商品、投资服务作为规制对象，强制性规范作为其调整各方利益的工具之一，在确保企业可持续发展的同时，能为投资者获取稳定收益提供法律保障。

3. 碳债券

碳债券，是指债券的发行方为筹集低碳经济项目所需资金而向投资者发行的债券，是碳金融创新的一种形式。碳债券的核心特点是债券利率与清洁发展机制（Clean Development Mechanism，CDM）的收入相关联，侧重温室气体排放量的控制。碳债券的发行主体可以分为企业和政府，企业发行的碳债券称为碳企业债，政府发行的可称为碳国债。

4. 碳保险

碳保险，是指一切有利于环境保护、经济可持续发展、社会和谐统一的保险统称。它以《联合国气候变化框架公约》《京都议定书》为前提，是基于两个国际条约对碳排放的安排而存在，或是保护在非京都规则中模拟京都规则而产生的碳金融活动的保险。碳保险作为重要的碳金融创新工具，目前仍处于试点阶段，我国现行以《保险法》为核心的保险法律制度框架无法为碳融资、碳交付等提供其所需的风险保障。碳保险是伴随低碳经济而生的，是碳金融的重要组成部分，促进了低碳经济的可持续发展，碳保险也体现了保险领域的全新理念、方式与目标。

5. 碳票据

碳票据，是旨在助推实现“双碳”目标，支持和扩大绿色低碳产业融资服务的一种碳金融产品，是为碳减排项目开发、碳减排项目发展、碳减排项目产品创新、营运及风险管理提供的各类票据业务产品与服务的总称，是由符合规定条件的企业签发或者申请贴现的票据。碳票据作为碳金融体系中的重要组成部分，由于碳减排判定标准不统一、碳票据监管没有针对性等问题，一直未被广泛推广。相较于碳债券、碳保险、碳质押、碳期货等较为成熟的碳金融产品,碳票据未来具有较大的发展空间。

6. 碳基金

碳基金,是指集合政府、金融机构或企业投资者的资金投资于碳排放权、清洁发展机制和履约机制项目等碳资产的专门基金,主要目的是完成自《京都议定书》以来的减排目标或增加碳市场流动性服务,同时获取相应的商业回报。碳基金逐渐成为碳减排项目开发的重要资金来源,在碳达峰、碳中和的大背景下,碳基金法律制度对于促进碳基金产品创新、推动碳基金有序发展具有重大意义。

7. 碳信托

碳信托是碳金融活动的一种表现形式,是指碳排放权原始所有人作为委托人将碳排放权作为信托财产转移给受托人,按照信托合同约定的目的,善良忠实地对碳排放权进行管理、处分的一种信托产品。目前已有信托公司结合自身资源禀赋试验碳信托发行,取得了较为显著的实践效果,但实践中仍然存在大量法律空白,亟待分析解决。

8. 碳指数

碳指数,是指反映碳市场总体价格或某类碳资产价格变动及走势的碳金融产品,是重要的碳价观察工具,也是开发碳指数交易产品的基础。我国当前已有北京绿色交易所推出的观测性指数"中碳指数体系",以及复旦大学以第三方身份构建的预测性指数"复旦碳价指数"。此外,广州碳排放权交易中心也推出了根据纳入碳市场的上市公司表现构建的"中国碳市场100指数",不过该指数并非碳价指数。目前国内碳指数存在的问题是,各交易所只能建立自身试点内的碳指数,而由于信息的保密性等问题,无法和其他试点进行沟通,因此也无法利用这种方法形成全国范围内的碳指数。

二、中国碳金融市场立法发展状况

实现"双碳"目标,加强碳金融市场法治保障,就必须积极开展立法工作,全面清理现行法律法规中与碳达峰、碳中和工作不相适应的内容,加强法律法规间的衔接协调。从2009年国务院确定中国减排温室气体行动目标之后,中国持续实施了多部与碳减排、碳达峰及碳中和密切相关的法律法规,坚持以法治手段保障中国碳政策的推行。[①] 过去,我国开展的与“双碳”目标相关的工作实际上是低碳、环保、能源、气候变化应对等领域的工作,已经开展了一系列的立法工作(见表3)。从低碳领域来看,我国已经初步形成碳达峰、碳中和“1 + N”政策框架,国务院接连出台一系列“双碳”领域的政策,并提出碳达峰十大行动;党的二十大报告提出要积极稳妥推进“双碳”战略,必须以市场机制为抓手,充分发挥碳金融市场的功能。在碳金融市场逐渐发展的基础上,我国应当适时梳理过去的低碳立法,以“双碳”战略的最新要求制定和修订各项低碳立法,从低碳能源立法、低碳消费立法、低碳金融立法和低碳城市立法四个方面展开。我国还应当注意加强碳汇立法,呼应增强碳汇能力行动,在加强林业碳汇立法的同时,也不能忽视海洋碳汇这一广阔的领域,积极探索林业碳汇立法和海洋碳汇立法双向发力,以碳汇立法保障“双碳”目标如期实现。从环保领域来看,实现“双碳”目标必须充分考虑生态环境要素,也要充分吸取环境立法的相关经验。实现“双碳”目标的抓手是控制温室气体,而温室气体控制与《环境保护法》《海洋环境保护法》《大气污染防治法》《土壤污染防治法》《湿地保护法》等法律息息相关,保护好生态环境,才能储存起足够强大的碳库,为碳金融市场的运行提供资源保障,由此形成温室气体控制的动态循环。过去我国实践的排污许可制度、排污权交易制度和生态补偿制度,与中国碳金融市场的立法有着千丝万缕的联系,排污许可制度是从行政控制角度进行的尝试,排污权交易制度是从市场角度进行的试验,而生态补偿制度则是跨区域角度的经验总结。从能源领域来看,党的二十大报告指出,要积极稳妥推进碳达峰碳中和,其中能源安全是“稳妥”的关键,因此从能源角度拓展中国碳金融市场的立法至为关键。通过我国的节能制度、合同能源管理制度、用能权交易制度,可以发现我国在推进能源立法的过程中有很多与绿色低碳发展相结合的有益实践。从气候变化领域来看,我国积极响应气候变化应对,同时设置了相关机构,并尝试进行政策和法律制定,将应对气候变化上升为国家战略,与当前的“双碳”战略相互作用,共同推动经济社会的系统性变革。中国碳金融市场立法不仅应当考虑气候变化减缓的因素,还需要考虑气候变化适应和气候投融资制度的实践进展。

---

① 参见杨解君、胡卓然:《“低碳”应走向法治——基于“碳减排”的立法梳理》,载《现代经济探讨》2011年第1期。

表3 推进“双碳”战略所涉及领域的高层级立法

立法	名称
低碳领域的法律	《循环经济促进法》
	《清洁生产促进法》
环保领域的法律	《环境保护法》
	《海洋环境保护法》
	《大气污染防治法》
	《土壤污染防治法》
	《湿地保护法》
能源领域的法律	《节约能源法》
	《电力法》
	《煤炭法》
	《矿产资源法》
	《可再生能源法》
	《石油天然气管道保护法》
气候领域的规范性文件	《中国应对气候变化国家方案》
	《全国人民代表大会常务委员会关于积极应对气候变化的决议》

中国碳金融市场是以“双碳”政策导向为依托的市场机制,法律与政策协同发力,助力碳金融市场运行发展。目前,我国就“双碳”领域(直接相关)共制定法律法规、规范性文件及行业规定116件。具体如下:法律、行政法规尚未出台。地方性法规1件,即《天津市碳达峰碳中和促进条例》。部门规章1件,即生态环境部出台的《碳排放权交易管理办法(试行)》。相关规范性文件93件,其中,中央规范性文件2件,即《中共中央 国务院关于完整准确全面贯彻新发展理念做好碳达峰碳中和工作的意见》和《2030年前碳达峰行动方案》;部委规范性文件13件,涉及生态环境、发展改革、财政、教育、交通、农业、住建、工业信息化、科技、能源、市场监管等多个领域的“双碳”行动方案;省、自治区、直辖市规范性文件78件,包含全国26个省、自治区、直辖市已发布的“双碳”实施方案及配套规范性文件,大多从财政、工业、科技、城乡建设等领域结合各地区实践开展“双碳”工作。行业规定21件,包含监管部门制定的碳标准和各社会团体制定的碳标准,特别是《碳管理体系 要求及使用

指南》《企业碳资信评价规范》等涉及企业碳管理和碳资信评价的标准已经陆续出台，这意味着未来企业需要进一步管理好碳资产，并借助碳资产的管理运营，做好企业碳资信的评级工作。

三、中国碳金融市场执法发展状况

"双碳"战略最关键的环节是实施，①因而中国碳金融市场的发展离不开监管部门的有力执法。除了建立完善的立法制度，还需要建立一套健全的行政执法管理体系。"双碳"目标的实施最终落脚点是行政执法管理。随着全国碳市场的铺开以及各方参与主体的加入，企业由于不熟悉碳金融市场相关规则或者企图钻法律漏洞牟利，必然会产生大量的违法行为，碳金融市场监管部门是面向企业违法的直接主体，必须首先就企业违反碳金融市场核查、报告、交易和履约的违法行为作出处理决定。当前生态环境部门是监管碳金融市场的主要部门，在梳理过往行政处罚案例的过程中，笔者发现，在碳排放权交易过程中，有以下容易招致行政处罚的行为。(1)超额排放/未足额清缴/违反碳排放管理制度：按照各管理办法要求，控排企业如果超额排放，应当清缴上年度碳排放配额，清缴量应当大于等于有关部门核查确认的上年度温室气体实际排放量。(2)未及时申报或虚假申报年度报告：按照各管理办法，控排企业应当于每年规定时间前向生态环境主管部门履行报告义务。(3)不配合核查：按照现行各管理办法，在碳排放权交易过程中，主管部门或第三方核查机构将对控排企业提交的碳排放年度报告进行核查，控排企业有义务予以配合。(4)其他违法行为：如控排单位通过欺诈、恶意串通、散布虚假信息等方式操纵碳排放权交易市场等。还有值得注意的是，宁夏、新疆等地碳排放处罚案例较多，当地生态环境部门也将典型案例予以公布，作为企业警示案例。②

在企业触犯前述几种违法行为时，企业将会面临监管部门的行政处罚决定。总的来说，控排企业在面临的行政处罚标准和处罚方式上虽不尽相同，但须承担的责任基本相同，总结起来大体有如下几类。

---

① 参见[德]阿图尔·考夫量、温弗里德·哈斯默尔主编：《当代法哲学和法律理论导论》，郑永流译，法律出版社2013年版，第10页。

② 笔者经梳理发现，仅有宁夏和新疆地区在官网上发布了碳排放违法典型案例且数量较多。

(一)控排企业未能按时向主管部门履行年度报告义务的责任

生态环境部公布的《碳排放权交易管理办法(试行)》要求,控排企业应当于每年3月31日前向生产经营场所所在地的省级生态环境主管部门履行报告义务。此外,企业除要在年度报告中载明上一年度的排放量之外,还应将报告所涉数据的原始记录和管理台账至少保存5年。各试点省市的管理办法也有类似规定,要求控排企业向主管部门报告上一年度的排放量。

尽管《北京市碳排放权交易管理办法(试行)》《上海市碳排放管理试行办法》都规定,报告应当提交给当地市发展改革部门,但是随着应对气候变化职能从发改委转隶至生态环境部门,无论北京、上海还是深圳,目前各地主要都是由当地生态环境局负责接收企业提交的年度报告。

目前,对于虚报、瞒报或拒绝履行报告义务的企业,现行各管理办法主要的处罚方式为罚款。关于罚款数额,生态环境部和北京、上海地区的管理办法都规定为一定的数额范围;深圳则采取倍率处罚方式,规定处与实际碳排放量的差额乘以违法行为发生当月之前连续6个月碳排放权交易市场配额平均价格3倍的罚款。需要注意的是,生态环境部在其《碳排放权交易管理办法(试行)》中还规定,对虚报、瞒报部分,可以等量核减其下一年度的碳排放配额。

(二)控排企业未履行配合核查的责任

在碳排放权交易过程中,主管部门或第三方核查机构将对控排企业提交的碳排放年度报告进行核查,控排企业有义务予以配合。尽管生态环境部公布的《碳排放权交易管理办法(试行)》并未明确规定未配合核查的企业责任,但是北京、上海、深圳三地的管理办法均对此予以了明确。比如,《北京市人民代表大会常务委员会关于北京市在严格控制碳排放总量前提下开展碳排放权交易试点工作的决定》第4条规定:"未按规定报送碳排放报告或者第三方核查报告的,由市人民政府应对气候变化主管部门责令限期改正;逾期未改正的,可以对排放单位处以5万元以下的罚款。"《上海市碳排放管理试行办法》第38条则规定:"控排企业无理抗拒、阻碍第三方机构开展核查工作的,将被责令限期改正,处以3万元以上5万元以下的罚款。"《碳排放权交易管理暂行条例》则对现行《碳排放权交易管理办法(试行)》的漏洞作出了填补,明确对抗拒监督检查的控排企业,相关主管部门可以责令改正并处以 2 万元以上 20 万元以下的罚款。

（三）控排企业未能及时履行年度配额清缴的责任

在碳排放权交易市场，控排企业的另一项重要义务是及时清缴配额。无论是国务院的《碳排放权交易管理暂行条例》和生态环境部的《碳排放权交易管理办法（试行）》还是各试点的管理办法，都要求控排企业清缴上年度碳排放配额，清缴量应当大于等于该单位上年度温室气体实际排放量。与未履行年度报告义务一样，对不清缴或者未足额清缴碳排放配额的控排企业，现行各管理办法的行政处罚方式仍是罚款。不过，生态环境部和深圳现行的管理办法还规定，相关部门还可以在分配下一年度碳排放配额时，直接等量核减未清缴部分。

如表 4 所示，笔者汇总了各地区碳市场的行政执法案例，涉及上海、广东、宁夏、新疆、广西和浙江等地。案例主要包括虚假申报年度报告、未足额清缴碳排放配额及违反碳排放管理制度等处罚类型，反映了各地区对碳市场违规行为的严格监管力度。

表 4　各地区碳市场行政执法案例梳理

地域	案例名称	处罚类型
上海地区	上海市某电厂虚报温室气体排放报告案	虚假申报年度报告
广东地区	深圳艾迪斯电子科技有限公司行政处罚案	未足额清缴
宁夏地区	宁夏某发电有限责任公司未按时足额清缴碳排放配额行政处罚案	未足额清缴
	宁夏某高新产业股份有限公司碳排放配额未履约行政处罚案	未足额清缴
	宁夏某工程有限公司涉嫌违反碳排放管理制度案	违反碳排放管理制度
	宁夏某能源化学有限公司涉嫌违反碳排放管理制度案	违反碳排放管理制度
新疆地区	伊犁州某热电公司违反碳排放权交易管理制度案	违反碳排放管理制度
	昌吉州某有限公司违反碳排放权交易管理制度案	违反碳排放管理制度

续表

地域	案例名称	处罚类型
广西地区	广西永凯大桥纸业有限责任公司未按时足额清缴碳排放配额案	未足额清缴
	防城港宏源浆纸有限公司未按时足额清缴碳排放配额案	未足额清缴
	广西永凯糖纸有限责任公司未按时足额清缴碳排放配额案	未足额清缴
浙江地区	浙江华佳热电集团有限公司未按时足额清缴碳排放配额案	未足额清缴

四、中国碳金融市场司法发展状况

在中国碳金融市场司法方面,各级司法机关高度重视、不断完善服务“双碳”目标的相关司法体制机制,为实现“双碳”目标提供有力的司法保障。2022 年 7 月 14 日发布和实施的《最高人民法院关于为加快建设全国统一大市场提供司法服务和保障的意见》明确提出,要助力打造统一的要素和资源市场,为加快建设全国统一大市场提供司法服务和保障。该意见第三部分第 11 条规定,研究发布司法助力实现碳达峰碳中和目标的司法政策,妥善审理涉碳排放配额、核证自愿减排量交易、碳交易产品担保以及企业环境信息公开、涉碳绿色信贷、绿色金融等纠纷案件,助力完善碳排放权交易机制。全面准确适用《民法典》绿色原则、绿色条款,梳理碳排放领域出现的新业态、新权属、新问题,健全涉碳排放权、用水权、排污权、用能权交易纠纷裁判规则。研究适用碳汇认购、技改抵扣等替代性赔偿方式,引导企业对生产设备和生产技术进行绿色升级。这些规定有利于促进全国统一碳排放权交易市场的建设,也进一步为“双碳”目标的实现夯实了司法基础。

2023 年 8 月 14 日,北京市朝阳区人民法院公开开庭审理四川某发电公司诉北京环保公司纠纷一案,这是首例涉全国碳市场配额交易纠纷案,原、被告双方就是否承担违约责任产生争议纠纷。这说明当前碳纠纷正逐渐增加,根据最高人民法院最新统计，自我国签订《巴黎协定》以来，全国各级人民法院一审审结涉碳案件112 万件。其中，涉经济社会绿色转型案件 1.5 万件，占比约为 1.4%；涉产业结构调整案件 13 万件，占比约为 11.9%；涉能源结构调整案件 90 万件，占比最大，约为 80.4%；涉碳市场交易案件 600 余件，占比约为 0.06%；其他涉碳案件 6.9 万件，占比约为 6.2%。[①]（见图 2）

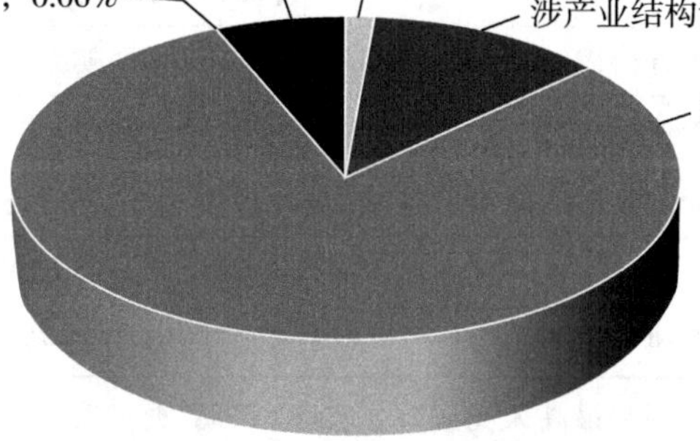

图 2　涉碳司法案例类型与占比

然而，涉碳是比低碳、碳市场、碳金融市场更大的概念（见图 3），所以从这个角度看，实践中与碳金融市场直接相关的案例并不多。根据裁判文书网检索 2021 年之前的司法案例，并筛除无关案例，中国碳金融市场司法案例共计 13 件（见表 5），其中民事诉讼案件 9 件，行政诉讼案件 2 件，环境公益诉讼 1 件，执行案件 1 件。

表 5　与碳市场直接相关的司法案例梳理

案件类型		案号
民事诉讼	碳汇交易	（2020）粤 01 民终 7279 号
	配额交易（CER）	（2020）粤 01 民终 23215 号
	清洁发展机制（CDM）项目交易	（2016）闽 0783 民初 956 号

① 参见《为积极稳妥推进碳达峰碳中和提供有力司法服务——最高人民法院出台首部涉"双碳"规范性文件并发布配套典型案例》，载最高人民法院官网 2023 年 2 月 17 日，https://www.court.gov.cn/zixun-xiangqing-389371.html。

续表

案件类型		案号
民事诉讼	核证自愿减排量交易(CCER)	(2021)川0193民初768号
		(2017)赣01民终800号
		(2015)民提字第143号
		(2019)云民终1002号
		(2019)苏06民终1324号
	气候变化服务协议	(2010)朝民初字第33478号
行政诉讼	控排企业未按期履约	(2016)粤03行终450号
	控排企业淘汰落后产能申请补贴	(2019)湘1102行初273号
环境公益诉讼	弃风弃光	(2018)甘民终679号
执行案件	碳排放配额执行	(2021)闽0721执296号

资料来源:根据裁判文书网和最高人民法院公布涉"双碳"典型案例整理。

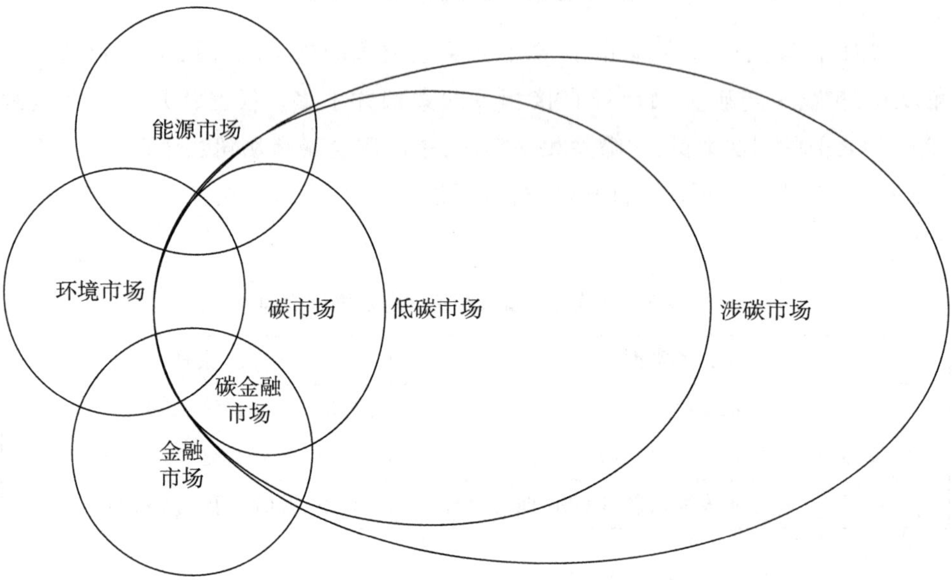

图3 "双碳"领域相关概念

(一)民事诉讼案件

通过对11件民事诉讼案件进行梳理,可以将其分为配额交易、核证自愿减排量项目(CCER)交易、碳汇交易、清洁发展机制项目(CDM)交易和气候变化服务协议五个类型,然而案件数量偏少,也缺乏更为深入的涉碳民事诉讼案例研究。从当前的司法实践来看,碳排放履约管理存在巨大漏洞,容易被企业钻空子牟利,以微碳(广州)低碳科技有限公司与广州碳排放权交易中心有限公司合同纠纷为例,该案中法院并未对碳交易所的配额审核注意义务进行具体分析,法院缺乏审理碳交易案件的经验,也影响了各方碳交易的积极性和合理预期。具体来说,由于碳交易所在程序设计过程中忽视了类似于证券交易的券款对付功能,因此不能像证券交易一样有对交易机构的限制,导致碳交易所经常出现随意划拨配额的情形。①

(二)行政诉讼案件

行政诉讼案件仅有2件,均为控排企业未按时进行碳排放配额年度履约,行政机关作出行政处罚后,当事人不服提起行政诉讼。以深圳翔峰容器有限公司与深圳市发展和改革委员会案为例,该案中法院没有对碳排放配额年度履约数量的计算标准进行界定,缺少对碳排放核查标准界定这一关键环节。2015年5月,深圳市发展和改革委员会依据核查机构出具的2014年碳排放报告和经深圳市统计部门核定的2014年统计数据指标,确定翔峰公司2014年的目标碳强度为2.362吨/万元,实际排放配额为1686吨,实际碳排放量为6614吨,排放配额短缺量为4928吨。但是,翔峰公司认为其2014年的用电量和工业产值均比2013年有所下滑,对主管部门确认的排放配额存在异议,故未按要求补缴与其超额碳排放量相等的排放配额。深圳市发展和改革委员会发现翔峰公司2014年存在履约不足问题,按程序开展碳排放权交易行政执法。该案中原告翔峰公司以"认定事实错误、处罚程序违法"为由,向法院起诉深圳市发展和改革委员会,请求撤销该行政处罚决定。一审法院经审理认定,深圳市发展和改革委员会作出的行政处罚适用法律正确、程序合法,予以支持。翔峰公司不服并再次补充以"核查机构没有核查资质,深圳市发展和改革

---

① 参见微碳(广州)低碳科技有限公司与广州碳排放权交易中心有限公司合同纠纷案,广东省广州市中级人民法院(2020)粤01民终23215号民事判决书。

委员会不应依据核查报告作出行政处罚”为由，向二审法院提起上诉。二审法院经审理再次支持了深圳市发展和改革委员会的行政处罚。[①]

（三）环境公益诉讼案件

环境公益诉讼案件仅有2件，系两起弃风弃光案件，两起案件均系受限于某种原因而不得已放弃可再生清洁能源风能和光伏太阳能，转而替代使用化石能源，环保组织以违反《可再生能源法》《环境保护法》的相关规定为由，提起环境公益诉讼。以自然之友诉甘肃电网公司一案为例，该案中法院没有就气候变化是否会带来实质性的环境公共利益损害进行分析，未来这一问题值得进一步研究探索。两个案件的摘要如下。

案件1：2017年6月6日，民间环保非政府组织北京市朝阳区自然之友环境研究所（以下简称自然之友）向甘肃省兰州市中级人民法院（以下简称兰州中院）提起环境公益诉讼。自然之友认为，被告国家电网甘肃省分公司（以下简称甘肃电网公司）没有按照可再生能源法的规定对甘肃省范围内的风力发电和太阳能光伏发电进行全额收购，同时因上述“弃风弃光”行为而替代使用传统燃煤发电导致二氧化碳、二氧化硫和氮氧化物等污染物排放增加，导致生态环境损害，严重损害社会公共利益，应承担环境侵权责任。自然之友诉请：判令甘肃电网公司停止对环境的侵害，全额收购其电网覆盖范围内风能和太阳能光伏并网发电项目上网电量；判令甘肃电网公司支付因使用燃煤发电替代未全额收购的风能、太阳能光伏发电对环境造成的损害17.18亿元；判令甘肃电网公司在国家级和省级媒体上向社会公众公开赔礼道歉并承担全部诉讼费用及律师费用。

2018年8月14日，兰州中院作出一审裁定认为，环境民事公益诉讼是对已经损害社会公共利益的后果或者具有损害社会公共利益重大风险潜在后果的污染环境、破坏生态的行为提起的诉讼。其中，“已经损害社会公共利益或者具有损害社会公共利益重大风险”是诉讼前提；“污染环境、破坏生态的行为”是受案范围限制，此二者共同构成环境民事公益诉讼起诉条件的审查基础。该案中，甘肃电网公司作为电力购销和调配电力供应的电网企业，并非发电企业，其本身没有实施污染环

---

① 参见深圳翔峰容器有限公司与深圳市发展和改革委员会案，广东省深圳市中级人民法院(2016)粤03行终450号行政判决书。

境、破坏生态的行为,并非环境公益诉讼案件适格的被告,该案不符合环境公益诉讼起诉条件,故裁定驳回自然之友的起诉。

案件2:2018年1月11日,自然之友针对被告国家电网宁夏分公司(以下简称宁夏电网公司)的"弃风弃光"行为向宁夏回族自治区银川市中级人民法院(以下简称银川中院)提起的环境公益诉讼得到立案受理。自然之友认为,宁夏电网公司作为国家电网公司的子公司承担着建设、经营、发展宁夏电网的任务,应当全额收购其电网覆盖范围内可再生能源并网发电项目上网电量,但其并未做到,反而以燃煤发电来替代。与风力发电和太阳能光伏发电相比,燃煤发电过程中产生包括二氧化硫、氮氧化物和大量烟尘等在内的空气污染物,会对人体健康、作物、建筑物等产生很大危害,是大气中PM2.5和PM10的主要来源。此外,燃煤发电还会产生大量温室气体,引发全球气候变化并对生态环境产生负面影响,这些已严重损害社会公共利益,应当承担环境侵权责任。自然之友主张宁夏电网公司承担环境损害赔偿3.1亿元(最终数额以专家意见或鉴定结论为准)。2018年4月10日,银川中院召开庭前沟通会议,原、被告双方提交相关材料并就案件证据部分交换了意见,案件经双方协商原告已撤诉。

(四)执行案件

执行案件仅1件,具体如下:2021年,福建榕昌化工有限公司(以下简称榕昌化工公司)与中国农业银行顺昌县支行(以下简称顺昌县支行)发生金融借款合同纠纷。双方在福建省顺昌县人民法院的主持下达成和解协议,明确榕昌化工公司应履行还款义务。调解书生效后,榕昌化工公司未履行调解书的内容,顺昌县支行申请强制执行。榕昌化工公司有关联企业联保债务纠纷,已有多个法院的多起诉讼进入执行程序。人民法院经调查发现,榕昌化工公司因技改及节能减排,尚持有未使用的碳排放配额。2021年9月,福建省顺昌县人民法院作出执行裁定,依法冻结榕昌化工公司未使用的碳排放配额1万吨二氧化碳当量,并通知其将碳排放配额挂网至福建海峡股权交易中心进行交易。同年10月,执行法院向福建海峡股权交易中心送达执行裁定书及协助执行通知书,要求扣留交易成交款。该公司的5054吨二氧化碳当量碳排放配额交易成功,并用于本案执行。

该案系全国首例"碳执行"案件,具有典型意义。碳排放配额具有财产属性,持有人可以通过碳排放配额交易获取相应的资金收益。案涉企业因节能改造持有结余碳排放配额,可用于清偿持有人的债务,减轻债务负担。该案中,执行法院准确把握碳排放配额作为新型财产的法律属性,将其作为与被执行人存款、现金、有价证券、机动车、房产等财产属性相同的可执行财产,依法冻结被执行人持有的相应碳排放配额,并将该碳排放配额变卖后抵偿债权人的债权,既是执行方式的创新,也是对生态产品价值实现方式的有益探索,对于最大限度维护债权人合法权益,推动碳市场交易量提升,促进碳市场金融化具有积极意义。

五、对中国碳金融市场法治发展的新展望

中国碳金融市场的法治发展离不开立法、执法、司法的多维度保障,未来我国应当加强碳金融市场相关体制机制建设,以更好地促进我国碳金融市场法治发展,助力碳金融市场有序平稳运行。结合前面四个部分对中国碳金融市场发展状况的梳理分析,笔者建议未来中国碳金融市场应当从立法、执法、司法三个方面加强法治保障。

第一,立法保障。2022 年 7 月 5 日,国务院将《碳排放权交易管理暂行条例》列入国务院 2022 年度立法工作计划,[①]现已制定完成,下一步就是要补齐法律这一最高位阶。从相关法律法规文件的梳理来看,目前规范中国碳金融市场的《碳排放权交易管理暂行条例》仅为行政法规层级,《碳排放权交易管理办法(试行)》仅为部门规章层级,且其他地方性法规、相关规范性文件(包含中央、部委和地方)仍大多为政策性表述,尚不具备可操作性和强制性。因此,未来行政法规乃至法律层级的规范亟待出台。建议在《碳排放权交易管理暂行条例》的基础上,吸取更多有益经验,加紧出台"碳排放权交易法",以保护各方权利;在此基础上继续制定"碳排放权交易配额分配法",合理界定立法机关、行政机关在配额分配中的权力界限,并扩大碳排放义务的主体范围,进一步提高立法层级和立法质量。[②] 此外,未来我国还应当加强气候变化应对立法,借鉴境外经验,立足本土国情,出台"气候变化应对法"。因为只有通过专门立法调整与气候变化主体的权利义务关系,才能有效推动"双

① 国务院办公厅:《关于印发国务院 2022 年度立法工作计划的通知》,载中国政府网,http://www.gov.cn/zhengce/content/2022-07/14/content_5700974.htm。

② 参见张叶东:《"双碳"目标背景下碳金融制度建设:现状、问题与建议》,载《南方金融》2021 年第 11 期。

碳”目标的实现。结合当前内外部形势，中国应通过专门立法确立应对气候变化的目标与计划，并确定应对气候变化的立法目的、基本原则、主要框架和关键制度等具体内容。在立法体例上，可以借鉴欧盟模式，通过整体制度框架将此前有关气候变化立法进行有效的整理，形成一个完整的法律体系。在调整主体范围上，“双碳”目标的实现涉及社会方方面面，因此还应当明确政府责任、个人在节约使用资源方面的义务等。①

第二，执法保障。从中国碳金融市场执法的案例梳理来看，我国各地区已经出现一定数量的碳金融市场行政处罚案例，但是可以看出各地对碳金融市场行政处罚所采取的罚则并不完全一致，导致处罚程度不一，这一情况正是由于缺乏统一的执法依据所衍生的。更为重要的是，目前证监会已经原则上同意券商参与碳金融市场的交易活动，②这意味着金融部门未来也可能参与到碳金融市场的监管之中，对不同部门间可能出台的碳金融市场监管规则必须做好衔接适用的准备。因此，未来应当在明晰碳金融市场各监管部门职责的基础上，逐步建立部际联合执法机制，由生态环境部会同国家发改委、证监会、原银保监会、中国人民银行等部门，明确各自的监管范围，不断加强沟通与联系，并开展联合执法，必要时建立常设监管机构，③共同对碳金融市场交易活动开展监管，以便实施好碳金融市场相关政策法规。同时，构建违规交易追责机制，加大违规交易行为的处置力度，④并支持全国碳排放权交易机构对碳交易市场的监督管理，完善碳金融市场交易规则体系。

第三，司法保障。未来我国应当逐步构建与立法相适应的司法体系，强化司法保障体系，坚持公平、共同但有区别的责任及各自能力原则，保护和可持续利用自然资源原则，损害担责原则“三大原则”，综合运用预防性司法措施、恢复性司法措施、公益诉讼制度和多元化纠纷解决方式等司法措施，⑤逐步将碳金融市场交易纠纷类型化和系统化，依法保障人民群众针对碳金融市场争议问题诉诸司法的权利。

---

① 参见张梓太、张叶东：《实现“双碳”目标的立法维度研究》，载《南京工业大学学报（社会科学版）》2022 年第 4 期。

② 参见《新增 6 家！至少已有 8 家券商可自营交易碳排放　市场前景如何？有哪些投资机会？》，载东方财富网 2023 年 2 月 8 日，https://finance.eastmoney.com/a/202302082630842423.html。

③ 参见樊东星、张叶东：《欧盟碳交易监管体系对我国的启示》，载《福建金融》2023 年第 1 期。

④ 参见《碳排放权交易管理暂行条例》，载中国政府网 2024 年 2 月 4 日，https://www.gov.cn/zhengce/zhengceku/202402/content_6930138.htm。

⑤ 参见杨临萍：《论司法助力碳达峰碳中和目标实现的方法和路径》，载《法律适用》2021 年第 9 期。

同时,立足《民法典》第9条规定的绿色原则,根据《最高人民法院关于为加快建设全国统一大市场提供司法服务和保障的意见》中有关碳排放权交易的规定,有针对性地制定"最高人民法院关于审理碳排放权相关案件的指导意见",加强对碳达峰、碳中和适用法律问题的研究,加强研究碳排放权的法律属性问题,准确界定纠纷的可诉性;妥善审理碳排放权交易、排污权、绿色金融等新类型案件,提升生态系统碳汇能力,支持重点行业领域减污降碳行动,从而使中国碳金融市场能够获得可预期和稳定的司法保障。此外,未来还可以从碳合规的角度探讨中国碳金融市场的发展趋势,从深圳市龙岗区创新东江流域环保合规管理这一案例来看,"双碳"议题未来会对企业产生深刻影响,由于碳达峰、碳中和是一场广泛而深刻的经济社会系统性变革,企业将逐渐面对更多的碳风险,因此企业做好碳资产管理,做好碳合规制度体系管理建设,将成为未来40年的重大议题,而司法机关也必须为企业应对碳风险做好相应的保障工作。

六、结　论

总而言之,目前我国的碳金融市场建设正稳步发展并加速推进。在此过程中,法治保障体系的建立必不可少,这要求我国立法机关逐步构建以"碳排放权交易法""气候变化应对法"等法律法规为依托的法律体系,执法部门逐渐形成生态环境部与其他碳金融市场监管部门的部级联合执法体系,司法部门逐渐出台碳金融市场相关司法解释,用健全的立法保障严格的执法与公正的司法,并在此基础上向企业传播绿色低碳发展的理念,鼓励企业开展未来布局和谋划碳合规体系建设,以法律思维和法律手段实现"双碳"目标。

金融大数据法治发展的回顾及其展望

丁文杰[*]　周太平[**]

2021年3月11日，第十三届全国人民代表大会第四次会议批准的《中华人民共和国国民经济和社会发展第十四个五年规划和2035年远景目标纲要》提出，"加快数字化发展，建设数字中国"，其任务之一就是"建立健全数据要素市场规则"。数据要素涉及数据生产、采集、存储、加工、分析、服务等多个环节，对价值创造和生产力发展具有广泛影响，是驱动数字经济发展的"助燃剂"。① 如何确立数据保护的合理途径，寻求企业数据、个人数据以及公共数据之间的良性平衡，从而保障数据要素市场得以健康平稳运行，成为数字经济时代的紧迫议题。

一、大数据法治立法回顾

随着大数据产业的发展，我国从中央到地方、各个行业相继出台了各项与大数据相关的政策文件。法律制度是大数据产业健康、有序发展的重要保障。据笔者统计，2021年全年我国已发布或开始施行与大数据相关的国家级政策法规20余项，重要行业政策文件30余项，北京市等13个省市发布了地方政策规章文件，并制定公布21项技术标准。

---

* 复旦大学法学院副教授，复旦大学中国金融法治研究院研究员。研究方向：知识产权法。

** 复旦大学法学院硕士研究生。

① 参见国瀚文：《滥用市场支配地位隐私权保护研究——以完善数据要素市场为背景》，载《商业研究》2020年第10期。

(一)党的重要文件

2021年1月10日,中共中央印发了《法治中国建设规划(2020—2025年)》。该规划提出,加强科技和信息化保障,充分运用大数据、云计算、人工智能等现代科技手段,全面建设"智慧法治",推进法治中国建设的数据化、网络化、智能化。优化整合法治领域各类信息、数据、网络平台,推进全国法治信息化工程建设。加快公共法律服务实体平台、热线平台、网络平台有机融合,建设覆盖全业务、全时空的公共法律服务网络。该规划要求,加强信息技术领域立法,及时跟进研究数字经济、互联网金融、人工智能、大数据、云计算等相关法律制度,抓紧补齐"短板"。

2021年8月11日,中共中央、国务院印发《法治政府建设实施纲要(2021—2025年)》。该实施纲要提出,要健全法治政府建设科技保障体系,全面建设数字法治政府,坚持运用互联网、大数据、人工智能等技术手段促进依法行政,着力实现政府治理信息化与法治化深度融合,优化革新政府治理流程和方式,大力提升法治政府建设数字化水平。该实施纲要要求,加快推进政务服务向移动端延伸,实现更多政务服务事项"掌上办"。分级分类推进新型智慧城市建设,促进城市治理转型升级。加强政府信息平台建设的统筹规划,优化整合各类数据、网络平台,防止重复建设。该实施纲要强调,要加快推进政务数据有序共享,建立健全政务数据共享协调机制,加快推进身份认证、电子印章、电子证照等统一认定使用,加强对大数据的分析、挖掘、处理和应用,建立健全运用互联网、大数据、人工智能等技术手段进行行政管理的制度规则。在依法保护国家安全、商业秘密、自然人隐私和个人信息的同时,推进政府和公共服务机构数据开放共享。

(二)基础性法律

《数据安全法》《个人信息保护法》《网络安全法》合称为大数据合规领域的"三驾马车"。其中,《数据安全法》《个人信息保护法》的落地生效,标志着我国大数据依法治理进入全新的阶段,数据安全、个人信息保护制度日臻完善。

1.《数据安全法》

《数据安全法》由中华人民共和国第十三届全国人民代表大会常务委员会第二十九次会议于2021年6月10日通过,并于2021年9月1日起正式施行。《数据安全法》共七章,分别为总则、数据安全与发展、数据安全制度、数据安全保护义务、政务数据安全与开放、法律责任和附则，全文合计55条。《数据安全法》是我国大数据法治领域又一基础性法律，对于规范数据处理活动，保障数据安全，促进数据开发利用，保护个人、组织的合法权益，维护国家主权、安全和发展利益具有重要的意义。

《数据安全法》确立了建立数据分类分级的保护制度。《数据安全法》第三章第20条第1款规定："国家建立数据分类分级保护制度，根据数据在经济社会发展中的重要程度，以及一旦遭到篡改、破坏、泄露或者非法获取、非法利用，对国家安全、公共利益或者个人、组织合法权益造成的危害程度，对数据实行分类分级保护。国家数据安全工作协调机制统筹协调有关部门制定重要数据目录，加强对重要数据的保护。"数据分类分级保护制度由三部分主要内容构成，即分类分级标准、重要数据目录及职责划分。在数据分类分级标准上，《数据安全法》采用的是"重要程度＋危害程度"二维确定方法，①特别强调对其中"关系国家安全、国民经济命脉、重要民生、重大公共利益等数据属于国家核心数据"要加强保护，"实行更加严格的管理制度"。重要数据目录为根据数据的"重要程度""危害程度"确定的施行更加严格的保护、管理标准的数据清单。《数据安全法》并没有对重要数据进行定义，而是采用重要数据目录的形式，增强了实际操作的便捷性。在职责划分上，由国家协调相关部门制定重要数据目录，并由各地区、各部门结合本地区、本行业的实际情况制定重要数据具体目录，以此既保障重要数据目录整体上的一致性，又有利于因地区制宜、因行业制宜地对数据目录进行细化。

《数据安全法》确立了数据安全审查制度。《数据安全法》第24条第1款规定："国家建立数据安全审查制度，对影响或者可能影响国家安全的数据处理活动进行国家安全审查。"该规定与《网络安全法》第35条强调的网络安全审查相呼应，均属于《国家安全法》第59条确立的国家安全审查制度的具体体现。

《数据安全法》确立了重要数据出境安全管理制度。《数据安全法》通过第25条、第31条、第36条等条文明确了我国数据出境的基本管理制度，其中第25条规定："国家对与维护国家安全和利益、履行国际义务相关的属于管制物项的数据依法实施出口管制。"该规定明确国家对涉及国家安全与利益等实行出境管制，同时还与数据安全审查制度相对接，属于数据安全审查制度在数据出境方面的具体化。

---

① 参见王春晖：《我国〈数据安全法〉十大亮点解析》，载《中国电信业》2021年第9期。

第31条规定:“关键信息基础设施的运营者在中华人民共和国境内运营中收集和产生的重要数据的出境安全管理,适用《中华人民共和国网络安全法》的规定;其他数据处理者在中华人民共和国境内运营中收集和产生的重要数据的出境安全管理办法,由国家网信部门会同国务院有关部门制定。”该规定明确了重要数据出境的管理依据,即关键信息基础设施运营者在我国境内掌握的重要数据的出境适用《网络安全法》,除关键信息基础设施运营者以外的其他数据处理者掌握的数据由国家网信部门会同国务院有关部门制定。第36条规定:“中华人民共和国主管机关根据有关法律和中华人民共和国缔结或者参加的国际条约、协定,或者按照平等互惠原则,处理外国司法或者执法机构关于提供数据的请求。非经中华人民共和国主管机关批准,境内的组织、个人不得向外国司法或者执法机构提供存储于中华人民共和国境内的数据。”该条规定了我国对境外调取境内数据的反制措施,体现了对境内主体向境外司法、执法机构提供数据的行为合法性的重视。

除此之外,《数据安全法》还重点明确了数据处理者的合规义务、提供数据处理服务的行政许可准入制度等内容。

2.《个人信息保护法》

同样历经三次审议及两次公开征求意见后,《个人信息保护法》由中华人民共和国第十三届全国人民代表大会常务委员会第三十次会议于2021年8月20日通过,并自2021年11月1日起施行。《个人信息保护法》作为个人信息保护领域的基础性法律,其出台解决了个人信息层面法律法规散乱不成体系的问题,与《数据安全法》《网络安全法》等共同构建了我国的数据治理立法框架。

个人信息保护问题贯穿于各行各业,《个人信息保护法》的颁布将对各领域个人信息保护问题产生深远的影响。以金融业为例,现代金融产业的发展在很大程度上依托于大数据技术的进步,金融业已经成为高度信息化的行业,①在日常经营中收集、储存、分析、处理着海量的个人金融信息。《个人信息保护法》第28条第1款规定:“敏感个人信息是一旦泄露或者非法使用,容易导致自然人的人格尊严受到侵害或者人身、财产安全受到危害的个人信息,包括生物识别、宗教信仰、特定身份、医疗健康、金融账户、行踪轨迹等信息,以及不满十四周岁未成年人的个人信息。”该规定将“金融账户”信息纳入“敏感个人信息”之列,并进而适用《个人信息

① 参见朱芸阳:《个人金融信息保护的逻辑与规则展开》,载《环球法律评论》2021年第6期。

保护法》关于“敏感个人信息”的处理规则,对于正确适用和理解个人金融信息的处理应用规则具有较大裨益。

(1)个人金融信息保护简要历史沿革

在《个人信息保护法》施行之前,中国人民银行曾多次通过发布规范性文件的方式对个人金融信息的收集、使用等方面的规则作出规定。中国人民银行于2011年1月21日发布的《中国人民银行关于银行业金融机构做好个人金融信息保护工作的通知》中首次使用“个人金融信息”的概念,并明确指出个人金融信息的保护是银行业金融机构的一项法定义务。

根据该通知的规定,个人金融信息是指银行业金融机构在开展业务时,或通过接入中国人民银行征信系统、支付系统以及其他系统获取、加工和保存的个人信息,具体包括身份信息、个人财产信息、个人账户信息、个人信用信息、个人交易金融交易信息、衍生信息以及在与个人建立业务往来关系过程中获取、保存的其他个人信息。2014年6月11日,中国人民银行办公厅发布《中国人民银行办公厅关于2013年个人金融信息保护专项检查情况的通报》,对彼时个人金融信息保护存在的问题及进一步加强个人金融信息保护的要求进行了总结。2020年2月13日,中国人民银行发布《中国人民银行关于发布金融行业标准做好个人金融信息保护技术管理工作的通知》及其附件《个人金融信息保护技术规范》(以下简称《技术规范》)。《技术规范》在中国人民银行此前多部个人金融信息保护监管规定的基础上,从安全技术和安全管理角度对个人金融信息处理的全生命周期提出了系统具体要求。与现行法律法规相比,《技术规范》的可操作性更强,因此可以对金融机构和金融行业相关企业的合规实践起到重要的指导作用。《技术规范》也对个人金融信息进行了定义,即个人金融信息是指“金融业机构通过提供金融产品和服务或者其他渠道获取、加工和保存的个人信息”。相较通知而言,《技术规范》把直接使用范围从银行金融机构扩大到了金融业机构,《技术规范》在“范围”中规定,“本标准适用于提供金融产品和服务的金融业机构,并为安全评估机构开展安全检查与评估工作提供参考”。《技术规范》还根据信息泄露或被篡改后对个人信息主体的信息安全与财产安全的危害程度,将个人金融信息的敏感程度由高到低分为C3、C2、C1三个类别。2020年9月15日,中国人民银行发布《中国人民银行金融消费者权益保护实施办法》,该实施办法取代了2016年12月14日的同名规定。与既往规定相比,首先,该实施办法的效力层级从规范性文件上升为部门规章,解决了原规范性文件效力层级较低,不利于金融消费者权益保护工作的开展的问题;其次,在适用范围上,该实施办法明确将提供证券、保险、基金等金融产品和服务的金融机构排除在适用范围之外,将参照适用范围扩大到"商业银行理财子公司、金融资产管理公司、信托公司、汽车金融公司、消费金融公司以及征信机构、个人本外币兑换特许业务经营机构",进一步提高了适用范围的灵活性;最后,该实施办法也体现了对金融消费者知情权等权利的关切。

由前述法律文件可以看出,既往关于个人金融信息表现出两个方面的特点:其一,既往的关于个人金融信息的直接规定多体现在规范性文件层面,仅有少量行政法规对个人金融信息的保护进行过规定;其二,既有的规定多表现为强调相关从业者保护金融个人信息的义务,而未对个人金融信息的处理规则进行系统性规定。相比之下,《个人信息保护法》将个人金融账户等个人信息归入敏感信息,进而适用《个人信息保护法》所建立起来的相对而言更加完整、合理的个人信息处理规则,为相关从业者的职业行为提供了基本的行为准绳,也更有利于保护公民的个人金融信息安全。

(2)《个人信息保护法》视角下个人金融信息的处理规则

首先,是《个人信息保护法》第 29 条确立的单独同意原则。《个人信息保护法》第 29 条规定:"处理敏感个人信息应当取得个人的单独同意;法律、行政法规规定处理敏感个人信息应当取得书面同意的,从其规定。"根据该条规定,处理个人金融信息原则上应当获得个人享用的单独同意,该项同意应当满足《个人信息保护法》第 14 条确立的同意规则的要求,即这里的单独同意应当满足内容明确具体、真实自愿等方面的要求。对处理个人金融信息的同意亦要求"单独",即一次"同意"仅针对一次处理行为有效,当存在对多项数据处理行为时应当取得数据主体的逐一同意。特别地,当其他法律、行政法规规定处理个人金融信息应当取得书面同意的,个人金融信息处理者还应当取得数据主体的单独书面同意。

其次,是《个人信息保护法》第 30 条确立的告知原则。《个人信息保护法》第 30 条规定:"个人信息处理者处理敏感个人信息的,除本法第十七条第一款规定的事项外,还应当向个人告知处理敏感个人信息的必要性以及对个人权益的影响;依照本法规定可以不向个人告知的除外。"第 17 条第 1 款规定:"个人信息处理者在处理个人信息前,应当以显著方式、清晰易懂的语言真实、准确、完整地向个人告知下列事项:(一)个人信息处理者的名称或者姓名和联系方式;(二)个人信息的处理目的、处理方式，处理的个人信息种类、保存期限；（三）个人行使本法规定权利的方式和程序；（四）法律、行政法规规定应当告知的其他事项。"《个人信息保护法》第 17 条确立了个人信息处理的一般告知原则，第 30 条则在第 17 条的基础上进一步要求在处理个人金融信息的敏感个人信息时还需要向个人告知处理个人信息的必要性以及该处理行为对个人权益将会产生的影响。与前述"同意原则"不同的适用范围不同，原则上在信息处理者依据《个人信息保护法》第 13 条第 1 款对个人信息进行处理时，其均需向个人信息主体履行告知义务，除非存在以下三种情形：法律、行政法法规规定应当保密的；不需要告知的；告知将妨碍国家机关履行法定职责的。

再次，是《个人信息保护法》第 28 条确立的个人金融信息的处理前提。《个人信息保护法》第 28 条第 2 款规定："只有在具有特定的目的和充分的必要性，并采取严格保护措施的情形下，个人信息处理者方可处理敏感个人信息。"

最后，是确立了违反前述原则的法律后果。《个人信息保护法》第 29 条和第 30 条规定了数据处理者需要遵循的特定行为模式，但是尚未直接规定相应的法律后果，不能充当请求权基础。① 为构成完全性法条，《个人信息保护法》在第七章集中对相关的法律责任进行了规定，其中第 66 条规定了违法处理个人信息的行政责任；第 67 条规定了对相关行为的信用惩戒；第 68 条规定了国家机关及其工作人员的责任；第 69 条规定了相关的民事责任；第 70 条规定了违反处理个人信息的公益诉讼；第 71 条则规定了治安管理处罚及刑事责任。前述第 66～71 条共同构成了违反第 29 条和第 30 条个人信息处理规则的法律后果，使第 29 条和第 30 条在体系上成为完全性法条。

（三）行政法规和规章

除前述《数据安全法》《个人信息保护法》等基础性法律外，2021 年国务院及其各部委还就网络及数据安全产业各事项制定了多项行政法规、规章，为构筑我国数据安全防线、保护公民个人信息、促进数据产业的发展提供了有力保障。

2021 年 1 月 8 日，国家互联网信息办公室（以下简称网信办）发布了由网信办会同工业和信息化部、公安部联合起草的《互联网信息服务管理办法（修订草案征求意见稿）》，此次征求意见稿是对尚在实施的《互联网信息服务管理办法》的修订，

① 参见张新宝：《个人金融账户信息的强化保护》，载《中国银行业》2021 年第 11 期。

后者属于我国互联网管理的基础性法规。此次征求意见稿共6章,合计54条,相比于现行规定,征求意见稿进一步扩大了互联网信息服务、互联网网络接入服务等的含义,进一步明确了国家网信办、工信部、公安部、国家安全机关以及其他有关部门在各自职责范围内对互联网信息服务的监督管理职能,进一步规定了信息发布审核制度和新业务安全评估制度,进一步细化了网络日志留存要求和罚则。

2021年1月22日,网信办发布《互联网用户公众账号信息服务管理规定》,并于2021年2月22日正式实施。《互联网用户公众账号信息服务管理规定》旨在进一步加强互联网用户公众账号的依法监管,促进公众账号信息服务健康有序发展,进一步明确公众账号信息服务平台应当履行信息内容和公众账号管理的主体责任,并依据《网络安全法》《网络信息内容生态治理规定》等法律法规和国家有关规定,新增了生态治理、数据保护、个人信息保护、知识产权保护、信用评价、分级分类管理等平台主体责任,增加了公众账号生产运营者的社会监督。

2021年3月12日,国家互联网信息办公室秘书局、工业和信息化部办公厅、公安部办公厅及国家市场监管总局办公厅联合发布《常见类型移动互联网应用程序必要个人信息范围规定》,并于2021年5月1日生效实施。《常见类型移动互联网应用程序必要个人信息范围规定》以《网络安全法》确立的"必要性原则"为依据,梳理了39类App的基本功能及保障其正常运行所需收集的个人信息的具体类型及使用要求。

2021年7月30日,国务院发布《关键信息基础设施安全保护条例》,并于2021年9月1日正式实施。《关键信息基础设施安全保护条例》旨在落实《网络安全法》的有关要求,从我国国情出发,借鉴国外通行做法,明确了关键信息基础设施的定义和认定程序,明确了运营者的责任义务,将为我国深入开展关键信息基础设施安全保护工作提供有力法治保障。

2021年10月29日,网信办发布《数据出境安全评估办法(征求意见稿)》。《数据出境安全评估办法(征求意见稿)》旨在规范数据出境活动,保护个人信息权益,维护国家安全和社会公共利益,促进数据跨境安全、自由流动。该办法明确,关键信息基础设施的运营者收集和产生的个人信息和重要数据;出境数据中包含重要数据;处理个人信息达到100万人的个人信息处理者向境外提供个人信息;累计向境外提供超过10万人以上个人信息或者1万人以上敏感个人信息;国家网信部门规定的其他需要申报数据出境安全评估的情形等,应当通过所在地省级网信部门向国家网信部门申报数据出境安全评估。

2021 年 11 月 14 日，网信办发布《网络数据安全管理条例（征求意见稿）》。《网络数据安全管理条例（征求意见稿）》旨在贯彻落实总体国家安全观、法治思想、网络强国战略思想和以人民为中心思想，根据《网络安全法》《数据安全法》《个人信息保护法》等法律，落实数据分级分类保护制度，对一般数据、个人信息、重要数据等如何保护提出了具体要求，对网络数据安全建设具有重要的指导意义。

2021 年 12 月 28 日，网信办、国家发展和改革委员会、工业和信息化部、公安部、国家安全部、财政部、商务部、中国人民银行、国家市场监管总局、国家广播电视总局、中国证券监督管理委员会、国家保密局、国家密码管理局共十三个部门联合修订发布新版《网络安全审查办法》，自 2022 年 2 月 15 日起施行。新版《网络安全审查办法》将网络平台运营者开展数据处理活动影响或者可能影响国家安全等情形纳入网络安全的审查范围，并明确要求掌握超过 100 万用户个人信息的网络平台运营者赴国外上市必须申报网络安全审查，主要目的是进一步保障网络安全和数据安全，维护国家安全。

（四）重点行业大数据法治政策文件

除前述党的重要文件、法律、行政法规、部委规章及其他规范性文件外，国家各部门亦针对本部门出台了一系列大数据法治相关的政策文件，具体涉及金融、教育等各个方面。

2021 年 1 月 5 日，中国银行保险监督管理委员会（以下简称银保监会）发布《保险中介机构信息化工作监管办法》，并于 2021 年 2 月 1 日实施。《保险中介机构信息化工作监管办法》共 6 章 36 条，对保险中介机构信息化工作提出全面要求。一是在总则中明确了定目的、适用范围、基本原则、责任主体和监管部门。二是在基本要求中规定保险中介机构的信息化工作机构职责、关联企业隔离要求、高管负责制度、信息化岗位要求、业务申请条件、分支机构管理、监管报送要求、突发事件报告等内容。三是提出信息系统建设要求，明确保险中介机构信息系统的基本功能、建设方式、外包管理、权限管理、数据录入、系统变更等要求。四是明确信息安全要求，对保险中介机构信息化工作的安全体系、等级保护、数据安全、个人信息保护、终端安全、教育培训等提出要求。五是规定保险中介机构信息化工作监督管理的有关内容，包括监管理念、监管分工、审查、现场检查、责任追究等，明确提出不符合

《保险中介机构信息化工作监管办法》要求的视为不满足《保险代理人监管规定》《保险经纪人监管规定》《保险公估人监管规定》中对信息化建设和管理的相关规定,不得经营保险中介业务。六是在附则中明确了实施时间、过渡期整改要求、解释权和此前发布的相关规范性文件的废止,要求保险中介机构在《保险中介机构信息化工作监管办法》实施之日起1年内完成整改并向监管部门报送报告。

2021年1月20日,中国人民银行发布《非银行支付机构条例(征求意见稿)》。《非银行支付机构条例(征求意见稿)》指出,非银行支付机构应当对收集的用户信息严格保密,不得泄露、篡改、损毁用户信息,不得出售或者非法向其他组织或者个人提供用户信息,不得将用户授权或者同意其将用户信息用于营销、对外提供等作为与用户建立业务关系的先决条件,但业务关系的性质决定需要预先作出相关授权或者同意的除外。《非银行支付机构条例(征求意见稿)》第35条强调,非银行支付机构被认定为关键信息基础设施的,其在中国境内收集和产生的用户信息的储存、处理和分析应当在境内进行。非银行支付机构向境外提供境内用户信息的,应当符合法律、行政法规、部门规章以及中国人民银行的规定,并经用户明示同意。《非银行支付机构条例(征求意见稿)》还规定,非银行支付机构未按本条例规定收集、使用与保存用户信息的,将面临相应的行政处罚,情节严重的,支付业务许可证将被吊销。

2021年3月15日,国家市场监管总局发布《网络交易监督管理办法》,并于2021年5月1日实施。《网络交易监督管理办法》针对网络经营主体登记问题,对《电子商务法》规定的"零星小额""便民劳务"两类免于登记情形进行了具体界定,提升了网络经营主体的整体合规度。针对"社交电商""直播带货"等网络交易新业态,界定了网络服务提供者的角色定位,明确了各参与方的责任义务。针对网络交易平台经营者,严格压实主体责任,督促其切实规范经营行为、强化内部治理。针对网络消费者个人信息的收集使用规则作出详细规定,切实保护个人信息安全。针对虚构交易、误导性展示评价、虚构流量数据等新型不正当竞争行为进行了明确规制,禁止各类网络消费侵权行为。针对备受关注的平台强制"二选一"情形,《网络交易监督管理办法》规定了平台不得通过搜索降权、下架商品、限制经营、屏蔽店铺、提高服务收费等方式,禁止或者限制平台内经营者自主选择在多个平台开展经营活动,或者利用不正当手段限制其仅在特定平台开展经营活动;禁止或者限制平台内经营者自主选择快递物流等交易辅助服务提供者;不得实施其他干涉平台内经营者自主经营的行为。

2021 年 9 月 27 日,中国人民银行发布《征信业务管理办法》,并于 2022 年 1 月 1 日实施。《征信业务管理办法》共 8 章 53 条,涵盖了征信业务的边界界定,展业原则,信用信息的采集、提供、使用、安全保障的全流程合规要求以及相应的监督管理模式和法律责任,宣告了我国金融数据治理领域的又一项核心监管规则正式落地,对征信机构开展征信业务的要求及合规边界作了系统性的规制。

2021 年 9 月 28 日,由中国人民银行、中央网络安全和信息化委员会办公室、工业和信息化部、银保监会、中国证券监督管理委员会联合发布《关于规范金融业开源技术应用与发展的意见》。《关于规范金融业开源技术应用与发展的意见》要求金融机构在使用开源技术时,应遵循“安全可控、合规使用、问题导向、开放创新”等原则。《关于规范金融业开源技术应用与发展的意见》鼓励金融机构将开源技术应用纳入自身信息化发展规划,加强对开源技术应用的组织管理和统筹协调,建立健全开源技术应用管理制度体系,制定合理的开源技术应用策略;鼓励金融机构提升自身对开源技术的评估能力、合规审查能力、应急处置能力、供应链管理能力等;鼓励金融机构积极参与开源生态建设,加强与产学研交流合作力度,加入开源社会组织等。《关于规范金融业开源技术应用与发展的意见》强调要加强统筹协调,建立跨部门协作配合、信息共享机制,完善金融机构开源技术应用指导政策,探索建立开源技术公共服务平台,加强开源技术及应用标准化建设等。《关于规范金融业开源技术应用与发展的意见》的出台,有助于规范金融机构合理应用开源技术,提高应用水平和自主可控能力,促进开源技术健康可持续发展。

二、大数据法治典型案例评述

(一)典型案例一:网络安全审查办公室对“滴滴出行”启动网络安全审查

基本案情:2021 年 6 月 30 日,“滴滴出行”在美国上市。从“滴滴出行”于 2021 年 6 月 11 日向美国证券交易委员会递交的 IPO 招股书中可以看到:“滴滴出行”的业务涵盖 15 个国家、4000 个城市,年活跃用户为 4.93 亿,司机则有 1500 万人。

2021 年 7 月 2 日,网络安全审查办公室发出公告,宣布对滴滴出行启动网络安全审查。公告称,为防范国家数据安全风险,维护国家安全,保障公共利益,依据《国家安全法》《网络安全法》,网络安全审查办公室按照《网络安全审查办法》,对

“滴滴出行”实施网络安全审查。为了配合网络安全审查工作,防范风险扩大,审查期间“滴滴出行”停止新用户注册。

2021年7月9日,国家网信办发布通告称:根据举报,经检测核实,“滴滴企业版”等25款App存在严重违法违规收集使用个人信息问题。国家网信办依据《网络安全法》的相关规定,通知应用商店下架上述25款App,要求相关运营者严格按照法律要求,参照国家有关标准,对存在的问题认真整改,切实保障广大用户个人信息安全。各网站、平台不得为“滴滴出行”“滴滴企业版”等上述25款已在应用商店下架的App提供访问和下载服务。

2021年7月16日,国家网信办会同公安部、国家安全部、自然资源部、交通运输部、税务总局、市场监管总局等部门联合进驻滴滴出行科技有限公司,开展网络安全审查。这是自《网络安全审查办法》出台以来,我国公开实施网络安全审查的第一案。

案例评述:近年来,我国对境外上市公司的数据安全风险高度重视。《国家安全法》《网络安全法》《网络安全审查办法》①就此作出了一系列规定。其中《网络安全审查办法》第2条对审查的条件进行了规定:“关键信息基础设施运营者(以下简称运营者)采购网络产品和服务,影响或可能影响国家安全的,应当按照本办法进行网络安全审查。”由此可知,对特定主体实施网络安全审查的要件有二:一是主体具有特殊身份,即关键信息基础设施运营者;二是该主体的网络产品或服务影响或可能影响国家数据安全。

首先,关于关键信息基础设施运营者,《网络安全法》第31条规定:“国家对公共通信和信息服务、能源、交通、水利、金融、公共服务、电子政务等重要行业和领域,以及其他一旦遭到破坏、丧失功能或者数据泄露,可能严重危害国家安全、国计民生、公共利益的关键信息基础设施,在网络安全等级保护制度的基础上,实行重点保护……”公安部于2020年9月发布的《贯彻落实网络安全等级保护制度和关键信息基础设施安全保护制度的指导意见》,进一步明确了关键信息基础设施的认定标准:“应将符合认定条件的基础网络、大型专网、核心业务系统、云平台、大数据平台、物联网、工业控制系统、智能制造系统、新型互联网、新兴通信设施等重点保

① 该案中适用的是《网络安全审查办法》(已废止),国家互联网信息办公室公告第6号,2020年4月13日发布。

护对象纳入关键信息基础设施。”“滴滴出行”所运营的滴滴网约车电商服务平台属于交通领域的大数据平台，行业属性十分敏感。而且在其基于数据智能驱动的商业模式下，“滴滴出行”将乘客与司机通过平台短期匹配到一起，从而获取了大量的交易数据与运营数据。[①] 可见，“滴滴出行”后台存储着海量的交通数据与个人行程信息，极有可能影响国家安全，应当属于关键信息基础设施运营者。

其次，有关国家数据安全，《网络安全审查办法》第 9 条第 1 项规定了网络安全审查主要考量因素之一：“产品和服务使用后带来的关键信息基础设施被非法控制、遭受干扰或破坏，以及重要数据被窃取、泄露、毁损的风险。”“滴滴出行”在美国成功上市说明其必定通过了美国证券交易委员会的审查，并按要求提交了相关数据。同时，为“滴滴出行”提供审计服务的会计师事务所有义务向美国公众公司会计监督委员会提供审计工作底稿。审计底稿一定包括核心的财务数据以及关系到国家安全、公共安全的平台数据与用户信息。[②] 如果“滴滴出行”将用户数据、地图信息以及使用过程中的国家统计数据泄露到海外，实际上是泄露国家机密，侵犯了国家的数据主权。无疑，“滴滴出行”所使用的网络产品和服务存在重要数据泄露风险。

在对“滴滴出行”进行网络安全审查之后，网信办对同样在美国上市的满帮集团、BOSS 直聘实施了网络安全审查。不难发现，当前国家正在重点整顿互联网企业赴美上市对国家数据安全构成威胁的行为。因此，在国家对数据安全合规的要求日益提高，而相应制度不够完善的形势下，担负着重大数据安全责任的企业应当做好数据合规和数据安全治理工作。

（二）典型案例二：人脸识别第一案

基本案情：2019 年 4 月 27 日，原告支付 1360 元购买了野生动物世界（园方）“畅游 365 天”双人年卡。年卡要求采用指纹识别入园方式。原告与其妻子在园方留存了姓名、身份证号码、电话号码等个人信息，并录入了指纹识别信息，还应园方对年卡用户的规定“至年卡中心拍照”。此后，原告与其妻子多次入园游览。2019

---

① 参见韩洪灵、陈帅弟、刘杰、陈汉文：《数据伦理、国家安全与海外上市：基于滴滴的案例研究》，载《财会月刊》2021 年第 15 期。

② 参见童磊：《“滴滴出行”事件的启示：企业数据安全合规需坚守红线》，载《中国信息安全》2021 年第 7 期。

年7月、10月,园方两次向原告发送短信,通知年卡入园识别系统更换事宜,要求激活人脸识别系统,否则将无法正常入园。原告与其妻子认为人脸信息属于高度敏感个人隐私,不同意接受人脸识别入园方式,要求园方退卡。双方协商无法达成一致意见,2019年10月28日,原告向浙江省杭州市富阳区人民法院提起诉讼。

2019年11月3日,浙江省杭州市富阳区人民法院正式受理此案,于2020年11月20日下达(2019)浙0111民初6971号民事判决书。

野生动物世界擅自将入园方式由指纹识别变更为人脸识别,并发送短信告知原告未注册人脸识别将无法正常入园,侵害了原告作为消费者的信赖利益,有违诚实信用原则,构成违约;同时,原告在办卡时同意拍摄照片系为了配合指纹年卡的使用,不应视为其已授权同意园方将照片用于人脸识别,嗣后园方要求原告激活人脸识别,实际上超出事前收集目的,存在侵害原告面部特征信息之人格利益的可能与危险,故判令园方删除原告及其妻子的照片及面部特征信息。原告和园方均不服一审判决,均提起上诉。2021年4月9日,浙江省杭州市中级人民法院下达(2020)浙01民终10940号民事判决书,除维持一审部分判决之外,还要求园方删除原告及其妻子的指纹识别信息。

案例评述:人脸识别是近年来的新兴议题,该领域中的各方主体在法律上应当如何正当合理地分配科技所带来的效益与风险,是案件所面对的时代性命题。这也意味着该案在审判时没有相关的规范或先例可循,需要法官发挥较强的司法能动性,对法律进行解释和续造。两审法院的确作出了相当的努力,尤其是明确肯定在信息处理者涉及违法或违约时,信息主体可以向信息处理者主张删除权。然而,两审判决并未直面人脸识别的合法性这一争议问题,关于人脸信息涉及的隐私权保护、知情同意、删除权等问题的探讨未予涉及或仅蜻蜓点水般带过,未作深入考量;而是以服务合同纠纷类案思路进行审理,最终认为被告的行为属于单方面变更合同主要内容,认定被告存在违约行为,从而应当承担违约责任。

详细而言,两审法院将合同纠纷限定为原被告之间的约定是否有效,而未予分析被告启用人脸识别的告示本身可能构成格式合同中的无效变更条款,避免分析被告是否履行个人信息安全保障义务,甚至肯定这一单方通知对其他年卡办理者的有效性。[1] 这无疑相悖于原告提起诉讼的本意,辜负了社会公众对个人生物信息

① 参见劳东燕:《"人脸识别第一案"判决的法理分析》,载《环球法律评论》2022年第1期。

保护的关切。尽管在现行司法体制和社会压力下，两审法院所持的保守与谨慎态度可以理解，但判决本应为个人信息的合理保护作出示范，而非在利益权衡后加剧信息主体与信息处理者之间的结构性不平等，从而放任信息处理者存在的面部信息处理告知模式不合理、同意模式不明晰等问题的持续与扩大。①

（三）典型案例三：深圳市腾讯计算机系统有限公司、腾讯科技（深圳）有限公司诉浙江搜道网络技术有限公司、杭州聚客通科技有限公司不正当竞争纠纷案

基本案情：两被告浙江搜道网络技术有限公司、杭州聚客通科技有限公司将其开发运营的“聚客通群控软件”嵌套于微信产品中运行，利用微信用户数据为其客户在微信平台中开展商业运营活动提供帮助。腾讯公司认为，两被告擅自获取、使用微信数据，已构成不正当竞争，故而诉至法院。

法院经审理认为，涉案数据系腾讯公司长期经营积累聚集而成的数据资源，对该数据资源腾讯公司享有竞争性权益。两被告擅自使用涉案数据且实质性损害了腾讯公司对微信产品数据资源享有的竞争权益，已构成不正当竞争行为。综上，法院判决两被告立即停止涉案不正当竞争行为并刊登声明消除影响，同时赔偿腾讯公司 260 万元。

案例评述：该案系全国首例涉及微信数据权益认定的案件，涉及数据类型与权益归属、数据抓取行为正当性认定等关系互联网产业竞争秩序的热点问题。该案在梳理数据类型的基础上对权益归属的一般规则进行了提炼，并确立了原始数据与衍生数据的分级分类保护原则，提出判断数据抓取及使用行为正当性与否的标准与方法，明确了数字经济“开放、共享、效率”的基本价值取向，具有一定的前沿性与指导性。

不同于传统的群控软件案件，该案不仅从破坏、妨碍其他经营者提供的合法网络产品或服务方面进行评判，还根据对数据的分级分类，划分了企业对产品中数据的权属范围。② 该案法院将微信平台数据权益分为两种数据形态：一是单一数据个

---

① 参见李朋、王明达：《“人脸识别”场景下个人面部信息保护问题初探——由“人脸识别第一案”展开》，载《上海法学研究》2021 年第 6 卷。

② 参见仲春、王政宇：《数据不正当竞争纠纷的司法实践与反思》，载《北京航空航天大学学报（社会科学版）》2022 年第 1 期。

体,二是数据资源整体。就“单一数据个体”而言,微信平台仅享有有限使用权,原因大致有两方面。其一,在数据创立主体层面,该案中涉及的此类数据为微信用户账号数据、好友关系链数据等用户信息数据,这些原始数据只是用户信息数字化的外在形式,尽管数据主体在此过程中付出了一定劳动,但并未提升用户信息品质或提供创造性劳动成果。其二,在实践理性层面,过分强调数据采集主体对原始数据的控制权,赋予其对原始数据使用许可权,不仅会威胁用户的信息权益,而且容易形成信息垄断,危害数据信息流通。就“数据资源整体”而言,微信平台依法享有竞争性权益,被告的行为破坏性地使用了微信平台的数据资源,构成不正当竞争,微信平台对其享有请求权。

进一步而言,法院认定被告开发运营的“聚客通群控软件”收集存储微信用户数据“对腾讯基于数据资源整体获得的竞争权益构成实质性损害,有违商业道德”,构成不正当竞争。这实际上依据的是《反不正当竞争法》一般条款“商业道德”“正当利益”的兜底标准,以及大量类案的审理同样以原告源于数据的商业利益为逻辑起点,以原告投入大量成本和精力增强了原告利益应当受保护的合理性;将被告的行为导入商业道德和行业惯例的评价体系,以此在数据抓取和使用行为的相关法律缺位的情形下实现逻辑自洽。[①] 然而,这种依托一般条款的判决逻辑存在抽象性条款下行为不正当性边界不明晰、竞争关系认定依据过于宽泛等缺陷,容易导致保护不平衡、扰乱竞争秩序、司法不确定等问题。

最后,该案法院认定,未经许可在他人既有数据资源基础上开展创新性竞争,应符合“合法、适度、征得用户同意、有效率”的原则。若一项“创新性竞争成果”在竞争效能上的破坏性大于建设性,应认定其具有不正当性。这明确了数字经济的主要价值取向与共生经济的基本特质,具有时代性意义。

三、大数据法治发展展望

2021~2022 年,大数据法治理论研究不断深化,各项重要法律文件相继出台,从理论研究到实践都取得了长足的发展,为未来我国大数据发展建设奠定了坚实

① 参见刘沛昀、沈瞿和:《涉数据竞争行为正当性的判定标准分析》,载《电子知识产权》2022 年第 1 期。

的基础。大数据法治建设的进程将进一步深化。以过去的发展情况为出发点,我国大数据发展建设将着力于以下几个方面。

第一,需要进一步出台数据安全、个人信息保护相关的配套规则。就数据安全而言,《数据安全法》的出台为未来的数据安全治理工作构建了总体框架,标志着我国数据安全治理工作进入新的发展阶段,但《数据安全法》中规定的数据分类分级、重要数据目录管理、数据交易共享等具体制度的配套规定仍有待制定完善。① 就个人信息保护而言,《个人信息保护法》主要围绕个人信息处理原则和一般规则、敏感个人信息处理、个人信息跨境提供、个人信息主体权利以及个人信息处理者的合规管理义务进行了全面的规定,但总体而言,《个人信息保护法》的规定仍较为原则性,《个人信息保护法》出台后,还需要通过制定配套规章、条例、司法解释等形式进行适用。② 未来,在个人信息跨境流通以及新技术新应用等领域,网信办需要制定一系列个人信息保护的规章与条例;在其他具有行业特殊性的领域,诸如金融、医疗卫生、教育、未成年人保护、劳动者保护等领域,有关部门也需要根据行业特征,制定相关个人信息保护规章与条例,以配合《个人信息保护法》的落地实施。③

第二,大数据法治地方立法还需要进一步完善。整体而言,目前大数据法治地方立法中,还存在立法中核心概念不一、大数据立法的治理理念有待提升、立法内容上管理机制规定不完善、调整对象范围较狭窄等问题。④ 未来地方大数据立法中,要针对前述存在的问题,明晰中央和地方大数据立法职责划分,特别是明确地方立法机关大数据立法的职责范围,统一立法中涉及的核心概念,加强立法队伍建设,在立法内容上回应政府和企业的现实需求。⑤

第三,进一步完善、出台数据跨境流通实施细则。《数据安全法》《个人信息保护法》等法律对数据跨境流通进行了原则性的规定,但缺乏具体的实施细则。2021年年底,国家网信办先后发布《数据出境安全评估办法(征求意见稿)》《网络数据

---

① 参见于晓洋、何波:《从〈数据安全法〉看我国数据安全治理制度与走向》,载《互联网天地》2021年第9期。

② 参见王利明、丁晓东:《论〈个人信息保护法〉的亮点、特色与适用》,载《法学家》2021年第6期。

③ 参见王利明、丁晓东:《论〈个人信息保护法〉的亮点、特色与适用》,载《法学家》2021年第6期。

④ 参见陈晓勤:《需求识别与精准供给:大数据地方立法完善思考——基于政府部门与大数据相关企业调研的分析》,载《法学杂志》2020年第11期。

⑤ 参见陈晓勤:《需求识别与精准供给:大数据地方立法完善思考——基于政府部门与大数据相关企业调研的分析》,载《法学杂志》2020年第11期。

安全管理条例(征求意见稿)》对数据跨境流通进行了规定,目前前述两部法规尚未落地生效,有待进一步完善,以期细化《数据安全法》《个人信息保护法》等法律中关于数据跨境流通的相关规定。

第四,需进一步完善互联网平台企业数据和算法规制。2021 年是互联网平台经济规制的重要一年,2021 年 2 月 8 日,国家市场监管总局对唯品会存在的"二选一"行为作出了 300 万元的行政处罚。4 月 10 日,国家市场监管总局依法对阿里巴巴集团实施的"二选一"行为作出行政处罚,责令其停止违法行为,并处以其 2019 年销售额 4% 计 182.28 亿元的罚款。美团也是由于同样原因被立案调查,此后被处以 34 亿余元的罚款。11 月 20 日,国家市场监管总局连开 43 张反垄断"罚单",目标针对互联网领域"未依法申报违法实施经营者集中"的行为。未来一年,需要进一步加强对互联网平台在数据保护、个人信息保护、反垄断、内容治理等方面的监管。

第五,在司法方面,需进一步完善数据不正当竞争行为裁判规则与个人信息保护公益诉讼制度。一方面,面对日益多发的涉大数据不正竞争纠纷,司法机关应进一步完善相关的裁判规则;另一方面,《个人信息保护法》专门设立了公益诉讼条款,明确将个人信息保护纳入检察公益诉讼的法定领域,最高人民检察院亦于 2021 年 8 月 21 日下发《关于贯彻执行个人信息保护法推进个人信息保护公益诉讼检察工作的通知》,但仍需进一步明确各级检察机关在履行公益诉讼中的检察职责,将个人信息的公益诉讼落到实处。

数据要素市场法治建设报告

蔡培如* 刘 航**

2020 年 3 月 30 日，中共中央、国务院发布《关于构建更加完善的要素市场化配置体制机制的意见》，将数据作为和土地、劳动力、资本、技术并列的第五大生产要素，明确提出"加快培育数据要素市场"的战略安排，包括"推进政府数据开放共享""提升社会数据资源价值""加强数据资源整合和保护"三个重要方面。全国人大 2021 年 3 月 11 日通过的《中华人民共和国国民经济和社会发展第十四个五年规划和 2035 年远景目标纲要》(以下简称《"十四五"规划》)，对建立数据要素市场规则作出更加详细的统筹安排。

数据是数字经济发展的重要动力，随着数据采集能力、算法和算力的提升，数据成为技术转型升级、产业模式变革和创新的动力。推动和完善数据要素市场建设是我国大数据战略、数字经济、数字社会、数字政府发展进程中的关键环节。数据要素市场发展对于金融业发展至关重要，特别是对数字金融发展而言，数据要素市场的建设使数据流通和数据交易获得了法治保障，通过确立组织机构、交易规则和保障制度，充分激活数据市场的活力和潜能。

本文对我国 2021 年度数据要素市场法治建设状况进行年度总结。本文第一部分对数据要素市场相关法律法规的制定和修订状态进行总结，以期对当年度法治建设进程有整体性把握。第二部分辨析公共数据和社会数据之间的关系，以此明确第三、四部分为何以数据分类这一标准展开。第三、四部分分别深入到数据要素

---

* 复旦大学法学院青年副研究员，复旦大学中国金融法治研究院研究员。研究方向：行政法、网络法、个人信息保护法。

** 复旦大学法学院硕士研究生。

市场中公共数据和社会数据的法治建设状况,根据两类数据的差异有针对性地展开评析。第五部分从数据安全和个人信息保护两个角度切入数据要素市场运行的保障机制,分析两者如何合力确保数据要素市场的可信性、稳定性、风险可控性。

一、数据要素市场基本法治建设情况

良好的法律治理体系是数据作为市场要素充分释放价值、提高国家治理能力和促进经济高质量发展的前提条件。当前数据要素市场的构建主要是通过中央层面颁布政策性文件推动,再由地方层面通过立法予以落实。囿于数据要素市场建设计划提出时间较短,至今在央地层面都缺乏专门性的、统一性的、系统性的立法。

(一)中央层面的规定

以"数据要素"为关键词在北大法宝进行全文检索,以 2021 年为时间单位,在中央层面检索获得全国人大工作文件 3 份、国务院规范性文件 4 份、部门工作文件 16 份。

在中央层面,《"十四五"规划》作为基础性文件,从基础制度、市场结构、权益冲突规则和保障机制等方面对数据要素市场建构作出统筹安排。随后,国务院 2021 年 12 月 21 日颁布的《要素市场化配置综合改革试点总体方案》作出更加细致、具体的规定,提出"探索建立数据要素流通规则",包括"完善公共数据开放共享机制""建立健全数据流通交易规则""拓展规范化数据开发利用场景""加强数据安全"四部分,明确了数据流通利用中所涉及的重要法律问题和技术问题。这两份文件成为数据要素市场建设中最基础也是最重要的规定。

因数据要素市场建构属于新近的经济政策发展部署,中央各部门当前主要是通过工作文件的形式,在各自的职能范围内积极推动特定类型的数据要素流通利用,服务社会经济高质量发展,但尚未形成体系化的法律规范。具有代表性的是民政部在《"十四五"民政信息化发展规划》中提出:"充实完善中国・国家地名信息库,统筹完善地名、行政区划、界线界桩等数据要素……充分发挥区划地名和界线等空间信息的基础性作用,服务经济社会高质量发展。"

在金融数据要素方面,2022 年 1 月 23 日由中国人民银行、国家市场监管总局、原银保监会、证监会发布的《金融标准化"十四五"发展规划》提出,应系统完善金融数据要素标准,“统筹金融数据开发利用、公共安全、商业秘密和个人隐私保护,加快完善金融数据资源产权、交易流通、跨境传输和安全保护等标准规范。完善金融大数据标准体系,探索制定金融大数据采集、清洗、存储、挖掘、分析、可视化算法等技术创新配套标准。制定金融数据质量、脱敏、分级分类等标准。制定金融数据应用建模、元数据、算法评价等标准。制定银行业客户交互行为数据采集等业务数据标准”。此规定涉及金融数据要素市场构建的方方面面,但没有突出金融数据的特殊性,具体如何完善留待将来进一步细化。

(二)地方层面的规定

在中央政策推动下,各地方关于数据要素市场建构的立法正在逐步展开,但也缺乏系统性规定。通过“北大法宝”检索,2021 年包含“数据要素”关键词的地方性法规共有 8 部,没有单独立法,均是各地方关于数据、大数据发展统一立法的一部分。其中较为突出的是《上海市数据条例》《深圳经济特区数据条例》,开辟了专章“数据要素市场”,以勾勒出数据要素市场的基本法律框架,包括基本政策、数据交易、数据资源开发和应用若干方面。此外,数据权益、个人信息保护、公共数据开放和利用、数据安全等规定也是数据要素市场制度的组成部分。

综合当前政策和立法规定,数据要素市场法治构建总体上从架构、规则、要素三个方面展开布局。“架构”指的是数据要素市场的总体法律框架;“规则”注重的是数据在采集、存储、使用、加工、传输、提供、公开等一系列处理环节中应当符合的操作;“要素”关注的是数据本身,包括如何确定数据权属和权益、如何扩大数据提供、提升数据质量。总体而言,尽管数据要素市场的基础设计已经形成,法治建设方向清晰,但是具体内容仍然处于探索之中。表 1 对 2021 年度中央层面重要的规范性文件进行了汇总。

表 1　2021 年度中央层面数据要素市场构建领域重要规范性文件

颁布时间	生效时间	发文机关	文号	规范性文件名称
2021 年 3 月 11 日	2021 年 3 月 11 日	全国人民代表大会	—	《“十四五”规划》
2021 年 8 月 20 日	2021 年 11 月 1 日	全国人民代表大会常务委员会	主席令第 91 号	《个人信息保护法》

续表

颁布时间	生效时间	发文机关	文号	规范性文件名称
2021 年 6 月 10 日	2021 年 9 月 1 日	全国人民代表大会常务委员会	主席令第 84 号	《数据安全法》
2021 年 12 月 12 日	2021 年 12 月 12 日	国务院	国发〔2021〕29 号	《“十四五”数字经济发展规划》
2021 年 12 月 21 日	2021 年 12 月 21 日	国务院办公厅	国办发〔2021〕51 号	《要素市场化配置综合改革试点总体方案》
2021 年 12 月 27 日	2021 年 12 月 27 日	中央网络安全和信息化委员会办公室	—	《“十四五”国家信息化规划》
2021 年 9 月 17 日	2022 年 1 月 1 日	中国人民银行	中国人民银行令〔2021〕第 4 号	《征信业务管理办法》
2022 年 1 月 23 日	2022 年 1 月 23 日	中国人民银行、国家市场监管总局、原银保监会、证监会	银发〔2022〕第 18 号	《金融标准化“十四五”发展规划》

二、数据要素分类:公共数据与社会数据

我国现行法律中，尚无针对“社会数据”与“公共数据”二分的分类形式，此表述多见诸国家政策文件。2015 年 8 月 31 日，国务院发布《促进大数据发展行动纲要》，提出要“深化应用政府数据和社会数据，提升政府决策和风险防范水平，提高社会治理的精准性和有效性”，“政府数据”与“社会数据”首次作为一对概念出现在发展国家大数据战略的相关文件中;2020 年 4 月 9 日，中共中央和国务院发布了《关于新时代加快完善社会主义市场体制的意见》，再次提出要“发挥社会数据资源价值”。

公共数据和社会数据是数据作为市场要素下的一种分类形式，均具有促进流通利用的价值导向。尽管社会数据尚未出现在法律规范的表达中，但近两年各省密集出台的地方性法规，针对“公共数据”作出了较为明确的定义。在一定程度上，

通过界定公共数据,可以反向推定社会数据的边界。① 如《深圳经济特区数据条例》第2条第5项规定:"公共数据,是指公共管理和服务机构在依法履行公共管理职责或者提供公共服务过程中产生、处理的数据。"《上海市数据条例》第2条第4项规定:"公共数据,是指本市国家机关、事业单位,经依法授权具有管理公共事务职能的组织,以及供水、供电、供气、公共交通等提供公共服务的组织(以下统称公共管理和服务机构),在履行公共管理和服务职责过程中收集和产生的数据。"

但也应当承认,在缺乏国家统一规定的情况下,公共数据的规范内涵本身也未达成统一。在主体要件上,"公共管理和服务机构"是较为常见的统称,但具体如何界定又稍有不同。《福建省大数据发展条例》将政务、公益事业单位和公用企业包含在内,《江苏省公共数据管理办法》则是本省各级行政机关、法律法规授权的具有管理公共事务职能的组织、公共企事业单位。在行为要件上,有些法律规定认为具有开放性的是相关部门"收集、产生"的数据,也有规定使用了"制作、获取",如《广东省公共数据管理办法》《湖南省网络安全和信息化条例》使用的则是"获取、产生、处理"。这些行为概念上的差别看似微小,实则对概念范围具有深刻影响,如"处理"行为有数据加工和再创造的含义,可以将衍生数据包含在开放范围之内,而"收集、产生、获取"这些行为概念更多地偏向于客观地、消极地记录数据,导致开放范围限制在原始数据内。② 实践中,《福建省大数据发展条例》明确原始数据和衍生数据均是应当开放的公共数据,《上海市数据条例》并没有明确包含衍生数据。此外,《山西省政务数据管理与应用办法》规定的政务数据还包括政务服务机构"通过特许经营、购买服务等方式开展信息化建设和应用所产生的文字、数字、符号、图片和音视频等数据"。

为了厘清公共数据与社会数据的边界,除要把握两者主体要件与行为要件的区别外,更应当关注两者目的的不同:"公共数据"追求社会利益的最大化,体现数

---

① 《河南省数字经济促进条例》中直接使用"公共数据—非公共数据"这一对概念,其中概念界定的逻辑和本文是一致的。

② 原生/原始数据和衍生数据是我国司法案例和学术研究中常用的数据分类形式,前者包括用户主动提供的数据和监测数据;后者衍生数据,根据《网络安全标准实践指南——网络数据分类分级指引》的定义,是指"原始数据经过统计、关联、挖掘或聚合等加工活动而产生的数据"。参见邢会强:《大数据交易背景下个人信息财产权的分配与实现机制》,载《法学评论》2019年第6期;深圳市腾讯计算机系统有限公司、腾讯科技(深圳)有限公司与浙江搜道网络技术有限公司、杭州聚客通科技有限公司不正当竞争纠纷案,浙江省杭州市中级人民法院(2020)浙01民终5889号民事裁定书。

据的公益性、共享性;“社会数据”追求商业利益的最大化,体现数据的私益性、营利性。所以,公共数据的开放程度需要考虑社会对数据的需求度,优先开放高价值集的数据,开放平台地址对外无歧视性地公开,并且获取公共数据是免费的。[①] 社会数据也可以通过自愿形式对外开放,但只是鼓励而非强制的法律义务,更多地,社会数据通过市场化交易完成流转和增值利用,交易既可以在数据交易所完成,也可以依法自行交易,并由市场主体自主定价。[②] 通过与公共数据的对比可以发现,“社会数据”是市场主体在进行社会活动过程中收集、产生的数据;“社会数据”的交易发生在平等的市场主体之间,通过市场主体之间平等的交换活动,能够实现数据在不同领域、不同行业、不同部门和不同主体之间供需匹配的、高效的配置。

正是鉴于公共数据和社会数据市场要素化配置的不同特点和要求,本文第三、四部分对两者的法治建设状况分别进行阐述。

三、公共数据开放利用的法治建设评述

(一)法治建设概况

以“公共数据”“政务数据”“政府数据”为关键词在“北大法宝”对2021年的立法情况进行全文检索,在中央层面合计检索得到法律1部,全国人大工作文件3份、国务院规范性文件6份、部门规范性文件10份。

公共数据流转可以根据接收对象分为公共数据共享和公共数据开放两类。前者指数据在政府部门之间流转,用以打通部门之间的数据壁垒,提高行政效率、提升服务质量,但限制在履行法定职责的范围之内;后者则是将政府部门处理的数据以机器可读取的、可供社会化利用的形式面向社会开放。公共数据共享发生在行政机关之间,在数据要素市场化建设中的意义较低,因此本部分着重从开放及开放后的利用活动两个方面评析公共数据这一分支在数据要素市场构建中的发展状况,共享行为不包含在内。

《数据安全法》第五章专门对政务数据安全与开放进行了规定,主要内容涵盖开放中的数据安全保障、开放原则、开放形式、开放平台建设等方面,但规定较为原

① 例如,《深圳经济特区数据条例》第46条、第47条。

② 例如,《上海市数据条例》第56条、第57条。

则性，留待专门立法予以落实。

国务院发布的《“十四五”数字经济发展规划》对此作出了政策上的回应，“深化政务数据跨层级、跨地域、跨部门有序共享。建立健全国家公共数据资源体系，统筹公共数据资源开发利用，推动基础公共数据安全有序开放，构建统一的国家公共数据开放平台和开发利用端口，提升公共数据开放水平，释放数据红利”。在公共数据的利用方面，该规定提出采用数据开放、特许开发、授权应用等多种方式促进数据增值利用，这些新型的数据开发利用方式可能赋予数据接收方一定程度和一定时间上的数据独占性，用以激励接收者投入数据增值和创新之中，但具体如何操作还留待进一步规定。

在中央各部委中，2021 年只有交通部发布的《交通运输政务数据共享管理办法》是关于公共数据共享方面的专门规定，公共数据公开利用方面尚缺乏这类规定。

相较于中央层面对公共数据开放利用的原则性规定，地方立法则更成体系化。2021 年包含“公共数据”“政务数据”“政府数据”的地方性法规多达 64 部，地方政府规章共有 17 部。其中有大量关于公共数据的专门立法，如《江苏省公共数据管理办法》《广东省公共数据管理办法》《武汉市公共数据资源管理办法》；还有一部分包含在大数据立法之中，如《河南省数字经济促进条例》《福建省大数据发展条例》。这些规定从原则、主管部门、数据供给、数据共享、数据开放、数据利用、数据安全、保障和监督等各个方面对公共数据共享和开放进行了详尽规定，搭建起较为成熟的、具有一定执行性的法治架构。

就金融行业而言，通过政府与银行业的数据对接以调整放贷政策、研发金融产品和服务、提升金融风险防范能力是公共数据的主要应用形式。商务部、财政部、中国人民银行、国家税务总局、原银保监会、国家外汇局联合颁布的《关于支持线下零售、住宿餐饮、外资外贸等市场主体纾困发展有关工作的通知》规定，“在依法合规的情况下，积极推动当地公共数据对金融机构开放，为金融机构运用大数据为企业进行风险画像提供便利”。这在《上海市优化营商环境条例（2021 年修正）》中也得到回应，“本市推进公共数据开放及大数据普惠金融应用，依法与金融机构共享市场监管、税务、不动产登记、环保等政务数据和电力、供排水、燃气、网络等公用事业数据，并依法保护商业秘密、个人信息”。

(二)公共数据开放的法治架构

公共数据开放主要由各地方政府根据本地区的政务发展水平和经济需求展开,因此各地实践存在一定差异。虽然如此,总体架构是高度相似的。

第一,开放范围。公共数据、政务数据、政府数据这几个法律概念之不同本身就决定了开放范围上的差异。有研究认为,立法者最初使用政府数据、政务数据是受到政府信息概念的惯性影响,强调的是“开放谁的数据”,但公共数据这一概念表达将开放范围聚焦在数据的公共性之上,那些虽然不是由政务部门收集但同样具有公共性的数据也应当进入开放通道,着眼点是“怎样的数据应当开放”。① 也因此,公共数据的范围大于政务数据。② 但也有政策规定将“政务数据”“公共数据”并列,此时的公共数据应理解为除政务部门之外的、其他公共服务机构处理的具有公共性的数据。③ 从当前的立法实践观察,采用公共数据这一概念的立法最多,政务数据次之,政府数据最少。从概念使用的趋势来看,公共数据在近几年的使用比例也在逐步提高。故而本文统一使用“公共数据”这一概念表达。

第二,开放形式。根据公共数据分类分级规则,通过目录清单的形式明确所共享和开放的公共数据类型为目前绝大多数地方实践所采用。目录内容包括数据形式、共享内容、共享类型、共享条件、共享范围、开放属性、更新频率以及数据的采集、提供部门等。④ 以此目录为依据,各省市建立了统一的公共数据平台用以归集并公开相应数据,但有的地方立法明确规定全省应当建设唯一平台,也有的地方在省级、设区的市分别建设独立平台。⑤ 当前,上海市、成都市、深圳市、浙江省的开放平台建设相对成熟。

第三,开放模式。类似于政府信息公开制度中的主动公开、依申请公开和不公开三种类型,当前公共数据开放普遍采用无条件开放、依申请开放和非开放三种。非开放模式是因公共数据上附着了更加重要的利益而不向社会任何人开放,包括

---

① 参见郑春燕、唐俊麒:《论公共数据的规范含义》,载《法治研究》2021 年第 6 期。

② 这在《河北省信息化条例(2021 年修订)》第 61 条第 5 项关于公共数据的定义中得到验证,“公共数据,包括政务数据以及具有公共管理和服务职能的企业事业单位在依法履行公共管理和服务职责过程中制作或者获取的,以一定形式记录、保存的文件、资料、图表和数据等各类信息资源”。

③ 参见《“十四五”数字经济发展规划》。

④ 参见《广东省公共数据管理办法》第 10 条。

⑤ 分别参见《广东省公共数据管理办法》《浙江省公共数据开放与安全管理暂行办法》。

隐私利益、个人信息保护利益、商业秘密,或者法律法规规定的不得开放的类型。而对数据安全和处理能力要求较高、时效性较强或者需要持续获取的公共数据,一般思路是列入依申请开放,也就是仅向特定的社会公众开放,并且在数据处理环节、处理目的以及后续流通利用等方面均施加限制,并受到持续监督。① 另一种思路是《浙江省公共数据开放与安全管理暂行办法》的做法,即从风险控制的角度划定数据受限开放的标准。无条件开放模式则是公民、法人和其他组织无须申请即可在统一开放平台无差别地获取数据。

对开放模式产生决定性影响的是开放原则,公共数据开放是否应当采取政府信息公开制度中"以公开为原则、以不公开为例外"原则具有相当大的争议,各地做法也不尽相同。②《贵州省大数据发展应用促进条例》提出"实行公共数据开放负面清单制度",这与政府信息公开的思路一致,但《深圳经济特区数据条例》更强调遵循分类分级、需求导向、安全可控的原则,在法律、法规允许的范围内最大限度地开放;《上海市数据条例》采用了相似态度,即逐步开放并动态调整开放范围。

(三)公共数据利用的法治进展

以公共数据利用带动数据要素流通、引领数据要素价值释放是公共数据开放的应然之义。政府作为数据处理者和供给方,一方面,自身需要深化数据和数字技术在公共管理和服务过程中的应用,加快推进数字政府建设,完成政府服务的转型升级,这主要是与公共数据共享机制相关联;另一方面,在公共数据开放面向上,政府主要扮演数据提供者的角色,并且需要为社会主体高效利用数据创造激励性的、包容的、友好的环境。③

为了盘活公共数据价值,具有前沿性的试验是"政府数据授权运营"形式,这在《"十四五"规划》《要素市场化配置综合改革试点总体方案》这样的统筹性政策文件中受到特别重视。《上海市数据条例》对此问题作出了相对详细的制度安排,重点明确了市政府办公厅应当对哪些授权运营问题作出进一步规定,勾勒了授权运营制度所需的基础法律框架,包括授权主体、授权条件、程序、数据范围、运营平台

---

① 参见《上海市数据条例》第41条、《湖南省网络安全和信息化条例》第40条。

② 参见宋烁:《政府数据开放是升级版的政府信息公开吗?——基于制度框架的比较》,载《环球法律评论》2021年第5期。

③ 参见胡凌:《论地方立法中公共数据开放的法律性质》,载《地方立法研究》2019年第3期。

的服务和使用机制等内容。此外,该条例还明确了通过公共数据授权运营形成的数据产品和服务,可以依托公共数据运营平台进行交易,这从侧面认可了授权运营主体对二次增值数据产品和服务至少拥有收益权。①《广东省公共数据管理办法》也规定:"单位和个人依法开发利用公共数据所获得的财产权益受法律保护。"(第35条第1款)但该制度尚处于建设初期,关于公共数据授权运营中的法理基础、授权行为的性质、授权程序、如何救济等问题还有待进一步研究。

在关于公共数据的利用边界问题上,"浙江蚂蚁小微金融服务集团有限公司等诉苏州朗动网络科技有限公司商业诋毁及不正当竞争纠纷案"属于当前对此问题的最新司法回应。② 朗动公司运营的企查查在2019年从全国企业信用公示系统中抓取了蚂蚁微贷在2014年企业年度报告中出现的历史信息,并向社会发布。法院认为,大数据产品或服务提供者,使用公共数据时,应遵循来源合法、注重信息时效、保障信息质量、敏感信息校验等原则。对公共开放数据的不当使用,未能尽到必要的注意义务,导致法人或自然人等原始数据主体的合法利益受损,公共数据使用者应承担相应法律责任。③

总体上,公共数据开放利用作为数据要素市场建设中的重要板块,在政府积极的主导和推进下,以地方为主体的立法进程在2021年度获得快速发展,基本法治架构已经显现。未来的法律发展可以适当将注意力转移到如何激发市场主体充分利用公共数据方面,同时要协调各个地方立法规定,探索公共数据开放的统一立法。

四、社会数据要素市场的法治发展分析

(一)组织建设:数据交易服务机构

1. 基本概述

传统上,企业自身的数据使用需求主要通过向其他企业点对点的定向采购实现,而且需求来自基于数据的服务而非数据本身,如淘宝经营的"生意参谋"数据库。④

---

① 参见商希雪:《政府数据开放中数据收益权制度的建构》,载《华东政法大学学报》2021年第4期。

② 参见浙江省杭州市中级人民法院民事判决书,(2020)浙01民终4847号。

③ 参见浙江省杭州市中级人民法院民事判决书,(2020)浙01民终4847号。

④ 参见丁晓东:《数据交易如何破局——数据要素市场中的阿罗信息悖论与法律应对》,载《东方法学》2022年第2期。

低频少量的交易以及流转目的的局限很难形成以数据为要素的、成规模化的市场交易机制。为了服务大数据和数字经济发展，借鉴传统生产要素市场化的发展经验，我国在 2014 年首次建立了数据交易机构，提供集中式、标准化、规范化的数据交易产品和服务。① 数据交易服务机构是以实现数据交易为目标，促进数据流通、交易、设计、服务协同发展的数据交易场所，旨在完成供需双方的需求匹配、消除交易信息鸿沟，促进形成合理的市场化定价机制和可复用的交易制度。②

中国的数据交易服务机构发展大致经历了三个阶段：第一阶段为 2013 ~ 2014 年，中国刚刚跨入大数据发展元年，大数据首次写入政府工作报告，并于 2014 年 1 月成立了首个地方参与性质的数据交易平台——中关村数海大数据交易平台，成为中国探索数据要素市场配置的关键一环。第二阶段为 2015 ~ 2016 年，国务院印发《促进大数据发展的行动纲要》，顺应国际数字经济发展形势，对大数据发展进行统筹布局，产业发展开始起步，这期间成立了以贵阳大数据交易所为代表的众多地方政府参与型大数据交易服务机构。但这一期间成立的数据交易机构并未取得良好的预期效果，主要存在机构数量减少、业务模式局限、数据成交量低迷等问题，这与业务模式探索期贫乏的制度供给与不完善的制度保障不无关系。③ 例如，贵阳大数据交易所在创立之初的目标是日交易额 100 亿元，实际年成交额不足千万。④ 第三阶段为 2017 年以后，数据交易平台更加多样化，由部分数字经济企业主导的数据交易平台参与数据交易市场竞争，以互联网公司拥有的海量数据为基础，通过开放接口的方式向其他数据需求方开放数据和流量。2020 年为数据交易机构建设由探索走向深化的转折点，这一年中央接连发布《关于构建更加完善的要素市场化配置体制机制的意见》《关于新时代加快完善社会主义市场经济体制的意见》两份重要文件，数据要素市场化配置上升为国家战略，各地再次掀起建设数据交易机构的热潮。

2. 构成机制

为了满足数据流通利用的需求，市场实践中出现了不同种类的数据交易服务

---

① 参见中国信息通信研究院：《大数据白皮书》(2021)，第 35 页。

② 参见杨艳、王理、廖祖君：《数据要素市场化配置与区域经济发展——基于数据交易平台的视角》，载《社会科学研究》2021 年第 6 期。

③ 参见中国信息通信研究院：《大数据白皮书》(2021)，第 35 页。

④ 参见罗曼、田牧：《理想很丰满现实很骨感　贵阳大数据交易所这六年》，载证券日报网，http://www.zqrb.cn/stock/hangyeyanjiu/2021-07-12/A1626024977087.html。

机构。从建设主体来看,可以分为政府参与型数据交易平台与企业主导型数据交易平台两种类型。

第一类是政府参与型数据交易平台。上海数据交易所、北京国际大数据交易所等地方性数据交易服务机构作为典型的政府参与型数据交易平台采用“政府指导、社会参与、市场化运作”的模式,通过会员制进行大数据资产权益类交易,完善数据交易规则体系,规范数据交易行为,为数据交易营造优良安全的环境。

在设立方式上,政府参与型数据交易平台多由当地政府和数据主管部门批准,由国有企业和其他市场投资者出资设立而成,均登记为有限责任公司法人,在股权结构上均为国有控股。以北京国际大数据交易所为例,其运营主体为北京国际大数据交易有限公司,控股股东为国有独资公司北京金融控股集团有限公司,京东数字科技控股股份有限公司作为市场投资者参与投资。

在数据交易场所的治理模式上,贵州大数据交易所较为成熟。根据已经披露的《贵阳大数据交易所 702 公约》,大数据交易所设会员大会、理事会和专门委员会。会员大会为交易所的最高权力机构,理事会为交易所的决策机构,理事会下设监察委员会和总经理,前者负责监察交易所的高级管理人员和其他工作人员的履职情况、监察大数据交易所的财务情况,后者负责交易所的日常管理工作。①

第二类是企业主导型数据交易平台。企业主导型数据交易平台可以进一步细分为衍生于互联网企业的数据交易平台与数据企业自建的数据交易平台。前者的典型代表有为电商卖家提供数据服务的“淘数据”,京东云旗下的综合性数据服务平台“京东万象”等;后者则以“数据堂”“聚合数据”为典型。

从交易模式来看,数据服务机构可以分为三种类型。② 第一种是数据平台分销模式,即信息主体向数据平台提供信息,数据平台支付对价。第二种是数据平台集中销售模式,即数据平台撮合数据供需双方交易并从交易中抽成。第三种是分销与集销混合模式,即数据平台通过多种渠道获取数据后对数据进行加工改造后进行销售。我国目前的数据服务机构主要以第二种与第三种类型为主。

3. 运行机制

目前,我国尚无关于数据交易场所建设的统一法律法规,有关数据交易场所运

① 参见贵阳大数据交易所:《贵阳大数据交易所 702 公约》。

② 参见肖建华、柴芳墨:《论数据权利与交易规制》,载《中国高校社会科学》2019 年第 1 期。

行基本原则的规定散见于地方性法规与数据交易场所的章程、交易规则中。《上海市数据条例》第 54 条规定："数据交易服务机构应当建立规范透明、安全可控、可追溯的数据交易服务环境，制定交易服务流程、内部管理制度，并采取有效措施保护数据安全，保护个人隐私、个人信息、商业秘密、保密商务信息。"上海数据交易中心所发布的《数据互联规则》进一步细化为 4 项主原则共计 24 项子原则：

(1)个人数据保护原则：告知同意原则、禁止公开原则、选择退出原则、数据正确原则、维护权益原则、应急补救原则。

(2)数据互联行为原则：使用权转移原则、有限互联原则、去身份原则、负责任原则、禁止再识别原则、权利穷尽原则。

(3)数据权益保护原则：合法持有受保护原则、增值处理受保护原则、不法行为不受保护原则、数据权利可共存原则、数据权利有限原则、数据正当原则。

(4)数据安全防控原则：数据持有人管理责任原则、管理系统合规原则、处理记录可查原则、数据持有人和受托处理人责任原则、与风险水平一致的安全措施原则、危机事件报告原则。

实践中规定数据交易场所运行基本原则的机构较少，长远来看，原则缺位容易导致规则龃龉，不利于统一的数据要素市场形成。

(二)交易模式

不同的交易模式可以使用户根据自己的需求合理地、自由地选择交易平台。当前主流的交易平台在交易模式上主要有以下几种：应用程序编程接口(Application Programming Interface，API)交付模式、数据包交付模式、云服务模式、解决方案模式、数据定制模式等。①

第一种 API 交付模式，即数据供应方通过应用程序接口(API 接口)向需求方提供所需数据。API 接口的实质其实是电脑操作系统或程序库提供给应用程序调用使用的代码，主要目的是让数据的需求方得以调用一组例程功能，而无须考虑其底层的源代码或理解其内部工作机制的细节。

第二种数据包交付模式，即交易双方通过约定的交易场所就经过打包的源数据进行交易。

---

① 参见王卫、张梦君、王晶：《国内外大数据交易平台调研分析》，载《情报杂志》2019 年第 2 期。

第三种云服务模式,即通过购买数据应用的云服务产品获取实时、动态的资源。

第四种解决方案模式,是指交易平台利用已有的数据,为需求方提供系统的解决方案,如数据分析报告等。

第五种数据定制模式,是指当交易平台现有的数据产品服务无法满足交易相对方的即时需求时,从"采集可能性、采集难度、采集数量"等维度对需求进行评估,根据评估结果利用平台自有的数据采集技术实施数据采集,再交付采集结果满足相对方的数据需求。

(三)交易规则

大数据交易平台的交易规则是对交易过程的约束,是交易数据安全的保障。我们在检索过程中发现,在2015~2017年成立的一大批数据交易服务机构多数业务停滞,发展受阻,并未按照其成立之初的设想顺利运行。这些数据交易服务机构几无发布相应的数据交易规则,缺乏明确的规则引导,这种情况不利于数据交易过程中各参与方的权利义务划分,也不利于合规审查以及数据交易的确定性,以上数据交易机构的衰落也就不无道理了。

目前运行良好的数据交易服务机构基本都设有明确的交易规则,但交易规则的具体内容仍存在差异。部分数据交易所的交易规则仅聚焦实际交易流程而忽视了对供需双方及平台权利义务的规范,如《青岛大数据有限公司交易规则》,按照委托、成交、数据交付的交易流程进行规定,但并未详细规定买卖双方的权利义务。对比而言,多数企业主导型数据交易平台多会在其用户协议部分详细规定交易双方的权利义务,并就交易平台的监管责任进行说明,如《京东万象用户协议》对用户的权利义务与服务商的权利义务进行了专章的、较为详细的规定。

在数据交易规则中,最重要也最困难的规则之一是数据价值评估和权益配置规则。在数据价值评估方面,数据并不像黄金、土地、石油那样形成稳定、客观的价值评价体系,数据从内容到体量上如何定量化评估是阻碍数据交易的难点。数据权益问题则更为复杂,数据从持有者(卖方)向接收者(买方)的流通过程中,数据持有者本身是否拥有买卖数据的权利以及权利的边界至今没有达成共识,这对数据交易的合法性带来不确定影响。[①]《上海市数据条例》第12条第2款对数据权益作了初步规定,"本市依法保护自然人、法人和非法人组织在使用、加工等数据处理活动中形成的法定或者约定的财产权益,以及在数字经济发展中有关数据创新活动取得的合法财产权益",但对财产权益的具体内容和边界缺乏规定。

(四)数据流通新模式

中国信息通信研究院发布的《中国数字经济发展白皮书》(2020年)中提出,数据价值将沿着数据资源化、资产化、资本化三个阶段加速推进。数据并不是出现在互联网之后,但计算机技术的发展使数据的沉淀和利用变得更有效率,这是数据得以成为资源的基础。第一阶段"数据资源化",是指将通过各种渠道收集到的数据由混乱无序状态加工为具备使用价值的数据资源,提升数据质量,增益后续数据的流通环节。第二阶段"数据资产化是数据通过市场流通交易给使用者或所有者带来经济利益的过程"[②]。质言之,数据资产化是实现数据价值的过程。数据的价格反映数据的价值,而数据的价格应当在数据要素市场上形成,数据定价使"数据资源"具备了交易性,这也是数据成为一种生产要素的必然要求。数据要素市场为数据交易提供了交易环境,通过成熟的交易机制,数据作为一种资产必然逐渐形成公允的价格从而体现其作为生产要素的价值。数据资本,是指具有一定产权权属并且能够实现价值增值的数据资源,相较于数据资产其更强调数据的增值性。所以在第三阶段"数据资本化"中,数据被打包成金融产品进入资本市场,作为货币性资产的数据转化为可增值的金融资产,是融资人和投资者共同分享数据收益的过程。[③] 通过数据的资本化,数据的价值进一步得到释放。

数据资本化主要包括两种方式,即数据信贷融资与数据证券化。数据信贷融资是用数据资产作为信用担保获得融通资金的一种方式,如数据质押融资。数据证券化是以数据资产未来所产生的现金流为偿付支持,通过结构化设计进行信用增级,发行可出售流通的权利凭证,获得融资的过程。目前国内已有企业展开数据

---

① 关于数据权益配置问题代表性研究包括戴昕:《数据界权的关系进路》,载《中外法学》2021年第6期;崔国斌:《大数据有限排他权的基础理论》,载《法学研究》2019年第5期;申卫星:《论数据用益权》,载《中国社会科学》2020年第11期。

② 中国信息通信研究院:《中国数字经济发展白皮书》(2021),第34页。

③ 参见中国信息通信研究院:《数据价值化与数据要素市场发展报告(2021年)》,第19页。

资本化创新性探索,主要有以下三种形式。①

第一,数据质押融资。“数据质押通过对接银行、担保机构、数据公司等多方主体,利用大数据、区块链等技术手段,采集企业生产、经营链上的各类数据……将数据转变成可量化的数字资产。”②例如,有公司通过质押处理得到的垃圾分类运营活动所产生的环保测评数据,获得了500万元的授信。又如,浙江凡聚科技有限公司通过担保公司增信,将对可穿戴产品进行分析得到的沉浸式儿童注意力缺陷与多动障碍测评数据作为资产质押物,获得上海银行杭州滨江支行100万元的授信,成为“数据质押”政策的直接受益者。③

第二,数据银行。在个人数据方面,数据银行为终端用户(信息主体)提供了直接进入数据交易的平台,用户可以将自己的个人数据卖给数据银行或者第三方买家,许可其再次买卖或进行特定处理分析,为用户的个人信息提供变现通道。④ 但在我国,个人对个人信息是否享有财产权以及是否可以商业化利用,至今仍处于讨论之中,个人数据银行也未落地。

第三,数据信托。若在我国《信托法》框架下理解“数据信托”,结合《信托法》第2条的规定,“数据信托”可被定义为数据主体基于对受托人的信任,将其数据权益委托给受托人,由受托人按照数据主体的意愿,以自己的名义,为受益人的利益或特定目的,进行管理或处分的行为。值得注意的是,数据主体信托出去的不是数据本身,而是数据权利,因为数据本身是不产生价值的,“就像留在地上的脚印,直到你有计算能力去处理才会产生价值”。⑤ 质言之,数据的财产价值实际上表现为对数据的控制处理,《信托法》第7条第2款则为这种权益型信托提供了法律支持,保证了为数据权利设立信托产品的可能。⑥

---

① 参见中国信息通信研究院:《中国数字经济发展白皮书》(2021),第38页。

② 张丽玮、康梦琦:《数据也能质押贷款,全国首个知识产权区块链公共存证平台上线》,载人民网,http://zj.people.com.cn/n2/2021/0910/c228592-34908641.html。

③ 参见黄祎:《全国首单数据知识产权质押落地,杭州探索质押融资新模式》,载市场导报网2021年12月3日,http://www.zjscdb.com/detail.php?newsid=222981。

④ 参见郑琳:《大数据背景下个人数据银行发展现状分析及启示》,载《图书馆学研究》2020年第5期。

⑤ 王坚将数据比喻为留在路上的脚印,通过对脚印的分析计算可以得知一个人去了哪个餐馆,进了哪个商店,进而得知一个人的收入水平等信息,表明通过对数据的加工分析才能真正产生价值。参见王坚:《在线》,中信出版社2016年版,第255页。

⑥ 参见席月民:《数据安全:数据信托目的及其实现机制》,载《法学杂志》2021年第9期。

在缺乏信托制度土壤的我国去理解"数据信托"难免失之偏颇。溯源至信托制度的发源地英国,其将"数据信托"界定为"一种提供独立数据管理的法律结构"①,在此基础之上发展出了自下而上的通过引入第三方机构平衡数据控制者与数据主体之间权力关系的数据信托模式;美国的构想是通过对数据控制者科以特殊的信托义务自上而下地平衡数据控制者与数据主体之间的权力关系。② 英美法学者构建数据信托制度的思路虽有差异,但均旨在制约拥有海量数据的数据控制者的数据权力,降低滥用数据的风险进而保护数据在共享和流通过程中的安全。

数据资本化阶段在将"数据信托"视为数据保护手段的同时,更应强调其也是一种事实上的投资管理手段。信托作为一种金融产品其目的就是要在金融市场上创造收益,数据信托的本质就是保证个人数据的财产价值得到合理合法的使用并给数据主体带来收益。③ 数据信托作为一种信托产品,其运作模式与传统的信托产品相似,可以分为四个步骤:为数据资产包设立信托;信托受益权转让;受托人对特定数据资产进行运用和增值,产生收益;向投资者分配信托利益。④ 相较于货币市场,资本市场更具活力与规模,通过数据信托产品的持续交易,在数据资产化阶段未能充分发掘的数据价值将进一步得到发掘,帮助数据资产实现更合理的定价,实现数据要素市场化配置的目标。⑤

五、保障:数据安全与个人信息保护

(一)基本情况概述

数据安全与个人信息保护是数据要素市场化发展中的重要保障性制度。《"十四五"规划》在关于"建立健全数据要素市场规则"中提出,"加强涉及国家利益、商业秘密、个人隐私的数据保护,加快推进数据安全、个人信息保护等领域基础性立法,强化数据资源全生命周期安全保护"。

数据安全旨在维护数据系统稳定运行且不受非法侵入。数据损毁、数据泄露

① 翟志勇:《论数据信托:一种数据治理的新方案》,载《东方法学》2021年第4期。

② 参见翟志勇:《论数据信托:一种数据治理的新方案》,载《东方法学》2021年第4期。

③ 参见冉从敬、唐心宇、何梦婷:《数据信托:个人数据交易与管理新机制》,载《图书馆论坛》2022年第3期。

④ 中国信息通信研究院:《数据价值化与数据要素市场发展报告(2021年)》,第20~21页。

⑤ 参见钟宏、袁田:《数据信托的制度价值与创新》,载《中国金融》2021年第19期。

等安全问题可能泄露数据处理者、数据持有者的商业秘密,损害其市场竞争利益,也将对社会竞争秩序造成损害。① 只有数据得以安全高效地流通和复用,才能在稳定的、风险可控的市场环境中充分释放数据要素价值,推进我国数据要素市场成熟发展。

个人信息保护的重点是减少和避免因数据流转利用而对个体人格利益造成不当损害。个人信息是那些可以直接识别或者与其他信息结合后识别到特定自然人的信息。《民法典》人格权编写入了个人信息保护条款,确认了个人信息所体现出的主体人格利益受法律保护。但除人格利益外,相较于隐私的私密性,个人信息作为体量最为庞大、开发利用价值最高的数据类别,其上同时附着了可以促进公共利益、经济利益的利用价值,如何平衡个人信息保护与利用、在保护中促进流通是个人信息保护法律体系一以贯之的主题,也是数据要素市场构建中需要处理的关键问题。②

目前,我国的数据安全和个人信息保护制度体系,是以《网络安全法》《数据安全法》《个人信息保护法》为核心,以各类法规、规章以及安全标准等规范性文件为支撑构建起来的。其中,2021 年颁布的《数据安全法》《个人信息保护法》是我国在数据法领域具有里程碑意义的立法,两者合力构成了数字经济时代的重要法律保障,特别是《个人信息保护法》从酝酿到制定历经 10 多年研讨。这两部法律既是对《网络安全法》中关于网络数据、个人信息规定部分的延展和落实,也搭建起了数据流通利用的基础架构,是数据合规领域的基础性规定。围绕着这三部法律规范,一部分法律规范对局部制度进行具体规定,如《数据出境安全评估办法(征求意见稿)》对重要数据和个人信息出境方面作出了详细的制度建设;另一部分法律规范以场景为依托对特定领域的数据进行特别规定,如《汽车数据安全管理若干规定》;还有一部分规范和司法解释则对特定技术进行规制,典型代表是人脸识别技术、算法推荐技术。此外,2021 年 11 月 14 日国家网信办发布的《网络数据安全管理条例(征求意见稿)》对三部基础性法律统一进行了细化解释,有望成为网络数据领域最为综合性的行政规范。

① 参见梅夏英:《在分享和控制之间:数据保护的私法局限和公共秩序构建》,载《中外法学》2019 年第 4 期。

② 参见张新宝:《论个人信息权益的构造》,载《中外法学》2021 年第 5 期。

（二）2021 年数据安全方向的重要发展

2021 年最核心的法律进展是颁布了数据安全方向的基础性法律规范——《数据安全法》，重心是在保障数据安全的同时兼顾数据流通利用，建立了数据分类分级保护制度、数据安全保障责任制度、数据跨境安全管理制度、数据安全应急处置制度、数据安全审查制度等，对数据的采集、传输、存储、处理、共享、销毁等一系列行为进行全生命周期管理。围绕《数据安全法》的要求，有如下三个重要进展。

其一，构建起数据分类分级体系。其意义在于，为重要性不同的数据提供严厉程度有异的保护强度，由此构建起了层次分明的数据安全制度和安全保护义务。数据分类需要根据不同的处理场景进行划分，而数据分级主要可分为一般数据、重要数据和核心数据三个递进级别。[①] 对于重要数据和核心数据，数据处理者承担更重的保护义务，包括进行定期风险评估和更为严格的数据出境管理安全管理。2021 年 9 月公布的《工业和信息化领域数据安全管理办法（试行）（征求意见稿）》提出，在工业和信息化领域，数据的类别包括但不限于研发数据、生产运行数据、管理数据、运维数据、业务服务数据、个人信息等，并对一般数据、重要数据和核心数据的认定标准进行细化，进而以分类分级为基础，落实安全管理规定。在 2021 年 12 月，全国信息安全标准化技术委员会公布了《网络安全数据标准实践指南——网络数据分类分级指引》，从原则、框架、规则、流程各个角度对数据分类分级工作进行了系统性的操作指引。

其二，强化对关键信息基础设施的保护。保障关键信息基础设施运行安全最早出现在《网络安全法》中。国务院于 2021 年 7 月 30 日公布了《关键信息基础设施安全保护条例》，明确了关键信息基础设施的认定标准，在此基础上规定设施运营者的责任义务，明确安全保护措施应当与关键信息基础设施同步规划、同步建设、同步使用，设置专门的安全管理机构、开展定期的网络安全检测和风险评估、采购网络产品和服务应当通过安全审查等要求。

其三，加强数据出境管理。2021 年 6 月 30 日晚，中国的网约车头部软件“滴滴出行”在美国纽约证券交易所上市；两天后的 7 月 2 日，由国家互联网信息办公室（以下简称网信办）牵头的网络安全审查办公室“为防范国家数据安全风险，维护国

① 参见洪延青：《国家安全视野中的数据分类分级保护》，载《中国法律评论》2021 年第 5 期。

家安全,保障公共利益",对滴滴出行启动网络安全审查,并停止"滴滴出行"应用新用户注册,这是网络安全审查制度设立以来的首次启动;7 月 4 日,网信办发文指出,"滴滴出行"存在严重违法违规收集使用个人信息问题,在应用商店对其进行下架处理;更为严厉的是 7 月 9 日,网信办下架了滴滴旗下的 25 款 App。与此同时,"运满满""货车帮""BOSS 直聘"等在美国上市的企业也纷纷进入网络安全审查之中。政府如此快速而严厉地对"滴滴出行"等应用展开网络安全、数据安全、个人信息保护审查,主要原因在于滴滴在上市过程中可能向境外提供了包含用户个人信息、出行数据以及道路信息等多类企业拥有的数据,若真如此,则涉嫌严重侵犯用户的个人信息、隐私安全以及国家安全。这一行动加速了数据出境的法治建设。同年 10 月,网信办发布的《数据出境安全评估办法(征求意见稿)》全面和系统地提出了我国数据出境的具体要求,特别是要求重要数据以及一定体量的个人信息在出境时应当向网信部门申报数据出境安全评估。与此同时,又在 2021 年 7 月征求意见并在同年 12 月通过了《网络安全审查办法》,作为制度补给。

(三)2021 年个人信息保护方向的重要发展

2021 年颁布的《个人信息保护法》既对多年来数字经济发展下的信息隐私焦虑作出法律回应,也在一定程度上解答了数据要素市场下的个人信息权益保护问题。公共数据、社会数据如果可以直接识别或间接识别到自然人,就属于个人信息,需要遵守有关个人信息处理的法律规定。在个人信息被匿名化处理后,因不再具有识别性,就属于非个人信息,仅遵守公共数据或社会数据的处理规则即可。①

当前,对数据要素市场中的个人信息保护问题最为关键的是,个人信息是否可以作为数据要素进行流通。这个问题至今没有统一答案。《深圳经济特区数据条例》规定,市场主体向第三方开放或者提供使用个人数据的,应当遵守个人信息保护的相关规定,向特定第三方开放、委托处理、提供使用个人数据的,应当签订相关协议。在此条例中,数据处理者向他人提供个人数据的,原则上应当进行去标识化处理或者匿名化处理,除非符合条例明确规定的例外情形,而获得个人同意就属于例外情形。综合来说,取得了个人同意后,个人信息理论上就可以在社会层面的数据要素市场中流通;若没有取得同意,则应当进行去标识化处理,或在法律法规有

---

① 参见《个人信息保护法》第 4 条第 1 款。

要求时,应进行更深度的匿名化处理。

但《上海市数据条例》对此问题的处理较为模糊。在公共数据开放方面,该条例明确规定涉及个人隐私、个人信息的数据属于非开放类;但在社会数据方面,危害国家安全、公共利益,侵害个人隐私的信息才不得交易,个人信息不包含在内。尽管个人隐私和个人信息的关系长期处于争论之中,但该条例自身将两者区别对待,并结合《民法典》第 1034 条第 3 款对个人信息和私密信息的处理方式可以推断,除去与隐私交叉的私密信息,其他个人信息没有被明确排除在数据交易中。但这一推论同样没有非常肯定的证据支撑,只限于法条推理层面。

若个人信息可以进入数据交易市场,就需要遵守《个人信息保护法》和配套法律规范的规定,这其中有一部分内容与数据安全重合,因为达到一定体量的个人信息对于国家安全、公共利益和个人、组织合法权益的重要性与重要数据是相同的。例如,在跨境传输方面,达到一定体量的个人信息或者敏感个人信息都需要经过行政机关的安全评估,不同之处在于个人信息跨境还需要取得个人同意。这在《网络数据安全管理条例(征求意见稿)》中得到更显著的体现,"数据处理者处理一百万人以上个人信息的,还应当遵守本条例第四章对重要数据的处理者作出的规定"(第 26 条),包括明确数据安全负责人,成立数据安全管理机构,在共享、交易、委托处理数据时征得主管部门同意等一系列要求。

但个人信息交易与不具有识别性的数据交易也存在不同,因为交易双方的信息传递和接收行为均属于处理行为,故两方都需要遵守个人信息保护的相关规定。最典型的是个人信息交易需要取得个人同意,并且接收方后续开展的信息处理行为也需要获得个人同意,当然形式上两个同意可能合并在同一次的告知和请求中,但实质上至少有两类同意。如何在交易市场中保护个人信息权益的同时,促进信息安全流通、高效利用将是数据要素市场构建中的难题,这亟须比非个人信息交易更为复杂的制度设计,所牵涉的利益关系也更加难解,有待未来立法予以妥善解决。

六、结　语

数据被誉为信息时代的石油,但又与石油不同,数据是非竞争性的、非消耗性的。数据可以同时为多方占有和使用,并且数据价值随着数据规模的增长、利用方式的变化而不断攀升。正因如此,如何充分发掘数据潜能,开拓数据流通渠道,拓宽数据利用场景成为数字经济发展的关键问题。从我国2020年首次将数据作为生产要素以来,2021年数据要素市场建构逐渐从政策理念和战略布局落实为制度雏形,基础板块和配套制度基本上得以明晰,但具体规定还需要在探讨、实验中逐渐摸索、明确,这将是今后若干年的努力方向。

银行监管权力边界新探

王雨乔*

金融监管制度的合理性及有效性,关键在于金融监管权力的配置结构,而银行法一直是各国金融立法的核心内容。① 银行监管权力的合理配置对于一国金融监管制度的完善具有重要意义。我国《银行业监督管理法》《商业银行法》②规定了银行监管中的一项重要权力:取消一定期限直至终身的高管、董事的任职资格。对于该项制度,法条使用了空白构成要件与不确定法律概念——立法者高度授权给主管机关立法权与监管权,却也形成了裁量上的恣意空间。合理有效的银行监管权的法律配置,既应包括监管权力的认可与界定,也应对其行使和制约提供制度性安排。因此,取消任职资格的裁量问题是现行银行监管制度下仍需进一步回应的重要内容。

取消任职资格的裁量问题具有重要性,其体现为秩序、效率、公平三个维度上的价值。首先,从一般公众的角度来看,不合理的裁量结果会导致威慑过度或威慑不足的问题,进而影响金融秩序。其次,对于监管者来说,对裁量的行使与制约提供制度性安排避免了监管者在裁量时的无所依照,对于其提高行政效率具有正面作用。最后,对于受取消任职资格的当事人来说,恰当赋予和控制取消任职资格的裁量权,实现同等情况同等对待,是平等的必然要求。假如裁量权没有受到恰当的规制,行政的恣意将无法避免,平等将无法得到有效保障。

---

* 复旦大学中国金融法治研究院助理研究员,博士研究生。研究方向:民商法、金融法。

① 参见杨松:《后金融危机时代银行法面临的问题及其完善》,载《法学杂志》2010 年第 11 期。

② 《银行业监督管理法》《商业银行法》都规定了取消任职资格制度,但由于前者规定的适用条件更为宽松,监管实务中适用《银行业监督管理法》的情形占多数,故本文以《银行业监督管理法》中对取消任职资格的规定为例展开论述。

然而,关于取消任职资格裁量是否公平、适度这一问题,现有的研究远非充分。以往的研究,从研究的内容上看,主要涉及取消任职资格的法律性质,[①]对于其裁量问题分析较少;从研究的视角上看,多是立足理论视角,缺少从实证角度分析法的实际施行情况的研究。因此,取消任职资格的裁量权问题的研究不仅具有重要的现实意义,更有较大的研究空间。

基于以上原因,本文将重点讨论以下问题:一是从立法、执法、司法 3 个维度分析取消任职资格的裁量问题,在执法部分主要通过对 7319 份行政处罚决定书的统计与分析,描述取消任职资格裁量的现实情况;二是分析取消任职资格裁量问题出现的原因;三是讨论对取消任职资格裁量予以控制的路径。

一、统一裁量观下“取消任职资格”裁量权的具体表现

取消任职资格的裁量问题属于经济法学与行政法学的交叉领域。“经济法主要是规制经营主体私的公害,但也规范经济调控和规制机关公的公害。”[②]取消任职资格本是“规制经营主体私的公害”,对取消任职资格裁量权的规制却属于“规范规制机关公的公害”,在“规范规制机关公的公害”问题上,引入行政法上的裁量理论作为研究外部视角,能为取消任职资格的裁量研究带来较大的启发。

(一)理论前提之选择:统一裁量理论

对于行政裁量的含义,理论上存在要件裁量说与效力裁量说两种学说。要件裁量说认为,裁量仅仅在要件的认定上存在;效力裁量说与之相反,认为裁量存在于是否做出行为上,而并非存在于要件的认定上。此外,也有学者提出着眼于现实行政过程或者行政判断过程的学说,认为裁量存在于事实的认定、要件的认定、程序的选择、行为的选择、时间的选择中。[③] 要件裁量说与效力裁量说建立在把裁量问题和法律问题二分的二元论基础上,而裁量一元论认为裁量问题与法律问题并

---

① 参见邢会强:《金融监管措施是一种新的行政行为类型吗?》,载《中外法学》2014 年第 3 期;宋华琳:《禁入的法律性质及设定之道》,载《华东政法大学学报》2020 年第 4 期。

② 刘水林:《经济法是什么——经济法的法哲学反思》,载《政治与法律》2014 年第 8 期。

③ 参见[日]中西又三:《日本行政法》,江利红译,北京大学出版社 2020 年版,第 97 页。

非各自独立的二元。[①] 在我国裁量理论的研究中，一元论和二元论都不乏支持者，但总体来看，一元论似乎获得了更多学者的支持，他们提倡一种“统一的裁量理论”；在实务中，我国行政执法机关一直奉行的实用主义立场也与统一的裁量理论不谋而合。[②] 本文对裁量问题的讨论正是建立在统一裁量论的基础上，认为“无论是法律要件之中对不确定法律概念的解释和对案件事实的评价，还是法律效果中决定的作出和措施的选择等，均存在着裁量”[③]。因此，可以通过还原“取消任职资格”的现实行政过程分析其中的裁量问题。

（二）现实行政过程中“取消任职资格”裁量权的具体表现

《银行业监督管理法》第48条规定：“银行业金融机构违反法律、行政法规以及国家有关银行业监督管理规定……的银行业监督管理机构除……还可以区别不同情形，采取下列措施……（三）取消直接负责的董事、高级管理人员一定期限直至终身的任职资格……”首先，“违反法律、行政法规以及国家有关银行业监督管理规定”属于空白构成要件，即对于处罚的构成要件，法律本身不予明定而是授权有权机关订立。[④] 空白构成要件就是授权立法，[⑤]监管机关就此获得“准立法权”。其次，取消任职资格的期间跨度过大，为一定期限直至终身，如果全部以个案裁量的方法加以解决，不免加重行政机关进行裁量的负担与困扰，不利于行政效率的提高和行政机关公平处理类似事务。因此，原银监会制定了《银行业金融机构董事（理事）和高级管理人员任职资格管理办法》（以下简称《任职资格管理办法》）并就取消任职资格的要件和期限作了具体规定。此外，“可以”是监管者享有裁量权的标志，监管者有权在警告、罚款、取消任职资格、禁止从事银行业、责令银行金融机构给予纪律处分中“选择”择一适用或合并适用（选择裁量）。根据以上分析，银行监管者根据《银行业监督管理法》作出“取消任职资格”处罚决定的过程可分解为下列步骤。

第一步，准立法：根据法律授权，通过下位法明确构成要件与法律效果（“准立

---

① 参见王天华：《从裁量二元论到裁量一元论》，载《行政法学研究》2006年第1期。
② 参见周佑勇：《裁量基准的技术构造》，载《中外法学》2014年第5期。
③ 王贵松：《行政裁量的内在构造》，载《法学家》2009年第2期。
④ 参见吴庚：《行政法之理论与实用》（增订8版），中国人民大学出版社2005年版，第310页。
⑤ 参见熊樟林：《行政处罚上的空白要件及其补充规则》，载《法学研究》2012年第6期。

法权”、抽象裁量)。

第二步,调查:查明案件事实(事实认定)。

第三步,解释:对构成要件的解释(法律解释)。

第四步,涵摄:行为是否该当构成要件。

第五步,决定:决定是否作出处罚(决定裁量)。

第六步,选择:选择单处或并处(第一次选择裁量)、选择处罚幅度(第二次选择裁量)。

第一步,是指监管机关的准立法权,根据法律授权制定《任职资格管理办法》对取消任职资格的构成要件作出具体规定,其中对期限所作的划分也可看作抽象裁量。第二步,是指监管机关查明案件事实,属于事实认定问题。第三步,是指监管机关对构成要件作出解释,属于法律解释问题。第四步,是指将规范与事实进行涵摄。第五步,是指监管机关决定是否作出处罚,属于行政机关的决定裁量权。第六步,是指监管机关选择单处取消任职资格,或并处取消任职资格,并且就取消任职资格的期限作出决定,这一环节包括两次选择裁量。[①] 按照统一裁量理论,第三步至第六步的过程均存在裁量。准立法权一般不认为属于裁量,但因《任职资格管理办法》对期限作了划分,因此本文将其视为抽象裁量而纳入讨论范围。即取消任职资格决定作出过程中存在裁量的环节为第一步、第三步至第六步。

二、现实行政过程中“取消任职资格”裁量的基本情况

本部分通过对《任职资格管理办法》第27~29条进行分析,并对2015~2022年原银保监会(银监会)对个人所作的7319份行政处罚决定书进行统计,同时结合行政诉讼中的相关案件,对有关取消任职资格作出的上述过程主要是第一步、第三步、第六步过程进行分析。第四步不在本文的研究范围,主要原因在于处罚决定书对个案事实的披露较为简略,不足以支撑对涵摄中的裁量问题进行研究。此外,处罚决定书的内容是已经作出的处罚决定,对是否存在符合要件但未作出处罚决定(决定裁量)的案例也无从判断,因此第五步也不在本文的研究范围内。

---

① 决定裁量指行政机关自行决定“是否”采取措施,选择裁量指在多数皆为法律许可的措施中决定采用何种措施。

(一)立法层面的展开

根据巴塞尔《有效银行监管的核心原则》第22条原则的必要标准,监督机构不但可以对银行实行处罚和制裁,必要时,也有权对管理层和董事会实行处罚和制裁。就我国的实践而言,由于我国许多大型银行金融机构为国有属性,即使罚款也由国家拿钱,仅对机构进行处罚有时缺乏威慑,对董事、高管和其他直接责任人员进行处罚可以较好地起到震慑作用。因此,《银行业监督管理法》规定了对单位和个人实行双罚。在对受处罚个人的范围框定的问题上,《银行业监督管理法》规定取消任职资格的对象是"直接负责"的高管和董事,因此"直接负责"是取消任职资格的法定要件。

在违法性方面,《银行业监督管理法》以空白构成要件的形式授权监管机关就取消任职资格的要件作出具体规定。作为下位法的《任职资格管理办法》承担了具体化构成要件的功能,并对取消任职资格期限进行划分。《任职资格管理办法》第27~29条规定的取消任职资格的事由,可分为影响稳健经营和不配合监管两类,具体而言,包括违法违规经营、内控不健全或执行监督不力、违反审慎经营规则、引发较大风险、提供资料不合规、信息披露不合规、拒绝监管、突发事件后或特殊时期不配合监管8种类型,具体见表1。

表1 对《任职资格管理办法》中取消任职资格事由的分类

大类	序号	事由	构成要件
影响稳健经营类	1	违法违规经营	违法违规经营,情节较为严重(严重/特别严重)或造成损失数额较大(巨大/特别巨大)
	2	内控不健全或执行监督不力	内控不健全或执行监督不力,造成损失数额较大(巨大/特别巨大)或引发较大(重大/特别重大)金融犯罪案件
	3	违反审慎经营规则	违反审慎经营规则,造成损失数额较大(巨大/特别巨大)或引发较大(重大/特别重大)金融犯罪案件
	4	引发较大风险	被撤销、宣告破产,或者引发区域性或系统性金融风险

续表

大类	序号	事由	构成要件
不配合监管类	5	提供资料不合规	未按照规定向监管机构提供报表、报告等文件或资料,经监管机构书面提示,拒不改正
	6		向监管机构提供虚假的或者隐瞒重要事实的报表、报告等文件或资料(情节特别严重)
	7	信息披露不合规	未按照规定进行信息披露,经监管机构书面提示,拒不改正
	8		披露虚假信息,损害(严重损害)存款人和其他客户合法权益
	9	拒绝监管	拒绝、阻碍、对抗依法监管,情节较为严重(严重/特别严重)
	10	突发事件后或特殊时期不配合监管	发生重大犯罪案件或重大突发事件后,不及时报案、报告,不及时采取相应措施控制损失,不积极配合有关部门查处案件或处理突发事件
	11		被停业整顿、接管、重组期间,未按照监管机构要求采取行动的
	12		被停业整顿、接管、重组期间,非法转移、转让财产或者对财产设定其他权利

不同的取消任职资格的事由对应的处罚类型不同,其中影响稳健经营类的事由,处罚对象主要是数额较大或引发严重结果的;对于不配合监管的事由,处罚的类型主要是作出相关行为的以及情节严重的。在处罚的幅度,即期间的裁量上,对于数额较大的处罚对象,根据数额大小决定期间长短;对于引发严重结果的,依据结果的严重程度;对于情节严重的,根据情节严重程度;对于仅产生相关行为的,根据行为类型决定期间长短,具体见表 2。

表 2 《任职资格管理办法》取消任职资格的处罚类型及相应的裁量依据

处罚类型	对应事由	处罚门槛	取消期限档次[1]	处罚档次划定依据
数额较大或引发严重结果	1、2、3	损失数额较大	1~5/5~10/10~终身	损失数额较大/巨大/特别巨大
	2、3	引发较大金融犯罪案件		金融犯罪案件较大/重大/特别重大
	8	损害存款人和其他客户合法权益的	5~10/10~终身	客户合法权益受到损害/严重损害
	4	被撤销、宣告破产;引发区域性或系统性金融风险	10~终身	
情节严重	1、9	情节较为严重	1~5/5~10/10~终身	情节较为严重/严重/特别严重
	5、7	经监管机构书面提示,拒不改正	1~5	
行为犯	10、11	有前述行为	1~5	
	12		5~10	
	6		5~10/10~终身	情节是否特别严重

〔1〕1~5 指 1 年以上 5 年以下,5~10 指 5 年以上 10 年以下,10~终身指 10 年以上直至终身,"以上"均含本数或本级,"以下"不含本数或本级。

根据上述分析,《任职资格管理办法》对取消任职资格的要件和期限所作规定,呈现如下特点:一是处罚事由方面,处罚事由繁多,具体可分为两大类 12 小类;二是构成要件方面,构成要件全部为客观要件,主要为行为、结果,不包括主观要件;三是处罚门槛方面,既依据相关的行为、情节,也考虑相关的数额和结果;四是期限划分方面,期限划分依据大量适用诸如较大、巨大、特别巨大、重大、特别重大、严重、特别严重等不确定法律概念。

(二)执法层面的展开

如果只注重条文,而不注意实施情况,那么只能说是条文的、形式的、表面的研究,而不是活动的、功能的研究。[①] 因此,除从规范层面对取消任职资格进行分析外,本文还选取了 2015 ~ 2022 年原银保监会对个人所作的 7319 份处罚决定书作为对法律实施情况的研究样本,其中包含对高管、董事作出的“取消任职资格”行政处罚决定书共 611 份。[②]

1. 法定构成要件和裁量考虑因素:责任类型

实务中根据“直接负责”要件发展出了各种责任类型,根据统计样本:611 份关于“取消任职资格”的行政处罚决定书中,涉及责任类型多达 30 种,按照职责分工划分的责任类型有领导责任、管理责任、领导管理责任等,按照责任程度划分的责任类型有直接责任、主要责任、重要责任、最终责任、第一责任等,也有不予区分,直接描述为“负有责任”“责任人”的,还有的处罚决定书对责任情况未作披露。其中,被使用最多的五项是“直接责任”、“领导责任”、“管理责任”、“直接领导责任”和“直接管理责任”。责任类型表述的多样化、称谓的不统一,侧面反映了行政机关对“直接负责”的内涵把握不准确、表述不规范的现实状况。

此外,责任类型也是处罚轻重(选择裁量)的考虑因素。这一结论并非从行政处罚决定的统计样本中推导得出,而是从取消任职资格有关的行政诉讼案件中窥见一斑。在武某宇诉银保监会某监管局行政处罚一案中,武某宇因不服银保监会某监管局变更对其作出的处罚,从拟作出“警告并处罚款 8 万元”到后来加重为“取消高管任职资格 2 年”,因而提起诉讼。本文无意讨论监管机关这一行为的合理性,本文的重点在于判决书中所披露的监管机关加重处罚的理由:对武某宇责任类型的认定变更为直接管理责任,是武某宇被加重处罚的理由;相应地,对省分行营业部高管减轻责任是基于其责任类型的认定从直接管理责任变更为领导责任。可见,实务中认为直接管理责任的处罚重于领导责任,据此,可以推出实务中的确将责任类型作为裁量的考虑因素。实务中“取消任职资格”的责任类型和适用频率见表 3。

---

① 参见瞿同祖:《中国法律与中国社会》,中华书局 2003 年版,第 2 页。

② 数据由笔者根据银保监会官网公布的行政处罚决定书统计得到,期限为 2015 年 1 月 1 日至 2022 年 12 月 31 日,以上日期为文书公布的日期。参见银保监会官网,http://www.cbirc.gov.cn/cn/view/pages/ItemList.html?itemPId=923&itemId=931&itemUrl=zhengwuxinxi/xingzhengchufa.html&itemName=%E8%A1%8C%E6%94%BF%E5%A4%84%E7%BD%9A,最后访问日期:2022 年 12 月 31 日。

表 3　实务中“取消任职资格”的责任类型和适用频率

<table>
<tr><th rowspan="2">序号</th><th rowspan="2" colspan="2">责任类型</th><th colspan="3">取消年限</th><th rowspan="2">合计/次</th><th rowspan="2">占比/%</th></tr>
<tr><th>10 年以上直至终身/次</th><th>5 年以上 10 年以下/次</th><th>1 年以上 5 年以下/次</th></tr>
<tr><td>1</td><td colspan="2">直接责任</td><td>20</td><td>41</td><td>89</td><td>150</td><td>27.5</td></tr>
<tr><td rowspan="7">2</td><td rowspan="7">领导责任类</td><td>领导责任</td><td>23</td><td>22</td><td>50</td><td>95</td><td></td></tr>
<tr><td>直接领导责任</td><td>9</td><td>13</td><td>33</td><td>55</td><td></td></tr>
<tr><td>主要领导责任</td><td>10</td><td>5</td><td>15</td><td>30</td><td></td></tr>
<tr><td>重要领导责任</td><td>0</td><td>0</td><td>4</td><td>4</td><td></td></tr>
<tr><td>最终领导责任</td><td>0</td><td>0</td><td>1</td><td>1</td><td></td></tr>
<tr><td>分管领导责任</td><td>0</td><td>1</td><td>0</td><td>1</td><td></td></tr>
<tr><td>小计</td><td>42</td><td>41</td><td>103</td><td>186</td><td>34.1</td></tr>
<tr><td rowspan="10">3</td><td rowspan="10">管理责任类</td><td>管理责任</td><td>14</td><td>15</td><td>51</td><td>80</td><td></td></tr>
<tr><td>直接管理责任</td><td>7</td><td>14</td><td>24</td><td>45</td><td></td></tr>
<tr><td>主要管理责任</td><td>1</td><td>1</td><td>3</td><td>5</td><td></td></tr>
<tr><td>重要管理责任</td><td>0</td><td>2</td><td>0</td><td>2</td><td></td></tr>
<tr><td>管理失职责任</td><td>0</td><td>0</td><td>1</td><td>1</td><td></td></tr>
<tr><td>分管责任</td><td>1</td><td>0</td><td>0</td><td>1</td><td></td></tr>
<tr><td>监督管理责任</td><td>1</td><td>0</td><td>2</td><td>3</td><td></td></tr>
<tr><td>直接管理人责任</td><td>1</td><td>1</td><td>0</td><td>2</td><td></td></tr>
<tr><td>经营管理责任</td><td>0</td><td>1</td><td>0</td><td>1</td><td></td></tr>
<tr><td>小计</td><td>25</td><td>34</td><td>81</td><td>140</td><td>25.7</td></tr>
<tr><td rowspan="3">4</td><td rowspan="3">领导管理责任</td><td>领导管理责任</td><td>0</td><td>0</td><td>2</td><td>2</td><td></td></tr>
<tr><td>主要领导管理责任</td><td>0</td><td>4</td><td>1</td><td>5</td><td></td></tr>
<tr><td>小计</td><td>0</td><td>4</td><td>3</td><td>7</td><td>1.3</td></tr>
</table>

续表

序号	责任类型		取消年限			合计/次	占比/%
			10 年以上直至终身/次	5 年以上 10 年以下/次	1 年以上 5 年以下/次		
5	审批责任类	审批责任	0	0	1	1	
		直接审批责任	0	0	1	1	
		最终审批责任	0	0	1	1	
		主要审批责任	0	0	2	2	
		小计	0	0	5	5	0.9
6	其他责任(按分工)	承办责任	4	5	5	14	
		经办责任	1	0	3	4	
		直接组织实施责任	0	0	1	1	
		监督责任	1	0	3	4	
		决策责任	1	0	2	3	
		小计	7	5	14	26	4.8
7	其他责任(按程度)	主要责任	4	2	2	8	
		第一责任	0	0	1	1	
		小计	4	2	3	9	1.7
8	责任	负有责任、责任人等	5	1	16	22	4.0
合计			103	128	314	545	

2. 取消任职资格的单处和并处情况

根据《银行业监督管理法》的“官方学理解释”,第 48 条第 1 款第 1 项、第 2 项、第 3 项规定的“警告”“罚款”“取消任职资格、从业资格”等措施既可以合并适用也可以单独适用。具体而言,对个人采取的措施包括警告、罚款、取消任职资格、禁止从事银行业、责令银行金融机构给予纪律处分 5 种措施,适用方式有单处、并处两种方式,组合选择之下在实务中共产生 14 种处罚类型组合,见表 4。其中使用占比超过半数的是单处警告,综合来看,单处警告、“警告 + 罚款”、单处罚款 3 种类型占了行政机关选择裁量的 80% 以上。取消任职资格(包括单处与并处)被适用的次数仅占总数的 8% 左右。众多的处罚选择表明行政机关具有非常大的选择裁量权。

表4　银行监管中对个人的处罚类型及其占比

序号	处罚类型	数量/次	占比/%
1	单处警告	3768	51.48
2	警告+罚款	1650	22.54
3	单处罚款	694	9.48
4	单处禁业	542	7.41
5	单处取消任职资格	508	6.94
6	单处责令纪律处分	42	0.57
7	罚款+取消任职资格	42	0.57
8	禁业+取消任职资格	37	0.51
9	警告+罚款+取消任职资格	20	0.27
10	警告+罚款+禁业	4	0.05
11	警告+禁业	4	0.05
12	警告+取消任职资格	4	0.05
13	警告+责令纪律处分	2	0.03
14	罚款+禁业	2	0.03
合计		7319	100

3.取消任职资格的年限分布

取消任职资格的年限是一定期限直至终身。根据样本的统计结果，取消任职资格的年限分布呈现出“分界点处适用频率高、其他地方低”的特点（见图1）。《任职资格管理办法》中对年限的划分是1年以上5年以下、5年以上10年以下、10年以上直至终身，在各个分界点处的年限（1年、5年、10年、终身）被适用的频率高，此外低年限段的2年和3年被适用的频率也很高。这体现了对期限所作格次划分对具体裁量的影响力，执法者往往依托划分的分界点寻找裁量结果的“安全感”，也在一定程度上体现了立法赋予执法者在裁量上的“自由”与执法者无所依从之间的紧张张力。此外，根据职业生涯的长度，本文将取消任职资格终身“终身”赋值为25年，可计算得到611份关于取消任职资格的处罚决定书的平均年限是6.52年，这一平均值表明实务中取消任职资格处罚对于公民的禁止限制较大。

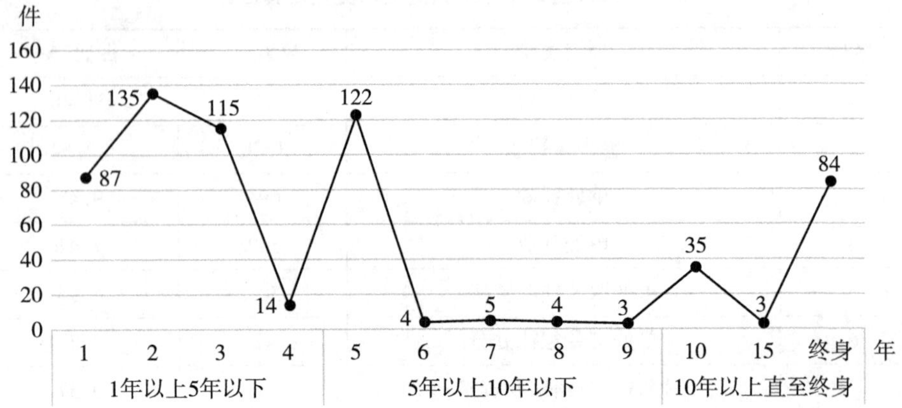

图1　取消任职资格年限分布

三、取消任职资格的裁量失衡问题:规范与实证的双重视角

(一)空白构成要件的创设和补充规则不明确

《银行业监督管理法》以"违反法律、行政法规以及国家有关银行业监督管理规定"的空白构成要件的形式,授权下位法对构成要件进行具体化,这是一种便宜的行政处罚立法方式,但具有明确的构成要件是处罚法定原则的最低限度的要件,空白构成要件的创设和补充必须具体而明确。①

首先,就空白构成要件的创设而言,"授权的内容、目的与范围毋须明示地规定在法律条文内,只要依一般的法律解释方法从授权条款所依附之法律的整体明确知悉授权之内容、目的与范围何在,即为足矣"②。其一,《银行业监督管理法》规定的授权内容为"国家有关银行业监督管理规定",这并非针对某一特定问题的规范,按照文义解释,"有关银行业监督管理规定"具有非常宽泛的内容。其二,《银行业监督管理法》规定的授权范围也不甚明确,法律、行政法规的范围尚且明确,然而"国家有关银行业监督管理规定"中的"规定"系不确定法律概念,是规章还是包含规范性文件?有学者提出,为了保证构成要件的具体和明确,授权规范所能指定的

① 参见熊樟林:《行政处罚上的空白要件及其补充规则》,载《法学研究》2012年第6期。

② 许宗力:《行政命令授权明确性问题之研究》,载《台湾大学法学论丛》1990年第2期。转引自参见熊樟林:《行政处罚上的空白要件及其补充规则》,载《法学研究》2012年第6期。

补充规则应当只能被限制在一个从规章到法律的闭合区间,[①]即不包含规范性文件。其三,对授权的目的也未作出规定,且目的的解释本就具有主观性。因此,法律关于取消任职资格的空白要件的创设,内容较为宽泛,范围和目的都不甚明确,有待法律解释进行限缩与明确。

其次,就空白要件的补充而言,《银行业监督管理法》规定的"违反法律、行政法规以及国家有关银行业监督管理规定"属于空白构成要件,承担了补充要件任务的《任职资格管理办法》规定了"取消任职资格"的三类事由:违法违规经营、内控不健全或执行监督不力、违反审慎经营规则。其一,《任职资格管理办法》规定的违法违规、违反审慎经营规则也属于空白构成要件,即《银行业监督管理法》设定了空白构成要件,而《任职资格管理办法》二次设定了空白构成要件,要件的具体化任务仍需要"法""规""审慎经营规则"进行明确。其二,"内控不健全"中所指"内控"是以规范性文件的形式加以规定的。[②] 实务中也已将规范性文件作为处罚依据。[③] 换言之,空白构成要件的授权实际上已被下放至规范性文件,即任何一层级的法律都能设定具体的构成要件,这显然与上文所述的补充规则只能被限制在一个闭合区间相违背。其三,除纵向层面将补充规则的法律层级"下放"至最低层级外,对于横向层面的可设定要件的规则的范围,也具有宽泛性。违法违规经营的宽泛性自不待言,即使是对内容有所限定的审慎经营规则,其含义也非常宽泛。根据《银行业监督管理法》的规定,审慎经营规则包括风险管理、内部控制、资本充足率、资产质量、损失准备金、风险集中、关联交易、资产流动性等内容。[④] 那么,所有关于上述内容的规则都设定构成要件之可能。

实际上,因为空白构成要件的创设和补充在内容和范围上的不明确,导致实务

---

① 参见熊樟林:《行政处罚上的空白要件及其补充规则》,载《法学研究》2012 年第 6 期。

② 中国银行业监督管理委员会印发的《商业银行内部控制指引》(银监发〔2014〕40 号)。事实上,2004 年版和 2007 年版的关于内部控制的规范均是以部门规章的形式发布的:《商业银行内部控制评价试行办法》(中国银行业监督管理委员会令 2004 年第 9 号)、《商业银行内部控制指引》(中国银行业监督管理委员会令 2007 第 6 号)。

③ 参见葛某平诉中国银行业监督管理委员会上海监管局撤销取消金融机构高级管理人员任职资格行政处罚案,(2005)浦行初字第 186 号。该案中,上海监管局认定银行违规以及对个人进行处罚的法律依据包括《中国人民银行关于加强对农村信用社监管有关问题的通知》(银发〔2001〕396 号)等规范性文件。

④ 《银行业监督管理法》第 21 条第 2 款规定,前款规定的审慎经营规则,包括风险管理、内部控制、资本充足率、资产质量、损失准备金、风险集中、关联交易、资产流动性等内容。

中对违法违规经营、内控不健全或执行监督不力、违反审慎经营规则三者关系理解上的混乱:(1)有时将"违反审慎经营规则"作为"违法违规"的上位概念,如行政处罚书中的措辞"对该行违规放贷等严重违反审慎经营规则行为"①、"违规对外担保严重违反审慎经营规则"②;(2)将"违法违规"作为上位概念,如"严重违反审慎经营规则的违法违规行为"③;(3)将"违反审慎经营规则"作为内部管理的上位概念,如"内控管理失控严重违反审慎经营规则"④;(4)有时更是将三种事由杂糅在一起,如"对该行严重违反内部控制等审慎经营规则的违法违规行为"⑤,以违法违规行为为上位概念,违反审慎经营作为下一级概念,违反内控作为最低层级的概念。对三者的区分是必要的,区分的实益在于:一是三类违法事由概念较为模糊、范围较为宽泛,通过明确三类事由的内涵和外延,可以限缩处罚范围、提高法律的明确性和可预见性。二是三类事由处罚的门槛有所不同,只有违法违规经营可以处罚情节犯,后两者均处罚数额犯或结果犯。

此外,就《任职资格管理办法》规定的要件而言,取消任职资格处罚的相当一部分是情节犯、数额犯和结果犯。对不同程度的情节、数额、结果的认定将直接影响相对人是否该当构成要件,以及在该当构成要件的基础上影响取消任职资格的期限长短。但对于情节、数额、后果的描述均为不确定法律概念,如情节"较为严重""严重""特别严重";数额较大(巨大、特别巨大);金融犯罪案件较大(重大、特别重大);损害与严重损害等。上述概念为规范性不确定概念⑥,价值补充来自一般价值观的衡量与法规目的的认知,常具有开放性,很容易发生见仁见智的争议,⑦对于公民来说难以预见,对于执法者来说亦难以把握和判断,只能依靠在个案中进行具体

---

① 《四川银监局机关行政处罚信息公开表》(川银监罚字〔2016〕10 号)。

② 《济宁银监分局行政处罚信息公开表》(济银监罚决字〔2018〕39 号)。

③ 《河南银监局周口分局行政处罚信息公开表》(周银监罚决字〔2018〕);《中国银监会伊犁监管分局行政处罚信息公开表》(伊银监罚决字〔2017〕4 号);《四川银监局行政处罚信息公开表》(川银监罚字〔2016〕26 号);《自贡银监分局行政处罚信息公开表》(自银监罚决字〔2018〕2 号);类似的表述还有"严重违反审慎经营规则导致发生案件的违法行为",参见《怀化银保监分局行政处罚信息公开表》(怀银保监罚决字〔2020〕78 号)。

④ 《渭南银监分局行政处罚信息公开表》(渭银监罚决字〔2018〕46 号);《烟台银监分局行政处罚信息公开表》(烟银监罚决字〔2018〕45 号)。

⑤ 《河南银监局驻马店分局行政处罚信息公开表》(驻银监罚决字〔2017〕8 号)。

⑥ 规范性不确定概念,是指须加上价值的补充才能完成其概念,与其相对的概念是经验性不确定法律概念。参见李慧宗:《行政法要义》(第 8 版),台北,元照出版有限公司 2020 年版,第 165 页。

⑦ 参见李慧宗:《行政法要义》(第 8 版),台北,元照出版有限公司 2020 年版,第 165 页。

裁量，这一方面不利于提高行政效率，另一方面很难确保规范的平等适用。

（二）对“直接负责”缺乏体系化的理解

“直接负责”是处以取消任职资格的构成要件之一，责任类型是裁量时的考虑因素，在行政监管的过程中，从“直接负责”发展出30种具体的责任类型，侧面反映出实务中对责任类型缺乏统一的认识。对此，监管部门试图从规范层面统一认识，但并未成功：2009年的《农村中小金融机构案件责任追究指导意见》（以下简称《责任追究指导意见》）界定了直接责任、间接责任在内等几种责任类型，①《责任追究指导意见》的适用主体是农村中小金融机构，且颁布时间太早，与实务中的责任类型已大相径庭。2013年发布的《银行业金融机构案件问责工作管理暂行办法》再次对责任类型进行界定，区分了管理、领导责任与监督责任，二者责任类型的区别主要体现为职责的不同：管理、领导责任对应管理职责，监督责任对应监督、检查职责。显然该定义未就两种责任类型作出准确的界分，反而有陷入循环论证之嫌，这一点也与实务中责任类型的繁多、体系性缺乏相互印证。该办法自原银保监会2020年《银行保险机构涉刑案件管理办法（试行）》颁布后即宣告废除，新办法未就责任类型作出统一规定。

实务中，常以岗位职责分工和损害后果作为责任分配的依据。但这种做法忽视了两个重要问题：（1）实务中对岗位职责的分工未必是合理的，不合理的岗位职责分工体现为上级将任务与责任过度下放，以致造成下级员工承担过度的义务乃至承担兜底义务。在武某宇诉银保监会某监管局行政处罚一案②中，银行监管机构在听证会后调整了责任分配，减轻了上级行部分负责人的责任而加重了对原告武某宇的处罚，理由在于“未发现上级行存在统一安排部署相关违规行为”，但在下级行负责人武某宇也不存在“统一安排部署相关违规行为”的情况下，责任被归为下级行的武某宇，这意味着武某宇承担了兜底责任，无法以未实施违规行为由免除自己的责任。暂且不论案情与判决结果，这种责任认定的方式，会掩盖实际中上级机

---

① 《农村中小金融机构案件责任追究指导意见》（银监办发〔2009〕28号）第4条规定，责任人分为直接责任人、间接责任人，其中间接责任人又分为机构案件防控第一责任人、机构经营管理责任人（包括主要负责人、分管负责人、相关负责人）、其他间接责任人。

② 武某宇诉银保监会某监管局行政处罚案，山西省高级人民法院（2019）晋行终876号行政判决书。

构对下级机构的责任过度下放,并且掩盖了法人在组织机构和责任分配上的问题并由此逃避了相应的责任。(2)根据《中国银保监会关于印发银行保险机构涉刑案件管理办法(试行)的通知》(银保监发〔2020〕20号)第33条的规定,发生重大案件的,银行保险机构要向案发机构向上两级追责,发生非重大案件的,仅向上一级机构追责。这种将损害后果的大小作为是否向上一级机构追责的依据也是值得商榷的。鉴于金融行业的风险属性,损害后果的大小具有一定的偶然性,其与行为的违法性、行为人的主观恶性之间的因果关系并不那么紧密,而更多地与宏观、微观的经济环境有关,因此,仅以后果作为追责范围的划定依据,使违法行为人在是否被追责问题上存在侥幸心理,并可能因为良好的经济环境而受到豁免,并不能对违法行为起到有效的威慑作用。

(三)取消任职资格与其他行政处罚并处上的混乱

实务中,取消任职资格的处罚类型以单处为主,此外还有与罚款并处、与警告并处、与禁业并处、与警告和罚款并处,共5种形式。其中,与罚款并处、与禁业并处、与警告和罚款并处较为常见,与警告并处的组合较为少见。法律虽然规定了众多的处罚手段,但未明确相应的适用规则或原则。

首先,就是否与警告并处而言,警告是对违法行为人所作的谴责和告诫,以损害被处罚人的名誉为内容。警告、罚款、取消任职资格分别属于申诫罚、财产罚、行为罚(能力罚),这三类处罚的严厉程度依次递增。① 警告是最轻的一种行政处罚,此外,其他所有行政处罚都有警告的意义,因此警告不与其他处罚并处。② 但实务中,与警告并处的情形还十分常见。

其次,就是否与禁业并处而言,实务中也偶有出现并处取消任职资格终身与禁业终身的情形。③ 从法律效果上看,禁业终身必然意味着取消任职资格终身,因此在禁业期限大于或等于取消任职资格期限的情况下,只要处以禁业即可。此外,实务中出现的如并处"禁业5年"与"取消任职资格终身",这类禁业期限短于取消任职资格的期限的情况,是否有并处之必要呢?对此,一是应当考虑处罚手段对于行

---

① 参见余凌云:《行政法讲义》(第3版),清华大学出版社2019年版,第335页。

② 参见杨小君:《行政处罚研究》,法律出版社2002年版,第179~181页。

③ 有23份处罚决定书的内容为取消任职资格终身并处禁业终身,2份取消任职资格15年并处禁业15年,3份取消任职资格7年并处禁业7年。

政目的的达成是否是妥适的,二是应选择足以达成目的的最轻处罚手段。当高管违反防止义务,即未能防止他人违反行政法义务的行为时,行为类型客观上常体现为不作为、主观上往往体现为过失,根据我国《行政处罚法》规定的过错推定原则,相对人在防止"他人"违法上存在可归责事由,若其对监督管理义务的违反是持续的,甚至屡教不改的,那么对其取消高管任职资格是妥适的,但防止义务之违反并不意味着其本人存在违反行政法上义务的可能性,因此该相对人作为普通员工继续从业应是被允许的,禁业尽管有效却是非必要的。当高管承担的是直接行为责任,即存在组织、指挥、决定、批准、授意单位违反行政法上义务的行为时,其责任已经超越了监督领导"他人"之义务,而是"自己"违法执行职务的责任,此行为类型客观上常体现为积极作为、主观上往往体现为故意,其不仅作为高管存在失职,而且作为普通员工继续从业也存在违法可能性,此时适用从业禁止是有必要的,但因适用从业禁止必然包含了取消任职资格的效果,因此没有必要并处取消任职资格。归结而言,与禁业匹配的是直接行为责任,与取消任职资格匹配的是监督管理责任。对这一违法行为不必也不应并处禁业与取消任职资格。

最后,就是否与罚款的并处问题上,笔者认为,当相对人违法体现出经济利益特征的,应当并处罚款,该经济利益既包括非正当的利益,如受贿等情形,也应当包括正当收入,如因单位违法而导致业绩提高进而获得的奖金激励,其法理在于防止因为违法而获利。

(四)适用取消任职资格存在显著地区差异

上述取消任职资格在规范层面存在的问题,在实务中的体现就是不同地区适用取消任职资格的次数呈现显著差异。就适用取消任职资格的处罚决定书数量占对个人处罚的处罚决定书数量而言,全国各地差异较大,最高的山西、上海、重庆占比超过或接近20%,即平均100份对个人的处罚决定书中,处以取消任职资格的约为20份,最低的浙江、新疆、陕西、江苏、江西、天津占比低于5%。这一统计结果反映了取消任职资格这一制度在适用中的地区性差异,而这种差异一定程度上体现了法律适用上的不平等。各省(直辖市)对个人适用取消任职资格占比,见图2。

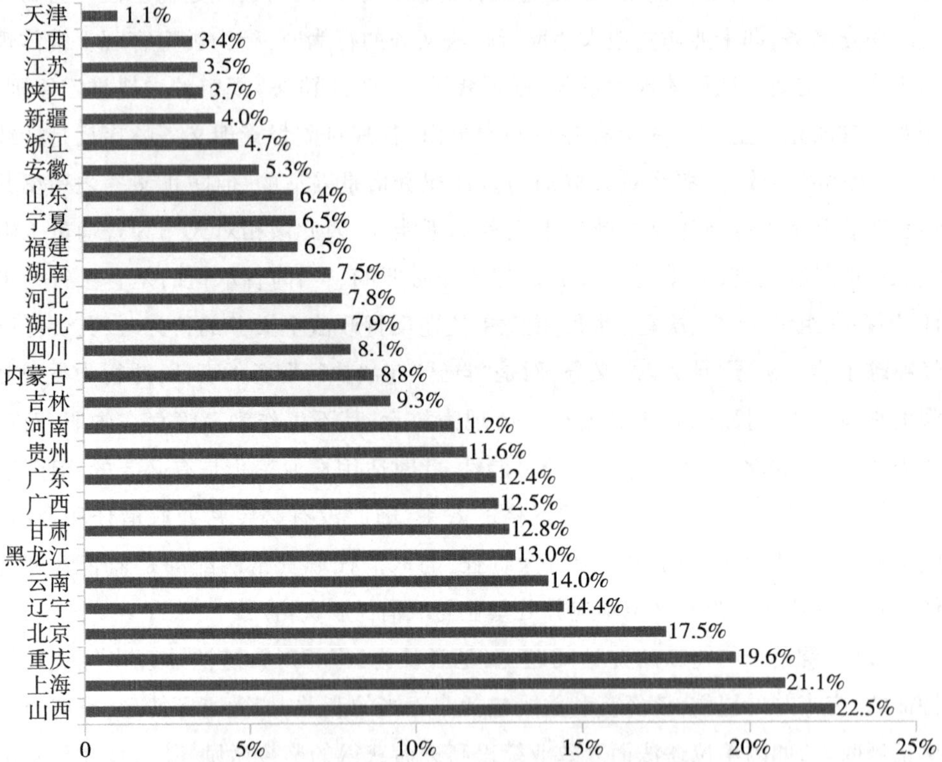

图2　各省(直辖市)对个人适用取消任职资格占比

四、作为破解之道的裁量基准的结构塑造

由于《银行业监督管理法》未规定取消任职资格的要件,而是授权下位法对此进行具体化规定。《任职资格管理办法》再次设定了空白构成要件,并在要件上使用了较多不确定法律概念,弱化了法律的明确性和可预见性。同时,对作为法定构成要件和裁量考虑因素的责任类型缺乏理论化和系统化,实务中对责任类型的使用较为混乱,此外,行政机关在法律效果的选择上也存在较大的裁量空间。以上因素共同作用易导致行政上的恣意、法律适用上的地区差异和个案中的不平等。为了解决取消任职资格裁量上存在的问题,本文提出以下建议。

根据实证分析的结果,实践中的大多违法行为较为固定,存在类型化的基础。

2021年修订的《行政处罚法》也明确了裁量基准的合法地位。① 因此,除从立法层面对空白构成要件授权的内容、目的进行明确外,通过建立裁量基准明确构成要件、对情节进行细化、对法律效果的选择上对裁量形成指导和约束,可以较好地解决裁量中的问题。“统一裁量观”下的裁量基准,扮演了细化法律效果的“裁量标准”和解释法律要件的“解释标准”双重角色。② 行政机关制定裁量基准的主要任务是情节的细化和效果的格化。③ 具体而言,“取消任职资格”的裁量基准宜包含以下内容。

(一)对法定要件的适当解释

裁量基准具有法律解释的功效。④ 取消任职资格的法定要件是“直接负责”,针对实务中对“直接负责”的不同理解,裁量基准应当对其要件进行进一步解释与细化。对此,可以借鉴刑法学界对“直接负责”的看法。刑法中对单位犯罪中受处罚的单位成员的表述也是“直接负责的主管人员”,⑤刑法学者主张直接负责的行为责任包括两种类型:一是直接行为责任,是指单位的主管人员因决策、组织、指挥单位犯罪而负有的刑事责任,其中决策可以涵盖决定、批准、授意等方式;二是监督管理责任,是指单位的主管人员因管理、监督失职而承担的刑事责任。⑥ 换言之,将“直接负责”区分为对两种义务的违反:一种是自己义务,包括作为义务与不作为义务,自己违反义务时所负的责任为“直接行为责任”;另一种是防止义务,即防止他人违反义务的义务,对应“监督管理责任”,对防止义务的违反常常体现为不作为。

尽管自己义务的范围是相对明确的,然而防止义务的范围却难以把握,若过度不信任员工,采取过度紧张的监督措施,则会影响企业运行效率、妨害企业内部自由;若过度信任员工,则易使员工有漏洞可钻,从而导致违反防止义务而背负行政责任。就“自己义务”与“防止义务”的关系而言,首先,员工违反义务并不必然意味

---

① 2021年《行政处罚法》第34条规定,行政机关可以依法制定行政处罚裁量基准,规范行使行政处罚裁量权。行政处罚裁量基准应当向社会公布。

② 参见王天华:《从裁量二元论到裁量一元论》,载《行政法学研究》2006年第1期。

③ 参见周佑勇:《裁量基准的技术构造》,载《中外法学》2014年第5期。

④ 参见朱芒:《日本〈行政程序法〉中的裁量基准制度——作为程序正当性保障装置的内在构成》,载《华东政法学院学报》2006年第1期。

⑤ 《刑法》第31条规定,单位犯罪的,对单位判处罚金,并对其直接负责的主管人员和其他直接责任人员判处刑罚。本法分则和其他法律另有规定的,依照规定。

⑥ 参见王良顺:《论单位犯罪中直接责任与直接责任人员的认定》,载《法商研究》2007年第2期。

着防止义务人对防止义务的违反,即防止义务人的“监督管理责任”与员工的“自己责任”之间应设定合理的界限。对违反防止义务的范围与界限,应以客观上的必要性和期待可能性作为判断标准,以通常情形下一般防止义务人所被要求的注意程度为准。其次,在防止义务人与防止义务人之间,特别是不同层级的防止义务人之间面临责任分配的问题。一方面,不能仅以金融机构的岗位职责分工作为责任分配的依据,以防止任务和责任过度下放给下级机构和员工,应以行业的一般标准审查岗位职责分工的合理性;另一方面,不能仅以损害后果的大小作为是否向上一级机构追责的决定依据。

(二)对空白要件的明确与细化

在法律要件上,裁量基准应明确授权规范的法律层级,也应承载要件的明确和要件的细化职能。首先,在授权规范的位阶上,裁量基准应当明确承载要件具体化功能的“国家有关银行业监督管理规定”的法律位阶。笔者主张,空白要件的补充要件仅限于从规章到法律的闭合区间,而不应包括规范性文件,这也是行政处罚法定的要求。其次,在要件的明确上,对《任职资格管理办法》中规定的“取消任职资格”的三类事由(违法违规经营、内控不健全或执行监督不力、违反审慎经营规则),裁量基准应当明确其相对应的义务类型和规范依据。最后,在要件的细化上,笔者主张,根据实务中的经验和数据总结常见的违法行为类型,将“严重”“重大”“严重损害”等不确定法律概念加以具体化,使下级机关执法时有所依照,避免因对不确定法律概念的不同解释导致的个案不平等和地区差异。

(三)增加主观方面的裁量因素

取消任职资格作为一项具有特殊预防功能的监管措施,对其期间的裁量应当包含对违法相对人主观方面的考察,更强的主观恶性意味着更强的特殊预防的必要性;反之,则可酌情减少取消任职资格的期限。根据本文对行政处罚决定书相关内容的统计,实务中银行监督管理机构的处罚决定书未体现出对相对人主观方面的考察,但取消任职资格的平均期限为6.5年,对相对人施加不利的期限较长,对相对人的财产收入与职业发展均有显著影响。因此,在取消任职资格的裁量上应当尤为慎重,增加主观方面的裁量因素对相对人的权利保护是必要的。主观方面的裁量因素包括违法动机和目的、主观过错的大小、相对人的再犯情况、是否主动停止违法行为、是否积极配合调查与交代违法情况、是否采取积极的补救措施等内容。

(四)法律效果的单处与并处规则

在法律效果的选择上,裁量基准应设定单处和并处的规则,并合理划分期限的区间。(1)在取消任职资格与罚款的并处问题上,相对人违法体现出经济利益特征的,应当并处罚款,该经济利益既包括非正当的利益,如受贿等情形,也应当包括正当收入,如因单位违法而导致业绩提高进而获得的奖金激励,其法理在于防止因违法而获利。(2)警告不与取消任职资格并处,因为取消任职资格本身就包含了损害名誉的效果,故取消任职资格与警告并处并无必要。(3)在取消任职资格与从业禁止的关系上,违反"自己义务"导致的"直接行为责任"对应的法律后果是从业禁止,违反"防止义务"导致的"监督管理责任"对应的法律后果是取消任职资格,二者通常不并处。就期限区间的划分方法而言,现阶段主要有经验评估、寻找基础值、数学方法三种模式。① 笔者对此主张将经验评估模式融入寻找基础值的模式,《任职资格管理办法》虽然规定了基础值,但未对基础值对应的典型情形加以明确,通过对执法中实践经验的归纳与总结,可以弥补这一缺陷。因此,将经验评估模式融入寻找基础值的模式对于取消任职资格期限的格次划分而言是妥适的。

五、结　　论

尽管《商业银行法》的修订回应了诸多问题,但对于取消任职资格制度的空白构成要件授权的内容、目的未进行明确。鉴于此,本文选取了7000余份处罚决定书,从实证与规范两个层面系统分析了取消任职资格的裁量权失控问题。首先,取消任职资格空白构成要件的创设和补充规则不明确,除授权的内容、目的与范围不甚明确外,并存在二次设定空白构成要件、空白构成要件授权过度且内容具有宽泛性,无论在纵向层面还是横向层面都缺少一定的制约。其次,对法定构成要件中"直接负责"缺乏体系化的理解,在规范层面也未能较好地解决该问题。再次,在取消任职资格的单处以及与其他行政处罚的并处上,具有一定的随意性,缺乏规则或

① 参见周佑勇:《裁量基准的技术构造》,载《中外法学》2014年第5期。

原则的指导。最后,适用取消任职资格存在显著的地区差异。

对此,笔者主张,从立法层面对空白构成要件授权的内容、目的进行明确,此外,根据 2021 年修订的《行政处罚法》的规定制定裁量基准:承担法定要件的解释、空白要件的明确与细化、裁量因素的补充、法律效果选择的规则制定等功能。

加密资产法治发展的新趋势

任愿达*

加密资产的核心即数据及其技术的市场运用,前述市场运用经由政策性文件与相关基本法规定形成的制度与市场环境得以证成,即政策性文件、民法典与相关法律为数据要素化、财产化与市场化的发展进路提供了理据基础。《中共中央　国务院关于构建更加完善的要素市场化配置体制机制的意见》明确指出,数据属于市场要素之一,这为数据要素化提供了政策理据;《民法典》在总则编中指出,法律对数据、网络虚拟财产保护另有规定者依照其规定,①这一条文规定中的语词结构亦间接佐证了数据财产化受法律保护的结论;《数据安全法》则对数据交易等事项作出原则性规定,②这为数据从要素化、财产化迈向市场化提供了法律依据。

从加密资产市场化进程健康、有序推进的宗旨出发,剖析相关理据与实践基础尤其是实践基础中的几对关键矛盾,构成把握加密资产法治发展新趋势的重要理路。因此,本文以2021～2022年我国加密资产领域的法治发展为蓝本,通过法治发展综述与动态回顾,梳理重点议题并提出优化加密资产法律规制的应对路径。

---

* 上海大学法学院讲师,复旦大学中国金融法治研究院特邀研究员,法学博士。研究方向:数据法、金融法。

① 参见《民法典》第127条。

② 参见《数据安全法》第19条。

一、加密资产领域的年度法治发展综述

(一)加密资产的内涵及其细分领域概述

"加密资产"一词并未直接出现在我国颁行的法律法规中,其被提及的官方场合主要见诸规范性文件《关于进一步防范和处置虚拟货币交易炒作风险的通知》(银发〔2021〕237号)①与《关于整治虚拟货币"挖矿"活动的通知》(发改运行〔2021〕1283号)②。供职于我国金融主管部门的研究人员则在其理论成果③中较多使用"加密资产"一词,供职于我国司法机关的研究人员亦有在其理论成果④或公开演讲中使用"加密资产"一词者。前述理论成果或公开演讲的内容表明,"加密资产"一词与英文表述"crypto-assets"相对应,而从我国理论研究成果倾向使用"加密资产"一词的时间线观察,亦可佐证"加密资产"多属于"crypto-assets"的中文译称。

通过查阅境外相关国际组织的文献则不难发现,受数字货币尤其是私人数字货币发迹的影响,境外早期多高频使用"digital currency"一词,随着法定数字货币与数字藏品的推出,广义的通证经济获得蓬勃发展,境外对这类资产的统称多转而沿用"crypto-assets"一词。如果进一步观察这类数字资产定性与定名的历史沿革还可以发现:第一,国际上并无对加密资产形成统一或达成共识的定义;第二,虚拟货币、数字货币、加密货币与加密资产的称谓存在相当程度上的混用。

随着技术融合与场景融贯,数字货币、加密货币与虚拟货币虽名称不同,却几无实质差异。国际清算银行(Bank for International Settlements,BIS)的支付与市场基础设施委员会(Committee on Payments and Market Infrastructures,CPMI)指出,虚拟货币、数字货币、加密货币之间不存在本质差异,其中加密货币强调发行与验证交易中使用加密技术。至此,"digital currency"一词的内涵获得极大丰富,与

---

① 通知明确,"人民银行、中央网信办等部门持续完善加密资产监测技术手段"。

② 通知明确,"金融管理部门、网信部门加强对相关主体的监测分析和穿透式监管,对虚拟加密资产大数据监测平台等识别出的矿场定位到IP地址、具体企业和物理住所,并加强与相关监管部门的信息共享交流和数据交叉验证,形成全链条治理合力"。

③ 例如,供职于金融稳定理事会(Financial Stability Board,FSB)与中国银行保险监督管理委员会政策研究局的研究人员陈歆就曾对加密资产的监管作出述评。参见陈歆:《加密资产的监管方法及未来方向》,载《金融发展研究》2019年第9期。

④ 参见郭锋:《数字科技对证券市场及其监管的影响——基于大数据、人工智能、区块链的视角》,载郭锋主编:《证券法律评论》(2019年卷),中国法制出版社2019年版,第1~25页。

"crypto-assets"一词日趋同义,基于前者作为偏正短语指向货币,在中文语境中认为其涵盖法定数字货币与不具有法偿性的私人数字货币而具有一定争议,如果将其中文译称"数字货币"作为涵盖其他通证产品的上位概念显然不妥。因此,为免疑义,我国不少学者在综合讨论法定数字货币、私人数字货币与其他代币产品时,已开始较多采用"加密资产"一词。

本文以加密资产为研究对象,同时聚焦法定数字货币、私人数字货币与非同质化代币的研究逻辑,除考虑在外延与译称方面尽量与重要国际组织的立场保持同步外,还在于:第一,可从整体上把握对发行标的作出技术安排的金融产品,形成基于金融科技与监管科技面向的宏观制度比较;第二,可通过分析公私属性呈现递进式差异的对象,从技术中立与市场中立①的视角,形成基于制度中立与责任中立②层面的微观规范比较;第三,以前述三者作为相对独立的子研究对象系基于三者各自有相对成型的市场化模式,可以作为结合应然与实然两个层面的细分领域开展研究。

围绕前述子研究对象在各自细分领域内的定义,可作下述理解:第一,法定数字货币指一国中央银行发行的数字货币,在本土化研究的法律语境中,本文所述法定数字货币理所应当地指向我国的数字人民币;第二,私人数字货币指私人部门发行的数字货币,包括以比特币(Bitcoin)与以太币(Ethereum)为典型的支付币(payment coin)、以泰达币(Tether)与天秤币(Libra,后更名为Diem)为典型的具有证券型通证(security token)特征的稳定币(stablecoin)、③以瑞波币(Ripple)与艾达币(Cardano)为典型的具有应用型通证(utility token)特征的应用币(appcoin)等;第三,非同质化代币,即"Non-Fungible Token"(NFT)一词的中文译称,属于区块链通证,一般表示区块链系统之外的某一权益,属于加密资产,而其基于底层资产的显著非同质化特征,使自身货币属性被弱化而不属于加密货币。

(二)法定数字货币领域的法治发展综述

在整体定性方面,法定数字货币在国际上一般被称为"Central Bank Digital

---

① 参见郭鹏:《关于技术中立原则及其反思》,载《技术与创新管理》2010年第4期;董颖:《技术中立与非中立性技术应用——评中国P2P第一案》,载《电子知识产权》2007年第4期。

② 参见贺善侃:《论科技创新的社会价值》,载《科学技术哲学研究》2010年第3期。

③ 稳定币亦属于数字加密货币,一般由一篮子货币与债券支持。

Currency”,缩写为 CBDC,其字面意思如前所述即指中央银行发行的数字货币。CPMI 与 BIS 的市场委员会(Markets Committee)在 2018 年提出“货币之花”(money flower)模型,从发行人(中央银行或非中央银行)、货币形态(数字或实物)、可获取性(广泛或受限制)与实现技术(基于账户或基于代币)4 个关键属性对法定数字货币作出定义。

在我国,数字人民币英文名称的规范表述为“Digital Currency Electronic Payment”,缩写为 DCEP,包含数字法币与电子支付双重含义。根据时任中国人民银行条法司司长刘向民给出的定义,法定数字货币具体指中央银行发行的以代表具体金额的加密数字串为表现形式的法定货币。[①] 根据中国人民银行发布的《中国数字人民币的研发进展白皮书》,中国人民银行在 2014 年“成立法定数字货币研究小组,开始对发行框架、关键技术、发行流通环境及相关国际经验等进行专项研究”,在 2016 年“成立数字货币研究所,完成法定数字货币第一代原型系统搭建”,在 2017 年经国务院批准“开始组织商业机构共同开展法定数字货币”研发试验。2018 年 3 月,时任中国人民银行行长周小川表示,我国中央银行数字货币的名称为“DCEP”。2019 年 8 月,时任中国人民银行支付结算司副司长穆长春表示,数字人民币采用双层运行体系;同年,《中共中央、国务院关于支持深圳建设中国特色社会主义先行示范区的意见》明确指出,支持在深圳推行 DCEP。随后,数字人民币在我国多地陆续开展推广活动,技术日臻成熟,与一些商户的对接工作陆续完成。腾讯、蚂蚁金服等支付平台现已接入数字人民币,对应的平台微信、支付宝开始支持数字人民币支付。[②] 至此,数字人民币获得政策、技术与平台支持,并有条件地付诸实践。

在法律属性方面,法定数字货币属于法定货币的数字化,适用法币的法律规定。货币作为特殊动产,属于种类物、可消耗物,适用“占有即所有”规则:任何占有货币的主体均被推定为货币的所有人,即便前述主体获得货币的行为存在瑕疵,亦仅可由其他法律关系调整;丧失对货币的占有等同于丧失对货币的所有权,原所有人仅可主张不当得利请求权等债权,而无法行使所有物返还请求权等物上请

---

① 参见刘向民:《央行发行数字货币的法律问题》,载《中国金融》2016 年第 17 期。

② 参见《蚂蚁、腾讯入局,数字人民币如何重塑支付体系》,载腾讯网,https://new.qq.com/rain/a/20210426A0B3CF00。

求权；[①]前述逻辑在法定数字货币的应用场景中依然适用。法定数字货币与实物法币的差异在于：法定数字货币不属于有体物，难以被传统民法上的"物"涵盖。关于数字人民币的法律问题，除涉及权属确认、权利转移、变造与伪造的识别[②]等基本问题外，根据相关业务流程，还需要考虑对洗钱等违法行为的规制、商业银行业务规则的完善、市场主体法律责任的厘定、信息保护规则框架的制定与监管规则适用体系的理解等。

（三）私人数字货币领域的法治发展综述

对私人数字货币的发端一般溯源至 2008 年中本聪（Satoshi Nakamoto）发明的比特币，[③]这种溯源方式主要以私人数字货币运用区块链技术为标志，以私人数字货币具有的"去中心化"属性与其他加密资产或虚拟财产作为界分。从加密资产或私人数字货币的中文文义观察，"去中心化"特征成为其充分不必要条件，这与"去中心化"特征属于比特币的必要不充分条件截然相反，以支付币代表私人数字货币的外延不甚合理。进一步地，从加密资产或广义加密技术的视角观察，将支付币、稳定币与应用币作为私人数字货币的外延似乎更合理。

以比特币为典型的支付币在技术本质上属于一段代码，以此对应形成用于存储与转移价值的数字概念"代币"，其无须中介商而可直接在全球对等比特币网络中实现从用户至用户的发送。在一些国家与地区，因人们对政府或银行机构管理经济持不信任态度，比特币作为代币而受青睐。此外，比特币可能比法定货币更易获得，人们可以通过在线比特币交易所买卖或通过网站直接交易。值得注意的是，因不受任何中央机构控制，比特币的价格波动较大。

稳定币即与法定货币、其他加密货币或贵重金属挂钩或以之作为抵押的代币，前述挂钩机制旨在形成更稳定的货币价格。支付币的价值源于区块链用户的共识，稳定币则以现实可计量资产作为其发行基础。例如，泰达币以 1∶1 比例的美元作为支持，天秤币以一篮子低波动性资产（如银行存款与短期政府证券等）作

---

① 参见张庆麟：《论货币的法律概念及其法律属性》，载漆多俊主编：《经济法论丛》第 8 卷，中国方正出版社 2003 年版，第 164～186 页。

② 参见赵磊：《数字货币的类型化及其法律意义》，载《学海》2022 年第 5 期。

③ 参见巴曙松、张岱晁、朱元倩：《全球数字货币的发展现状和趋势》，载《金融发展研究》2020 年第 11 期。

为支持。[①] 此外,比特币与以太币均在公有链上运行,任何用户均可随时加入,这类支付币的产生基于市场竞争机制,亦因此导致货币价格波动较大。稳定币为维持其价格,基本运行在联盟链而非公有链之上。稳定币基于受信任的第三方开展治理,其成员并非开源性质,属于经许可后加入,亦仅创始会员可访问区块链分类账。

应用币作为应用型通证,则属于在特定区块链系统内部使用的代币。用户可访问产品,却不具有与前述证券型通证相同的权利。例如,在计算力区块链平台Golem,用户可通过出租未使用的计算资源赚取Golem网络币;又如,在牙医区块链平台Dentacoins,用户可通过评价牙医与其他活动赚取平台发行的代币,并可通过其支付牙医的牙科服务费用。[②]

私人数字货币并非真正意义上的货币,其虽具有某种意义上的流通价值或流通可能(行)性,但整体上在有限范围内的个体之间流通,属于在特定人群共识意义上作为计量与支付工具之一的"货币",相关加密资产一旦脱离前述共识可能立刻丧失价值。因此,私人数字货币实质上属于人们共识的加密资产。值得注意的是,对私人数字货币的利弊互现,各方褒贬不一,因私人数字货币在适应性市场[③]中已然"存活"并通过一定方式发展,对其采取何种规制或治理态度已经成为无法绕开的现实制度问题:总体上,明令禁止私人数字货币自由发行与交易的国家或地区居多,同时存在相当数量的国家或地区持较为积极或谨慎观望的态度。[④] 随着区块链技术被认可,在一些明令禁止私人数字货币自由发行与交易的国家或地区,非同质化代币等不具有与法定货币竞争"币值"功能特征的数字产品获得较为充分的发展。

(四)非同质化代币领域的法治发展综述

如前所述,非同质化代币即"Non-Fungible Token"一词的中文译称,缩写为NFT,其可被视作一个加密货币令牌,每份NFT属于独一无二的加密资产并可通过二级市场交易。最早出现的NFT可溯源至Namecoin NFT,2014年发行的Quantum

---

① 参见傅晓骏、任浩:《天秤币、比特币、泰达币与央行数字货币的比较》,载《金融会计》2019年第12期。

② See Izabella Kaminska, *From Max to Miniminn Optimality with Dentacoin*, Financial Times, August 4, 2017.

③ 参见[美]罗闻全:《适应性市场》,何平译,中信出版集团2018年版,第314~316页。

④ 参见范云朋、尹振涛:《数字货币的缘起、演进与监管进展》,载《征信》2020年第4期。

系首个 NFT 项目,①具有非同质化、可拥有、可转让的属性。2017 年 6 月,Larva Labs 公司开发了一款像素头像生成器,可以生成约 1 万个各式各样的像素头像,这一头像系列被命名为“CryptoPunks”,意为“加密朋克”,成为首个真正意义上的 NFT 项目。数字藏品一般对应英文译称“Non Fungible Rights”,可以理解为具有中国特色、接受明确监管的另类 NFT,具体指利用区块链技术对特定作品知识产权(包括视频与音频等)形成的电子凭证。2021 年 8 月,腾讯 QQ 音乐数藏平台“TME 数字藏品”上市,成为最早在官方页面使用“数字藏品”的平台。

NFT 与数字藏品均具有区块链的可溯源、唯一性、不可篡改、不可伪造等技术特征,亦均具有一定的收藏价值(观赏性、升值潜力、身份认同等)。二者之间的差异在于:第一,底层技术链不同。NFT 大多基于公有链形成,作品可在各链之间流转并出售至任意平台;数字藏品大多基于各自的联盟链形成,不同平台的数字藏品不可以相互流转。第二,监管政策不同。NFT 更类似于一种商品,并无严格的监管政策;在《关于进一步防范和处置虚拟货币交易炒作风险的通知》(银发〔2021〕237 号)明确虚拟货币交易属于非法金融活动后,数字藏品与私人数字货币划清了界限,购买数字藏品需要实名认证,相关平台发行经审核通过后才可以上链,监管政策较为明确。第三,市场自由度不同。NFT 可自由流通且定价取决于市场,购买 NFT 可使用私人数字货币;数字藏品的二级市场开放程度受到严格监管,仅可通过人民币购买数字藏品,可见数字藏品与私人数字货币彻底脱钩。

国内基于区块链技术的合规数字藏品,需要使用在国家互联网信息办公室(以下简称国家网信办)备案的联盟链、②通过法币购买(支付过程受金融机构监管)、绑定用户手机号等,③其作为 NFT 的中国特色数字产品,已经降低了原始 NFT 的匿名性与金融性。值得注意的是,一旦数字藏品开放二级市场监管,数字藏品便具有了金融化的潜质,加之链上资产的非同质化特征使数字藏品具有独特性与稀缺性,容易造成数字藏品价格的较大波动,形成投机炒作空间。因此,在我国现有金融监管框架内,金融产品目录并不包括数字藏品。④

---

① See Jex Exmundo, *Quantum: The Story Behind the First NFT and Its Controversial Sale*, NFT News (Feb. 10, 2023), https://nftnow.com/art/quantum-the-first-piece-of-nft-art-ever-created/.

② 参见《区块链信息服务管理规定》第 11 条。

③ 参见《关于防范 NFT 相关金融风险的倡议》。

④ 《关于防范 NFT 相关金融风险的倡议》指出,“不在 NFT 底层商品中包含证券、保险、信贷、贵金属等金融资产,变相发行交易金融产品”。

在NFT发行与交易层面,其可能主要面临剽窃发行的侵权风险、场外交易的洗钱风险、私人数字货币价格波动的市场风险、过度发行的能耗风险、黑客攻击的安全风险。如前所述,因我国对NFT持谨慎态度并已明令禁止私人数字货币的发行与交易,故二次交易与使用私人数字货币交易均受限的数字藏品市场可能产生的洗钱与市场风险相对较小。

二、加密资产法治发展的主要动态回顾

(一)加密资产法治发展的立法动态回顾

从总体上观察,基于加密资产细分领域的差异,围绕法定数字货币的立法或政策主要以鼓励、推广为主,各地方政府的相关规章或规范性文件以承继顶层设计的安排与响应前述方针的要求为主,为法定数字货币的应用场景付诸实践提供制度环境,同时,相关主管部门亦对外发布了与法定数字货币相关的反欺诈规范性文件;围绕私人数字货币的立法或政策体现为监管性低阶立法频出,即相关主管部门从早前持观望态度转为持打击态度,尤其对包括比特币在内的支付币的规制基本属于肃清式监管;围绕非同质化代币的监管政策总体缺位,相关主管部门着力弱化数字藏品的金融属性,在前述政策限定的基础上多以原则性监管、自律性规范为主,在立法方面亦无专门规定发布,对数字藏品而言,学界与业界多以《民法典》与知识产权基本法的适用等为关注重点。

在法定数字货币的法律制定与政策规定方面,基于政策导向的着力推动,在基本法修订时数字人民币的法律地位被新增列入相关规范。2020年10月,《中国人民银行关于〈中华人民共和国中国人民银行法(修订草案征求意见稿)〉公开征求意见的通知》对外发布,其中规定:"人民币包括实物形式和数字形式。"①《关于〈中华人民共和国中国人民银行法(修订草案征求意见稿)〉的说明》进一步指出:"《征求意见稿》规定人民币包括实物形式和数字形式,为发行数字货币提供法律依据。"②此外,在国务院及其部委的政策性文件、地方政府的相关规范性文件中均可发现鼓励推广、试点使用数字人民币的倡导性规定。

① 参见该征求意见稿第19条第2款。
② 参见该说明第三部分。

在私人数字货币的法律制定与政策规定方面,相关主管部门并未区分支付币、稳定币与应用币,而以"虚拟货币"统称之,监管态度从2013年的风险提示转为2017年的明令禁止,①代币发行融资(Initial Coin Offering,ICO)渠道至此在境内彻底关闭。不难发现,金融主管部门认为私人数字货币不属于成熟的金融资产,对其宏观与微观审慎监管的态度渐趋严格有利于金融市场的平稳发展,在金融基础设施与国际监管合作尚待提升的阶段,明令禁止私人数字货币在境内交易有利于从根本上避免不可控的金融脱媒、防范新型化的洗钱犯罪与可能产生的金融系统性风险;其他主管部门与单位则以反欺诈等为主要目的制定相关规范性文件。

在非同质化代币的法律制定与政策规定方面,网络主管部门通过区块链技术规范对数字藏品平台管理作出行为管理的规定并要求完成行政备案;此外,主要由中国互联网金融协会等单位提出自律规范要求,旨在将数字藏品与私人数字货币(监管性规范性文中所指的"虚拟货币")作切割,避免数字藏品成为金融违法犯罪行为的通道。在地方政府层面,以上海市人民政府办公厅发布的《上海市数字经济发展"十四五"规划》为典型,从文化创意多元发展视角对合规NFT模式提供支持政策。

(二)加密资产法治发展的监管动态回顾

从总体上观察,国家网信办、工业和信息化部、公安部、中国银行保险监督管理委员会(以下简称中国银保监会)、中国证券监督管理委员会(以下简称中国证监会)与中国人民银行在维护国家安全与市场稳定的基调下根据职责分工对加密资产开展监管。根据我国提供给FSB的相关信息与FSB的观察总结,②前述主管部门对加密资产监管各司其职,本文通过列表作如下概述,见表1。

表1 主管部门对加密资产的监管职责

主管部门名称	监管职责
国家网信办	监控与加密资产相关的在线实体,要求被发现实体作出相应整改
工业和信息化部	禁止并关闭非法的加密资产相关网站

① 参见《关于防范比特币风险的通知》《关于防范代币发行融资风险的公告》。

② See *Crypto-assets Regulators Directory*, FSB (Feb. 10, 2023), https://www.fsb.org/wp-content/uploads/P050419.pdf.

续表

主管部门名称	监管职责
公安部	禁止并清除涉嫌从事非法集资、诈骗、金字塔骗局违法犯罪活动的加密资产相关活动
中国银保监会	承担对银行、保险机构的监管职责,要求被发现违法违规行为的金融机构作出整改;密切关注我国加密资产的发展及其对银行与保险系统的潜在风险
中国证监会	清理与打击非法的证券发行;加强对加密资产相关证券问题的研究
中国人民银行	与相关部门合作制定支付结算规则,确保支付结算系统正常运行;防范并化解系统性金融风险,维护金融稳定;起草并执行与履行这项职责相关的法律、法规与规章

通过观察表1不难发现,除中国人民银行主要围绕数字人民币开展宏观调控与宏观审慎监管工作并支持与之相关的支付结算类金融基础设施建设外,其他主管部门的主要职责仍围绕数字人民币以外的加密资产监管展开,且整体上均采取较为审慎的监管态度。

在法定数字货币的法律监管与合规约束方面,相关主管部门的工作重点在于确保交易行为的安全性,包括国家安全、金融安全与持有人的财产安全等。[①] 从数字人民币的发行机制观察,中国人民银行作为数字人民币的发行主体,需要控制数字人民币运行系统后台,监管数字人民币流通实时数据,掌握用户身份与交易信息,属于数字人民币监管科技开展的核心机构,构成数字人民币金融市场监管的基础。值得注意的是,中国人民银行在应用场景中无法实现周延的监管,需要进一步厘定向其他金融主管部门授权监管、与其他主管部门协同监管的具体范围。此外,根据依法与有效行政的基本法理逻辑,中国人民银行对数字人民币试点与正式发行过程中的整体监管范围亦需要作出合理部署。

在私人数字货币的法律监管与合规约束方面,相关主管部门在规范性文件与

① 参见中国人民银行数字人民币研发工作组:《中国数字人民币的研发进展白皮书》,载中央人民政府官网,http://www.gov.cn/xinwen/2021-07/16/5625569/files/e944faf39ea34d46a256c2095fefeaab.pdf;姚前:《国际央行数字货币研发态势与启示》,载金融四十人论坛官网,http://www.cf40.org.cn/Uploads/Picture/2022/07/19/u62d6276bee468.pdf。

实践中使用的“虚拟货币”“代币”“数字货币”等表述，不仅指向私人数字货币，还指向并非建立在区块链之上的“货币”诈骗活动。金融主管部门并不认可私人数字货币的金融资产地位，亦未对支付币、稳定币与应用币等作类型化监管，随着《证券法》在2019年年底修订完毕，将加密资产中的证券型通证发行与交易纳入基本法监管的学界建议未被采纳。① 在实践中，金融主管部门会同网络与公安主管部门对借发行私人数字货币之名而行诈骗之实的行为予以严格规制，对洗钱与恐怖主义融资等严重刑事犯罪更予以严厉打击并力求国际合作。

在非同质化代币的法律监管与合规约束方面，行业协会作出明确提示，②要求发行、售卖、购买主体进行实名认证，妥善保存客户身份资料与发行交易记录，通过全环节实名制满足反洗钱规定；要求不以私人数字货币作为NFT发行交易的计价与结算工具，通过NFT与私人数字货币的切割，避免后者价格波动较大对NFT价格波动的二次影响，亦避免NFT成为私人数字货币换手、互易的通道；要求NFT底层商品不得包括证券、保险、信贷、贵金属等金融资产，明确穿透式核查要求，避免变相发行与交易金融产品；要求不通过分割所有权或批量创设等方式削弱NFT非同质化特征，避免变相开展ICO；要求不提供NFT集中交易（包括集中竞价、电子撮合、匿名交易与做市商等）、持续挂牌交易、标准化合约交易等服务，避免变相违规设立交易场所；要求对NFT“去投资化”，不提供NFT投融资支持。从监管属性与监管文件要求观察，非同质化代币的法律监管以自律监管与自我合规为主，对NFT或数字藏品可能引发的风险，力求相关从业主体满足数字藏品发行平台资质、数据与技术、知识产权、去投资化与刑事等方面的合规要求。

（三）加密资产法治发展的司法动态回顾

从总体上观察，最高人民法院与最高人民检察院发布的司法政策多以风险防范（防止利用加密资产实施非法集资、电信或其他形式的诈骗等）为主，同时兼及部分合法数字权利的司法保护。

在法定数字货币的规则适用与司法实践方面，通过“数字人民币”App、手机支

---

① 《证券法》虽然明确规定，“在中华人民共和国境内，股票、公司债券、存托凭证和国务院依法认定的其他证券的发行和交易，适用本法”，但是私人数字货币作为金融主管部门不予认可的财产，显然不属于“国务院依法认定的其他证券”。

② 参见《关于防范NFT相关金融风险的倡议》。

付平台绑定的数字钱包等途径挪用资金、诈骗、洗钱的案件居多。此外,在应用场景中还存在利用数字人民币交易功能帮助信息网络犯罪①或掩饰、隐瞒犯罪所得②的情况。根据司法机关已作出的判决,数字人民币的诞生与运用并未实质性改变相关法律行为构成要件或犯罪行为构成要件,而更多地体现为改变行为人的行为方式或犯罪手段,这与法律规范对应的社会与私人实施未及时跟上技术进步息息相关。随着数字人民币使用的逐步普及,围绕争议解决与犯罪惩戒的数字侦查、数字检察、数字司法亦需要同步发展,并聚焦监管、业务、风险与技术的理解与适用。

在私人数字货币的规则适用与司法实践方面,从目前部分生效判决的结果观察,在私人数字货币整体合法性尚未明确的情况下,围绕其发生的投资行为极有可能不受法律保护。值得注意的是,一些民事判决的结果明确私人数字货币投资不受法律保护,③而一些刑事判决将篡改地址获取私人数字货币视作盗窃行为,④两者看似存在冲突,却在一定程度上反映了司法机关基本认可私人货币的财产属性而非投资属性,⑤且两种属性存在根本区别。此外,因其他国家与地区对私人数字货币的监管态度不一,通过私人数字货币投资交易触犯刑法的案例还可能体现为上游犯罪与洗钱犯罪的集合。

在非同质化代币的规则适用与司法实践方面,相关纠纷更多集中于知识产权的相关方面。根据司法机关已作出的判决,⑥数字藏品平台应作事前审查,明确真实权利归属;原创作品的权利人应及时获得著作权登记证书或保留创作的原始画稿;非原创作品或合作作品在发行之前,数字藏品的申请人应获得权利人的著作权许可或全部权利人的书面授权文件。此外,参考私人数字货币的法律规制范式,数字藏品平台应履行反洗钱义务,防范非法集资风险,不得未经许可或借用合法形式吸收资金,不得通过推介形式向社会公开宣传,不得承诺在一定期限内还本付息,不得向社会不特定对象吸收资金。

---

① 参见天津市红桥区人民法院刑事判决书,(2022)津0106刑初204号。

② 参见浙江省慈溪市人民法院刑事判决书,(2021)浙0282刑初1737号。

③ 参见江苏省南京市江宁区人民法院民事判决书,(2017)苏0115民初15868号;广东省佛山市禅城区人民法院民事判决书,(2018)粤0604民初1646号;浙江省义乌市人民法院民事判决书,(2018)浙0782民初1664号等。

④ 参见浙江省天台县人民法院刑事裁定书,(2016)浙10刑终1043号。

⑤ 参见上海市第一中级人民法院民事判决书,(2021)沪01民终11624号。

⑥ 参见《用户发布侵权NFT作品,"元宇宙"平台要担责吗?法院判了》,载微信公众号"杭州互联网法院"2022年4月20日,https://mp.weixin.qq.com/s/IQwjcF_a5EoYdc5CFkaQpA。

(四)加密资产法治发展的国际动态回顾

从总体上观察,各国与一些国际组织对法定数字货币、私人数字货币与非同质化代币的态度可谓各有不同,不同态度的背后较多体现为政治与经济考虑;同时,各国与相关国际组织的态度并非一成不变,这亦与各国的市场需求与监管技术、加密资产的发展趋势等息息相关。例如,2019 年 9 月,国际货币基金组织(International Monetary Fund, IMF)发布《数字货币的崛起》(*The Rise of Digital Money*),对包括私人数字货币在内的加密资产持谨慎乐观态度,而其后提出关于加密资产有效政策的 9 项要素框架时,对私人数字货币的法定地位予以明确否定。

值得注意的是,除我国对 NFT 有严格的监管政策外,世界其他主要国家对 NFT 发行与交易的监管较为宽松,因此,本文主要对法定数字货币与私人数字货币近年来的国际动态作简要回顾。在法定数字货币的国际动态方面,美欧日等全球主流中央银行对法定数字货币的态度正从审慎保守转向积极进取,数字美元、数字欧元、数字日元等全球主流货币入局正加速全球法定数字货币的研发,法定数字货币时代或不再遥远。在私人数字货币的国际动态方面,各国对私人数字货币的措施包括但不限于打击违法行为、制定新规予以规范监管或加强资质审核、加强公众沟通并警告提示风险等。

三、加密资产法治发展的重点议题梳理

(一)安全与效率之辨:立法导向的价值判断

法价值中安全与效率的价值位阶比较在法理学研究中历来未有定论,①在部门法与领域法研究中,民法倾向安全,②商法倾向效率,③社会法倾向安全,④经济法倾向效率。⑤ 面对给定的金融安全、金融效率与科技安全、科技效率,部门法或领域法

---

① 参见周灵方:《法的价值冲突与选择——兼论法的正义价值之优先性》,载《伦理学研究》2011 年第 6 期。

② 参见孙鹏:《民法上信赖保护制度及其法的构成——在静的安全与交易安全之间》,载《西南民族大学学报(人文社科版)》2005 年第 7 期。

③ 参见郑彧:《商法思维的逻辑基础》,载《学术月刊》2016 年第 6 期。

④ 参见郑尚元:《社会法的定位和未来》,载《中国法学》2003 年第 5 期。

⑤ 参见李昌麒、鲁篱:《中国经济法现代化的若干思考》,载《法学研究》1999 年第 3 期。

维度的价值倾向无法解决具体规范的价值判断问题。从更广义的视角观察,在法的制定与运行相结合的维度中,立法内容的效率可能更有利于应然层面的市场安全(高效立法假设给予市场的安全),却未必满足执法效率的需求;当执法按部就班地进入合政策性的“安全地带”时,司法机关却可能面临不断行使释明权甚而不得不作跨前审查的不效率。[①] 可见,位于应然层面的法价值与位于实然层面的法效果之间亦存在安全与效率之间的矛盾,这类基于制定法立法预期与执法、监管实效之间的差异形成的矛盾最终进一步反馈至立法内在的矛盾之中。

法定数字货币法律制度中的安全与效率之辨集中于匿名可控等淡中心化安排实施的程度,[②]附着在数字人民币上的相关信息被收集得越少,个人隐私保护的力度越大,数据整体泄露的风险可能性越小,金融基础设施的运行效率越高;[③]反之,则反洗钱与反恐怖主义融资的防范效果越好,对应的数字人民币使用效率将有所降低。

私人数字货币法律制度中的安全与效率之辨集中于采取类型化监管对财产安全与效率、投资安全与效率的影响。全面禁止私人数字货币的自由发行与交易,似乎属于最具执法效率的安排,实则金融主管部门要实现“全面禁止”的可控,仅依靠运动式监管是无法实现的。金融基础设施无法满足场域不断扩大的金融业态监管属于无法回避的现实问题,而采取类型化监管则势必需要在主体监管与行为监管中作出倾向性选择,加之监管立法与业务立法之间的博弈,相关的财产与投资效率同样会受到影响。

非同质化代币法律制度中的安全与效率之辨集中于是否将数字藏品视作非金融化商品,如将数字藏品作为普通可投资商品对待,则数字藏品的交易效率势必获得极大提升,而对应的市场风险亦将如影随形。

此外,对前述法定数字货币、私人数字货币、非同质化代币是否予以统一立法本身亦面临安全与效率的矛盾,统一立法的本意在于避免散见于不同单行法的松散规范体系产生不可避免的法律规制罅隙,[④]进而保障整体市场安全并以此正向促

---

① 参见赵霞:《金融司法监管化:动因、困境与调适》,载《商业经济与管理》2022年第5期。

② 参见陈志峰:《我国ICO监管机制研究——以“沙箱监管”模式为制度建构思路》,载《上海商学院学报》2020年第5期。

③ 参见陈熹:《法定数字货币中的个人信息保护》,载《东南学术》2022年第5期。

④ 参见齐爱民:《论个人信息保护法的统一立法模式》,载《重庆工商大学学报(社会科学版)》2009年第4期。

进市场效率，但是面对纷繁复杂的通证经济，制定法的规制范式可能面临反复修法的窘境本身亦属于不效率的典型例证。

对立法导向的价值判断而言，立法预设场景中的法律行为对应法律效果、法律评价的安全与效率之间的取舍，属于第一层面的安全与效率之辨。而在立法体例与逻辑方面，选择植入必要的“空框结构”①，以给予监管与司法更多裁量与解释空间，抑或通过我国传统的多层次规范体系从基本原则法定至行为规则准法定对加密资产市场的各类场景予以覆盖，属于第二层面的安全与效率之辨。有效整合两个层面的制度需求，从国家安全—社会安全—个人安全的纵轴审视金融安全—科技安全的横轴定位，基于我国的行政规制惯性与法制土壤黏性提出符合我国国情的立法价值判断，属于加密资产法治发展的重点议题。

（二）跨域与属地之辨：行政规制的理念转向

金融领域历来属于各国重点监管的特殊领域，而我国对金融市场中大资金体量的业务模式或产品种类长期采取强监管措施，②从民间借贷到私募基金再到网络金融，几乎无一例外。随着《网络安全法》《数据安全法》《个人信息保护法》的陆续颁行，数据领域逐步成为我国采取强监管措施的新兴领域，从我国对数据跨境流动的法律限制③便可见一斑。

值得注意的是，加密资产与前述民间借贷、私募基金、传统网络金融有所不同，后几者无论业务模式差异如何，均始终基于一般货币以及相关资产定价的业务逻辑开展，并未对货币本身的技术结构作出改变。受我国外汇相关法律法规对资本项目管制的影响，我国金融市场的绝大部分业务均以人民币支付结算，④基于金融基础设施对电子货币的承载能力以及金融主管部门对具有国有金融传统的金融机构的影响力，通过币种、机构、地域等维度的“多管齐下”，使我国对金融市场从资金

① 参见袁明圣：《法律漏洞填补的边界》，载《江西财经大学学报》2002 年第 4 期。

② 参见黄韬：《“金融抑制”的法律镜像及其变革——中国金融市场现实问题的制度思考》，载《财经科学》2013 年第 8 期。

③ 参见洪延青：《在发展与安全的平衡中构建数据跨境流动安全评估框架》，载《信息安全与通信保密》2017 年第 2 期。

④ 参见李瑶：《非国际货币、货币国际化与资本项目可兑换》，载《金融研究》2003 年第 8 期。

流至信息流采取穿透式监管成为可能。① 但是,对于加密资产而言,其基于网络空间内的技术架构设计,具有极强的跨地域性,我国不可能通过类似外汇管制的方式对网络空间予以模块化或一体化的规制,②在无法形成地域性防火墙的前提下,对加密资产实施穿透式监管尤其是对私人数字货币予以重点监管存在极大难度。要实现监管立法设定的全面禁止私人数字货币自由发行与交易的目标,显然无法通过严厉打击境内以各种形式或名目存在的相关交易场所实现。私人数字货币采用的分布式记账技术对应的"去中心化"特征结合网络空间的强延展性特征,基本预示着"全面禁止"的监管目标落空,而监管文件释放的否定性评价信号在定分止争的司法机关这里亦未必能够得到全然遵循,最终导致行政规制的实效减弱,强监管形成的"物以稀为贵"格局容易使相关私人数字货币价格波动加大并增加"爆雷"风险。

此外,各国对加密资产监管态度的差异同样导致跨境监管存在极大难度,国内法通过条文制定规范形成的"长臂管辖"并不构成现实意义的治外法权,③尤其在两国对监管对象出现态度分歧时,即便存在监管合作备忘录乃至条约层面的协调沟通机制,对加密资产的"长臂管辖"仍可能成为"具文"规范。

因此,对跨域与属地之辨,行政规制的理念转向势在必行。在风险社会,风险规制绝不等于风险规避,在现实中风险基本亦无法规避而多以转移、释放的形式呈现。面对诸多不确定性,选择风险缓释导向的监管思路具有积极的现实意义。实践中,面对风险敞口采取风险缓释措施作为方法论并不属于创新监管,而在应对新技术、新场景、新对象时在合适的时空窗口选择适用风险缓释导向的金融监管属于创新监管。④ 相关主管部门如何在资本与数据监管中形成要素监管,在市场与技术监管中形成合作监管,在试验监管与穿透监管中形成功能监管,最终促成符合实然需要的系统监管,以便更有效地应对加密资产在社会网络与网络社会中的多维度跨域特征引发的问题,⑤并协调对加密资产在各国认知、判断、立场不同情况下的局

---

① 参见陈立芳:《长臂监管与穿透式监管理念国际经验梳理及本外币管理思路借鉴》,载《武汉金融》2022年第4期。

② 参见何东等:《虚拟货币及其扩展:初步思考》,载《金融监管研究》2016年第4期。

③ 参见屈文生:《从治外法权到域外规治——以管辖理论为视角》,载《中国社会科学》2021年第4期。

④ 参见杨立、赵翠翠、陈晓红:《基于社交网络的P2P借贷信用风险缓释机制研究》,载《中国管理科学》2018年第1期。

⑤ 参见许多奇:《互联网金融风险的社会特性与监管创新》,载《法学研究》2018年第5期。

部性、功能性监管合作,属于加密资产法治发展的重点议题。

(三)传统与多元之辨:法律适用的进路选择

在传统法理学的视角下,法律的稳定性构成其基本特征,并以此成为与政策界分的重要标准之一,同时,法律的稳定性特征与法律的规范普适性、内容透明性、程序严格性等特征互相关联,形成法律的总体特征。实践中,我国多层次规范体系主要以效力位阶分层,而包括法律、政策等在内的广义规范性文件的稳定性,形成了一项体系分层的辅助标准。目前,我国对加密资产的规制多以政策与行政规定为主,稳定性相对较弱;同时,如前所述,基于政策的宏观性、概括性与抽象性特征以及行政规定在规范普适性、内容透明性与程序严格性等方面弱于法律的现状,司法机关在面对加密资产规制的法律阙如时,难免陷入缺乏稳定法律适用的困境。具体而言,面对可直接适用的请求权基础缺失,法律适用在传统与多元之辨中需要处理两个层次的问题。

第一,法律原则与法律解释相结合的适用以及规范性文件作为说理依据与规范解释相结合的适用,①这两类方法论在加密资产交易纠纷中形成的优劣比较。面对法律漏洞时,结合法律原则与规范解释属于相对传统的法律适用优化进路,在加密资产交易的争议解决中,基于加密资产财产与投资属性的差异,除需要考虑是否采取民商分立的审理思路外,还需要考虑意思自治原则与公序良俗原则、诚实信用原则与权利不得滥用原则之间的适用平衡,依此底层逻辑形成的适用进路未必能够满足泛金融化、泛科技化纠纷审理的需求。面对涉及公法介入的纠纷时,结合作为说理依据的规范性文件与规范解释属于相对多元的法律适用优化进路,基于金融监管侧重市场秩序维护而金融司法侧重个案公平的特征,②加之司法机关对规范性文件作出解释的权限与正当性显然不及其对司法政策文件的整体把握,依此底层逻辑形成的适用进路要求审判人员具备相当的法律、金融与技术素养,且在民商法与金融法审理时采取的"分治"的组织机制,金融法院的审理思路或难以形成可复制、可推广的实效。

第二,法律统一适用标准与类案类判要求在传统场景与新场景中的"颗粒度"

---

① 参见鲁篱:《论金融司法与金融监管协同治理机制》,载《中国法学》2021 年第 2 期。

② 参见王锐:《金融司法的发展——基于制度变迁的历史逻辑》,载《中国应用法学》2020 年第 3 期。

差异。例如,在房屋漏水引发的纠纷中,房屋本身属于商品房、经适房或其他性质的不动产,属于板楼、塔楼或小高层等不同楼型房型并不会实质性地影响司法机关定分止争。而在加密资产交易引发的纠纷中,支付币、稳定币与应用币与非同质化代币之间的投资、投机属性显然存在差异,且监管政策对不同加密资产的态度亦有不同,尤其随着监管政策的不断细化,前述因素可能会直接影响甚而决定民事诉讼案由的增设与选定以及主观善意的证明责任与标准等,并要求司法机关形成更细致的类型化审理实践。①

可见,对传统与多元之辨,司法机关既需要考虑民商分立等传统学理争议对争议解决的潜在影响,还需要考虑民商法与金融法"分治"等组织机制安排对争议解决的现实影响;既需要考虑法律漏洞填补在制定法层面的方法创新,以更好地应对规范新技术、新场景、新对象时的法律阙如,还需要考虑金融监管与金融司法之间各司其职与沟通协调的尺度,作为决定"底线正义"的司法机关需要合理把握规范性文件在私法类纠纷中跨前审查与引用说理的限度;既需要考虑加密资产交易纠纷对非标化、技术化特征产生的多元诉求,还需要考虑情理法相结合的我国国情与司法实践的基本要求。如何有效整合本土法治资源并兼顾前述需求,属于加密资产法治发展的重点议题。

(四)合作与竞争之辨:涉外涉企的利益平衡

各国在本国货币国际化方面存在竞争,而在反洗钱与反恐怖主义融资方面存在合作,其中涉及较多国家政治、经济利益的平衡,法定数字货币属于法币的新形式,亦受前述竞合格局影响,尤其是数字人民币在我国人民币国际化进程中具有重要的战略意义,如何通过合理的技术设计与制度安排实现国家金融安全与个人信息安全的平衡,对数字人民币国际化流通具有关键作用。② 另外,私人数字货币与非同质化代币属于投资属性不同的金融投资商品,在某种意义上亦属于沉淀资金的"蓄水池",合理引导法币投向、规范私人数字货币与非同质化代币二级市场的开放程度,与国家金融安全、社会稳定息息相关。因此,国家与国家之间在资本引入

① 参见赵炳昊:《应对加密数字货币监管挑战的域外经验与中国方案——以稳定币为切入点》,载《政法论坛》2022 年第 2 期。

② 参见何德旭、姚博:《人民币数字货币法定化的实践、影响及对策建议》,载《金融评论》2019 年第 5 期。

与规范方面存在竞争与合作，国家与企业之间在市场布局与技术学习方面存在竞争与合作。

涉法定数字货币的法治合作与竞争，在我国法律语境中体现为数字人民币监管、业务、风险与技术规则体系的健全与不同类型规则之间的可合作性。[①] 这种合作性包括但不限于：我国相关金融基础设施运行规则与境外其他国家、国际组织金融基础设施运行规则之间的互认与协调，[②]以及与国内外大型科技企业在业务规则上达成有效合作，通过自身内在规则体系的自洽以及与外部规范格局的联通等提升数字人民币在法定数字货币技术应用与市场占领方面的竞争力，通过具有可合作性的"规则束"平衡相关方利益并提升我国在法定数字货币国际监管合作中的话语权。

涉私人数字货币的法治合作与竞争，在我国法律语境中体现为对稳定币、应用币等潜在货币基本职能相对弱化的加密资产从全面禁止自由发行与交易向境外相关国家的持牌管理等逐步过渡。[③] 例如，将数据资产交易与加密资产交易有机联系，通过国际合作细化监管规则、寻求最大共识，为相关司法案件裁判的互认与执行提供价值理念层面的"最大公约数"；通过自律组织或国家出资的交易平台建立政府与大型科技企业、大型科技企业与金融消费者之间的纽带，为部分具有成员权属性、弱货币功能的加密资产交易提供规范渠道，避免暗网交易集聚风险并最终演化为波及整个金融市场的系统性风险，保障在竞合格局中形成总体可持续的良性循环。

涉非同质化代币的法治合作与竞争，在我国法律语境中体现为对数字藏品的平等对待。相关主管部门需要考虑数字藏品与实物藏品在投资属性方面的相通之处，合理规制数字藏品二级市场的交易频率，有效区分数字藏品的可流通性与任意流通性；引导数字藏品规范从去金融化、去投资化迈向淡金融化、淡投资化；从私有财产的政治经济学与伦理学基础出发，审视公序良俗原则介入的限度，保障我国数字与文化创意产业的生命力与竞争力。

---

① 参见任愿达、许多奇：《我国数字货币代持解除行为涉税问题研究》，载《上海法学研究》2020年第21卷。

② 参见张永亮：《金融科技视阈下金融基础设施域外适用的法治保障》，载《法治研究》2021年第5期。

③ 参见宋爽、熊爱宗：《数字货币全球治理的进展、挑战与建议》，载《国际经贸探索》2022年第9期。

合作与竞争属于未来世界政治、经济、文化发展格局的基本走向。在实践中,包括法律制度在内的规则体系既指向规则订立过程中各方求同存异的沟通与博弈,亦指向规则约束过程中各方同台发展的协调与角逐,在合作与竞争中把握涉外涉企的利益平衡,属于加密资产法治发展的重点议题。

四、加密资产法治发展的应对路径展望

(一)政策因应:资产治理场域的延展

加密资产的法治发展需要《民法典》等私法规范从财产属性等方面对加密资产予以证成,亦需要《网络安全法》《数据安全法》等公私融合的信息技术规范从科技属性等方面对加密资产予以规制。从加密资产业态发展的速率与现状观察,结合我国金融市场相对保守、投资者教育水平有待提升的基本国情,在围绕加密资产的法律架构中,目前颁行与各安全法互补的促进法为时尚早,此时仍需要回归政策层面,从政策因应视角关注加密资产业态发展与规范的平衡,在基本法不断完善并形成稳定负面清单的同时,相关政策可从公开、柔性指导等方面提供具有可行性的正面清单。

例如,《中共中央　国务院关于构建更加完善的要素市场化配置体制机制的意见》明确,数据与资本同属市场要素之一,对加密资产尤其是私人数字货币而言,金融主管部门在认定其不属于成熟金融资产的同时,不应直接将淡金融化、淡投资化与去金融化、去投资化作相同处置,不应直接放弃持牌管理或备案登记等基本行政措施而全面禁止各类私人数字货币的自由发行或交易。这类将不成熟金融资产从资本要素市场中划出去的举措值得商榷,其通过明令全面禁止以否定相关加密资产资本要素属性的同时,亦否定数据要素属性的结果,显然不具有合理性。加密资产具有的资本与数据要素属性系加密资产一体两面的特征,完全禁止的否定性评价难免导致市场中的要素循环出现堵点。围绕加密资产体现的双要素特征,以"双循环"经济战略为依托,将完善要素市场化配置体制机制与保障政策性规范性文件的内在逻辑一致性相对应,有利于要素市场化的法治保障,对法定数字货币作出逐步替代实物与电子法币的过渡期政策安排,对私人数字货币、非同质化代币作出标的类型化与监管措施类型化相对应的制度安排,符合市场经济的发展格局。

(二)激励相容:法律私人实施的融贯

激励相容,是指人们在将追求自身利益最大化作为行为准则的"理性人"假设条件下,在某一制度的激励下为实现自身利益最大化而采取的行动恰好为组织实现了利益最大化,即这一制度产生的激励使个人与组织利益最大化的目标保持一致。① 在加密资产领域,规范性文件引领的社会实施具有较强的行政刚性,不利于应对加密资产业态不断发展延伸的进程。

例如,在设计数字人民币的过程中,相关设计者从长期的视角考虑,以期数字人民币研发实现"一步到位",允许交易双方在处于离线状态时通过手机物理相碰实现数字钱包密钥交换完成转账交易,而在研发实践中却发现单独依靠系统软件实现这一功能时,一旦移动设备持有人将设备恢复至出厂状态,数字钱包对应的系统软件内的部分交易数据亦可能被擦除,如在手机等移动设备中植入硬件插件,一则需要移动设备供应商提供额外服务,二则在硬件插件被不法分子破解后势必将产生极为严重的社会后果,实施成本显著增加。值得注意的是,相关设计者的这一思路完全从数字人民币直接、全面代替实物法币(纸币、硬币)的视角出发,并未考虑人们的生活场景。现实中,在清晨拥挤的地铁中,忙于通勤的上班族,一则无闲暇交易,二则在拥挤、狭隘的空间内极易出现移动设备物理相碰的情形;在经济欠发达地区,一些弱势群体的自我保护意识较弱,如设计通过移动设备物理相碰实现交易的数字人民币似乎未必受此类群体青睐。如果相关主管部门更多考虑增设覆盖 Wi-Fi 设施,形成比使用电子法币更安全、更便捷的业务规则,则数字人民币的推广应用或更容易。这种基于人们生活场景设计的规则体系与配套设施在实现设计成本转移的同时,亦有利于人们实现观念转变,以社会转型作为过渡期的制度安排通过融贯法律私人实施的基本逻辑有利于实现激励相容的制度效果。

(三)双维穿透:实质重于形式的规制

"穿透"一词属于近年来我国监管与司法领域的热词,②这与我国古代法制传

---

① 参见[法]让-雅克·拉丰、大卫·马赫蒂摩:《激励理论(第一卷)——委托—代理模型》,陈志俊、李艳、单萍萍译,中国人民大学出版社2002年版,第17~39页。

② 参见常健:《论"穿透式"监管与我国金融监管的制度变革》,载《华中科技大学学报(社会科学版)》2019年第1期。

统、近代法制转型、现代法治理念均关注"实质重于形式"[①]息息相关。相较于外观主义与法律真相,我国主管部门与司法机关更关注本质与事实真相。在泛金融领域,"穿透式监管"[②]与"穿透式审判"[③]形成一种思维进路;在成本可控的前提下,这种实质重于形式的制度主张显然可以体现社会主义的制度优势。值得注意的是,"实质重于形式"的理念指向在我国法律语境尤其是金融法律语境中并非仅限于一个维度。此外,"穿透"与"刺破"存在本质差异,"刺破公司面纱"[④]或信托财产[⑤]在法律制度语境中具有相当的先验性,而穿透式的监管或审判则侧重从市场与技术中立的视角了解、分析对象的全貌,以此作出综合判断。分析加密资产领域的业务实践不难发现,经济与法律实质,[⑥]市场与技术中立,[⑦]同"穿透式监管""穿透式审判"共振,共同构成在金融法治领域内实质重于形式的双维标准。

例如,稳定币一般由一篮子货币与债券支持,其虽不属于主权货币,但其是否已属于相对成熟的金融资产值得讨论:从交易结构的视角观察,将稳定币类推为基于投资组合形成的理财产品归于金融投资商品似并无不可;从技术结构的视角观察,稳定币具有一般加密资产"去中心化"的特征,使其在交割、结算、存管、追溯等方面与传统金融产品有所区别。如果金融基础设施的负荷条件允许,将稳定币作为"场内"交易对象并列入持牌管理对象并无不可;反之,稳定币因缺乏有效金融基础设施承载而无稳定经济实质时,即便赋予其法律实质,其被"穿透"后作为金融投资商品的意义已不显著。

(四)系统治理:中国式现代化的校验

习近平总书记在党的二十大报告中全面系统深入地阐述了"中国式现代化"的

---

① 参见叶林、吴烨:《金融市场的"穿透式"监管论纲》,载《法学》2017年第12期。

② 参见苟文均:《穿透式监管与资产管理》,载《中国金融》2017年第8期。

③ 参见张桦:《穿透式审判思维的功能与边界刍议》,载中国法院网2021年3月18日,https://www.chinacourt.org/article/detail/2021/03/id/5876589.shtml。

④ 参见沈四宝、王俊:《试论英美法"刺破公司面纱"的法律原则》,载《对外经济贸易大学学报》1992年第4期。

⑤ 参见金晓文:《滥用信托脱产行为的可行性规制路径探究》,载《经济问题》2021年第7期。

⑥ 参见周园:《实质重于形式原则及其应用》,载《吉林省经济管理干部学院学报》2007年第4期。

⑦ 参见郑玉双:《破解技术中立难题——法律与科技之关系的法理学再思》,载《华东政法大学学报》2018年第1期。

科学内涵,[①]为我国在社会转型时期的系统治理指明了方向。从“物质文明和精神文明相协调的现代化”的根本要求出发,不难发现“科技创新赋能的现代化”[②]属于题中之义。围绕法定数字货币、私人数字货币与非同质化代币逐步形成的三元发展格局,仅通过制定令行禁止的规范性文件开展微观审慎监管无法从社会治理的维度定分止争,亦不符合要素市场化配置的政策设计与社会治理法学的基本逻辑。相关主管部门需要从统合规制与综合治理的视角出发,在传统的金融监管法与业务法之外,考虑金融调控法、财税法与科技法的融贯适用,将监管政策与货币政策、财政政策有机联系,保障加密资产法治发展的实效,为实现中国式金融现代化服务。

例如,对私人数字货币与非同质化代币的系统治理,相关主管部门除考虑在监管范畴内实施“实验治理”[③]而采取“沙盒监管”[④]措施外,亦可考虑通过征收数字服务税或数据资产税的方式[⑤]对相关加密资产二级市场予以柔性治理,[⑥]形成“沙盒”内系统的机制联动。相关主管部门通过系统的机制联动可以在宏观层面进一步促进金融宏观调控与监管科技的优化,在中观层面进一步观察加密资产的经济与法律实质,在微观层面进一步推动相关数字服务与技术标准体系的健全。此外,对加密资产的系统治理还有利于在贯彻构建全国统一大市场与“双循环”经济战略的同时,深化市场经济与数字经济的发展,通过多主体、多维度的参与形式与其他国家、国际组织建立更全面的商谈框架,在个人信息保护、数据争议管辖、监管与司法协调等方面寻求原则与规则的“最大公约数”,服务于“中国式现代化”的历史使命与担当。

---

① 参见习近平:《高举中国特色社会主义伟大旗帜 为全面建设社会主义现代化国家而团结奋斗——在中国共产党第二十次全国代表大会上的报告(2022 年 10 月 16 日)》,载人民政协网,https://www.rmzxb.com.cn/c/2022-10-25/3229500.shtml。

② 参见张文显:《深刻把握中国式现代化的科学概念和丰富内涵》,载《理论导报》2022 年第 10 期。

③ 参见康镇:《政策试点的实验主义治理逻辑与转型进路》,载《求实》2020 年第 4 期。

④ 参见黎四奇、李牧翰:《金融科技监管的反思与前瞻——以“沙盒监管”为例》,载《甘肃社会科学》2021 年第 3 期。

⑤ 参见汤洁茵:《数据资产的财产属性与课税规则之建构:争议与解决》,载《税务研究》2022 年第 11 期。

⑥ 参见谭英俊:《柔性治理:21 世纪政府治道变革的逻辑选择与发展趋向》,载《理论探讨》2014 年第 3 期。

五、结　　语

就金融、科技安全与前两者效率之间的矛盾而言,从法的制定视角观察,金融与科技立法之间的协调、相关立法内部对安全与效率两项法价值的平衡,属于通过制定规范避免立法冲突、①形成协同效应的基础性议题。从法的运行视角观察,法律的监管适用与司法适用之间的平衡②同样属于形成协同的基础性议题,而构建全国统一大市场的政策方针与制度③红利可为加密资产交易监管环节中的部际协调与监管规则适用的有效融贯提供原动力。这意味着司法者在考虑强化加密资产整体的法律统一适用④以因应前述统一大市场构建的同时,还应从"底线正义"的视角考虑在加密资产交易的新场景中对个案公平的侧重以及对基本法以外的监管、业务、风险与技术规则等作出必要解释的空间。

就网络跨域性特征与监管本地化特征之间的矛盾而言,解决金融基础设施技术瓶颈与技术规则冲突属于解决前述矛盾的题中之义。当然,我国金融主管部门还应通过更高站位,关注加密资产作为金融科技发展的样本在我国"双循环"经济战略中的正确定位,充分考虑内循环与外循环之间的关系,⑤即金融监管的本地实施与跨境合作共同构成监管有效性实现的充要条件。值得注意的是,试验性监管与穿透式监管对应准确的"锚点"方才属于社会经济转型时期以疏代堵的解决之道,完全依靠运动式监管或肃清式监管并不可行,且其与顶层设计中的纲领性文件精神⑥并不完全吻合。

就法律需要具有稳定性的基本共识与加密资产规则有效适用的多元化诉求之间的矛盾而言,在公法私法化与私法公法化并蓄的公私融合法治趋势下,公权力部门与司法机关应关注法律层面的社会与私人实施互补,这构成加密资产交易纠纷

---

① 参见刘大洪、廖建求:《论市场规制法的价值》,载《中国法学》2004 年第 2 期。

② 参见鲁篱:《论金融司法与金融监管协同治理机制》,载《中国法学》2021 年第 2 期。

③ 参见《中共中央、国务院关于加快建设全国统一大市场的意见》的相关内容。

④ 参见安晨曦:《最高人民法院如何统一法律适用——非正规释法技艺的考察》,载《法律科学(西北政法大学学报)》2016 年第 3 期。

⑤ 参见江小涓、孟丽君:《内循环为主、外循环赋能与更高水平双循环——国际经验与中国实践》,载《管理世界》2021 年第 1 期。

⑥ 参见《中共中央、国务院关于构建更加完善的要素市场化配置体制机制的意见》的相关内容。

解决过程中确保“三个效果”有机统一[①]尤其是表彰社会效果的重要途径。在泛科技化与泛金融化时代,仅依靠主体监管显然无法周延所有主体,且通过行为监管辐射整个金融场域更多体现为理念层面的共识,在现实中仍无法摆脱金融基础设施具有技术局限性的窠臼。因此,需要在条文制定规范中融入私人实施的预设,以推动加密资产交易相关的条文实施规范。

就各国、各大型科技企业两两之间的合作与竞争之间的矛盾而言,一国主管部门应确认其与大型科技企业的关系不仅仅局限于监管者与被监管者的垂直管理关系。在加密资产的科技学习、合规引导等方面显然存在横向商谈关系,[②]即国家与平台之间的关系更倾向于双向互动的环状利益相关者关系。[③] 同时,主管部门还应理解各国之间虽存在全球化的竞争,但亦存在一定的资源配置与分工合作,尤其是围绕法定数字货币的推广使用与私人数字货币的法律监管。申言之,各国均存在表彰国家主权性与政府主体性[④]的二元诉求,适当的跨境监管合作与信息资源流动[⑤]属于提高规制效率的必经之道,即各国、各大型科技企业需要考虑“身份”关系与“契约”关系的并存共融,[⑥]而不再简单地从“身份”迈向“契约”或反之。

总体而言,在矛盾发现与解决的过程中求同存异,以“发展型法治”理念引导我国金融主管部门优化加密资产的法律规制,属于“中国式现代化”语境[⑦]中的重要解题思路。

---

① 参见胡华军:《“三效统一”:新时代人民法院应保有的公正观》,载中国法院网2020年6月22日,https://www.chinacourt.org/article/detail/2020/06/id/5312834.shtml。

② 参见陈鹏:《复杂社会的治理:从形式法治到实质法治——基于哈贝马斯商谈理论的分析视角》,载《理论月刊》2019年第5期。

③ 参见王欧、杨非凡:《合作治理中政府和社会组织关系研究——基于国家—社会二元论视角》,载《华南理工大学学报(社会科学版)》2019年第3期。

④ 参见邓正来:《两种法学全球化观——中国将何去何从?》,载《法学家》2008年第5期。

⑤ 参见吴江羽:《金融科技背景下金融数据监管法律框架构建》,载《西南金融》2020年第11期。

⑥ 参见薛佳:《伦理、契约与身份:西方责任政治分析的三重视角》,载《云南社会科学》2021年第3期;亓同惠:《法治中国背景下的“契约式身份”:从理性规制到德性认同》,载《法学家》2015年第3期;赵磊:《“从契约到身份”——数据要素视野下的商事信用》,载《兰州大学学报(社会科学版)》2020年第5期。

⑦ 参见喻中:《中国式法治现代化的建构方案》,载《法律科学(西北政法大学学报)》2023年第2期;任保平、何厚聪:《中国式现代化新征程中我国数字经济创新体系的构建》,载《上海经济研究》2022年第12期。

投资理财法治实践的新局面

段　磊[*]　等

一、2021～2022 年投资理财法治发展综述

（一）2021～2022 年投资理财市场的整体发展情况

1. 银行理财市场的整体发展情况

2018 年 4 月，《关于规范金融机构资产管理业务的指导意见》（以下简称《资管新规》）出台后，商业银行的理财业务迎来重大变革。《资管新规》第 14 条第 2 款明确要求，在过渡期内，具有证券投资基金托管业务资质的商业银行可以托管本行理财产品，但应当为每只产品单独开立托管账户，确保资产隔离。2018 年 12 月，中国银行保险监督管理委员会（以下简称银保监会）发布了《商业银行理财子公司管理办法》。从此，商业银行理财子公司进入中国主流资产管理金融机构的舞台。2018 年 9 月 26 日，银保监会发布了《商业银行理财业务监督管理办法》，在第 14 条提出了更加具体的监管要求："商业银行应当通过具有独立法人地位的子公司开展理财业务。暂不具备条件的，商业银行总行应当设立理财业务专营部门，对理财业务实行集中统一经营管理。商业银行设立理财子公司的监管规定由国务院银行业监督管理机构另行制定。"2021 年是《资管新规》过渡期的最后一年，由于《资管新规》对商业银行的理财业务带来了巨大的冲击，理财规模的增长一度承压，但从 2021 年第二季度以来，理财规模重回正增长。

---

[*] 华东师范大学法学院副院长，副教授。研究方向：公司法、证券法、信托法。合作者：史金戈，华东师范大学法学院硕士研究生；刘晓薇，华东师范大学法学院硕士研究生。

2. 证券理财市场的整体发展情况

截至2021年年末，证券公司资产管理（资管/理财）市场规模为9.94万亿元，行业实现资管业务收入317.86亿元，同比增加6.09%，资管业务收入占行业比重6.33%，较2020年下降5.29%。《资管新规》第13条要求，主营业务不包括资产管理业务的金融机构应当设立具有独立法人地位的资产管理子公司开展资产管理业务，强化法人风险隔离，暂不具备条件的可以设立专门的资产管理业务经营部门开展业务；金融机构开展资产管理业务，应当确保资产管理业务与其他业务相分离，资产管理产品与其代销的金融产品相分离，资产管理产品之间相分离，资产管理业务操作与其他业务操作相分离。这要求证券公司应当与银行类似，设立资管子公司开展资管业务。为了配合《资管新规》的要求，各证券公司积极设立资管子公司，旨在抓住资产管理业务的发展机遇，推进公司资管业务转型。

3. 信托理财市场的整体发展情况

自2001年《信托法》颁布实施以后，我国信托业正式步入主营信托业务的规范发展阶段。2008～2017年，我国先后颁布《信托投资公司管理办法》《信托投资公司资金信托管理暂行办法》等法律法规，信托业得到高速发展。2018年以来，随着《资管新规》和"两压一降"①监管政策的出台，信托公司大规模缩减通道类业务、资金池业务，信托业开始进入一个负增长的下行周期。2021年7月21日，银保监会办公厅发布《关于清理规范信托公司非金融子公司业务的通知》，要求信托公司不得新增境内一级非金融子公司，已设立的境内一级非金融子公司不得新增对境内外企业的投资。同时，信托公司应当全面梳理境内一级非金融子公司及其在境内外投资企业的基本情况，并有计划地以转让股权等方式清理对相关企业的投资，清理期限不得超过3年，对确有困难的，清理延期不得超过1年。这对控股较多非金融子公司的信托公司产生较大影响，但"3+1"的清理期限，理论上给予各信托公司处理相关事宜充足的时间。

4. 基金理财市场的整体发展情况

《资管新规》的出台对基金市场同样形成较大影响。Wind数据显示，以基金转型生效日为统计口径，截至2021年12月底，年度基金转型数量（合并份额，下同）达

---

① "两压一降"指的是压降信托通道业务规模，压缩违规融资类业务规模，加大对表内外风险资产的处置力度。

到172只,创历史新高。同时,基金转型数量连续4年保持在150只以上。具体来看,2021年基金转型类别中资管大集合基金、分级基金转型成为重点,其中资管大集合基金转型数量为83只,分级基金转型数量为66只,两项合计达到149只。截至2022年第一季度末,国内公募基金数量达9536只,公募基金总规模25.24万亿元,基金份额22.91万亿份,基金数量与份额相比上季度仍保持上涨趋势,份额增速相比四季度都有所放缓,而基金规模下跌1.25%。

(二)2021~2022年投资理财法治的基本情况

1.投资理财法治发展概述

自2021年1月1日以来,有关投资理财领域的法治不断健全,法律法规相继出台,主要覆盖银行、证券、信托、基金等提供金融理财产品的行业,逐渐形成完善、立体、有效的法治体系。总体上,各法律法规主要遵循2018年《资管新规》、2019年《证券法》的指导思路与内容,既有对此前已有的法规、规章、办法的修订深化,也有对亟待完善的新领域的规制。本部分将从投资理财产品和投资理财产品管理人这两个维度对2021年1月1日~2022年5月31日的投资理财法治基本情况进行梳理。

(1)投资理财产品,包括银行理财产品、资产管理产品、信托理财产品、基金理财产品等金融产品,是投资理财法治的核心要素,是投资市场上的交易标的。

(2)运营主体是投资理财市场的两大主体之一,[①]涵盖投资理财产品的发行、销售、资产管理、托管、信息披露、产品赎回等核心环节。

2.理财产品销售监管体系的构建

由于商业银行理财子公司脱胎于商业银行理财业务,其从业人员、信息系统、风险控制、目标客户、投研能力不可避免地都带有浓厚的商业银行色彩,理财产品销售自然也不能例外。《商业银行理财子公司管理办法》第25条第1款就开宗明义地规定:“银行理财子公司开展业务,应当遵守《指导意见》和《理财业务管理办法》的总则、分类管理、业务规则与风险管理、附则以及附件《商业银行理财产品销售管理要求》的相关规定,本办法另有规定的除外。”商业银行理财产品销售的多项

① 另一大主体是投资者,投资者的保护问题是与投资理财市场的健康发展、避免系统性风险成为同等重要的命题。

监管要求,散落在不同的监管规则之中,让银行理财子公司继续沿用商业银行理财产品销售的规则,全面性和适用性都存在不足。鉴于此,进入 2021 年以后,银保监会围绕理财公司和理财产品陆续出台了相关法规,在理财公司和理财产品的法治建设方面,初步建立起了体系化的监管框架。

(1)理财公司外延的扩大

根据《理财公司理财产品销售管理暂行办法》第 2 条的规定,理财公司是指在中华人民共和国境内依法设立的商业银行理财子公司,以及银保监会批准设立的其他主要从事理财业务的非银行金融机构。除商业银行理财子公司外,银保监会批准设立的其他主要从事理财业务的非银行金融机构也属于理财公司。适用范围的扩大充分考虑了 2019 年 7 月由国务院金融委员会作出的“允许境外资产管理机构与中资银行或保险公司的子公司合资设立由外方控股的理财公司”的对外开放举措。如外方资产管理机构与商业银行理财子公司、保险资产管理公司设立的合资理财公司,也给未来可能出现的新型理财公司留下了空间。

(2)销售机构的适格条件

根据《理财公司理财产品销售管理暂行办法》的规定,理财公司理财产品的适格销售机构须满足两个基本前提:一是获得金融监督管理部门的许可,否则任何非金融机构和个人均不得直接或变相代理销售理财产品(第 8 条);二是有四类机构可以接受理财公司委托,代售理财公司发行的理财产品,即理财公司自身、其他理财公司、能够吸收公众存款的银行业金融机构(包括商业银行、农村合作银行、村镇银行、农村信用合作社等)以及银保监会规定的其他机构(第 3 条)。理财公司理财产品的销售机构首先必须是“金融机构”,然后银保监会又将销售机构进一步谨慎地限定在非常狭窄的范围内。即使是银行业金融机构,但依法不能吸收公众存款的,如信托公司、企业财务公司、汽车金融公司等,也都不能代销理财公司的理财产品;更不用说在中国法律下尚不具备金融机构资质的第三方财富管理机构、独立基金销售公司了。

(3)理财产品销售的范围

根据《理财公司理财产品销售管理暂行办法》第 2 条的定义,“理财产品销售”不仅是指理财产品的“认购、申购和赎回”,还包括理财产品的“宣传推介”、“投资建议”以及银保监会认定的“其他业务活动”。这意味着“理财产品销售”行为的边界被大大地拓展了。由于更多行为被纳入“理财产品销售”的定义之中,并且明确了理财产品销售机构的持牌要求,这可能会影响理财产品的一些代销渠道。目前,市场上互联网平台存在理财产品信息营销宣传的情形,但是这类“导流”模式是否属于理财产品销售,需要作出更为细节的界定。只要以展示、介绍、比较理财产品部分或全部特征信息等方式宣传推介理财产品即视为理财产品的销售行为,但《理财公司理财产品销售管理暂行办法》的规定调整了相关表述:“以展示、介绍、比较理财产品部分或全部特征信息,并同时直接或间接提供认购、申购、赎回服务等方式宣传推介理财产品”,属于理财产品的销售行为。结合《理财公司理财产品销售管理暂行办法》对理财产品销售机构的持牌要求,可以说该条规定的要求有所放宽,从而明确了理财产品销售机构从事理财产品销售行为的边界。

(4)代销模式下的权责划分

从目前的市场实践来看,理财公司的产品销售主要还是依靠商业银行的代销。《理财公司理财产品销售管理暂行办法》对代销模式下理财公司和代销机构的权责划分更加清晰,加重了理财公司对代销机构的管理责任,理财公司和代销机构之间需要更加谨慎和规范地做出双向选择。

第一,由理财公司选择代理销售机构。根据《理财公司理财产品销售管理暂行办法》的规定,理财公司对代理销售机构应展开尽职调查、定期规范性评估以及名单制管理。这意味着强化了理财公司对代理销售机构的准入机制、日常管理要求和责任。理财公司需对代理销售机构开展实质尽调,落实名单制管理制度等。

第二,由代理销售机构选择理财产品。根据《理财公司理财产品销售管理暂行办法》的规定,代理销售机构选择代理销售理财产品仍需承担尽职调查工作,而不得仅以理财公司的相关产品资料或其出具的意见作为审批依据。并且,应纳入本机构统一专门名单管理;对拟售的私募理财产品,还应该进行专门的尽职调查和风险评估。

第三,委托代销并不解除委托方的监管义务。在代销模式中,虽然是代销机构直接面对投资者,并依据理财公司的委托对投资者进行适用性审核、完成反洗钱和反恐怖主义融资等相关的身份识别,但理财公司自身应承担的作为产品发行人的监管义务并不会因此而被转换至代销机构。如果代销机构在代销过程中未能按照监管要求履行投资者适当性等监管义务,那么理财公司依然会因履行监管责任不当、经营不审慎,而可能面临银保监会等监管机构的行政处罚。委托代销双方之间的合同履行,并不能成为理财公司抗辩其责任应由代销机构承担的合理理由。

3. 理财产品流动性风险管理的完善

《资管新规》中对金融监督管理部门提出了“应当制定流动性风险管理规定”的要求。一方面，符合当前推进理财产品净值化转型的趋势，对产品流动性管理提出了更高要求，有利于维护金融市场的稳定；另一方面，规范理财产品的流动性管理，提高资金兑付能力，防范被动变现资产降低产品净值，既有利于保障投资者申赎产品的权利，也有利于保障投资者合法权益不受损害并得到公平对待。鉴于此，为了加强理财产品流动性风险管控，保护投资者合法权益，银保监会起草了《理财公司理财产品流动性风险管理办法（征求意见稿）》，并于2021年9月8日起向社会公开征求意见。在广泛征求意见的基础上，2021年12月10日，银保监会发布了《理财公司理财产品流动性风险管理办法》（以下简称《风险管理办法》）。

（1）理财公司的风险管理责任

《风险管理办法》要求理财公司建立有效的公司治理和管控机制，健全各项管理制度并有效实施。一是理财公司应当建立健全理财产品流动性风险管理制度与治理结构，指定部门设立专门岗位、配备充足具备胜任能力的人员负责理财产品流动性风险管理。二是承担理财产品投资运作管理职责的部门负责人对该理财产品的流动性风险管理承担主要责任。三是理财公司应当指定部门负责理财产品流动性风险压力测试，并与投资管理部门保持相对独立。四是理财公司应当采取有效措施加强第三方合作管理，确保及时充分获取相关信息，满足理财产品流动性风险管理的需要。

（2）理财产品设计的风险管理要求

《风险管理办法》强调将流动性风险管理贯穿于理财业务运行的全流程。在理财产品的设计阶段，理财公司应当综合评估投资资产流动性、投资者类型与风险偏好等因素，审慎确定开放式、封闭式等产品运作方式，合理设计认购和赎回安排。其中，对拟投资不存在活跃交易市场且需要采用估值技术确定公允价值的资产占50%以上的理财产品，要求采用封闭或定期开放运作方式（定期开放周期不得低于90天），且理财产品销售文件还应当作出充分披露和显著标识。类似地，对允许单一投资者持有份额超过总份额50%的理财产品，也应当采用封闭或定期开放运作方式，定期开放周期不得低于90天（现金管理类理财产品除外），并且该理财产品销售文件应当作出充分披露和显著标识，不得向个人投资者公开发售。

(3)理财产品投资端的风险管理要求

在投资运营阶段,理财公司应当持续做好低流动性资产、流动性受限资产和高流动性资产的投资管理,提高资产流动性与产品运作方式的匹配程度。《风险管理办法》明确了面向单一投资者发行的私募理财产品可不受流动性受限资产比例要求,且删除了被动超标情形下理财公司可以在流动性受限资产可出售、可转让或者恢复交易的10个交易日内调整的条款。同时,进一步明确定期开放周期不低于90天的公募理财产品应当在开放日及开放日前7个工作日内符合高流动性资产比例要求。

(4)认购、赎回管理和信息披露要求

《风险管理办法》要求理财公司加强理财产品认购、赎回管理,依照法律法规及理财产品合同的约定,合理运用理财产品流动性管理措施,以更好维护投资者合法权益。合理运用管理措施还有助于保持投资策略的相对稳定,使投资者获取长期投资、价值投资收益。同时,《风险管理办法》强化了事先约定和信息披露要求,明确了理财公司应当在合同中与投资者事先约定理财产品未来可能运用的流动性管理措施,并按规定向投资者披露理财产品面临的主要流动性风险及管理方法、实际运用措施情况,维护投资者知情权,促进其形成合理预期、作出理性决策。

4. 现金管理类理财产品监管的接轨

现金管理类产品,是指仅投资于货币市场工具,每个交易日可办理产品份额认购、赎回的银行或理财公司的理财产品。《资管新规》明确了资管产品的统一监管规则,要求资管产品坚持公允价值计量原则,鼓励使用市值计量。2018年7月20日,中国人民银行发布《关于进一步明确规范金融机构资产管理业务指导意见有关事项的通知》(以下简称《补充通知》),规定"过渡期内……银行的现金管理类产品在严格监管的前提下,暂参照货币市场基金的'摊余成本+影子定价'方法进行估值",首次提出现金管理类产品概念,要求进行严格监管,并允许此类产品在一定条件下采用摊余成本计量。根据《资管新规》《补充通知》《商业银行理财业务监督管理办法》《商业银行理财子公司管理办法》等相关规定,银保监会、中国人民银行专门制定现金管理类产品监管规定,细化监管要求。与货币市场基金相似,现金管理类产品面向社会公众公开发行,允许投资者每日认购赎回,容易因大规模集中赎回引发流动性风险,风险外溢性强。

2021年5月27日,银保监会、中国人民银行发布《关于规范现金管理类理财产品品管理有关事项的通知》,针对此前现金管理类与货币基金等同类产品监管要求不一致问题以及存在监管套利的现象,将现金管理类理财产品的监管各项管理细则严格对标货币基金等同类产品,从投资管理、流动性和杠杆管控、估值核算、认购赎回和销售管理、银行补充资本等多方面进一步完善了整个理财业务的监管框架。该通知的制定有利于统一同类资管产品的监管标准,防范不公平竞争和监管套利;有利于增强现金管理类产品业务经营的合规性和稳健性,防止不规范产品无序增长和风险累积,推动银行存量理财业务规范整改和理财公司"洁净起步";有利于明确长期制度安排,稳定市场预期,消除不确定性,促进相关业务和金融市场的平稳运行。

5.资管产品介绍要素的标准化

(1)资管产品介绍要素标准化工作的意义

信息披露是保障中小投资权益、维护市场秩序、落实资管产品"卖者尽职、买者自负"理念的重要措施之一。但是,金融机构在实际销售中往往通过资管产品介绍资料,列出产品的主要特点,提供给投资者,供投资者阅读参考,作出投资选择。尽管相关监管机构和行业自律组织对各类资管产品的募集、信息披露、销售等环节均作出了明确规定,对资管产品的合同内容也提出了要求,但因缺少统一标准,资管产品介绍资料存在质量参差不齐,同类产品展示要素尺度、维度不一致,用词过于专业化等问题,使投资者阅读难度加大、阅读欲望降低。

(2)资管产品介绍要素标准的主要内容

2021年5月13日,中国人民银行、银保监会、证监会正式发布《资产管理产品介绍要素》(以下简称《资管要素》)(JR/T 0215—2021)金融行业标准。标准经过广泛征求意见和论证,并通过了全国金融标准化技术委员会的审查。《资管要素》分为三部分,分别对银行理财产品、证券期货资产管理计划及相关产品、信托产品的介绍提出了通用要求和各级要素。在通用要求方面,《资管要素》要求三类产品要公正、准确地介绍必要信息,充分概括必要风险,进行真实、准确的信息披露等,并且对资管产品的纸张、字体、字号、批注等形式要求规定了统一的标准。

在各级要素方面,《资管要素》第1部分(银行理财产品)列出一级要素33项,二级要素23项,覆盖产品自身信息、运作模式及对应产品资料、募集信息、风险与收益、参与及退出安排、投资者权益保护与信息披露等内容;第2部分(证券期货资产管理计划及相关产品)共涉及一级要素9项、二级要素49项,覆盖产品投资服务相关机构、适当性要求、投资、风险收益、费用、投资者权益维护等关键产品信息;第3部分(信托产品)列出一级要素9项,二级要素36项,覆盖产品及运作机构相关信息、信托财产运用策略、产品风险与收益、费用、投资与退出安排、投资者权益维护等内容。

(3)资管产品介绍要素标准的应用和影响

如前所述,资管产品介绍作为销售资料的重要组成部分,如果缺乏统一标准会使其信息披露的功能大打折扣,对投资者的保护也会失去实质意义。《资管要素》是推荐性行业标准,并不具备强制效力,仅具有行业实践与司法执法参考价值。因此,为了促进各金融机构业务与《资管要素》的快速结合,进一步规范资管行业发展,一方面,要加强监管机构对《资管要素》的执行力度,加强行业自律组织协调各金融机构对《资管要素》的落实应用,要求相关人员接受培训等;另一方面,要以《资管要素》为点,带动健全资管产品市场风险监控、预警体系,从而在促使金融机构进一步完成合规化转型的同时,形成科学、完善的风险管控体系。

6. 养老理财产品的试点和扩大

自2022年3月1日起,养老理财产品试点由《关于开展养老理财产品试点的通知》规定的"四地四机构"扩大至"十地十机构",包括北京、沈阳、长春、上海、武汉、广州、重庆、成都、青岛、深圳十地,以及工银理财有限责任公司、建信理财有限责任公司、交银理财有限责任公司、中银理财有限责任公司等10家理财公司。其中,对于首批参与试点的理财公司,单家募资规模上限由原来的100亿元扩大至500亿元。截至2022年7月16日,已有5家理财公司发行了28只养老理财产品。

养老理财产品试点的内容包括实现跨期资源配置,以及提供稳健、普惠性理财产品。[①] 第一,养老理财产品旨在帮助投资者在全生命周期实现资产保值增值的目标。养老理财产品的投资往往贯穿投资者的生命周期,时间跨度超长,因此其投资目标之一就是长期跑赢通货膨胀。从财富结构的角度来看,养老理财产品可以发挥金融的跨期资源调配作用,实现居民消费水平在全生命周期的平滑分布。第二,养老理财产品既是稳健性理财产品,也是普惠性理财产品。除了投资者对于养老的本质需求,养老理财产品不应囿于R1级的范围。这是因为倘若养老理财产品只追求保本经营,在漫长的生命周期中可能丧失购买力,因此养老理财项目应当参与

① 参见李源:《关于银行养老理财产品投资管理的思考》,载《债券》2022年第5期。

资本市场,这是养老理财产品试点的重点内容之一。养老理财产品不属于老年理财产品,具有普惠性。与老年客户相比,中青年客户群体往往具备更强的风险承受能力、更长的投资周期和更小的机会成本。

7. 投资理财运营主体的扩容

2022 年 4 月 26 日,证监会发布《关于加快推进公募基金行业高质量发展的意见》,其中第 3 条提出,积极推进商业银行、保险机构、证券公司等优质金融机构依法设立基金管理公司。调整优化公募基金牌照制度,适度放宽同一主体下公募牌照数量限制,支持证券资管子公司、保险资管公司、银行理财子公司等专业资产管理机构依法申请公募基金牌照,从事公募基金管理业务。该意见要求进一步壮大公募基金管理人队伍,推动形成良好的行业竞争生态。

(1)适度放宽公募基金牌照

根据《证券投资基金管理公司管理办法》(2020 年修正),一家机构或者受同一实际控制人控制的多家机构参股基金管理公司的数量不得超过 2 家,其中控股基金管理公司的数量不得超过 1 家。《证券投资基金管理公司管理办法》对公募基金管理人的准入标准为"一参一控"。由于分业监管并随着《资管新规》的实施,可以开展公募理财业务的银行理财子公司纷纷成立。

2022 年 5 月 20 日,证监会发布了《公开募集证券投资基金管理人监督管理办法》及相关配套规则,将公募持牌机构一并纳入规制范围,并统一了各类机构准入标准,拉平公募持牌机构监管安排。按照《公开募集证券投资基金管理人监督管理办法》中第 15 条的要求,同一主体或者受同一主体控制的不同主体参股基金管理公司的数量不得超过 2 家,其中控制基金管理公司的数量不得超过 1 家;直接持有和间接控制基金管理公司股权的比例低于 5% 的情形,不计入参股、控制基金管理公司的数量。这标志着"一参一控一牌"规则的正式落地,同一主体在"一参一控"的情况下,还可以申请一块公募牌照。可以看出,《公开募集证券投资基金管理人监督管理办法》对公募基金管理人的准入标准予以降低,而这次的《关于加快推进公募基金行业高质量发展的意见》则进一步放宽了同一主体下公募牌照数量限制,支持证券资管子公司、保险资管公司、商业银行理财子公司等专业资产管理机构依法申请公募基金牌照,从事公募基金管理业务。"一参一控"政策的松绑,将进一步扩大公募基金管理人队伍,同时可能会影响同一主体在资管领域的相关布局。

(2)支持基金管理公司设立专业子公司

2012年10月,证监会发布《证券投资基金管理公司子公司管理暂行规定》,此后基金子公司陆续获批成立,成为基金管理公司突破发展瓶颈的重要增长点。2016年11月,证监会发布《基金管理公司子公司管理规定》《基金管理公司特定客户资产管理子公司风险控制指标管理暂行规定》,将基金子公司作为金融机构正式纳入以准入、净资本约束和风险指标等为核心的监管框架,对基金子公司的净资本、股东资格、业务规范性等方面提出了多项要求,大幅提升了基金子公司的设立门槛,基金子公司开展业务受限。自前述规定颁行以来,基金子公司规模大幅下降,部分中小型基金子公司甚至出现业务停滞。受到上述规定的影响,部分基金子公司开始寻找新的业务转型与突破。《关于加快推进公募基金行业高质量发展的意见》第1条明确指出:支持公募主业突出、合规运营稳健、专业能力适配的基金管理公司设立子公司,专门从事公募不动产投资信托基金(Real Estate Investment Trust,REITs)、股权投资、基金投资顾问、养老金融服务等业务,提升综合财富管理能力。可以预期,基金子公司有望在有序的监管环境中再次发力。

二、2021~2022年投资理财的法律争议及案例评述

近年来,我国投资理财领域呈现了高速发展的态势,投资理财纠纷越来越成为类型化特征相对明显的纠纷类型。从数量上看,2021年1月1日~2022年12月31日,裁判文书网中可查询到的涉及投资理财的判决共30,510件,与2020年度的39,153件和2019年度的40,062件相比,数量呈逐年下降趋势。可见,随着我国投资理财行业的不断规范,投资理财的风险和隐患正逐渐被治理。

从案件类型看,投资理财纠纷分布在证券、信托、保险、期货等各个领域,与证券、信托、保险、期货纠纷相关的案件2749件,其中涉及证券纠纷的案件有54件,信托纠纷的案件有13件,期货纠纷的案件有4件;与委托理财合同纠纷有关的案件1611件;与借款合同纠纷有关的案件7711件。

从争议焦点看,案例主要涉及:(1)投资理财行为的法律性质,即究竟属于委托理财还是民间借贷,属于理财还是储蓄;(2)投资理财合同的效力,当事人的意思表示和主体资格是否会影响合同的效力;(3)投资理财合同的具体内容,主要涉及强行平仓制度和保底条款;(4)投资理财中对投资者的保护,包括投资理财机构的适

当性义务，不得捆绑销售等规定。以下将围绕这几个争议焦点，对相关的重点案例具体展开论述。2021～2022 年投资理财重点案例，见表 1。

表 1　2021～2022 年投资理财重点案例整理

争议焦点	具体类型	案号
投资理财法律性质	委托理财与民间借贷	（2020）辽 01 民终 4290 号 （2020）吉民终 501 号 （2020）最高法民申 5543 号 （2021）闽 03 民终 892 号 （2021）京 03 民终 7112 号 （2021）粤 03 民终 16467 号 （2021）最高法民申 7927 号 （2021）粤 03 民终 16467 号
	理财与储蓄	（2020）浙民再 354 号
投资理财合同效力	主体资格	（2022）京 74 民终 92 号
投资理财合同内容	强行平仓	（2019）桂民终 767 号 （2020）京民终 253 号
	保底条款	（2020）京民申 3553 号 （2021）京 0106 民初 16582 号 （2022）京 74 民终 92 号
投资者保护	适当性义务	（2020）沪 74 民终 461 号
	捆绑销售	（2021）粤 01 民终 4464 号 （2022）青 01 民终 114 号

（一）关于投资理财法律性质的争议及案例评述

1. 委托理财与民间借贷之争议

委托理财，是指委托人将其资金、金融性资产委托给非金融机构或自然人，受托人在一定期限内将委托资产投资于证券、期货等金融市场。司法实践中，常常遇到究竟属于委托理财合同关系还是民间借贷关系的纷争，在区分委托理财合同与民间借贷合同时，应当查明双方订立合同时的实质目的是资金拆借还是委托理财，查明双方对资金享有的是所有权还是债权，是否存在固定收益等条款，合理分配双方的举证责任。归纳起来,法院主要从如下几种角度进行区分。

第一,对资金享有的权利。构成委托理财必须同时符合以下条件:一是委托人和受托人达成委托理财的合意,约定所委托金融性资产的性质及数额,明确收益比例;二是受托人将自己的资金、证券等金融性资产交付受托人,由受托人对委托人交付的资产进行投资管理,并支付委托人一定比例的收益。因而法院以未将资金实际交付于对方账户为由,认定原、被告之间未形成金融委托理财合同关系。

第二,风险收益模式。保证本金固定回报利息模式属于民间借贷法律关系的本质属性,共享收益和共担风险的模式属于委托理财法律关系。在吴某某、福建某投资管理有限公司等委托合同纠纷案中,吴某某与福建某投资管理有限公司签订的《客户资产委托管理协议书》第 7 条约定,某投资管理有限公司无论盈亏均保证吴某某获得固定本息回报,超额投资收益均归某投资管理有限公司所有,属于"名为委托理财、实为借贷关系"的情形,故法院认定吴某某与某公司之间成立借款合同关系。①

第三,当事人的意思表示。在吴某某、深圳市某资本管理有限公司等委托理财合同纠纷案中,法院认为各方当事人签订的协议书,对各方当事人在履行合同过程中的权利义务的约定表明是委托理财合同,该协议系当事人真实意思表示,内容本身未违反法律、行政法规的强制性规定,合法有效。

第四,举证责任。如马某某、孙某某等民间借贷纠纷案,②该案就原、被告之间是借贷关系还是委托代理理财关系展开了激烈争论,法院从举证责任入手,认为未形成委托理财关系,引用《最高人民法院关于审理民间借贷案件适用法律若干问题的规定》(法释〔2015〕18 号)第 17 条认定原告未能提供其与孙某某的委托代理手续、理财委托指令等相关证据以证实其主张,因而认定该关系不是委托理财关系,而是借贷关系。

2. 理财与存款之争议

理财与存款的区别主要在于,存款本金和利息受存款保险保障。2015 年 5 月 1 日,《存款保险条例》正式开始执行,存款人在银行的存款纳入保险范围,所有银行都要向存款保险管理机构缴纳保费,形成存款保险基金,一旦银行经营不善存款人的存款可以通过存款保险基金等取回;理财产品却要投资人自行承担风险,因而理

---

① 参见吴某某、福建某投资管理有限公司等委托合同纠纷案,福建省莆田市中级人民法院(2021)闽 03 民终 892 号民事判决书。

② 参见马某某、孙某某等民间借贷纠纷案,最高人民法院(2021)最高法民申 7927 号民事裁定书。

财产品严格执行风险分级制度。存款通常是固定收益,而理财产品往往是浮动收益。存款支持随时支取,理财产品赎回需要满足一定的条件。

(二)关于投资理财合同效力的争议及案例评述

在投资理财合同效力纠纷的司法实践中,法院主要从以下几个方面进行审查。

1.关于当事人的意思表示

如前所述,常常有部分合同虽然表明是投资理财关系,但实际并没有投资理财的合意,或者没有提供足够的证据证明存在投资理财的合意,就可能会被认为符合民间借贷法律关系的要件,从而认定投资理财合同无效。

2.关于主体资格

(1)审查委托人的主体资格

一般情形下,依法具有独立民事主体资格的自然人、法人等均可以作为委托人签订民间委托理财合同。需要说明的是,从维护国家金融安全和社会公共利益的角度考量,我国法律在部分投资领域对外商投资者作为委托理财合同的委托人作出一定限制,对此应注意加以甄别。

(2)审查受托人的主体资格

受托人为自然人的情况下,一般而言其受托理财无须经过特许审批,但受托人属于金融行业从业人员的情况下,应当进一步审查受托人有无违反从业禁止性规定。受托人为非金融机构的情况下,应当进一步对其受托理财的内容及经营资质、主体资格、经营范围等进行审查。若受托人受托理财的内容超出其经营范围,还需进一步根据超出事项的性质加以区分:超出事项属于一般经营范围的,并不影响合同效力;超出事项属于禁止经营、限制经营以及特许经营的,因受托人违反效力性强制性规定,故合同应认定无效。

(三)关于投资理财合同内容的争议及案例评述

1.关于"强行平仓"的争议

所谓"强行平仓",是指仓位持有者以外的第三人(交易所或者经纪公司)由于市场行情波动出现交易保证金不足以覆盖其合约持仓的情形后,单方面强行了结仓位持有者的仓位,又称被斩仓或者被砍仓。强行平仓是交易亏损到一定程度后由第三人实施的最严厉的风险控制措施,该措施一旦实施,往往会对仓位持有者造成不可逆转的影响,因此法律一般对强行平仓有着严格的限制。对于强行平仓的处理程序和步骤,在《最高人民法院关于审理期货纠纷案件若干问题的规定》第 36 条第 2 款有明确规定:"客户的交易保证金不足,又未能按期货经纪合同约定的时间追加保证金的,按期货经纪合同的约定处理;约定不明确的,期货公司有权就其未平仓的期货合约强行平仓,强行平仓造成的损失,由客户承担。"不遵循此规定的强行平仓行为认定为期货公司的侵权行为。

第一,当客户的交易保证金不足又未能按照约定追加保证金时,处理的方式首先是遵从"期货经纪合同的约定";约定不明确的,期货公司即有权强行平仓。

第二,也有案例例外,认为即使未及时追加保证金,委托人意愿表明其不愿意平仓的,也可以不平仓,但需要支付保证金和违约金。

2. 关于"保底条款"的争议

保底条款,是指无论委托理财是盈利还是亏损,委托人均收回部分或全部投资本金甚至获取收益的条款,具体形式不仅包括在委托理财合同中约定保底条款,还包括签订单独的保底协议或出具承诺书等。司法实践中,保底条款的情形主要包括:保证本金不受损失、保证本息最低回报、保证本息固定回报、保证本金损失上限、事后承诺补足损失和亏损不收取管理费用六种约定类型。这些投资理财合同中的保底条款是否有效,一旦发生纠纷能否得到法院的支持,这是我国投资理财合同纠纷中的疑难问题。

(1)金融机构理财产品中保底条款的法律效力

根据运营主体的不同,可以分为证券公司、信托公司、商业银行等金融机构的理财产品,其保底条款的法律效力认定,适用不同的法规。

第一,证券公司理财产品中保底条款的法律效力。《证券法》第 135 条规定:"证券公司不得对客户证券买卖的收益或者赔偿证券买卖的损失作出承诺。"另外,《证券公司客户资产管理业务管理办法》(2013 年修订,已失效)第 33 条规定:"证券公司从事客户资产管理业务,不得有下列行为:……(二)向客户做出保证其资产本金不受损失或者取得最低收益的承诺……"根据上述规定,如果证券公司在合同中向投资者承诺最低收益率等,严重违反法律的强制性规定和监管要求,依照合同法应当认定为无效。一旦发生纠纷,投资者无法获得最低收益率等证券公司做出的保底承诺。

第二,信托公司理财产品中保底条款的法律效力。信托公司发行的集合资金信托计划是理财产品的重要表现形式。与证券公司相似,《信托公司集合资金信托计划管理办法》(2009 年修订)第 8 条规定:"信托公司推介信托计划时,不得有以下行为:(一)以任何方式承诺信托资金不受损失,或者以任何方式承诺信托资金的最低收益……"基于这一要求,信托公司集合资金信托计划的《认购风险申明书》中应当指出:"本信托计划不承诺保本和最低收益,具有一定的投资风险,适合风险识别、评估、承受能力较强的合格投资者。"由此来看,如果在信托公司理财产品中存在保底条款,该条款也应当是无效的。

第三,商业银行理财产品中保底条款的法律效力。与证券公司和信托公司的理财产品不同的是,在 2018 年《资管新规》颁布以前,根据 2005 年 11 月 1 日起施行的《商业银行个人理财业务管理暂行办法》(银监会令 2005 年第 2 号令,已失效)的规定,商业银行的个人理财产品有"保证收益理财计划"和"非保证收益理财计划"之分。但《资管新规》出台后,统一规范金融机构资产管理业务。其中第 2 条第 2 款明确规定:"资产管理业务是金融机构的表外业务,金融机构开展资产管理业务时不得承诺保本保收益。出现兑付困难时,金融机构不得以任何形式垫资兑付……"在此之后,银保监会废除了 2005 年《商业银行个人理财业务管理暂行办法》,另行制定《商业银行理财业务监督管理办法》,于 2018 年 9 月 26 日发布。该管理办法第 24 条第 2 款规定:"商业银行的董事、监事、高级管理人员和其他理财业务人员不得有下列行为:……(四)向理财产品投资者违规承诺收益或者承担损失……"第 26 条第 1 款规定:"商业银行销售理财产品,应当加强投资者适当性管理,向投资者充分披露信息和揭示风险,不得宣传或承诺保本保收益,不得误导投资者购买与其风险承受能力不相匹配的理财产品。"

(2)民间理财产品中保底条款的法律效力

我国法院对民间理财合同中保底条款效力的态度有一个明显的转变趋势。2021 年之前常有判决认为保底条款有效,如张某某与魏某委托理财合同纠纷案。[①] 但是自 2021 年以来,法院认为保底条款无效的判决在逐步增加。例如,陆某与李某某委托理财合同纠纷案。[②] 这些判例表明越来越多的法院倾向于认定民间理财合

---

① 参见张某某与魏某委托理财合同纠纷案,北京市高级人民法院(2020)京民申 3553 号民事裁定书。

② 参见陆某与李某某委托理财合同纠纷案,北京市丰台区人民法院(2021)京 0106 民初 16582 号民事判决书、北京金融法院(2022)京 74 民终 92 号民事判决书。

同中的保底条款无效。具体理由如下:第一,根据《民法典》第 929 条的规定,委托合同的受托人只承担因己方过错造成委托人损失的责任,而保底条款约定受托人承担非因其过错造成的损失,与委托合同关系的基本规则相背离。第二,当事人在合同中围绕保底条款所约定的民事权利义务,一定程度上存在不对等的情况,免除了委托人应承担的投资风险,违背了《民法典》第 6 条规定的公平原则。第三,我国《证券法》《信托法》等法律均规定,金融机构作为资产管理产品受托人订立的保底条款无效,《全国法院民商事审判工作纪要》(以下简称《九民纪要》)对此也进一步予以明确。尽管非金融机构或自然人不宜完全适用上述法律法规,但法律对特殊主体的特别规定,对于规制一般主体亦具有一定的借鉴和引导作用。第四,在高风险的金融市场中,保底条款的约定与市场经济规律和资本市场基本规则存在冲突,不利于发挥市场在资源配置中的决定性作用。

在保底条款无效的情况下,保底条款对合同整体效力是否产生影响,主要取决于其是否属于委托理财合同的目的条款和核心条款。如果委托人是因受托人承诺保证本金安全方与受托人订立委托理财合同,且缺乏保底条款,委托人则不会订立委托理财合同,此时应当认定保底条款属于委托理财合同的目的条款。从委托理财权利义务的内容来看,在约定较为简单的委托理财合同中,委托人与受托人在委托理财合同中的关键权利义务均由保底条款予以确定,此时保底条款则属于委托理财合同的核心条款。在保底条款属于委托理财合同的目的条款和核心条款的情况下,保底条款的无效将导致委托理财合同整体无效。保底条款不影响委托理财合同其他部分效力的,其他部分仍然有效。

(四)投资理财的行政处罚案例及其评述

1. 理财公司行政处罚的概述

2021 年是《资管新规》过渡期的最后一年,2022 年上半年随着过渡期的结束,理财业务合规情况有所好转,2022 年上半年包含“理财”二字的理财业务罚单数量为 28 张,2021 年同期为 46 张,同比减少 39.1% 。上半年度银保监会注重对标准化数据(Examination and Analysis System Technology,EAST)系统数据质量及数据报送进行监管,2022 年 3 月 27 日银保监会对 14 家银行就标准化数据系统数据质量及数据报送中的违法违规问题予以行政处罚,其中包括 EAST 系统理财产品数据。[①]与此同时,随着理财公司的独立运作,首次出现了理财公司被罚的情况,理财业务合规主体或逐步转向理财公司,在 2022 年 5 月 26 日,银保监会分别对中银理财有限公司、光大理财有限公司理财业务中存在的违法违规问题予以行政处罚。通过对 2021 年度行政处罚进行梳理可以发现,理财公司经营管理中主要存在理财资金违规使用、违反适当性义务的相关规定、销售机构不符合条件、流动性风险管理四个方面的问题。

(1)理财资金违规使用

在 2021 年度银保监会的行政处罚中,几乎都有涉及理财资金违规使用的问题。从银保监会的严格处罚中可以看出,监管层对理财资金的投资方向具有严格的监管。自 2017 年 5 月银行业理财登记托管中心有限公司下发通知规范银行理财产品的穿透登记工作起,监管层对理财资金的高杠杆问题和资金池问题开启穿透式监管。通知要求,对于银行理财资金购买各类资产管理计划,以及通过与其他金融机构签订委托投资协议的方式进行投资的情况,必须通过理财登记系统对底层基础资产或负债进行登记。与强监管相应的是对理财产品投资范围的放开,《资管新规》后中国证券登记结算公司发布的《特殊机构及产品证券账户业务指南》明确了商业银行发行的已在"全国银行业理财信息登记系统"登记的理财产品,可以开立商业银行理财产品证券账户,使理财资金可以进入证券市场。

(2)违反适当性义务

银保监会的行政处罚主要针对管理人未执行合格投资者认定标准等未履行适当性义务,未充分履行风险揭示义务告知说明义务的行为。具体而言,银保监会主要从以下几个方面监管加强对投资者的保护。

第一,适格投资者的认定。不同种类的理财产品具有不同的风险,因而监管部门以理财产品的种类不同对投资者提出了不同的要求,诸如投资集合资金信托计划的理财产品、投资高风险资产或权益性资产的理财产品、面向高净值客户的理财产品,都对投资者有着一定要求。理财产品管理人应当履行适当性义务,针对不同风险承受能力的客户推荐不同的理财产品。

第二,信息披露。监管部门主要审查是否存在违规销售无充分信息披露的理

---

① 参见银保监罚决字〔2022〕8~28 号。

财产品,或者销售文件未充分揭示风险,抑或出具的理财投资清单与事实不符或未全面反映真实风险。

(3)销售机构不符合条件

2021 年 1 月 ~2022 年 5 月,银保监会对理财销售机构的监管主要涉及以下两个方面。

第一,理财公司的合作机构。2021 年 5 月 17 日,银保监会对华某银行作出行政处罚,处罚事由为与未备案理财投资合作机构开展业务。[①] 同日,银保监会对招某银行未按要求向监管机构报告理财投资合作机构,被监管否决后仍未及时停办业务行为予以处罚。[②]《理财公司理财产品销售管理暂行办法》对理财公司的合作机构也提出了要求,第 12 条规定"理财公司与代理销售机构合作,……至少通过本公司、代理销售机构的官方渠道予以公告",并要求"分别向银保监会或其派出机构报告本机构理财产品销售合作情况年度报告"。

第二,理财产品销售机构的数据信息安全。2022 年 3 月 27 日银保监会对 14 家银行就标准化数据系统数据质量及数据报送中的违法违规问题予以行政处罚,其中包括 EAST 系统理财产品数据。《理财公司理财产品销售管理暂行办法》第 7 条规定:"理财产品销售机构从事理财产品销售业务活动,应当持续具备下列条件:……(三)具备安全可靠的理财产品销售数据保障能力、管理机制和配套设施,能够持续满足理财产品销售和交易行为记录、保存、回溯检查的需要;能够持续满足在全国银行业理财信息登记系统登记以及银保监会及其派出机构实施非现场监管、现场检查等的数据需要……"可见,监管部门对销售机构的数据管理体系提出了更高的要求。

(4)流动性风险管理

2021 年 5 月 17 日,银保监会对华某银行以理财业务流动性风险管理不审慎为由作出行政处罚。[③] 2022 年 5 月 24 日,银保监会对光某理财有限责任公司作出行政处罚,处罚事由为开放式公募理财产品持有高流动性资产比例不达标。[④]

《资管新规》中,对金融监督管理部门提出了"应当制定流动性风险管理规定"

---

① 参见银保监罚决字〔2021〕19 号。
② 参见银保监罚决字〔2021〕17 号。
③ 参见银保监罚决字〔2021〕19 号。
④ 参见银保监罚决字〔2022〕32 号。

的要求;2021 年 12 月 17 日,银保监会发布的《风险管理办法》对理财产品流动性管控重点进行了明确要求。该办法自 2022 年 5 月 10 日起施行,因而对该办法出台前的流动性监管,监管部门并没有明确的标准,只能以“不审慎”这一宽泛的违规事由予以处罚,在该办法出台后,监管部门可以以更有针对性、更加具体的事由予以处罚,更加细化的规则体系也为理财公司的合规提供了指南。

2. 对信托公司的行政处罚案例

2021 年 12 月 28 日,北京银保监局对外贸信托公司给予合计 1080 万元罚款的行政处罚。违法违规事由为:(1)未能识别商业银行个人理财资金认购劣后级受益权;(2)合格投资者人数突破《资管新规》要求;(3)员工汇集他人资金购买信托计划,部分被汇集人员认购金额少于 30 万元。① 信托理财产品的监管较为宽松。当前我国对银行、保险、证券实行的是分业经营、分业监管的制度,三者之间有着严格的政策约束。信托投资的经营范围较为广泛,可以涉足资本市场、货币市场和产业市场,信托公司是目前唯一准许同时在证券市场和实业领域投资的金融机构。这也是信托理财产品受到监管机构的行政处罚较少的原因,如相比银行理财,信托理财几乎不会在资金投资方向上受到过多的监管限制。与监管宽松相对应的是高风险和高门槛。信托理财产品缺少严格的限制和监管,投资者在购买信托产品时或会面临以下几个方面的风险:一是信托产品不易转让,流动性相对缺乏;二是容易受到其他参与主体的风险干扰;三是底层资产投向市场下行的风险;四是受托人抽逃资本金、挪用信托资金和进行利益输送等道德风险;五是相关增信措施无效、资金投向违规等法律风险。

三、2021 ~ 2022 年投资理财法治展望

自《资管新规》发布以来,银保监会持续推动同类资管产品统一标准,建立健全产品发行、销售管理、投资运作、风险控制等方面的制度规则,有效保护投资者的合法权益。总的来说,当前理财公司监管框架日臻完善,但还有一些“短板”需要补齐。进入 2022 年以来,银保监会已经发布了 3 部相关法规的征求意见稿,试图在监管立法上补足这些短板。一是整体管理方面先后发布《商业银行理财业务监督管

① 参见京银保监罚决字〔2021〕42 号。

理办法》《商业银行理财子公司管理办法》，明确银行开展理财业务的具体要求，并将《资管新规》中对公司制改革的要求进一步压实。二是产品管理方面发布《进一步贯彻落实新金融工具相关会计准则的通知》，明确理财产品实施新金融工具准则；发布《理财公司理财产品销售管理暂行办法》，加强对理财产品销售行为的监管规范；发布《关于规范现金管理类理财产品管理有关事项的通知》，规范现金管理类产品业务运作；开展“养老理财试点”“跨境理财通”等工作，丰富养老金融产品供给，拓宽居民个人跨境投资渠道。三是风险管理方面发布《商业银行理财子公司净资本管理办法（试行）》，从净资本计算、风险资本计算和净资本监管指标等方面进行规范；发布《理财公司理财产品流动性风险管理办法》，督促理财公司完善流动性管理机制。

（一）理财公司内控制度的构建蓝图

1. 强化理财公司内控制度的背景和意义

2021 年是《资管新规》3 年过渡期的收官之年。这一年，在严监管、强监管的背景下，理财业务净值化转型有序推进，不符合规定的老产品持续压降，老产品中不合规资产的回表处置工作有序推进。2022 年 4 月 29 日，银保监会发布《理财公司内部控制管理办法（征求意见稿）》（以下简称《内控意见稿》），从“内控职责”、“内控活动”、“内控保障”和“内控监督”四个维度，对理财公司的内部控制提出了较多的监管要求。该法规落地之后，理财公司将迎来内部控制基本法，标志着理财公司正式迈入高质量规范化发展时代。证监会一直以来都是以“内部控制指引”“内部控制指导意见”规范证券公司、基金公司、私募基金管理人的日常运营和投资行为。[①] 对于商业银行和新兴的理财公司而言，银保监会则分别采用了类似的“控制指引”（如《商业银行内部控制指引》）和“内部控制管理办法”分别规范。从《内控意见稿》的内容来看，银保监会对理财公司内部控制的要求，与证监会对证券系资管机构的原则非常接近。在一定程度上，证券业和银行业关于资产管理内部控制的监管精神是一致的。

2. 理财公司与证券投资基金的内控制度接轨

虽然理财公司是银保监会监管的银行业资产管理机构，但就其投资理财业务

---

① 如证监会制定的《证券公司内部控制指引》《证券投资基金管理公司内部控制指导意见》《私募投资基金管理人内部控制指引》。

而言,与证监会监管的证券投资基金并没有大的差异。反映到内部控制的措施上,《内控意见稿》对理财公司内控活动的要求,在形式和内容上都充分参考、借鉴了公募基金公司和公募基金公司的相关规则,当然在一些方面也延续了商业银行体系原来的内控管理框架。其中,关于“投资”和“交易”行为的控制是理财公司内控活动的核心。公募基金是我国受监管最为严格、内控管理严谨的资产管理业务领域。甚至每一个业务环节都有大量的监管规则,每一个岗位的人员的每一个举动背后都有详细的监管规则。既然银保监会提及《内控意见稿》在若干方面对标公募基金,那么参考公募基金行业的内控规则和实务经验是比较好的选择。此外,随着理财产品更多地进入证券市场(尤其是股票市场),理财产品如何对接、遵守证监会主导制定或执法的证券交易、信息披露和合规执法规则,也是一个值得关注和需要在理财公司内控制度中充分考虑的问题。

3. 理财公司内控体系的蓝图

根据《内控意见稿》第 3 条的定义,“内部控制”是指“理财公司为防范化解风险,保证依法合规经营和持续稳健运行而建立的组织机制、制度流程和管控措施等”,即包括公司治理、制度和流程、各种风险防范措施的总和。“内部控制”本身是一个抽象而博大的概念。可以说,为了减少合规风险、操作风险、投资风险、市场风险、流动性风险、声誉风险、法律风险等各类风险发生的可能,以及在发生之后尽可能地控制其负面影响的程度和范围,理财公司在日常运营和投资的任何环节都需要“内部控制”。

《内控意见稿》要求理财公司建立三道防线以实现理财公司的内控:第一道防线是部门内控自查;第二道防线是内部控制部门的检查;第三道防线是对内部控制执行进行审计。同时,《内控意见稿》首次明确理财公司应当设立首席合规官,且为高级管理人员,首席合规官的任职资格需获得行政许可。首席合规官与公募基金管理公司的合规负责人对标,从两者的职级来看,都属于高级管理人员,两者同样由董事会聘任和解聘,但公募基金管理公司由于设置了独立董事机制,还特别要求全体独立董事同意。首席合规官的职能是负责监督检查本机构内部控制建设和执行情况,直接向董事会报告,强调其和董事会的直接沟通权力,保障其独立性,从公司管理来说,首席合规官属于经营管理层,仍要向总经理汇报和负责。

《内控意见稿》第 9 条规定,理财公司应当设立内控职能部门,并须满足三个条件:(1)由董事会指定,层级较高;(2)专门部门作为内控职能部门,具有独立性;

(3)分管内部控制职能部门的高级管理人员,不得同时分管与内部控制存在利益冲突的部门。对于分管内部控制职能部门的高级管理人员是否为首席合规官,《内控意见稿》并未明确,但根据公募基金管理公司的实践,首席合规官同时分管合规和内部控制部门不存在冲突。同时,《内控意见稿》也未限制其他高管分管内控部门,公司可以根据自身的管理架构确定分管领导。

(二)理财产品投资者保护的全面深化

1. 金融机构适当性义务的发展

金融机构的适当性义务是保护投资者的最有力的手段之一。在我国,适当性义务经历了从证券市场的道德规范、自律规则到证券法律的演进过程。随着金融混业经营和国际金融市场交流合作的深化,适当性义务的相关规则已经成为包括中国在内的各国金融立法及监管部门日益重视的内容。

2018年《资管新规》出台后,向全体金融机构明确传达了应尽适当性义务的理念。2019年《九民纪要》的发布、《证券法》的修订,使适当性义务在我国的发展进入新阶段,此后出台、发布的法律文件在涉及投资者保护的规定上几乎均强调适当性义务的落实。2021年1月~2022年5月,《理财公司理财产品销售管理暂行办法》《资管要素》《公开募集证券投资基金管理人监督管理办法》等法规中,金融机构适当性义务均得以体现和强化。在各地的地方性法规或者规章中,如《关于上海加快打造具有国际竞争力的不动产投资信托基金(REITs)发展新高地实施意见的通知》等有关指导性政府文件等,也对金融机构适当性义务作出了完整、准确的表述。金融机构适当性义务的普及,对于规范我国金融市场行为、加强投资者保护具有深远的意义。作为投资理财领域保护投资者利益的最重要手段之一,适当性义务预计今后还会在更多的法律法规中得以体现,也期待我国法院在司法实践中对适当性义务的内涵和外延作出更加明确的界定。2021~2022年投资理财法规中适当性义务的体现,见表2。

表 2　2021～2022 年投资理财法规中适当性义务的体现

法规名称	条文	内容
理财公司理财产品销售管理暂行办法	第 7 条	理财产品销售机构从事理财产品销售业务活动,应当持续具备下列条件:……(五)具备完善的理财产品销售投资者适当性管理、投资者权益保护、销售人员执业操守、应急处理等制度,以及满足理财产品销售管理需要的组织体系、操作流程和监测机制
	第 11 条	代理销售机构总部和理财公司应当以书面形式签订代理销售合作协议,至少包括以下内容:……(六)双方就在理财产品销售过程中违反投资者适当性管理的行为,各自应当依法承担的法律责任
	第 15 条	理财产品销售机构应当具备并有效执行理财产品销售业务制度,制定与本机构发展战略相适应的产品准入、风险管理与内部控制、投资者适当性管理、业务操作、资金清算、客户服务、信息披露、合作机构管理、人员及行为管理、投诉和应急处理、保密管理等制度,及时评估和完善相关制度,确保制度有效性
	第 18 条	理财产品销售机构应当对拟向特定对象销售的理财产品实施专门的尽职调查和风险评估,充分了解拟销售产品的投资方向、策略、风险以及投资者适当性要求等,出具专项合规意见并留存备查
	第 33 条第 2 款	理财产品销售机构应当完善合格投资者尽职调查流程并履行投资者签字确认程序,包括但不限于:合格投资者确认、投资者适当性匹配、风险揭示、自有资金投资承诺
	第 46 条	理财产品销售机构应当建立健全投资者权益保护管理体系,严格实施事前协调、事中管控和事后监督,持续加强投资者适当性管理,确保理财产品销售业务活动各环节有效落实投资者权益保护
公开募集证券投资基金管理人监督管理办法	第 21 条	公募基金管理人应当按照中国证监会的规定加强基金销售管理,建立和完善投资者适当性管理制度,履行投资者适当性义务,保障销售资金安全,规范宣传推介活动,不得从事不正当销售或者不正当竞争行为

2. 金融消费者权益保护监管体系的统一

(1)金融消费者权益保护领域监管的割裂与统一

金融消费者权益保护(以下简称金融消保)一直是我国金融监管领域的重要命题,但是自2018年4月银监会和保监会合并以来,银保监会虽然在金融消保方面尝试过许多努力,但该领域的监管要求仍处于相对割裂状态。第一,对于银行业金融机构而言,一方面,适用或者参照适用中国人民银行的金融消保监管规定,如2020年9月15日发布的《金融消费者权益保护实施办法》;另一方面,在银保监会合并前出台的金融消保监管规定仍然有效,如2013年8月30日发布的《银行业消费者权益保护工作指引》。第二,对于保险业机构而言,前述规定均不适用,亦暂无针对性的金融消保专项规定。银行保险机构能够统一适用的只有国务院办公厅2015年11月4日发布的《关于加强金融消费者权益保护工作的指导意见》,但该文件比较原则性和纲领性。

面对这一问题,银保监会先后于2019年发布了《关于银行保险机构加强消费者权益保护工作体制机制建设的指导意见》,2021年发布了《银行保险机构消费者权益保护监管评价办法》,但仍然缺少类似《金融消费者权益保护实施办法》的直面金融消保具体规范的系统性规定。2022年5月19日,银保监会发布了《银行保险机构消费者权益保护管理办法(征求意见稿)》(以下简称《消保意见稿》),正式向社会广泛征求意见。这是"一行两会一局"对金融消保立法的延续。如果能顺利出台,将成为银行保险业消费者权益保护领域的纲领性文件,体现了银保监会拟统一其监管的各类机构的消费者权益保护监管标准。根据时任银保监会消费者权益保护局局长郭武平2022年3月15日的讲话,下一步银保监会还会出台"银行保险机构消费者适当性管理办法",在这一系列规定正式落地后,银保监会金融消保监管体系下,将形成较为完整的监管框架。

(2)银行保险机构的消费者的范围

《消保意见稿》并未使用"金融消费者"的概念,而是分别使用了"消费者"与"普通消费者"的概念。并且,针对普通消费者提出了两项更为严格的监管要求:第一,银行保险机构应当对普通消费者采取更为审慎的适当性管理措施(第10条);第二,银行保险机构不得违反监管规定针对普通消费者提供多层嵌套、结构复杂的产品(第19条)。但是,关于"消费者"与"普通消费者"的概念并不是很明确,这可能会导致银行保险机构在将来的实践中因为分类不明,从而违反监管规定被处罚。

首先，根据《消保意见稿》第54条的规定，普通消费者是指根据相关法律法规，被确定为专业投资者之外的消费者。但该条尚未就专业投资者进行进一步释明，相关定义亦可参考《证券期货投资者适当性管理办法》第8条的相关规定。可以看出，银保监会试图借鉴私募基金等领域“专业投资者”与“普通投资者”的分类方式。但“普通消费者”的内涵和外延，又显著地宽于“普通投资者”，因为“普通消费者”与银行保险机构进行的交易并不限于“投资”。

其次，虽然《消保意见稿》未明确定义“消费者”，但第1条在引用上位法时列举了《消费者权益保护法》。再结合《金融消费者权益保护实施办法》第2条对“金融消费者”的定义，可以认为《消保意见稿》中的“消费者”应当与“金融消费者”相同，仅限于向银行保险机构购买产品或服务的“自然人”。《九民纪要》也使用了“金融消费者”的概念，但未明确其定义。从《九民纪要》第五章“关于金融消费者权益保护纠纷案件的审理”的内容来看，凡是认购金融产品和服务的主体，都应当属于保护范围；但从实践的情况看，司法机关也会将“金融消费者”限定为是自然人。① 值得注意的是，此处的消费者应当包括借款人（债务人），其对于目前普遍开展的“助贷”“联合贷”，以及扩大至融资租赁等其他融资服务的金融产品和业务中的融资人的合法权益提供了保障。

最后，此处的消费者能否适用《消费者权益保护法》？因为《消保意见稿》的上位法包括《消费者权益保护法》。理论上，对出于生活需要的存款、买保险等行为属于《消费者权益保护法》意义上的消费的争议不大，但投资行为能否也算作《消费者权益保护法》意义上的消费，则有一定的争论空间。《九民纪要》就明确认为，投资行为的赔偿不适用《消费者权益保护法》第55条规定的“惩罚性赔偿”。

（3）或将对理财公司产生的影响

在2020年11月1日生效的《金融消费者权益保护实施办法》仅将理财公司作为参照适用对象，而本次《消保意见稿》明确将理财公司作为“银行保险机构”纳入适用范围，将会对理财公司的金融消费者保护工作产生直接影响。

第一，《消保意见稿》以专章形式明确了银行保险机构应当建立的各项金融消保工作机制，包括金融消保审查、信息披露、适当性管理、可回溯管理、投诉处理、纠纷化解、内部培训、内部考核、内部审计等。就其适用的业务类型而言，可以认为在

① 如上海金融法院民事判决书，(2020)沪74民终533号。

银保监会监管下的信贷、理财、保险业务均应设置相应的工作机制,实现了银保监会项下的金融消保"业务类型全覆盖、业务流程全覆盖"。此外,金融消保考核将纳入银行保险机构的综合绩效考核体系,权重占比原则不低于总分的5%,更加凸显了金融消保工作的重要性,也进一步要求银行保险机构在人力资源考核体系上进行对应的完善。

第二,《消保意见稿》要求银行保险机构建立合作机构管控机制、投诉处理机制、纠纷化解机制等机制,这有利于多元化处理银行保险机构与消费者之间的争议纠纷。举例而言,当前,关于合作机构管控机制的监管规定,可见于监管部门对代销业务、互联网业务等业务的规定中。《商业银行互联网贷款管理暂行办法》对商业银行互联网贷款业务中商业银行确定合作机构名单、合作协议的内容、信息披露、贷款管理等事宜,作出了详细的规定。《消保意见稿》在此基础上,要求银行保险机构建立合作机构"白名单",并加强对合作机构的监督管理,在合作协议中明确约定双方关于消费者权益保护的责任和义务。这将有利于各主体之间的内部责任认定,确定最终责任人和责任承担方式。①

第三,《消保意见稿》要求银行保险机构建立个人信息保护机制,并且设专章明确保护消费者信息安全权,从消费者个人信息收集、格式条款的设置、外部合作、互联网平台、系统控制、行为管理六个方面进行了规范。值得注意的是,与中国人民银行发布的《金融消费者权益保护实施办法》相比,《消保意见稿》的规定有一定的进步,但与《个人信息保护法》中提及的信息权益存在差异。具体而言:首先,根据《消保意见稿》第42条的规定,银行保险机构在收集信息时需履行告知义务并经消费者明示同意,如果消费者不同意的,机构不得因此拒绝提供其他产品或服务。这一要求并未体现《个人信息保护法》第13条规定的无须用户同意的"多元合法性基础"。其次,《消保意见稿》第45条规定,"未经消费者授权同意,不得在不同平台间传递消费者个人信息。不得利用痕迹数据对消费者开展未经授权的营销活动",但未区分"传递信息"的不同合法性基础,未明确"痕迹数据"的具体含义,可能对未来互联网机构与金融机构的合作模式产生影响,有待监管的进一步明确。

---

① 以代销业务为例,如果理财公司与代销机构之间的合作协议对双方的权利义务作出了明确约定,则有助于法院依据双方之间的约定,认定各自履约的情况,并确定双方的过错程度、责任大小,明确追偿比例等。

(三)信托业保障基金的重构和新生

1. 信托业保障基金的定位和功能

除在实践中贯彻金融机构的适当性义务,从金融消费者权益保护的角度构建监管体系以外,作为投资者保护的手段之一,还应当完善投资理财领域的保障基金制度。

2022 年 7 月 6 日,银保监会在官网发布《关于新华信托股份有限公司破产的批复》,同意该公司依法进入破产程序,批复时间为 2022 年 6 月 16 日。① 由于原银监会和财政部在 2014 年就发布了《信托业保障基金管理办法》(以下简称《旧办法》),已经构建起我国信托业保障基金。② 因此,有观点认为信托公司破产时,可以向信托业保障基金申请救助,以此保护信托产品的投资者。2022 年 2 月 11 日,银保监会对《旧办法》进行修订,形成了《信托业保障基金和流动性互助基金管理办法(征求意见稿)》(以下简称《新办法意见稿》),其中的一大变化就是:不管是“信托业保障基金”还是“流动性互助基金”,对于面临严重清偿风险、须撤销或破产清算的信托公司,两个基金都不得对其实施救助。那么,银保监会在《新办法意见稿》中,为何将信托业保障基金一分为二?又为何禁止对破产清算的信托公司进行救助?这是未来需要进一步明确的内容。

2. 原信托业保障基金一分为二

《新办法意见稿》将“原信托业保障基金”一分为二,分别为“信托业保障基金”(以下简称新保障基金)和“信托业流动性互助基金”(以下简称流动性互助基金)。其中,“新保障基金”用于处置信托公司系统性风险、具有较大外溢性风险以及监管部门认定的其他重大风险,“流动性互助基金”主要用于信托业流动性调剂。“新保障基金”和“流动性互助基金”从缴纳主体、募集方式到功能均有所差别。

从资金来源来看,“流动性互助基金”和“原信托业保障基金”比较像,都是认购制的。这次同时增加设立了缴纳制的“信托业保障基金”,即新保障基金,资金来源是由信托公司按照各类信托业务收入和固有业务收入的一定比例缴纳,其费率由

---

① 新华信托成立于 1979 年,是我国最早成立的信托公司之一。2001 年 10 月,新华信托成为首批 5 家通过中国人民银行审批,获准重新登记,取得信托法人机构许可证的信托公司之一。

② 相关数据显示,2021 年信保基金公司为信托业提供 742.44 亿元资金支持,截至 2021 年年末,信保基金资产总额为 1467.03 亿元。

基准费率和风险差别费率构成,即基于信托公司风险状况实行差异化保障基金缴费标准,“好公司”少缴,“差公司”多缴,进行区别对待,尤其是管理规范、经营良好的信托公司可以少缴。

因此,《新办法意见稿》设定了两个基金的使用条件:第一,信托公司在存在临时资金周转困难时,通过“流动性互助基金”提供短期流动性支持;第二,对于面临一般性清偿风险,但有望恢复正常经营的信托公司,“流动性互助基金”采取提供流动性救助等方式,新保障基金采取阶段性持股、设立过桥机构或特殊目的载体、收购风险资产等方式。信托保障基金,一方面,是为了保障投资者的权益;另一方面,类似于商业银行上缴给央行的存款准备金,虽然会增加信托公司的运营成本,但是在其出现资金周转困难时,也可以对信托公司提供短期资金支持。

3. 禁止用于刚性兑付

打破刚性兑付是《资管新规》后监管层为了保障金融业稳定持续发展的重要措施。《旧办法》未明确不得将信托业保障基金用于刚性兑付,但因其颁布在《资管新规》之前,关于是否能够用于刚性兑付弥补信托产品投资者的损失,在理论上存有争议。截至2022年年底,国内有68家信托公司,由于2007年信托行业大整顿后信托公司的牌照不再新增,所以信托牌照在一定程度上具有稀缺性。信托公司由于具有“银行+投行”的全牌照功能,在基建和房地产的大发展中得到了充分的发展,也积累了很多风险。在信托公司风险化解的过程中,信托业保障基金发挥了重大作用。《旧办法》中信托业保障基金的定位是对信托行业的风险进行化解,而非针对具体的信托项目。有些信托投资者认为,可以通过信托业保障基金项目对出险信托项目进行兑付,这与定位不符。因为信托业保障基金本质上是为降低信托公司的经营性风险,而非为投资者的信托产品提供兜底。在信托业保障基金的运营过程中,还未出现将基金用于刚性兑付的先例。

此次《新办法意见稿》第3条明确规定,“基金不得用于向受益人进行刚性兑付”。同时,《新办法意见稿》对于信托业保障基金救助的道德风险也进行了强化。信托公司及其股东应当严格执行恢复与处置计划,积极开展自救。信托公司因管理失当而承担赔偿责任,应当以资本金为限,且股东和无担保债权人应当先承担损失。信托业保障基金参与化险,应当遵循社会公平性原则,避免产生逆向激励。明确信托业保障基金使用的禁止性行为,并对相关责任人建立追责问责机制。

金融犯罪刑事立法与司法前沿报告

宋一璐[*]　汪盛亚[**]　刘　璐[***]

"金融"是货币流通和信用活动以及与之相关的经济活动的总称。随着我国社会主义市场经济体制的建立与完善,金融活动在我国经济社会发展中发挥着越来越重要的作用。与此同时,作为经济杠杆的金融业属于高风险行业,在社会经济的运行中起到"放大器"的作用——当代国家的经济安全问题几乎都是首先从金融危机中爆发出来的,并最终对整个社会经济秩序造成难以逆转的负面影响。因此,金融安全问题是全球政府关注的核心公共问题之一,防控金融风险也已经成为我国打好防范化解重大风险攻坚战,推动经济持续健康发展的重点任务。

金融犯罪是随着金融市场的建立和发展而出现的一类新型犯罪。在《刑法》的文本中,并没有"金融犯罪"这样一个或一类特定的分则罪名,理论界和实务界对金融犯罪的范围界定也存在争议:有论者主张狭义地理解金融犯罪的概念,将其限定在《刑法》分则第三章"破坏社会主义经济秩序罪"第四节"破坏金融管理秩序罪"和第五节"金融诈骗罪"项下的罪名范围内;①也有学者赞同广义的金融犯罪概念,认为所有涉及金融机构以及金融过程的相关犯罪都属于金融犯罪的范畴。② 在诸多概念界定的尝试中,目前达成的理论共识是:金融犯罪是发生在金融领域,违反金融管理法规,破坏金融管理秩序,依照刑法应受刑罚处罚的犯罪。③

---

* 复旦大学法学院硕士研究生。
** 复旦大学法学院硕士研究生。
*** 北京大学国际关系学院助理教授。研究方向:国家安全。

① 参见刘宪权:《金融犯罪最新刑事立法论评》,载《法学》2021 年第 1 期。

② 参见顾肖荣、陈玲:《必须防范金融刑事立法的过度扩张》,载《法学》2011 年第 6 期。

③ 参见刘宪权:《金融犯罪刑法学原理》,上海人民出版社 2017 年版,第 3 页。

本文秉持目前刑法学界认为犯罪的本质是法益侵害的通行观点,[①]将侵害金融管理秩序法益作为判断金融犯罪的核心标准。根据此种标准,前述《刑法》分则第三章第四、五节规定的罪名,包括非法吸收公众存款罪、信用卡诈骗罪等,虽然构成要件行为存在差异,但都是以金融管理秩序为侵害法益,因此基本都应当被归入金融犯罪的范畴。[②] 此外,《刑法》分则第三章第160条规定的欺诈发行证券罪(原欺诈发行股票、债券罪)以及第161条规定的违规披露、不披露重要信息罪,尽管在体系结构上属于"妨害对公司、企业的管理秩序罪"项下的罪名,但因为此类提供虚假信息或隐瞒重要事实的行为主要发生在金融市场中,且法益侵害明显超出了股东、债权人等传统公司利益相关方的范围,能够对整体的金融管理秩序造成严重破坏,因此也在本文中被纳入金融犯罪的范畴。这种标准也符合我国司法机关在实务操作中对金融犯罪的界定。例如,最高人民检察院在2020年发布的以金融犯罪为主题的第十七批指导案例中,就包括了博元投资股份有限公司、余某妮等人违规披露、不披露重要信息案(检例第66号);最高人民法院2017年发布的《关于进一步加强金融审判工作的若干意见》(法发〔2017〕22号)中,也将欺诈发行股票、债券罪(现在的欺诈发行证券罪)和违规披露、不披露重要信息罪作为需要依法严厉惩治的证券犯罪行为。

综上,本文所讨论的"金融犯罪",涵盖了《刑法》分则第三章第四、五节规定的全部独立罪名以及第160条规定的欺诈发行证券罪与第161条规定的违规披露、不披露重要信息罪。为了论述的便利,本文将《刑法》分则第三章第四节规定的独立罪名统称为"破坏金融管理秩序罪",将该章第五节规定的罪名统称为"金融诈骗罪",将剩余的两个罪名合称为"其他金融犯罪"。

在内容结构上,本文分为三个部分。第一部分,将基于"中国裁判文书网"的公开数据描绘金融犯罪案件数量的地区分布与时间变化,分析2021年1月1日~2022年12月31日金融犯罪的刑事司法现状。第二部分,以《刑法修正案(十一)》为核心梳理近两年来我国金融犯罪刑事立法与司法的最新动向。第三部分,将介

---

① 参见张明楷:《刑法学》(上)(第6版),法律出版社2021年版,第77~78页。

② 需要注意的是,《刑法》第183条、第184条、第185条对金融领域中的贪污、贿赂、挪用犯罪所作规定,并非规定独立罪名的条文,只是指明对上述行为应当按照《刑法》分则其他条款中规定的职务侵占罪、贪污罪、非国家机关工作人员受贿罪、受贿罪、挪用资金罪、挪用公款罪定罪处罚的提示性规定。因此,这些条文提示的罪名,尽管发生在金融领域,但不能被认定为独立的金融犯罪罪名。

绍近两年来我国司法领域中涉及金融犯罪的大案、要案。期望读者能够借助本文对我国当前的金融犯罪的实然状态与刑事规制现状有全局性的理解。

一、司法概览:金融犯罪刑事案件数据分析

本文基于“中国裁判文书网”公布的判决书数据,以“案件类型:刑事案件”“审判程序:刑事一审”“文书类型:判决书”为基础检索条件,分别添加“案由:破坏金融管理秩序罪”“案由:金融诈骗罪”“案由:欺诈发行股票、债券罪”“案由:违规披露、不披露重要信息罪”,以及“裁判日期:2020－01－01 至 2020－12－31”“裁判日期:2021－01－01 至 2021－12－31”,将所得数据绘制罪名统计与地区分布表(见表 1、表 2)。

表 1　金融犯罪刑事一审判决数量(罪名统计)

单位:件

案由	案件数量		
	2020 年	2021 年	合计
非法吸收公众存款罪	7398	2160	9558
信用卡诈骗罪	1909	575	2484
妨害信用卡管理罪	1501	896	2397
窃取、收买、非法提供信用卡信息罪	820	627	1447
集资诈骗罪	958	235	1193
骗取贷款、票据承兑、金融票证罪	712	227	939
保险诈骗罪	519	182	701
吸收客户资金不入账罪	298	97	395
贷款诈骗罪	269	100	369
洗钱罪	152	130	282
违法发放贷款罪	206	62	268
持有、使用假币罪	125	61	186
伪造、变造金融票证罪	114	48	162
出售、购买运输假币罪	108	26	134

续表

案由	案件数量		
	2020 年	2021 年	合计
高利转贷罪	97	36	133
伪造货币罪	108	18	126
票据诈骗罪	98	23	121
违规出具金融票证罪	22	7	29
操纵证券、期货市场罪	13	5	18
内幕交易、泄露内幕信息罪	10	7	17
利用未公开信息交易罪	9	2	11
金融凭证诈骗罪	6	1	7
伪造、变造股票、公司、企业债券罪	2	4	6
信用证诈骗罪	4	1	5
骗购外汇罪	4	0	4
伪造、变造、转让金融机构经营许可证、批准文件罪	2	1	3
伪造、变造国家有价证券罪	3	0	3
擅自发行股票、公司、企业债券罪	1	2	3
欺诈发行股票、债券罪	2	1	3
违规披露、不披露重要信息罪	2	1	3
擅自设立金融机构罪	2	0	2
背信运用受托财产罪	2	0	2
逃汇罪	2	0	2
有价证券诈骗罪	2	0	2
金融工作人员购买假币、以假币换取货币罪	1	0	1
总计	15,481	5535	21,016

表 2　金融犯罪刑事一审判决数量(地区分布)

单位:件

地域及法院	破坏金融管理秩序罪	金融诈骗罪	其他金融犯罪数量	总量
河南省	1740	342	0	2082
上海市	1408	254	2	1664
浙江省	1075	346	1	1422
江苏省	951	417	0	1368
山东省	1053	303	2	1358
河北省	825	219	0	1044
湖南省	804	237	0	1041
广东省	599	383	0	982
福建省	846	135	0	981
北京市	826	145	0	971
辽宁省	604	208	0	812
四川省	562	192	1	755
吉林省	527	181	0	708
天津市	439	110	0	549
云南省	361	166	0	527
陕西省	405	94	0	499
湖北省	325	173	0	498
安徽省	346	149	0	495
江西省	390	83	0	473
黑龙江省	356	86	0	442
山西省	298	93	0	391
贵州省	224	69	0	293
甘肃省	153	138	0	291
广西壮族自治区	209	74	0	283
新疆维吾尔自治区	189	89	0	278
内蒙古自治区	172	70	0	242

续表

地域及法院	破坏金融管理秩序罪	金融诈骗罪	其他金融犯罪数量	总量
重庆市	158	57	0	215
青海省	46	39	0	85
宁夏回族自治区	51	26	0	77
海南省	23	6	0	29
新疆维吾尔自治区 高级人民法院 生产建设兵团分院	9	3	0	12
西藏自治区	6	2	0	8

根据表1和表2的数据,可将近两年金融犯罪刑事司法现状概括如下。

第一,案件罪名类型分布不均,特定类型犯罪占比畸高。检索所得裁判文书涉及"非法吸收公共存款罪""信用卡诈骗罪""妨害信用卡管理罪""窃取、收买、非法提供信用卡信息罪"等35个具体的金融犯罪罪名。其中,"非法吸收公共存款罪"的相关文书数量最多,占金融犯罪刑事一审判决总量的45.48%(加上与之密切相关并位居第五的"集资诈骗罪"合计占比约51.16%)。与银行信用卡管理秩序相关的"信用卡诈骗罪""妨害信用卡管理罪""窃取、收买、非法提供信用卡信息罪"案件数量分别位居第二、三、四位,总体占比约30.11%。上述两类案件的总量已经占据我国金融犯罪案件总量的八成以上。与此相比,其他金融犯罪案件进入刑事诉讼程序的数量相对较少。诱骗投资者买卖证券、期货合约罪等案件在近两年甚至没有一件,可见金融犯罪的罪名类型有明显的集中分布现象。

第二,地域空间分布失衡,东部地区相对高发。在检索所得判决文书中,河南省法院金融犯罪的刑事一审数量全国最高,多达2082件,除此之外金融犯罪判决书数量前十名的省级行政单位依次是上海市、浙江省、江苏省、山东省、河北省、湖南省、广东省、福建省、北京市,合计占比约61.44%。上述金融犯罪高发地区的共同特征是经济水平较高,人口相对稠密,金融活动较为频繁。在青海省、宁夏回族自治区、西藏自治区等经济相对落后、人口较为稀疏、金融市场发展尚不完善的地区,金融犯罪数量则相对较少。

第三,法益侵害多元,与其他类型犯罪交织出现。尽管刑法理论根据侵犯法益的差异对金融犯罪与其他类型的犯罪作出区分,但是司法实务中金融犯罪案件中的行为人在实施金融犯罪活动的同时,往往会对其他类型的法益造成侵扰,从而导致司法判决中金融犯罪与其他犯罪交织出现的现象。以“中国裁判文书网”中检索得到的2020年1月1日~2021年12月31日全国法院作出的涉及破坏金融管理秩序罪的刑事一审判决书为例,许多判决书中涉及危害公共安全罪、侵犯公民人身权利民主权利罪、侵犯财产罪、妨害社会管理秩序罪、危害国防利益罪、贪污贿赂罪和渎职罪等多项其他类型案由,可见金融犯罪行为容易牵连其他类型的法益侵害行为,值得运用刑事手段予以规制。

二、立法动态:《刑法修正案(十一)》对金融刑法的修订

总体来看,我国金融犯罪的刑事立法较为频繁。自现行《刑法》在1997年颁布后,全国人大常委会每隔几年就会根据打击金融犯罪的刑事政策需要对相关条文进行补充和修正。在我国通过的第一至第十一刑法修正案中,除了《刑法修正案(二)》《刑法修正案(四)》《刑法修正案(十)》不涉及金融犯罪外,其余8个修正案都规定了与金融犯罪相关的内容。2020年12月26日通过、2021年3月1日起生效的《刑法修正案(十一)》中有8个条文涉及金融犯罪的罪名,涉及证券期货、非法集资、金融信贷和洗钱4个领域。接下来,本文将结合理论界与实务界的相关探讨,对该修正案所涉及的4个金融犯罪领域进行立法背景与法教义学解读,以期读者能够把握最新的金融犯罪立法动态。

(一)证券期货犯罪

在《刑法修正案(十一)》中,有3个条文(第8条、第9条、第13条)对证券期货类金融犯罪的罪状进行了实质修改,涵盖《刑法》第160条规定的欺诈发行证券罪,第161条规定的违规披露、不披露重要信息罪,以及第182条第1款规定的操纵证券、期货市场罪三大罪名。具体而言,此次刑法修正案的修订重点包括以下三个方面。

第一,明确证券期货犯罪中控股股东、实际控制人等主体的责任。作为证券期货类金融犯罪的“前置法”,2020年3月1日生效的《证券法》分别规定了单位、单位内部直接责任人、控股股东和实际控制人三方主体责任。顺应这一立法模式,《刑法修正案(十一)》在欺诈发行股票、债券罪和违规披露、不披露重要信息罪中,都单

独增加了控股股东或实际控制人组织、指使他人实施构成要件行为的处罚规定。对三方主体责任加以明确,也具有实践中的实质需求。不少公司欺诈发行股票、债券和违规披露、不披露重要信息的行为均是受到控股股东、实际控制人的组织和指使。例如,在"欣泰电气欺诈发行案"中,欣泰电气公司采用外部借款等方式虚构收回应收款项即受到了该公司实际控制人温某乙的指使。① 需要指出,即便此次刑法修订没有单独列明控股股东和实际控制人实施组织和指使行为的刑事责任,但是我国《刑法》总则中关于共同犯罪的规定仍然允许追究组织者与教唆者的刑事责任。因此,此处修订的意义不在于填补刑法漏洞,而在于提示司法机关在相关犯罪的认定中避免遗漏责任主体,以便更有效地打击证券期货犯罪。值得注意的是,尽管多数学者和实务界人士均将此处修订理解为单纯的注意规定,②也有部分学者主张将其解释为"共犯行为正犯化"的特别规则。其目的在于使司法机关对控股股东、实际控制人的刑事追责可以不受共同犯罪规定的约束,从而加大对此类行为的惩戒力度。③ 至于司法实务中究竟应当如何适用这项规定,仍然有待后续司法解释予以明确。

第二,扩充证券犯罪构成要件,严密证券犯罪刑事法网。为了顺应新证券法的出台,结合2019年最高人民法院、最高人民检察院《关于办理操纵证券、期货市场刑事案件适用法律若干问题的解释》的相关规定,有效打击新型的操纵证券市场犯罪行为,《刑法修正案(十一)》对欺诈发行股票、债券罪与操纵证券、期货市场罪的构成要件内容进行了较大的修订。具体表现为:(1)将欺诈发行股票、债券罪中发行文件的规定由全部列举修改为"部分列举+兜底规定"的方式,使各种类型的发行文件都有可能成为隐瞒重要事实或编造重大虚假内容的物质载体。(2)将欺诈发行的行为对象扩大至包含存托凭证和国务院依法认定的其他证券,避免出现受证券法调整的金融衍生品在刑法中不受保护的问题。(3)根据2020年3月1日生效的《证券法》第55条对操纵证券市场行为的概念界定以及手段行为列举的变动,将第182条第1款规定的操纵证券、期货市场罪中列举的符合构成要件的操纵行为从

---

① 参见"欣泰电气欺诈发行案",中国证监会〔2016〕84号行政处罚决定书。

② 例如卢建平:《完善金融刑法 强化金融安全——〈刑法修正案(十一)〉金融犯罪相关规定评述》,载《中国法律评论》2021年第1期;孙谦:《刑法修正案(十一)的理解与适用》,载《人民检察》2021年第8期。

③ 参见刘宪权:《金融犯罪最新刑事立法论评》,载《法学》2021年第1期。

原先的3种增加到6种。这6种操纵行为包含了2020年3月1日生效的《证券法》增添的“不以成交为目的,频繁或者大量申报买入、卖出证券、期货合约并撤销申报”(虚假申报操纵)、“利用虚假或者不确定的重大信息,诱导投资者进行证券、期货交易”(蛊惑交易操纵)、“对证券、证券发行人、期货交易标的公开作出评价、预测或者投资建议,同时进行反向证券交易或者相关期货交易”(“抢帽子”操纵)等证券市场操纵行为,同时保留了“以其他方法操纵证券、期货市场”的兜底性规定;同时,将该罪的构成要件结果明确为“影响证券、期货交易价格或者证券、期货交易量”。总体来看,刑法修正案对上述罪名的构成要件内容进行了扩充,意在与2020年3月1日生效的《证券法》等前置性行政法规对证券期货市场管理的最新规定实现有效衔接,维护法秩序的统一性。在客观上,该修订产生了扩大证券期货犯罪圈的刑事政策效果。

第三,加重证券期货犯罪的刑罚力度。《刑法修正案(十一)》修改了欺诈发行股票、债券罪和违规披露、不披露重要信息罪的刑罚规定。一方面,该修订在两罪中分别设置了更高的量刑档次。在数额特别巨大、后果特别严重或者有其他特别严重情节的情况下,相关责任人可被判处5年以上有期徒刑并处罚金。同时,违规披露、不披露重要信息罪基本档次刑罚的最高刑期由3年上升为5年。另一方面,该修订加强了罚金刑的适用范围与力度。具体表现为,将两罪名原有的限制罚金刑修改为无限额罚金刑,允许对构成两罪的单位的主管人员和其他直接责任人员施加罚金刑,且对组织、指使实施欺诈发行股票、债券罪的控股股东、实际控制人规定了较高数额区间的罚金刑。刑罚力度的加重(尤其是罚金刑),为法官在实务中适用严厉打击证券期货犯罪提供了法律依据,提高证券领域违法犯罪的法律成本,增加对潜在犯罪人的威慑力度,体现出严厉打击资本市场违法犯罪行为的刑事政策要求。

(二)非法集资犯罪

如前所述,由非法吸收公众存款罪和集资诈骗罪共同组成的非法集资类犯罪在我国当前的金融犯罪司法案件中占据了极大比重。我国刑事立法也体现出对此类犯罪加大刑事惩戒力度的趋势。《刑法修正案(十一)》对两大非法集资犯罪条文均做出修订,修订重点可以归纳为加重非法集资刑事责任和加强涉案资金挽损力度两个方面。

第一,《刑法修正案(十一)》总体加重了非法集资犯罪的刑罚。对于《刑法》第176条规定的非法吸收公众存款罪,修正案将其法定刑由原先的两档增加为三档,对于非法吸收公众存款数额特别巨大或有特别严重情节的,司法机关最多可以判处15年有期徒刑。同时,修正案还将非法吸收公众存款罪原有的限制罚金刑修改为无限额罚金刑,为司法机关加重经济制裁提供了法律空间。对于《刑法》第192条规定的集资诈骗罪,修正案将其法定刑由原先的三档减少为两档,将使用诈骗方法非法集资数额较大的最高刑期由原先的5年上调为7年,将集资诈骗数额巨大或有其他严重情节的最高刑期由原先的10年上升到无期徒刑。同时,集资诈骗罪原有的限制罚金刑也被修改为无限额罚金刑。

第二,《刑法修正案(十一)》通过设置法定从轻、减轻处罚情节的方式,致力于加强涉案资金挽损力度。修正案在《刑法》第176条中新增了第3款内容,规定实施非法吸收公众存款行为的单位或个人,若能在提起公诉前积极退赃退赔、减少损害结果的发生,就可以获得从轻或减轻处罚的刑罚优待。在非法集资犯罪案件的办理过程中,司法执法机关除要完成打击、惩戒实施非法集资活动的犯罪人之外,还需要积极追讨赃款、挽回集资参与人的损失,以实现稳定金融市场秩序、维护社会稳定的根本目的。为了实现上述目标,“两高”和公安部早在2019年出台的《关于办理非法集资刑事案件若干问题的意见》(高检会〔2019〕2号)中就规定了,对积极配合调查、主动退赃退赔的涉案人员可以依法从轻处罚,对于情节轻微、危害不大的行为,甚至可以免除处罚或不作为犯罪处理。该规定体现了宽严相济刑事政策导向,通过鼓励非法吸收公共存款的行为人积极退赃退赔,最大限度地维护集资参与者的财产权益。此次刑法修正案汲取了先前司法实践中的经验,将“积极退赃退赔”明确规定为法定的刑罚从轻、减轻事由,通过立法手段激励犯罪人通过积极手段减轻非法集资活动造成的社会危害,降低重大非法集资案件对社会经济秩序造成的破坏。值得注意的是,相对于《关于办理非法集资刑事案件若干问题的意见》对积极退赃退赔者的酌定从轻规定,《刑法修正案(十一)》规定的法定从轻、减轻处罚情节在成立条件上更加严苛,在减刑幅度上也更加收敛。在成立条件方面,修正案将行为人“积极退赃退赔”的时间严格限定在“提起公诉前”,并将适用该从轻、减轻处罚情节的非法集资罪名限定在社会危害性更轻的非法吸收公众存款罪(而非集资诈骗罪)案件中。在减刑幅度方面,修正案规定“积极退赃退赔”的行为人最多可能被减轻刑罚,而不可能被免除刑罚或出罪(不作为犯罪处理)。这种对从轻、减轻处罚情节的限制性规定,表明我国当前对非法集资刑事规制总体仍然严厉的态度。

(三)金融信贷犯罪

与严厉打击证券期货、非法集资类犯罪的立法态度不同,《刑法修正案(十一)》在对《刑法》第175条之一规定的骗取贷款、票据承兑、金融票证罪的修订呈现出少见的轻缓趋向。具体而言,修正案删除了该罪名“或者有其他严重情节”的入罪条件。实质上,这对虽然采取欺骗手段取得金融机构的贷款、票据承兑或金融票证但并未给金融机构造成重大损失的行为进行了出罪处理。此项刑法修订的主要目的是服务民营经济发展,减轻刑法对中小民营企业融资的过度干预。在2020年7月出台的《关于充分发挥检察职能服务保障“六稳”“六保”的意见》中,最高人民检察院强调,要依法谨慎处理企业的金融信贷案件,充分考虑企业“融资难”“融资贵”的实际情况——对于借款人因生产经营需要,在贷款过程中虽有违规行为但未造成金融机构的实际损失的,一般不作为犯罪处理,以求贯彻落实党中央关于做好“六稳”工作、落实“六保”任务的重大决策部署,实现让广大企业“活下来”“留得住”“经营得好”的战略目标。此次刑法修正案将没有给银行等金融机构造成重大损失的骗取贷款类犯罪排除出金融犯罪圈,在刑事立法层面体现了国家层面支持民营经济主体、稳定当前正常经济社会秩序的总体战略。

(四)洗钱犯罪

《刑法修正案(十一)》对《刑法》第191条洗钱罪罪状的修订,尤其是将“自洗钱”行为正式入罪,可谓此次修法中的亮点之一。

在此次修法之前,2017年《刑法》第191条通过“列举式+兜底式”的立法技术,将洗钱罪的客观构成要件行为规定为:(1)提供资金账户的;(2)协助将财产转换为现金、金融票据、有价证券的;(3)通过转账或者其他结算方式协助资金转移的;(4)协助将资金汇往境外的;(5)以其他方法掩饰、隐瞒犯罪所得及其收益的来源和性质的五大类。同时,在主观上要求行为人“明知”洗钱的对象是特定上游犯罪所得及其收益。上述刑法条文将“协助”作为多数洗钱罪构成要件的行为要素,并强调洗钱行为人对本犯行为必须“明知”,使洗钱罪在文义上只能被解释为帮助类犯罪。即洗钱罪的犯罪主体被限定在特定上游犯罪本犯之外的第三方行为人。① 除此之外,传统的刑法罪数理论也认为,实施特定上游犯罪的行为人,在实施本犯行为后又实施掩饰、隐瞒犯罪所得及其收益的,其后续行为并未侵害新的法益或者本犯不具有不实施此种行为的期待可能性,因而只能将此行为认定为“不可罚的事后行为”。②

此次刑法修订对洗钱罪罪状的变革,将“自洗钱”行为正式入罪,可以从国内和国际两个方面理解其产生背景。从反洗钱国际合作方面来看,我国早在 2007 年 6 月 28 日就成为全球反洗钱与反恐怖融资的政府间国际组织“金融行动特别工作组”(Financial Action Task Force, FATF)的正式成员国;但在 FATF 对成员国反洗钱与反恐怖融资工作的合规性和有效性进行的第四轮互评估中,FATF 对核心项目“洗钱犯罪化”(money laundering offence)的评估为“部分合规”,理由是中国刑法将“自洗钱”行为排除出洗钱罪的构成要件行为的做法不符合法律的基本原则。③ 同时,FATF 将我国“洗钱的调查和起诉”评级为中等,认为我国对洗钱罪主观构成要件“明知”的证明标准设定过高,导致对洗钱罪的起诉频率不高,司法实践中定罪数量过少,因此建议我国降低对“明知”的认定标准。④ 此次刑法修订对洗钱罪的修改,回应了 FATF 对我国反洗钱立法的合理意见,是我国作为负责任的大国履行反洗钱国际义务的体现。

从国内的刑事政策角度来看,随着总体国家安全观的确立,我国对反洗钱工作重要性的认识,已经从原有的打破滋生上游犯罪的“温床”、维护金融机构声誉上升到国家安全体系的重要组成部分。⑤ 2017 年国务院办公厅发布《关于完善反洗钱、反恐怖融资、反逃税监管体制机制的意见》(国办函〔2017〕84 号),将反洗钱正式界定为建设中国特色社会主义法治体系和现代金融监管体系的重要内容与推进国家治理体系与治理能力现代化的重要保障。同时,该意见明确要求立法机关完善反

---

① 参见王新:《〈刑法修正案(十一)〉对洗钱罪的立法发展和辐射影响》,载《中国刑事法杂志》2021 年第 2 期。

② 参见张明楷:《刑法学》(上)(第 6 版),法律出版社 2021 年版,第 640 ~641 页。

③ See FATF, Anti-Money Laundering and Counter-terrorist Financing Measures-People's Republic of China, Fourth Round Mutual Evaluation Report, April 2019, Effectiveness and Technical Compliance Ratings.

④ See FATF, Anti-Money Laundering and Counter-terrorist Financing Measures-People's Republic of China, Fourth Round Mutual Evaluation Report, April 2019, paras. 184, 186.

⑤ 参见王新:《总体国家安全观下我国反洗钱的刑事法律规制》,载《法学家》2021 年第 3 期。

洗钱犯罪的刑事立法，按照我国参加的国际公约和明确承诺执行的国际标准的要求，将上游犯罪的本犯纳入洗钱罪的主体范围，构成了此次修法的国内政治前奏。

在履行国际反洗钱义务以及贯彻国内反洗钱战略的双重背景下，《刑法修正案（十一）》对洗钱罪的罪状内容进行了较大幅度的修订。此次修订包括三个方面的重点内容："自洗钱"行为入罪、洗钱行为内涵拓展与洗钱罪刑罚加重。

第一，修正案删除了洗钱罪客观要件表述中的所有"协助"字样，同时删除了作为主观构成要件的"明知"要素，使上游犯罪本犯自主实施的掩饰、隐瞒犯罪所得及其收益的行为也能够被自然地解释为洗钱行为，达到了"自洗钱"行为入罪的根本目的。

第二，修正案将原有的洗钱行为类型"协助将资金汇往境外"修改为"跨境转移资产"。前后文本看似意义接近，但行为类型的内涵得到扩充。首先，修正案将本条文中的行为对象从"资金"变更为"资产"，使对象的外延有所扩张。其次，将行为方式从单向的"将资金汇往境外"发展为双向的"跨境转移资产"，使那些将国外上游犯罪的违法所得转移到我国境内进行掩饰、隐瞒的行为也能够受到我国刑法的规制，从而有利于合作打击跨国的洗钱犯罪。最后，将行为手段从单纯的汇款扩展到任意形式的转移方式，有利于防止洗钱犯罪者借助其他手段变相实施跨国资金转移行为来规避刑法的惩罚。

第三，修正案将对犯洗钱罪的自然人的罚金刑由原本的限制罚金刑修改为无限额罚金刑，强化了对洗钱罪犯罪人的经济惩治力度，有助于遏制以逐利为目的的犯罪人的犯罪动机。

伴随此次修订，洗钱罪在司法适用过程中可能面临一些难题。首先，修正案将洗钱罪罪状中的"明知"要件删除，是否意味着洗钱罪的成立不需要行为人具有对涉案资金系上游犯罪的违法所得及其收益的认识？恐怕并非如此，理由有二。第一，基于现代刑法的责任主义基本原则，行为人只有在对某个刑事不法行为具有故意或过失时，才能对此项不法承担责任。同时，根据我国《刑法》第 15 条第 2 款的规定，过失犯罪需要法律的明确规定，而根据《刑法》第 191 条的内容不可能将洗钱罪解释为过失犯罪，因此只能将其理解为故意犯罪，只有在行为人对自身掩饰、隐瞒特定上游犯罪的违法所得及其收益之来源与性质的洗钱行为具有明知的心态，并具有希望或放任上述洗钱结果发生的情况下，才能考虑追究行为人的刑事责任。第二，从国际条约的规定来看，联合国颁布的《禁毒公约》《打击跨国有组织犯罪公约》《反腐败公约》均规定了“明知”等主观要件作为洗钱罪的构成要件,因此我国维持洗钱罪“明知”的主观构成要件也并不违反国际条约的规定。[①] 也就是说,司法机关在认定洗钱罪时,可能仍应对行为人的主观故意心态进行考察,避免犯下“客观归罪”的错误。

其次,在“自洗钱”行为入罪的立法背景下,《刑法》第 312 条规定的掩饰、隐瞒犯罪所得、犯罪所得收益罪的犯罪主体是否也应包括本犯?要解答这个问题,应当明确洗钱罪与掩饰、隐瞒犯罪所得、犯罪所得收益罪的关系。从侵害法益方面来看,前者属于“破坏金融管理秩序罪”,侵犯的是金融管理秩序法益,而后者属于“妨害司法罪”,侵犯的是司法活动法益。从构成要件行为来看,前者是对特定上游犯罪所得及其收益的“来源和性质”进行掩饰或隐瞒活动,而后者是对所有犯罪的犯罪所得及其收益本身进行掩饰和隐瞒。[②] 因为两个罪名在法益侵害与构成要件方面均存在明显差异,学理上通常将两罪视为并列关系,而非特别法与一般法的关系。然而,立法和司法实务部门对两罪关系的理解与上述学理的看法似乎并不相同。在《刑法修正案(六)》的草案说明中,全国人大常委会法工委就指出,《刑法》第 191 条规定的洗钱犯罪是对“通常可能有巨大犯罪所得的严重犯罪而为其洗钱的行为所作的特别规定”,而对其他上游犯罪的违法所得及其收益予以掩饰或隐瞒的行为都可以运用第 312 条规定的掩饰、隐瞒犯罪所得、犯罪所得收益罪予以制裁。[③] 司法机关也遵循上述立法意图,将两罪名理解为特别法与一般法的关系。[④] 尽管两罪在构成要件上存在相似之处,其行为方式和侵害法益存在明显区别,应在司法实践的具体适用中予以明确。即便尊重立法原意,将《刑法》第 312 条理解成为第 191 条洗钱罪“兜底”的一般法条,也应当理解掩饰、隐瞒犯罪所得、犯罪所得收益罪是从传统的赃物犯罪演化而来。而传统的窝藏、转移等仅是单纯改变犯罪所得及其收益的物理状态,并不改变其来源或性质。换言之,纯粹的窝藏、转移行为仅仅侵害了司法活动的法益,而并不独立对我国的金融秩序产生实质影响。这

---

① 参见王新:《〈刑法修正案(十一)〉对洗钱罪的立法发展和辐射影响》,载《中国刑事法杂志》2021 年第 2 期。

② 参见张明楷:《刑法学》(下)(第 6 版),法律出版社 2021 年版,第 1450 页。

③ 参见《关于〈中华人民共和国刑法修正案(六)(草案)〉的说明》,载《全国人民代表大会常务委员会公报》2006 年第 6 期。

④ 上述观点可参见刘为波:《〈关于审理洗钱等刑事案件具体应用法律若干问题的解释〉的理解与适用》,载《人民司法》2009 年第 23 期。

类本犯实施窝藏、转移自身犯罪所得及其收益的行为，实质上是上游犯罪的自然延伸，应当被认定为不可罚的事后行为，不再单独定罪处罚。① 从这个角度来看，刑法修正案对第 191 条洗钱罪的罪状修订并不能够对第 312 条的构成要件产生直接影响。

三、司法动态：金融犯罪重点案件评述

2020 年 11 月 3 日，《中共中央关于制定国民经济和社会发展第十四个五年规划和二〇三五年远景目标的建议》公布，对金融领域发展作出若干重要部署，如“完善现代金融监管体系，提高金融监管透明度和法治化水平，完善存款保险制度，健全金融风险预防、预警、处置、问责制度体系，对违法违规行为零容忍”。2021 年是中国共产党成立 100 周年，也是“十四五”开局之年，为了维护人民群众切身利益和国家经济金融安全，司法机关始终保持对金融犯罪的严打高压态势，扎实开展“我为群众办实事”的社会实践活动，严格依法办案，深入推进金融领域的行刑衔接，形成打击合力，全方位防控金融风险，不断增强人民群众的安全感和幸福感。在接下来本文的第三部分，我们从微观层面切入，在各渠道发布的金融犯罪典型案例中，选取了三类群众关注度高、社会影响力大的重点犯罪案件进行评述，以案释法，揭示相关犯罪的主要形态、突出问题和特点趋势。

（一）非法集资犯罪重点案件

自 2010 年以来，最高人民法院、最高人民检察院、公安部等有关部门颁布了一系列与非法集资犯罪相关的司法解释性或规范性文件，但文件的内容是静态的和抽象的，在司法实践中仍然存在法律适用的难点和痛点。随着社会经济和科学技术的迅猛发展，新情况和新问题层出不穷。典型案例的发布制度打破了这一僵局——“一个案例胜过一沓文件”，通过发挥案例指导作用，动静结合，双管齐下，牢牢把握金融犯罪治理的工作重心。

1. 非法集资犯罪的“四部曲”总结

近年来，上百亿元非法集资大案屡见不鲜（见表 3），参与人员众多，牵涉面极

① 参见张义健：《〈刑法修正案（十一）〉的主要规定及对刑事立法的发展》，载《中国法律评论》2021 年第 1 期。

广,社会影响巨大,对国家经济安全和社会秩序稳定造成了重大破坏。从各案的案情简介中可以了解到:随着经济社会的发展和相关法律法规的修订,成立公司的门槛降低,这在一定程度上为非法集资活动做了“嫁衣”。即合法公司的表象蒙蔽了人民群众的双眼,犯罪分子承诺高额回报,以暴利作饵,辅以媒体公关造势,打着“一带一路”“电子商务”“养老扶贫”“建党100周年”等形式多样的幌子,编造虚假项目,炒作牟利,“拆东墙补西墙”。非法集资者利用群众从众和侥幸的投资心理,甚至不惜利用亲情、友情关系拉拢人员加入,使其深陷泥潭、无法自拔,从而顺利完成了“画饼—造势—吸金—跑路”的非法集资活动“四部曲”。

表3 2021年公开审判的百亿元非法集资大案

案件	案情简介
顾某平等人非法集资830亿元	2015年1月,资本玩家、原A股上市公司慧球科技的实际控制人顾某平,利用上海联璧电子科技(集团)有限公司进行非法集资。从2017年9月起,顾某平等人采用前述类似手段又利用华夏万家金服平台非法募集资金。通过上述两个平台,顾某平等人非法集资共计人民币830余亿元,造成110余万名被害人损失共计人民币120余亿元
春晓资本非法集资730亿元	2015年8月~2018年8月,王某、韩某等人,通过融数金服信息服务有限公司、大连君融贷信息技术服务有限公司及春晓资本集团,设立君融理财平台,并先后收购抓钱猫、石头理财、牛板金及学良创立的聚财猫平台,在未取得国家相关主管部门批准的情况下,以6%~16%的年化收益及保本付息为诱饵,非法募集资金730余亿元,造成19万余名被害人经济损失150余亿元
“阜兴系”非法集资565亿元	自2014年9月起,朱某栋、赵某权等人,使用虚构投资标的、夸大投资项目价值,并以高收益、承诺到期还本付息等为诱饵,设计销售债权类、私募基金类等理财产品,向社会公众非法集资,并发新还旧,不断扩大资金规模,以维持资金链。截至2018年6月,阜兴集团非法集资共计565亿余元,案发时未兑付本金共计218亿余元
金诚集团非法集资450亿元	自2015年起,韦某等人利用PPP项目和自营项目发行私募基金。自2009年5月至案发,韦某等人通过金诚集团及其关联公司,向不特定公众非法集资450亿余元。金诚集团账面未兑付198亿元,扣除已付收益,实际未兑付约172亿元,再减去目前已追讨款项,造成损失约164亿元,不包括尚未变现的资产

续表

案件	案情简介
“联宝”非法集资157亿元	2014年10月~2018年5月17日,被告人欧某宝在未经有关部门依法批准的情况下,共向73,290名集资参与人非法吸收资金157.599亿余元,造成59,162名集资参与人损失59.226亿余元
银来集团非法集资143亿元	2013年6月,被告人夏某平、唐某等人注册成立多家公司,组建了“银来系”经营平台。2013年8月~2018年12月,在未经有关部门批准的情况下,银来集团将放大、虚构的应收债权及投资项目提供给银来资产公司、银来金融公司包装成理财产品,连同银来基金公司发行的基金产品,向社会公众公开宣传和销售。至案发,共计非法集资人民币143.57亿余元,造成被害人实际损失人民币34.07亿余元
“金银猫”非法集资121亿元	自2013年9月起,被告人徐某军实际控制上海金银猫金融服务有限公司等公司,在线上设立金银猫平台,在线下开设实体店,公开宣传各类理财产品,向社会公众非法募集资金。2017年1月,被告人张某海采用代偿存量标的方式从徐某军处受让金银猫公司,延续部分经营模式,继续非法募集资金。金银猫公司共计非法募集资金121亿余元,造成4万余名被害人经济损失17亿余元
“中国亿星”非法集资110亿元	2013年11月~2018年8月,被告人杜某宾伙同被告人童某杰、王某等人,通过杜某宾实际控制的中亿国星投资发展有限公司、中亿国星(上海)股权投资基金管理有限公司和上海享盈资产管理有限公司,未经国家有关主管部门批准,向9000余名社会公众募集资金共计110亿余元

在非法集资活动中,公司类型主要集中于投资理财领域,披着新型经济模式的外衣,掩饰其非法集资的目的。集资类型主要有:(1)购物返款型,即利用网络购物平台,以多倍价格购物定期全额返还货款为诱饵,或通过网络以购买虚拟产品、保健品等商品返利的方式,向社会不特定对象吸收存款;(2)种植开发型,即通过网络提供土地承包并代为种植、养殖、项目开发、生态环保投资等名义,进行非法集资;(3)充值返息型,即通过向中老年人推介旅游产品和养生项目,再以高利息为诱饵,诱骗中老年人办理会员卡并充值,进行非法集资;①(4)投资理财型,即利用互联网设立投资基金、电子黄金投资,或以发行股票债券等使资产快速增值的名义进行非

① 典型案例如2021年“戴某平等人集资诈骗、非法吸收公众存款案”,被告人以预订养老公寓床位为名向老年人非法集资。参见《检察机关打击整治养老诈骗犯罪典型案例》,载最高人民检察院官网,https://www.spp.gov.cn/xwfbh/wsfbt/202206/t20220617_560010.shtml#2。

法集资。[①] 犯罪分子的手段极具迷惑性,真假掺杂,类型交织,影响投资者的判断和决策;网络传播方式不受时空限制,跨区域的非法集资活动数据量大,且电子数据易灭失和被篡改,取证难度大;受害人多为辨识能力弱的老年人群体。

然而,纵使犯罪分子的套路再深,非法集资与合法私募好比泾渭之水,泾水浊,渭水清,二者之间界限分明(见表4)。只要擦亮双眼、提高警惕,注意保护个人信息,三思而后行,即可避免"入坑"。司法机关及其工作人员深入街道、社区开展风险警示教育活动,进一步加强以案说法和普法宣传,帮助群众增强识别和防范能力,实现法律效果、政治效果和社会效果的有机统一。

表4　合法私募与非法集资的界限

具体表现方式	合法私募	非法集资
募集方式	仅能采取非公开方式	惯常采用公开宣传方式
募集对象	仅面向特定对象即合格投资者(有风险识别和承担能力的机构或个人)	不特定对象; 主要面向社会公众
投资额最低标准	投资单只基金的金额不得低于100万元,对机构和个人还有收入和净资产要求	不设门槛
投资人数	股份公司制/契约型:不得超过200人; 有限公司制/合伙制:不得超过50人	不设上限
资金运作方式	投资对象一般为非上市公司的股权,投资期限较长	一般无投资项目,发新还旧以维持资金链
风险承担方式	募集人与投资人共担风险,募集人必须向投资人充分揭示投资风险,不得承诺固定回报	募集人往往故意规避风险提示,向投资人许诺高额利息或固定收益回报

2. P2P网贷平台的"穿透式"判断

在"余某、张某丰等人非法集资案"中,被告人余某伙同被告人张某丰、李某原,先后以上海永利宝金融信息服务有限公司、上海永利宝网络信息科技有限公司、上海潇谦互联网金融信息服务有限公司的名义运营"永利宝""火理财"线上P2P网络

① 参见王小粉、焦珊珊:《网络平台非法集资案件的实务应对与源头防控》,载邓云等主编:《做优刑事检察之网络犯罪治理的理论与实践——第十六届国家高级检察官论坛文集》,中国检察出版社2020年版。

借贷平台,采用广告宣传、电话推销等方式公开宣传,虚设借款标的与虚构第三方担保,夸大投资项目的盈利能力,并以承诺年化收益率6% ~12%的高额收益为诱饵,向社会公众非法募集资金。其间,余某将“火理财”P2P平台整体转让给涉案人洪某舟。在洪某舟等人的指使下,被告人刘某成、吴某、洪某继续采用上述方法向社会公众非法募集资金。余某等人非法募集资金共计99.32亿余元,造成2.8万余名被害人经济损失12.77亿余元。[①] 该案被告人假借开展网络借贷信息中介业务之名,编造虚假融资项目或借款标的,层层包装,向不特定对象承诺还本付息,未经依法批准,擅自归集社会公众的资金,设立资金池并控制、支配其中的资金,以合法形式掩盖非法目的。即使此类犯罪手法的隐蔽性特征突出,但司法机关通过对被告人的行为进行“穿透式”实质审查判断,最终认定:被告人余某、张某丰作为公司直接负责的主管人员,以非法占有为目的,使用诈骗方法非法集资,其行为均已构成集资诈骗罪;被告人李某原、刘某成、吴某、洪某作为相关公司的其他责任人员,非法吸收公众存款,扰乱金融秩序,其行为均已构成非法吸收公众存款罪。

作为“舶来品”的P2P网络借贷是我国新时代金融借贷的创新模式,其利用互联网技术优势,为民间借贷融资提供了“绿色通道”,满足了大量经济实体和人民群众的资金需求。[②] 与传统模式相比,P2P网络借贷平台的交易更加便捷,因为网络平台的贷款信息丰富、条件宽松、程序简易,不受时间地点限制,办理业务效率高。在网贷平台发展初期,多地出台了鼓励政策,公司注册资本制的改革也为网贷平台的发展提供了千载难逢的机遇,助力其业务迅猛扩张,顺利进入高速发展阶段。然而,看似安全稳定的网络平台,实则多有“暗礁险滩”:网络信贷平台的信息披露不及时、不完整、不集中,所涉人员信息的真实性存疑;行业准入门槛低,从业人员素质参差不齐;相关机构的监管浮于表面,对平台日常经营活动缺乏深入了解,监督作用有限,平台失灵现象较为普遍。网贷行业内部乌烟瘴气、鱼龙混杂,这在一定

---

① 参见《上海一中院一审公开宣判余刚等人集资诈骗案》,载微信公众号“上海一中法院”2021年3月30日,https://mp.weixin.qq.com/s/ULTVknzGYhiyEKUZnJS4sw。

② 2015年,中国人民银行等十部门联合发布了《关于促进互联网金融健康发展的指导意见》,对P2P网络借贷定义如下:个体网络借贷(P2P网络借贷),是指个体和个体之间通过互联网平台实现的直接借贷……个体网络借贷要坚持平台功能,为投资方和融资方提供信息交互、撮合、资信评估等中介服务。个体网络借贷机构要明确信息中介性质,主要为借贷双方的直接借贷提供信息服务,不得提供增信服务,不得非法集资。2016年,银监会官网发布的《网络借贷信息中介机构业务活动管理暂行办法》第2条也重申了这一定义。

程度上也拓宽了非法集资的渠道,助长了非法集资者的气焰。自 2018 年 6 月起,网贷平台接连出现项目逾期、兑付困难、暂停运营乃至失联跑路等情况,又引发“多米诺骨牌效应”,出现所谓的“P2P 爆雷潮”,使投资者陷入恐慌,这种负面情绪的蔓延造成市场风险明显上升,社会不稳定因素增加。① 因此,近年来,有关部门出台相应规则,大力开展互联网专项整治活动,要求“除部分严格合规的在营机构外,其余机构能退尽退、应关尽关”“稳妥有序推进风险处置,分类施策、突出重点,精准拆弹”“以查促改、以查促退、以查促打”“坚决遏制增量,持续压降存量”,②以提高市场准入门槛的方式,有序引导平台退出与转型,加强监管力度,让企图滥竽充数的平台对着“铜墙铁壁”望而生畏,有效遏制风险发散,促使网络信贷行业逐渐回归正常健康的发展轨道,市场秩序趋于稳定。与此同时,投资者的风险意识也进一步增强,盲目追求高收益的不理智人群越来越少。

我国 P2P 网络借贷的兴衰史,见图 1。

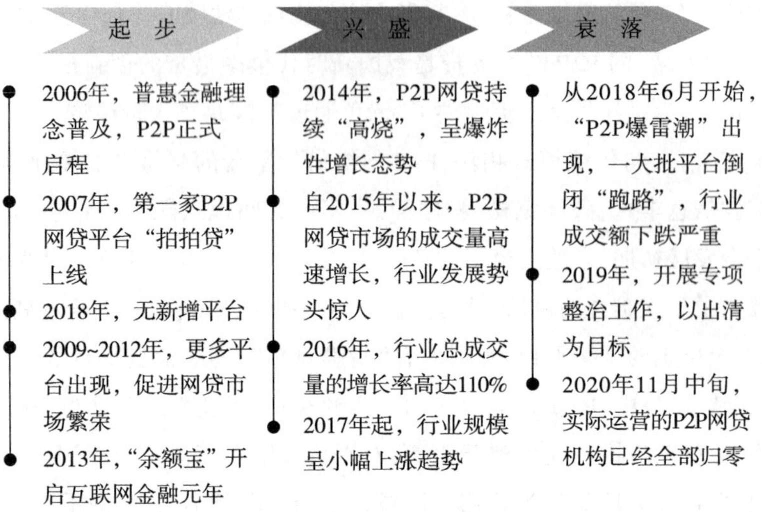

图 1　我国 P2P 网络借贷的兴衰史

① 参见《金融科技发展、挑战与监管——郭树清在 2020 年新加坡金融科技节上的演讲》,载中国金融新闻网,https://www.financialnews.com.cn/jg/ld/202012/t20201208_207175.html。

② 一系列文件的出台彰显了国家整顿网贷平台的力度,工作目标清楚、方向明确、手段多样,具体内容参见《关于做好网贷机构分类处置和风险防范工作的意见》《关于加强 P2P 网贷领域征信体系建设的通知》《关于进一步做实 P2P 网络借贷合规检查及后续工作的通知》《关于网络借贷信息中介机构转型为小额贷款公司试点的指导意见》。

受新冠疫情影响，非法集资类犯罪面临高发风险，囿于传播手段的限制，网络金融领域成为“重灾区”，给刑事规制和社会治理带来严峻挑战。梳理典型案例，总结分析非法集资犯罪和网络犯罪模式的新形势和新特点，能够对症下药，集中力量抓重点、攻难点。司法实践中出现的“同一行为不同定性”问题，实则是对罪与非罪、此罪与彼罪的区分标准存有分歧，或是理解不同。其中，最为典型的是非法吸收公众存款罪和集资诈骗罪的区分。目前实务界和理论界的主流观点认为，行为人主观上有无非法占有目的应作为区分两罪的关键。有观点认为，这种区分方案容易引发主观归罪、结果归罪以及裁判标准不一等问题，而区分二者的关键在于行为客观上破坏了金融系统中的何种信任基础——集资诈骗破坏的是投融资双方“一对一”的人格信任，而非法吸收公众存款破坏的是市场参与者围绕金融市场利率规则形成的“一对多”的规则信任。① 此观点有待商榷之处在于，“信任”区分说具有主观归罪之嫌，且破坏“一对一”的人格信任法益在刑法上的保护必要性存疑。此外，也有观点认为，集资者因生产经营活动的需要而向社会公众集资（生产型集资），虽有一定的融资风险，但基于鼓励创新发展和稳定扩大就业的需要，可予以全面出罪化，宜将“资金用于项目”作为消极的犯罪构成要件要素。②

明晰的市场法律法规，具有严厉性和确定性的法律制裁，能让人民群众在这条金融“高速路”上拥有更安全的投资环境。司法机关应当紧紧围绕“努力让人民群众在每一个司法案件中都能感受到公平正义”的工作目标，切实履行自己的职责，在非法集资犯罪中尤其要抓好“追赃挽损”这一重要环节，维护好人民群众的切身利益。相关职能部门和社会机构针对国内非法集资犯罪的新形势，也应积极承担社会责任，加大普法宣传教育力度，引导人民树立正确的投资理财观并自觉抵制非法集资活动，守好人民的“钱袋子”，不给犯罪分子留可乘之隙。

（二）证券期货犯罪重点案件

2020 年 11 月 6 日，最高人民检察院会同中国证券监督管理委员会（以下简称

---

① 人格信任是指相信交易对方会做出符合己方利益的行为，而规则信任则是指相信公开的市场规则会得到共同遵守。参见蓝学友：《论集资诈骗罪与非法吸收公众存款罪的体系性区分——基于金融系统的两种信任类型》，载《西南政法大学学报》2021 年第 5 期。

② 参见叶良芳：《总体国家安全观视域下非法集资的刑法治理检视》，载《政治与法律》2022 年第 2 期。

证监会)以“依法从严打击证券违法犯罪　维护金融市场秩序”为主题召开了新闻发布会,发布了12起证券违法犯罪典型案例,包含6起证券犯罪典型案例(见表5)和6起证券违法典型案例,总结了惩治证券期货违法犯罪的工作情况,向公众传递对证券违法违规行为“零容忍”的信号。2021年7月6日,中共中央办公厅、国务院办公厅印发了《关于依法从严打击证券违法活动的意见》,提出坚持“零容忍要求”“法治原则”“统筹协调”“底线思维”等工作原则,进一步打击资本市场证券违法活动,消灭顽疾,维护投资者合法权益,深入推进资本市场法治体系建设。2021年10月15日,证监会会同公安部、最高人民检察院联合开展了“打击证券违法犯罪专项执法行动”,集中力量部署查办了19起重大典型案件,主要包括重大信息披露违法案件、恶性操纵市场案件和内幕交易案件。这一专项行动严格贯彻落实了《关于依法从严打击证券违法活动的意见》要求,紧扣“零容忍”的工作主线,使证券执法司法效能大大提升,积极形塑着良好的金融市场生态。

表5　最高人民检察院、证监会联合发布的6起证券犯罪典型案例(2020年11月6日)

案件名称	典型意义
欣某公司、温某乙、刘某胜欺诈发行股票、违规披露重要信息案	(1)依法从严惩治资本市场财务造假行为;(2)综合发挥行政执法和刑事司法职能作用;(3)注重维护投资者的合法权益
中某通公司、卢某旺等人欺诈发行债券、出具证明文件重大失实、非国家工作人员受贿案	(1)坚持保护资本市场创新发展和惩治证券违法犯罪并重;(2)严厉惩治中介机构参与财务造假,促进落实“看门人”责任;(3)注重结合办案提出检察建议
唐某博等人操纵证券市场案	(1)严厉惩治各类操纵型证券犯罪;(2)准确把握虚假申报操纵犯罪和正常报撤单的界限;(3)有针对性地提出量刑建议
王某、王某玉等人内幕交易、泄露内幕信息案	(1)依法惩治内幕交易违法犯罪;(2)准确把握内幕交易犯罪的证据特点和证据运用规则;(3)贯彻落实宽严相济刑事政策
胡某夫利用未公开信息交易案	(1)充分认识“老鼠仓”行为对证券市场的危害;(2)重视客观性证据的证明作用,以证据证明反驳不合理辩解
滕某雄、林某山编造并传播证券交易虚假信息案	(1)依法惩治编造、传播虚假信息行为;(2)严格区分编造传播虚假信息和利用虚假信息操纵证券市场行为的法律边界

剖析典型案例可知，相较于其他金融犯罪，证券期货犯罪有两个方面的特点。一方面，证券期货犯罪更加“专业化”，犯罪分子大多是“行家里手”，专业知识丰富，精细分工、密切配合，组织化程度较高，犯罪手段也较为隐蔽，创新活动与违法犯罪行为的辨别难度较大。在“唐某博等人操纵证券市场案”中，被告人的操纵市场手段花样翻新，专业性和隐蔽性较强，在办案中还需要结合行为人的申报目的和相关交易数据，准确区分虚假申报操纵行为和合法的报撤单交易行为。另一方面，证券期货犯罪更加“新颖化”。证券期货产品范围广泛，所涉及领域在不断扩张，跨境犯罪案件屡见不鲜，所使用的技术、方法也呈现新的态势，给证券期货犯罪的打击带来难度。在“王某、王某玉等人内幕交易、泄露内幕信息案”中，部分被告人不供认犯罪事实，检察机关全面收集交易数据、资金往来、行程轨迹、社会关系等相关证据，对各类证据进行综合分析判断，形成证据链条，最终依靠间接证据得以证明犯罪事实。

在证券期货犯罪中，与欺诈发行、内幕交易、操纵市场等犯罪案件相比，违规披露、不披露重要信息罪的司法适用较为罕见。有研究注意到，该罪追究刑事责任的门槛高、比例低、力度轻，目前对信息披露违规行为仍以行政处罚为主，“以罚代刑”“避重就轻”现象十分突出。①

然而，信息披露制度是投资者判断和决策以及国家机关履行管理职责的重要依据，也是市场经济健康发展的主要抓手。违规信息披露案件的涉案金额越来越高，给投资者造成的利益损失也越来越大，造成金融风险不断升高，这给社会主义市场经济秩序带来了深远的负面影响，不利于社会稳定。行政处罚力度的加大似乎并未缓解这种不稳定因素，反而有变本加厉的趋势，而刑事制裁这一最后防线的效果目前半间半界。长此以往，将导致金融市场秩序的混乱无序，打击投资者对我国金融市场规范性的信心，严重损害经济的健康发展。因此，加强对金融市场秩序的监管，打击信息披露违法犯罪行为，减少市场运行过程中的“人祸”，遂成为当务之急。2019 年 12 月 28 日颁布的《证券法》设专章规定信息披露制度，进一步细化信息披露要求并加大处罚力度；2020 年 12 月 26 日通过的《刑法修正案（十一）》对违规披露、不披露重要信息罪进行了重大调整：提高法定刑，增加责任主体，无

---

① 参见田宏杰：《行刑共治下的违规披露、不披露重要信息罪：立法变迁与司法适用》，载《中国刑事法杂志》2021 年第 2 期。

限扩张违法成本,从而加大打击力度。这也为打击信息披露犯罪奠定了“严”的主基调。

2021 年 11 月 17 日,广东省佛山市中级人民法院对康美药业原董事长、总经理马某田等人操纵证券市场案进行公开宣判。马某田因操纵证券市场罪、违规披露、不披露重要信息罪以及单位行贿罪数罪并罚,被判处有期徒刑 12 年,并处罚金人民币 120 万元。针对违规披露、不披露重要信息罪的犯罪事实,法院审理查明:马某田组织、策划、指挥公司相关人员进行财务造假,向公司股东和公众披露虚假经营信息。此外,其故意隐瞒控股股东及关联方非经营性占用资金 116 亿余元不予披露。除相关人员承担刑事责任外,由于康美药业在上市公司年度报告和半年度报告中进行虚假陈述,造成了证券投资者的损失,被判承担巨额民事赔偿;证监会也公布了对康美药业违法违规案的处罚决定。① 此案是《关于依法从严打击证券违法活动的意见》出台后贯彻落实“零容忍”要求的有力举措和标志案件,通过民事、行政、刑事的“三管齐下”,全面追究康美药业案相关人员的责任,反向促进公司的刑事合规体系建设,对于激励我国金融市场深化改革和健康发展具有重要意义。

根据《刑法》第 161 条第 1 款的规定,违规披露、不披露重要信息罪是单位犯罪。但考虑到上市公司所涉及利益群体的复杂性、广泛性和多元性,处罚单位会损害无辜者的利益,也会使受害人受到“二次伤害”,故而实行单罚制,仅对“直接负责的主管人员和其他直接责任人员”进行刑事处罚。类似的罪名还有妨害清算罪、虚假破产罪、违法运用资金罪等。因此,在指导性案例“博元公司违规披露、不披露重要信息案”中,珠海市公安局以博元公司涉嫌违规披露、不披露重要信息罪移送起诉,珠海市香洲区人民检察院则对博元公司作出不起诉决定,而对单位直接负责的主管人员及其他直接责任人员(余某妮等人)提起公诉。同时,检察机关向中国证券监督管理委员会发出《检察意见书》,建议对博元公司依法给予行政处罚,这也体现了刑事司法与行政执法之间的有效衔接。这一举动旨在消除受害人等社会公众对“单位无责”的误解,从而避免对证券市场秩序和社会公共秩序造成负面影响。

接下来,本文从四要件体系出发,对违规披露、不披露重要信息罪的构成要件进行剖析。其一,考虑到该罪处于“妨害对公司、企业的管理秩序罪”项下,其客体

① 参见程丹:《马兴田获刑 12 年!康美药业原董事长一审宣判,操纵证券市场、单位行贿等数罪并罚,并处罚金 120 万》,载证券时报网,https://news.stcn.com/sd/202111/t20211117_3874961.html。

应当为国家对公司、企业的管理秩序(以信息披露制度为核心)和投资者、社会公众及其他利害关系人的合法权益(以知情权为核心),呈现复合法益的保护样态。其二,该罪在客观方面表现为依法负有信息披露义务的公司、企业向股东和社会公众提供虚假的或者隐瞒重要事实的财务会计报告,或者对依法应当披露的其他重要信息不按照规定披露,严重损害股东或者其他人利益,或者有其他严重情节的行为。该罪为真正不作为犯,义务主体不履行信息披露义务的方式,既可以是积极举动,也可以是消极静止。其三,该罪为单位犯罪,主体是依法负有信息披露义务的公司、企业,主体范围应结合前置法划定。[①] 其四,该罪为故意犯罪,若因监管失误或关联方责任,则不构成本罪。

该罪成立的关键还在于对“其他重要信息”和“严重后果”的判断。“其他重要信息”应当与财务会计报告的重要程度具有相当性,并结合《上市公司信息披露管理办法》《公司法》《证券法》《银行业监督管理法》等相关法律法规进行范围划定,包括自愿披露的信息。在判断“重要性”时,应把握“与投资者作出投资价值判断和投资决策有关的信息”这一实质内涵,关注该信息是否会对股票交易价格产生较大影响,排除非投资性信息和非理性信息,防止该罪沦为“口袋罪”。行政法规处罚的违规披露行为并不必然构成违规披露、不披露重要信息罪。成立本罪与否,最终还是要看违规信息披露行为是否严重损害股东或者其他人利益,或者有无其他严重情节。对于这一构罪必要条件,最高人民检察院、公安部《关于公安机关管辖的刑事案件立案追诉标准的规定(二)》第6条规定了信披罪的追诉情形,明确了如何认定“严重损害利益以及其他严重情节”。即便如此,违规信息披露行为与严重后果之间的因果关系证明也绝非易事,违规披露、不披露重要信息罪在司法实践中适用难的问题依然存在。

(三)洗钱犯罪重点案件

金融市场瞬息万变,各类犯罪与洗钱活动暗中勾连。洗钱手段具有复杂性和隐蔽性,境内交易与境外套现缠结,交错难清,严重威胁了人民财产安全和社会秩

---

① 根据《证券法》第78条第1款规定的“发行人及法律、行政法规和国务院证券监督管理机构规定的其他信息披露义务人”,以及第79条列举的“上市公司、公司债券上市交易的公司、股票在国务院批准的其他全国性证券交易场所交易的公司”,可以大致划定信息披露义务主体的范围,且该范围随着经济发展和市场创新也在不断拓展,如北交所成立背景下的新三板公司也应当负有信息披露义务。

序稳定。2017 年,正值《反洗钱法》实施 10 周年之际,国务院办公厅印发了《关于完善反洗钱、反恐怖融资、反逃税监管体制机制的意见》,明确了"到 2020 年,初步形成适应社会主义市场经济要求、适合中国国情、符合国际标准的'三反'法律法规体系,建立职责清晰、权责对等、配合有力的'三反'监管协调合作机制,有效防控洗钱、恐怖融资和逃税风险"的目标要求,为预防打击跨境金融犯罪活动作出重要部署。以习近平同志为核心的党中央对反洗钱工作高度重视,各有关部门大力推进反洗钱相关立法、执法和司法工作,全面加大对洗钱违法犯罪的打击力度。2021 年 11 月,中国人民银行发布了《2020 中国反洗钱报告》,简要介绍了洗钱犯罪的起诉审判情况(见表 6),体现了我国打击洗钱犯罪的成效显著。在追逃追赃领域,根据"天网 2021"行动统一部署,中国人民银行会同公安部开展预防、打击利用离岸公司和"地下钱庄"向境外转移赃款专项行动,同时打击"地下钱庄"洗钱的"旧手段"和虚拟货币洗钱等"新模式",双管齐下,有力地维护了人民群众的经济利益和国家经济安全。数据统计结果显示,2021 年全国检察机关审结涉腐洗钱犯罪案件 259 件,是 2020 年的 2.56 倍;审结涉腐洗钱犯罪案件数量占同期所有审结贪污贿赂案件数量的比重为 2%,是 2020 年的两倍。这些数据体现了我国对洗钱犯罪打击力度的不断加大,以及整治工作取得的实效。

表 6 2020 年洗钱犯罪起诉审判情况

罪名	批准逮捕		提起公诉		审结案件	生效判决
	件数	人数	件数	人数		
洗钱罪	140 起	221 人	494 起	707 人	197 起	229 人
掩饰、隐瞒犯罪所得、犯罪所得收益罪	6496 起	14,355 人	12,204 起	23,037 人	6397 起	15,988 人
窝藏、转移、隐瞒毒品、毒赃罪	11 起	54 人	21 起	94 人	30 起	111 人
总计	6647 起	14,630 人	12,719 起	23,838 人	6624 起	16,328 人

2021 年 3 月 19 日,最高人民检察院和中国人民银行联合公布了惩治洗钱犯罪的 6 起典型案例(见表 7)。[①] 这批典型案例充分揭示了常见的洗钱罪上游犯罪类

① 参见《最高人民检察院、中国人民银行联合发布惩治洗钱犯罪典型案例》,载中国人民银行官网 2021 年 3 月 19 日,http://www.pbc.gov.cn/goutongjiaoliu/113456/113469/4210737/index.html。

型,主要为金融诈骗类和破坏金融管理秩序犯罪(如非法集资犯罪)、毒品类犯罪、贪污贿赂犯罪以及黑社会性质组织犯罪;也展现了洗钱罪的常见行为方式为:(1)单纯提供资金账户;(2)提供银行账户并用于购买房产、车辆、股票等;(3)虚构交易、出具虚假收款收据等;(4)通过"地下钱庄"等协助资金汇往境外;(5)为他人代持房产;(6)转账、取现等;①(7)利用虚拟货币洗钱等新型手段。虽然洗钱方式具有多样性和多变性,但其本质都是协助资金转移或者转换犯罪所得及其收益。司法机关在办案过程中根据这一本质,透过资金往来频繁的表象,准确识破各类洗钱犯罪案件。

表7　2021年最高人民检察院和中国人民银行公布洗钱犯罪的6起典型案例

案件名称	案情简介	案件主旨
曾某洗钱案	2014年,银某公司多次向熊某行贿,曾某以提供银行账户、转账、取现等方式,帮助熊某转移受贿款共计3700万元(全部用于以熊某为首的黑社会性质组织的日常开支和发展壮大)	准确认定黑社会性质的组织犯罪所得及收益,严惩洗钱犯罪助力"打财断血"
雷某、李某洗钱案	2017年2月~2018年1月,雷某、李某应朱某要求,明知腾某公司以外汇理财业务为名进行非法集资,仍向朱某提供多张本人的银行卡,接收朱某实际控制的多个账户转入的非法集资款,并通过银行大额取现、大额转账、同柜存取等方式将上述非法集资款转移给朱某	准确认定以隐匿资金流转痕迹为目的的多种洗钱手段,行刑双罚共促洗钱犯罪惩治和预防
陈某枝洗钱案	2018年年中,陈某波将非法集资款中的300万元转账至陈某枝的个人银行账户,后为转移财产,二人离婚。2018年10~11月,陈某枝明知陈某波因涉嫌集资诈骗罪逃往境外,仍将上述300万元转给陈某波,并低价出售用非法集资款购买的车辆,以卖车钱款换取比特币,供陈某波在境外使用	准确认定利用虚拟货币洗钱新手段,上游犯罪查证属实未判决的,不影响洗钱罪的认定
张某洗钱案	2007~2012年,张某明知陈某从事非法集资活动,先后开立6个银行账户供陈某使用,共接收非法集资款6.6亿余元。2009年3月~2011年8月,张某将工资卡账户提供给陈某,接受陈某转入的非法集资款共计307万元	开展"一案双查",自行侦查深挖洗钱犯罪线索

① 参见吴波:《洗钱罪的司法适用困境及出路》,载《法学》2021年第10期。

续表

案件名称	案情简介	案件主旨
林某娜、林某吟等人洗钱案	2010～2014年,明知是毒品犯罪所得及收益,林某娜帮助哥哥林某永转移资金1743万余元,林某吟帮助哥哥林某永转移资金1150万元,黄某平帮助男友林某永转移资金1719万余元,陈某真帮助丈夫蔡某璇购买房地产730余万元	严厉惩治家族化洗钱犯罪,斩断毒品犯罪资金链条
赵某洗钱案	2013年至2018年6月,赵某向武某提供个人银行账户,多次接收从武某本人银行账户或者武某贪污罪共犯王某实际控制的银行账户转入的武某贪污、受贿款项,共计1200余万元	退回补充侦查追加认定遗漏犯罪事实,综合其他证据"零口供"定罪

这批洗钱罪典型案例还体现出以下三个方面的指导意义。

第一,构罪的独立性。出于惩治洗钱犯罪的必要性和及时性考虑,洗钱罪构成的认定独立于上游犯罪的认定:(1)非法集资、贩卖毒品等上游犯罪存在较长期的持续状态,在犯罪持续期间帮助犯罪分子转移犯罪所得及收益,应当认定为洗钱罪。上游犯罪是否结束,不影响洗钱罪的构成。(2)上游犯罪查证属实,尚未依法裁判,或者由于上游犯罪嫌疑人潜逃、死亡、未达到刑事责任年龄等原因出现暂时无法追究刑事责任或者依法不追究刑事责任等情形,不影响洗钱罪的认定和起诉。

第二,行政执法与刑事司法的联动交互性。中国人民银行是我国反洗钱行政主管部门。有效开展反洗钱调查需要中国人民银行加强监管,敢于"亮剑",认真履行尽职调查义务与责任,对涉嫌洗钱犯罪的大额交易和可疑交易活动进行及时调查,将有关线索及时移送司法机关,积极协助司法机关追踪资金、固定证据的侦查工作,充分发挥反洗钱"第一防线"的职能优势,为打击洗钱犯罪提供有力支持。检察机关应当及时向中国人民银行提示洗钱犯罪风险,反馈洗钱犯罪的新手段、新类型、新情况,帮助丰富反洗钱监测模型,提出完善反洗钱制度措施的意见建议;若发现金融机构涉嫌行政违法,应及时移送中国人民银行调查处理,促进金融行业治理。只有行政执法与刑事司法有效衔接,才能充分发挥合力优势,有效打击洗钱类违法犯罪活动,为人民群众办实事、办好事。

第三,治理的协同性。开展有效的国际合作有利于打击治理洗钱犯罪,我国积极参与相关国际活动和签署重要的国际公约。中国人民银行应当充分发挥反洗钱国际合作职能,向国际反洗钱组织主动提供成功案例,向国际社会介绍中国经验,为国际反洗钱工作贡献中国智慧和中国方案;同时,我国也要主动探索国际合作的新渠道,学习成功经验,借鉴先进做法,进一步提升风险内控和治理水平。

2021 年 12 月 9 日,最高人民检察院公布了第三十二批指导性案例,其中检例第 128 号为"彭某峰受贿,贾某语受贿、洗钱违法所得没收案",涉嫌洗钱犯罪的事实为:2012 ~ 2017 年,贾某语将彭某峰受贿犯罪所得人民币 4299 万余元通过"地下钱庄"及借用他人账户的方式转移至境外。2014 ~ 2017 年,彭某峰、贾某语先后安排人员将彭某峰受贿款兑换成外币后,转至贾某语在其他国家开设的银行账户,先后用于在 4 个国家购买房产、国债及办理移民事宜等。最终,岳阳市中级人民法院作出违法所得没收裁定,依法没收彭某峰实施受贿犯罪、贾某语实施受贿、洗钱犯罪境内违法所得共计人民币 1 亿余元、黄金制品以及境外违法所得共计 5 处房产、250 万欧元国债及孳息、50 余万美元及孳息。该案洗钱犯罪数额巨大,涉案境外财产散布于 4 个国家。检察机关详尽梳理了案件涉及的上下游犯罪、关联犯罪关系以及电子证据、境外证据、再生证据等,对每一项补证内容进行分解细化,牢牢把握证明目的和方向,与监察机关高效协作,体现了我国从严打击跨境转移贪污贿赂所得洗钱犯罪的执行力。

为依法打击治理洗钱违法犯罪活动,进一步健全洗钱违法犯罪风险防控体系,中国人民银行、公安部、国家监察委员会、最高人民法院、最高人民检察院、国家安全部、海关总署、国家税务总局、银保监会、证监会、国家外汇管理局联合印发了《打击治理洗钱违法犯罪三年行动计划(2022—2024 年)》,决定于 2022 年 1 月 ~ 2024 年 12 月在全国范围内开展打击治理洗钱违法犯罪 3 年行动。这将是遏制洗钱犯罪的工作进程中浓墨重彩的一笔,也是总体国家安全观视域下维护金融安全的题中应有之义。

四、结　　语

金融是国之重器,金融安全是国家安全的重要组成部分。利剑出鞘锋芒显,刑法肩负着维护国家安全和社会稳定的重要使命,对金融犯罪重拳出击、猛药去疴,为人民利益筑牢金融安全防线。本文通过对金融犯罪司法动向的数据分析,法律法规的更新梳理及大案要案的整理,试图系统地为读者呈现近两年来我国刑事司法体系对金融犯罪回应的全貌。当然,金融犯罪的治理虽离不开刑罚手段,但是也不能仅仅依赖刑罚手段。近年来,我国刑事合规制度经历了从无到有、从有到优的嬗变。最高人民检察院于2020年3月在上海、江苏、山东、广东等地6家基层检察院开展了企业合规改革第一期试点工作,后于2021年4月发布了《关于开展企业合规改革试点工作方案》并进一步扩大试点范围,又于2021年4月印发了《关于建立涉案企业合规第三方监督评估机制的指导意见(试行)》,不断推进刑事合规向纵深发展。企业合规改革试点第一、二批典型案例的相继发布,也为涉案企业合规不起诉工作的具体展开提供了有益借鉴与参考。新兴的刑事合规制度,是否能将金融市场的规制从事后惩治前移到事前预防阶段,为从源头上杜绝安全隐患,防止违法犯罪行为的发生,值得我们持续关注。如何通过刑事政策的制定与选择以实现维护市场秩序、保障金融安全的目标,依然有待进一步的探索。①

---

① 参见安曦萌:《金融犯罪刑事司法政策评述》,载《犯罪研究》2020年第2期;逄政、汤志娟:《疫情影响下金融犯罪刑事政策应对》,载《人民检察》2020年第11期。

金融司法典型案例及裁判规则新塑造

屈　然*

在金融商事案件的审理中，司法机关应当保护金融市场主体的合法权益，维护金融市场交易秩序，防范系统性金融风险，通过政策考量、利益衡量等法律方法行使剩余立法权，①使金融司法与金融监管有效衔接，填补金融商事立法的供给不足，促进金融法治建设与金融市场发展。

一、2021～2022年度金融司法典型案件

（一）涉金融指导性案例

2021年11月9日，最高人民法院公布第30批共6件指导性案例，其中指导案例168号和指导案例169号为涉金融指导性案例。

1. 指导案例168号——中信银行股份有限公司东莞分行诉陈某华等金融借款合同纠纷案

该案的争议焦点为金融借款合同纠纷中，抵押人以房屋提供抵押担保的，由于抵押人原因未办理抵押登记，是否应在案涉房产的价值范围内承担连带赔偿责任。

其一，关于抵押合同的效力问题。原《物权法》第15条规定，当事人之间订立有关设立、变更、转让和消灭不动产物权的合同，除法律另有规定或者合同另有约定外，自合同成立时生效；未办理物权登记的，不影响合同效力。对基于法律行为

---

* 复旦大学中国金融法治研究院助理研究员，博士研究生。研究方向：民商法、个人信息保护法。

① 参见朱颖琦、张天行、潘子怡：《金融司法典型案例及裁判规则新塑造》，载季立刚主编：《中国金融法治前沿报告（2019～2020）》，法律出版社2021年版，第561页。

的不动产物权变动采取区分原则,法律行为是否成立与生效,应依照法律行为成立与生效的标准判定;物权变动是否发生,依照法律规定的基于法律行为的物权变动规则判定。因不符合物权变动规则而不能发生物权变动效果的,法律行为的效力不因此而受到影响。① 抵押合同内容系双方当事人的真实意思表示,内容不违反法律、行政法规的强制性规定,即使抵押物未办理抵押登记,应为合法有效。依法成立的合同,对当事人具有法律约束力,当事人应当按照合同约定履行各自义务,不履行合同义务或履行合同义务不符合约定的,应依据合同约定或法律规定承担相应责任。若抵押合同中约定抵押人应确保案涉房产能够依法办理抵押登记,未履行的,应承担相应的违约责任,依据约定赔偿由此给抵押权人造成的损失。

其二,关于损失的认定问题。原《合同法》第 113 条第 1 款规定,当事人一方不履行合同义务或者履行合同义务不符合约定,给对方造成损失的,损失赔偿额应当相当于因违约所造成的损失,包括合同履行后可以获得的利益,但不得超过违反合同一方订立合同时预见到或者应当预见到的因违反合同可能造成的损失。在案涉抵押合同正常履行的情况下,当主债务人不履行到期债务时,债权人可以直接请求就抵押物优先受偿。本案抵押权因未办理登记而未设立,债权人无法实现抵押权,损失客观存在,其损失范围相当于在抵押财产价值范围内债务人未清偿债务数额部分,并可依约直接请求抵押权人进行赔偿。但当债权人在签订抵押合同时对于房屋无法办理抵押登记的情况应当知情或者应当能够预见时,其对抵押合同无法履行即存在过错。原《合同法》第 119 条第 1 款规定,当事人一方违约后,对方应当采取适当措施防止损失的扩大;没有采取适当措施致使损失扩大的,不得就扩大的损失要求赔偿。债权人在知晓房屋无法办理抵押登记后,没有采取降低授信额度、要求提供补充担保等措施防止损失扩大,可以适当减轻抵押人的赔偿责任。

综上所述,法院综合考虑双方当事人的过错程度以及该案具体情况,酌情认定抵押人以抵押财产价值为限,在债务人尚未清偿债务的 1/2 范围内,向债权人承担连带赔偿责任。该案的意义在于:第一,阐释了不动产物权变动的区分原则,即未办理抵押登记的事实并不会影响涉案抵押合同的效力,正确区分了抵押权等不动产物权变动的效力和法律行为的效力。第二,考虑到了合同双方各自对涉案抵押权不能设立的过错,根据原《合同法》第 119 条的规定,妥善地将损失在当事人之间

---

① 参见崔建远:《中国民法典所设不动产物权登记之我见》,载《法学杂志》2020 年第 9 期。

进行了分配,有利于实现公平正义。在担保交易蓬勃发展、物权变动频繁的当下,对类似案件具有良好的指导示范作用。第三,168 号案例明确指出了银行在明知或应知抵押物无法办理抵押登记,且在未要求增加担保情况下提供授信并放款,存在过错,这对于规范银行等金融机构规范贷款审批流程(先设担保后放款)具有指导意义。

2. 指导案例 169 号——徐某诉招商银行股份有限公司上海延西支行银行卡纠纷案

该案争议的焦点在于,在网络盗刷交易引起的银行卡民事纠纷中,发卡行是否应当承担持卡人的损失。

第一,银行负有确保银行卡安全使用的义务。《商业银行法》第 6 条规定,商业银行应当保障存款人的合法权益不受任何单位和个人的侵犯。在储蓄存款合同关系中,商业银行对存款人具有保障账户资金安全的法定义务。为此,上诉人作为借记卡的发卡行及相关技术、设备和操作平台的提供者,应当对交易机具、交易场所加强安全管理,对各项软硬件设施及时更新升级,以最大限度地防范资金交易安全漏洞。尤其是随着电子银行业务的发展,商业银行作为电子交易系统的开发、设计、维护者,也是电子交易的风险中获得经济利益的一方,应当也更有能力采取更为严格的技术保障措施,以增强防范银行卡违法犯罪行为的能力。

第二,第三人原因导致银行违约的,不得作为银行免责的合法事由。招商银行延西支行主张徐某账户被盗刷是第三人的犯罪行为所致,手机运营商在涉案事件中亦存在过错,招商银行延西支行不应对第三人原因造成的损失负责,应由存款人自行承担资金损失的风险。然而,《民法典》第 593 条规定,当事人一方因第三人的原因造成违约的,应当依法向对方承担违约责任。当事人一方和第三人之间的纠纷,依照法律规定或者按照约定处理。换言之,商业银行在履行储蓄存款合同的过程中,应当向存款人履行约定的义务,若由于第三人的原因造成其违约的,商业银行可以依照法律规定或者约定追究第三人的责任。《商业银行法》第 33 条也有类似规定。对此,叶林教授认为,将银行卡欺诈的风险分配给银行,有助于督促商业银行积极采用合理措施,降低银行卡盗刷的风险。银行不仅可以主动提升网银服务的技术水平,还可以与手机运营商协调相互之间的关系,甚至可以向保险公司购买保险,更好地履行保护存款人利益的法定义务。

第三,若商业银行没有证据证明储户的取款密码信息泄露是因为储户保管不善造成的,则无法证明储户存在过错。《民法典》第 592 条规定,当事人都违反合同的,应当各自承担相应的责任。当事人一方违约造成对方损失,对方对损失的发生有过错的,可以减少相应的损失赔偿额。对此,违约方如主张对方当事人对损失的发生具有过错,应当承担举证责任。在储蓄存款合同中,发卡行负有向持卡人提供安全的用卡环境的义务,持卡人负有妥善保管银行卡卡号、密码等银行卡信息的义务。持卡人未尽到妥善保管银行卡信息的义务,构成持卡人过错,可以减轻甚至免除发卡行的责任。若无法证明持卡人存在违约行为可以减轻责任,则发卡行应当对持卡人账户资金损失承担全部赔偿责任。

因此,法院认定,在没有证据证明持卡人存在违约或违法犯罪情形的前提下,发卡行应先行向储户承担因银行安全系统漏洞及技术风险所形成的储户资金损失。该案对于人民法院认定网络盗刷后风险及责任分担具有指导意义,对于规范刷卡行的行为、保障银行卡交易安全,维护持卡人合法权益具有积极作用。

(二)涉金融典型案例

2022 年 1 月 29 日,最高人民法院发布了《2021 年全国法院十大商事案件》,涉及金融纠纷的有 4 例。一是 487 名自然人投资者诉五洋建设集团股份有限公司等被告证券虚假陈述责任纠纷案。人民法院认为,在公司债募集说明书中,承销机构与中介机构均确认募集说明书不会因所引用内容而出现虚假记载、误导性陈述或重大遗漏,并对其真实性、准确性和完整性承担相应的法律责任,但经具体审查承销机构与中介机构的工作内容,各机构均存在不同程度未尽责履职的情形,因此认定承销机构与中介机构均应承担相应的连带赔偿责任。[①] 作为全国首例公募债券欺诈发行案件,该案对于债券承销机构与第三方专业机构在虚假陈述责任纠纷案件中的责任厘定进行了分析与研判,明确并强调了“看门人”机构未尽责履职的法律后果,在我国债券市场化法治化改革道路上具有开拓意义。

二是顾某骏、刘某君等 11 名投资者诉康美药业股份有限公司证券虚假陈述责任纠纷特别代表人诉讼案(以下简称“康美药业案”)。该案的焦点主要涉及以下几个方面:其一,本案是全国首例特别代表人诉讼。“康美药业案”是《证券法》修订和

① 参见王某与五洋建设集团股份有限公司、陈某樟证券虚假陈述责任纠纷案,浙江省杭州市中级人民法院(2020)浙 01 民初 1691 号民事判决书,2021 年全国法院十大商事案件。

《最高人民法院关于证券纠纷代表人诉讼若干问题的规定》施行以来,我国首个实践的特别代表人诉讼,其最重要的特征是"默示加入,明示退出"。一审中证中小投资者服务中心(以下简称投服中心)在成为诉讼代表人之后,梅某勇等9名投资者依法行使明示退出的权利,提交书面申请退出本次特别代表人诉讼,其余55,326名投资者成为该案的共同原告,并指定投服中心为诉讼代表人,代表全体原告行使诉讼的权利与义务,由此,也使该案成为原告最多的诉讼个案。其二,关于虚假陈述行为的认定。中国证监会作出《行政处罚决定书》查明其年度报告中存在虚增营业收入、利息收入及营业利润,虚增货币资金和未按规定披露控股股东及其关联方非经营性占用资金的关联交易情况,属于对重大事件作出违背事实真相的虚假记载和披露信息时发生重大遗漏的行为。法院根据《行政处罚决定书》认定该案存在证券虚假陈述行为。其三,关于揭露日的认定,法院突破性地采取自媒体最开始公开质疑的时间为揭露日,并提出了"一致性、警示性、广泛性"三个标准,认为只要交易市场对揭露文章存在明显的反应,即可认定市场知悉虚假陈述行为,达到了揭露效果。其四,关于损失因果关系的认定。损失因果关系,即原告的投资损失与案涉虚假陈述行为之间是否存在因果关系。损失因果关系涉及投资者损失金额认定、系统性风险或非系统性风险造成投资损失的扣除问题。原、被告双方对投资损失测算机构的选定存有争议,法院最终委托投保基金开展测算并出具《证券投资者损失测算报告》,系统性风险造成投资损失部分在该报告中得到考虑。该报告采用移动加权平均法计算投资者买入均价,并据此计算投资者损失。其五,关于各被告赔偿责任的认定。人民法院认为,作出虚假陈述的上市公司及其董、监、高和有重大过错的审计机构及其合伙人,应当按照其过错类型、在虚假陈述行为中所起的作用大小等,承担相应的赔偿责任。①

三是招商银行股份有限公司与光大资本投资有限公司其他合同纠纷案。人民法院认为,差额补足协议的性质应根据协议主体、权利义务约定等综合进行认定。差额补足义务的主体不是所涉投资资金的管理人或者销售机构的,不属于法律法规所规制的刚性兑付情形。投资主体双方自愿利用基金的结构化安排以及差额补足的方式就投资风险及投资收益进行分配的,该行为合法有效。差额补足义务与

① 参见顾某骏、刘某君等11名投资者诉康美药业股份有限公司证券虚假陈述责任纠纷特别代表人诉讼案,广东省广州市中级人民法院(2020)粤01民初2171号民事判决书,2021年全国法院十大商事案件。

被补足的债务本身不具有同一性、从属性等保证责任构成要件的,可认定构成独立合同关系,差额补足的条件及范围依据合同约定确定。①

四是中国平安财产保险股份有限公司大庆支公司与七台河市天宇选煤有限责任公司财产损失保险合同纠纷案。人民法院认为,《保险法》对保险人理赔核定期限作了明确规定,约束保险人及时履行相应义务。保险人收到被保险人或者受益人的赔偿或者给付保险金的请求后,应当及时作出核定;情形复杂的,应当在30日内作出核定,但合同另有约定的除外。保险人应当将核定结果通知被保险人或者受益人;对属于保险责任的,在与被保险人或者受益人达成赔偿或者给付保险金的协议后10日内,履行赔偿或者给付保险金义务。保险合同对赔偿或者给付保险金的期限有约定的,保险人应当按照约定履行赔偿或者给付保险金义务。保险人未及时履行前款规定义务的,除支付保险金外,应当赔偿被保险人或者受益人因此受到的损失。任何单位和个人不得非法干预保险人履行赔偿或者给付保险金的义务,也不得限制被保险人或者受益人取得保险金的权利。② 保险人怠于履行法定定损、理赔的义务及延期支付维修款,造成被保险人损失,应当承担民事赔偿责任。③

2021年9月3日,最高人民法院发布10起人民法院助推民营经济高质量发展典型民商事案例,涉及金融纠纷的有1例,即华融国际信托有限责任公司与山西梅园华盛能源开发有限公司等金融借款合同纠纷案。该案中,华融国际信托有限责任公司(贷款人)与山西梅园华盛能源开发有限公司(借款人)签订《信托贷款合同》,约定分期发放贷款4.1亿元,贷款期限30个月,并就利息、罚息、违约金等进行了约定。2014年6月20日,借款人与贷款人签订《财务顾问协议》,约定借款人根据贷款发放进度分期支付财务顾问费用3405万元。后因借款人未能如期还款,贷款人诉至法院。人民法院认为,若贷款人不能举证证明其为借款人具体提供了何种财务顾问服务,则认定其实际未提供财务顾问服务,将收取的高额财务顾问费用认定为以顾问费名义预先收取利息,在计算欠款本金时予以扣除。同时,原借款合同约定了非常复杂的利息、复利、罚息、违约金以及其他费用的计算方式,给实体企

① 参见招商银行股份有限公司与光大投资有限公司其他合同纠纷案,上海市高级人民法院(2020)沪民终567号民事判决书,2021年全国法院十大商事案件。

② 参见《保险法》第23条。

③ 参见中国平安财产保险股份有限公司大庆支公司与七台河市天宇选煤有限责任公司财产损失保险合同纠纷案,黑龙江省七台河市中级人民法院(2021)黑09民终1号民事判决书,2021年全国法院十大商事案件。

业增加了沉重的违约负担。贷款人同时主张的利息、复利、罚息、违约金和其他费用过高,显著背离实际损失,应当依法予以调减。审判过程应秉持以人民为中心促进共同富裕的理念,依法保护合法收入,否定非法收入,"对'砍头息'、职业放贷、高利贷、套取金融机构信用转贷等不予支持"①。

2022年7月20日,由上海金融法院、南京市中级人民法院、合肥市中级人民法院和苏州市中级人民法院举办的长三角金融司法论坛发布首批长三角金融审判十大典型案例,包括委托人诉信托公司财产损害赔偿纠纷案,涉差额补足协议合同纠纷案,被保险人诉保险公司财产保险合同纠纷案,借款人诉贷款机构金融借款合同纠纷案,持卡人诉发卡银行信用卡纠纷案,投资者诉上市公司证券虚假陈述责任纠纷案,证券公司证券交易代理合同纠纷案,融资租赁合同纠纷案和保险人代位求偿权纠纷案。上述案件涵盖证券、银行、保险等金融领域,不仅涉及程序问题,如证券纠纷示范判决、代表人诉讼、多元纠纷化解等机制在长三角区域的实践与探索,还涉及诸多金融实体法律问题,如确认公募债券欺诈发行过程中承销机构与中介机构未履行尽职义务应视情节与发行人承担相应的连带赔偿责任,第三方投资主体出具的差额补足协议在不违反法律强制性规定的情况下,应认定为有效等。

2022年8月4日,上海市高级人民法院发布2021年度上海法院金融商事审判十大案例,包括:(1)丁某等315名投资者诉甲上市公司证券虚假陈述责任纠纷案,这是《最高人民法院关于证券纠纷代表人诉讼若干问题的规定》施行后,全国首例证券纠纷普通代表人诉讼案件。该案涉及证券纠纷普通代表人诉讼权利人范围的认定,《权利登记公告》《权利义务告知书》《代表人推选通知》等一系列文本的拟定,法院在判决中首次明确证券虚假陈述侵权损害赔偿的计算方法。人民法院认为,证券纠纷普通代表人诉讼中,人民法院在发出权利登记公告前具有对权利人范围的先行审查权,投资者在人民法院发出权利登记公告后加入代表人诉讼,视为对公告的权利人范围的认可。投资者对推选出的代表人不认可的,有权撤回权利登记并另行起诉,未行使退出权的,视为对代表人进行特别授权。代表人放弃上诉的,投资者可在规定期限内自行上诉,但对上诉内容需具有诉的利益。② (2)甲银行

① 华融国际信托有限责任公司与山西梅园华盛能源开发有限公司等金融借款合同纠纷案,最高人民法院(2019)最高法民终1081号判决书。

② 参见丁某等315名投资者诉甲上市公司证券虚假陈述责任纠纷案,上海市高级人民法院(2021)沪民终384号民事判决书。

诉乙资本公司其他合同纠纷案,涉及差额补足协议性质的认定,应根据协议主体、权利义务约定等因素进行综合判断。上海金融法院在判决书中厘清了资管产品的管理人刚性兑付与第三方承诺差额补足的区别,并认定差额补足义务在不满足保证法律关系构成要件的情况下,依其约定构成独立的合同义务,为差额补足等增信措施在实践中的认定原则提供了指引。[①] (3)甲银行诉乙公司、林某某保证合同纠纷案,涉港担保合同纠纷中,当事人有权依据非对称管辖权条款向内地法院提起诉讼,且平行诉讼不影响内地法院行使管辖权。公司法定代表人对外签订担保合同权限的认定涉及公司权利能力、行为能力等公司治理事项,应适用公司登记地法进行审查。诉讼中进入破产程序的内地公司,我国香港特别行政区的债权人可主张的破产债权范围应依据内地破产法予以确定。该案的审理有助于打造国际化金融商事争议解决机制,营造法治化营商环境。[②] (4)甲资管公司、乙集团公司与周某某私募基金纠纷案,上海金融法院认为,私募基金管理人的实控人向投资者推销私募基金,并有证据证明构成实质代销关系的,实控人负有告知说明义务和适当性义务。管理人在投资管理过程中未体现专业独立性,而由实控人实际管理运作基金,因未尽忠诚勤勉义务造成投资者损失的,管理人及其实控人因违反监管规则和信义义务,应当承担连带赔偿责任。该案通过裁判明确了实控人参与基金销售,构成实质代销的,应当承担告知说明义务和适当性义务;在基金管理过程中由实控人实际管理运作基金,因未勤勉尽责而造成投资者损失的,也应当承担相应的赔偿责任。[③] (5)邓某与甲证券公司等委托理财合同纠纷案,资管计划到期后投资者损失的确定一般应以清算为前提,但管理人长期未履行清算义务且无证据证明尚存在可清算资产的,可合理认定投资者的损失已客观产生。管理人因过错承担赔偿责任后,若资管计划清算完成后仍有可分配资金的,管理人按赔付比例扣除相应款项后将剩余资金依约向投资者分配。[④] (6)甲银行诉乙集团公司、丙担保公司金融借款纠纷案,涉及刑民交叉案件中金融机构违反不真正义务对合同效力的影响。刑

---

① 参见甲银行诉乙资本公司其他合同纠纷案,上海市高级人民法院(2020)沪民终567号民事判决书。

② 参见甲银行诉乙公司、林某某保证合同纠纷案,2021年度上海法院金融商事审判十大案例。

③ 参见甲资管公司、乙集团公司与周某某私募基金纠纷案,上海金融法院(2021)沪74民终375号民事判决书。

④ 参见邓某与甲证券公司等委托理财合同纠纷案,上海金融法院(2021)沪74民终422号民事判决书。

民交叉案件中，合同一方当事人被追究刑事责任，并不当然影响民事合同的效力。银行等金融机构的内部审核义务一般系其自身对交易风险的防范和控制，其性质属于不真正义务，未履行不真正义务不产生损害赔偿责任，而仅使义务负担者遭受权利减损或丧失的不利益。[①] (7)程某诉甲租赁公司融资租赁合同纠纷案，融资租赁出租人按照合同约定行使租赁物取回权时应遵循事前告知、当事人在场等程序规范，并根据诚实信用及鼓励交易原则审慎行使租赁物自行取回权。出租人无正当理由收回租赁物的，构成对承租人占有和使用租赁物的侵扰，应赔偿相应损失。[②] (8)刘某诉甲公司、乙支付公司委托合同纠纷案，第三方支付机构依据其与特约商户之间的网络支付服务协议，为商户提供结算所需的银行网关接口和代收款服务。电子支付用户通过特约商户网址跳转进入银行网关下达支付指令的，第三方支付机构仅为该指令传输提供通道服务，其与支付用户之间不构成委托法律关系。银行卡清算组织负责不同银行间的信息转接和资金清算，网络支付用户并非其直接服务对象。第三方支付机构及银行卡清算组织对用户自主完成的资金交易损失无须承担责任。[③] (9)甲医疗保障管理中心与乙医院追偿权纠纷案，医保患者在接受诊疗中发生医疗损害事故的，基本医疗保险基金就已经先行垫付的医疗费用，有权按照责任比例向医疗机构进行追偿，医疗机构的责任不能因医疗保险报销医疗费用而得以减免。法院在审理此类案件时，应当注意审查原告的追偿权是否存在、可追偿的医疗费金额、因迟延履行而造成的资金损失时间起算点等。[④] (10)甲保险公司与王某、乙保险公司等保险人代位求偿权纠纷案，保险人对免责条款提示义务的履行应以能否足以引起投保人的注意为原则，其核心判断标准在于“可区别性”，即是否达到可区别于保险条款中其他条款并足以引起投保人的注意。网络投保“免责条款”单独成篇，且投保人只有在阅读后方能进行下一步投保操作的，该提示方式可达到在外观上明显区别于保险条款中的其他条款之程度，应认定保险人已尽

---

① 参见甲银行诉乙集团公司、丙担保公司金融借款合同纠纷案，上海金融法院(2020)沪74民终903号民事判决书。

② 参见程某诉甲租赁公司融资租赁合同纠纷案，上海金融法院(2021)沪74民终320号民事判决书。

③ 参见刘某诉甲公司、乙支付公司委托合同纠纷案，上海金融法院(2021)沪74民终424号民事判决书。

④ 参见甲医疗保障管理中心与乙医院追偿权纠纷案，上海市虹口区人民法院(2021)沪0109民初7965号民事判决书。

到提示义务。①

二、2021～2022 年度金融司法新型案件

(一)证券虚假陈述责任纠纷案件

2022 年 1 月 21 日,《最高人民法院关于审理证券市场虚假陈述侵权民事赔偿案件的若干规定》(以下简称《2022 虚假陈述司法解释》)颁布。此次司法解释的制定实施彰显了党中央、国务院坚定发展资本市场的决心,有助于维护资本市场秩序、有效发挥资本市场枢纽功能,有助于进一步打击资本市场违法违规行为、维护投资者合法权益。该解释取消了虚假陈述民事诉讼前置程序,增加了诱空型虚假陈述的条款表述,强化了发行人的控股股东、实际控制人的相关责任,明确了连带责任人内部责任分担与追偿的方式及请求权基础。根据数据统计,证券虚假陈述责任纠纷在近 10 年内(2013～2022 年 4 月)的案件审结情况为:2013 年有 157 件,2014 年有 1356 件,2015 年有 1035 件,2016 年有 3590 件,2017 年有 8664 件,2018 年有 8883 件,2019 年有 12,460 件,2020 年有 11,470 件,2021 年有 8594 件,2022 年 1～4 月仅有 695 件。2022 年 1 月最高人民法院发布《2022 虚假陈述司法解释》,自此证券虚假陈述纠纷的案件出现频率较低,足见立法及司法环境的变化对证券虚假陈述纠纷的影响较大,现行法律法规对该类纠纷的爆发有较好的遏制作用。2021 年 5 月 11 日,上海金融法院公开宣判全国首例证券纠纷普通代表人诉讼案件。集体诉讼制度是资本市场基础制度的重要组成部分。《最高人民法院关于证券纠纷代表人诉讼若干问题的规定》的出台,标志着证券集体诉讼制度在我国真正落地。作为该司法解释施行后全国首例证券纠纷普通代表人诉讼案件,该案对普通代表人诉讼从程序到实体的相关问题进行了全面探索和实践。审理过程中,法院依托代表人诉讼在线平台,完成权利登记、代表人推选等普通代表人诉讼特有的程序,并就律师费、通知费等原告方发生的合理费用予以支持;同时,在判决主文中首次明确损害赔偿计算方法,供后续案件裁定适用,对代表人诉讼案件的审理模式和裁判文书制作进行了探索性尝试,对同类案件具有较强的示范意义和引领作用。目

① 参见甲保险公司与王某、乙保险公司等保险人代位求偿权纠纷案,上海市虹口区人民法院(2020)沪 0109 民初 21137 号民事判决书。

前证券虚假陈述责任纠纷案件存在的主要争议点如下。

第一,涉及判断虚假陈述行为是否具有"重大性"。所谓"重大性",是就上市公司信息披露而言的,即对投资者投资决策具有重要影响的信息才是具有重大性的信息,信息披露义务人未依法披露这些重大性信息时,构成具有重大性的证券虚假陈述行为,具有可赔偿性。① 在过往的司法实践中,法院通常会依据相关行政处罚或刑事处罚认定虚假陈述行为是否具有重大性,②《九民纪要》也指出虚假陈述已经被监管部门行政处罚的,应当认为是具有重大性的违法行为。③ 但《2022 虚假陈述司法解释》将前置程序取消,在缺乏行政处罚和刑事裁判的情况下,虚假陈述行为往往成为案件首要争议焦点,重大性的核心要件已变更为"对交易价格或者交易量产生明显变化"。已受证监会行政处罚的事实,已不再是"重大性"的免证标准。例如,2022 年 5 月上海金融法院对个人投资者诉 A 公司证券虚假陈述责任纠纷案作出一审示范判决,发行人存在多项诱多型虚假陈述行为,包括未按规定披露关联交易、虚增营业收入和利润,受到了证监会的行政处罚。但法院经分析认为,发行人的股价主要受证券市场系统风险和资产重组失败等因素影响,虚假陈述行为并未导致股价明显变化,最终认定虚假陈述行为不具有重大性;上海市高级人民法院在"界龙实业"案中的判决认为,界龙实业未披露第一大股东借用两自然人证券账户持股的行为未对投资者投资决策产生实质影响;④上海金融法院在"绿庭投资"案中的判决认为,绿庭投资未披露借款和投资进展不构成隐瞒"重大利空消息",且绿庭投资股价未受影响,进而驳回原告的诉讼请求。⑤

第二,证券中介机构责任的认定问题。证券虚假陈述责任纠纷中的证券中介机构责任,是近年来各界关注的焦点。《2022 虚假陈述司法解释》规定了证券中介机构的责任认定规则,该司法解释在法律规范层面为证券虚假陈述案件的审理提供了新指南。《2022 虚假陈述司法解释》第 18 条、第 23 条明确了连带责任人内部

---

① 参见最高人民法院民事审判第二庭:《〈全国法院民商事审判工作会议纪要〉理解与适用》,人民法院出版社 2019 年版,第 448 页。

② 参见何某群诉华锐风电科技(集团)股份有限公司证券虚假陈述责任纠纷案,北京市第一中级人民法院(2017)京 01 民初 225 号民事判决书。

③ 参见《九民纪要》第 85 条。

④ 参见上海金融法院民事判决书,(2018)沪 74 民初 766 号;上海市高级人民法院民事判决书,(2020)沪民终 192 号。

⑤ 参见崔某琴、张某青与上海绿庭投资控股集团股份有限公司证券虚假陈述责任纠纷案,上海金融法院(2019)沪 74 民初 3490 号民事判决书。

责任分担与追偿的方式及请求权基础,并回应了实践中证券服务机构的常见免责做法,即证券服务机构与发行人(或其控股股东、实际控制人)事先签订合同,约定需补偿其因虚假陈述所承担的赔偿责任(如有),这一做法有助于压实中介机构的主体责任。但新的司法解释中并未对证券中介机构采用连带责任的表述,为灵活认定证券中介机构的责任预留了空间。目前司法实践中针对证券中介机构的责任形式,主要有三种连带责任形式。第一种形式是对证券中介机构责任适用“补充连带责任”。如江苏保千里视像科技集团股份有限公司证券虚假陈述责任纠纷案,在该案中,法院认为从证券服务机构的工作特点和成本考量,不应科以过重乃至超出职责范围的注意义务,应保持一定的平衡,责任与过错应该相适应,否则必会打破市场各方的责任边界。判决资信评估公司承担30%的补充赔偿责任,法律依据是类推适用会计师事务所的补充责任规则。[①] 第二种形式是对证券中介机构适用“比例连带责任”。典型案例如中安科股份有限公司证券虚假陈述责任纠纷案。在该案中,法院认为,证券服务机构的注意义务和应负责任范围,应限于各自的工作范围和专业领域,其制作、出具的文件有虚假记载、误导性陈述或者重大遗漏,应当按照证券法及相关司法解释的规定,考量其过错程度、造成投资者损失的原因力等因素,分别确定其应当承担的法律责任,遂判决会计师事务所承担15%的比例连带责任。[②] 第三种形式是对证券中介机构适用“全部连带责任”。如康美药业股份有限公司证券虚假陈述责任纠纷特别代表人诉讼案,广州市中级人民法院认为,会计师事务所未实施基本的审计程序行为,影响极其恶劣,根据2014年《证券法》第173条的规定,会计师事务所应与上市公司对投资者的损失承担连带赔偿责任。司法审判应基于个案情况,从贯彻罚当其责这一观念出发,[③]结合会计师事务所、律师事务所等证券服务机构的执业成本和收益,确定证券服务机构的连带责任形式,夯实证券服务机构的“看门人”职责。[④]

第三,涉及因果关系的认定。《2022虚假陈述司法解释》完善了虚假陈述民事

---

① 参见深圳市中级人民法院民事判决书,(2019)粤03民初1078号、1079号、1679~1682号、1684号、1685号、1687~1698号、1700号、1834~1837号、1840~1843号、1845~1847号。

② 参见中安科股份有限公司证券虚假陈述责任纠纷案,上海市高级人民法院(2020)沪民终666号民事判决书。

③ 参见曹明哲:《虚假陈述新规下证券中介机构责任的司法认定》,载《债券》2022年第8期。

④ 参见郭雳、吴韵凯:《虚假陈述案件中证券服务机构民事责任承担再审视》,载《法律适用》2022年第8期。

赔偿中的因果关系认定,特别是区分了交易因果关系和损失因果关系,并对诱空型虚假陈述作出了明确规定。交易因果关系涉及虚假陈述行为是否影响了投资者的交易决定,损失因果关系即判断投资行为是否导致了投资者的全部或部分损失。其意义在于审判中应当区分案件的事实判断问题和法律价值考量问题,即交易因果关系需要考察信赖,以推定因果关系,损失因果关系则需要考察价格影响的各种因素。[①] 首先,《2022 虚假陈述司法解释》第 11 条设立了推定交易因果关系成立的具体标准:一是信息披露义务人实施了虚假陈述,二是原告交易的是与虚假陈述直接关联的证券,三是投资者在虚假陈述影响期间(实施日之后、揭露日之前)实施了相应的交易行为。该司法解释借鉴了"欺诈市场理论"(Fraud-on-the-Market Theory)和信赖推定原则,在一定条件下,确定虚假陈述行为与投资损失之间存在因果关系。[②] 在过往的司法实践中,法院认定交易因果关系不成立的常见情形包括:(1)虚假陈述之外的市场或个股因素影响。如在"北大医药案"中,法院根据原告买入股票主要是受到证券市场或相关行业的整体利好或上市公司自身公告的个股利好等虚假陈述之外的其他因素影响,认定交易因果关系不成立。[③] (2)诱多型虚假陈述与中性虚假陈述。法院根据案涉虚假陈述行为的性质属于不会诱导投资者作出买入决策的诱多型虚假陈述,[④]或者相关不实信息属于不会影响投资者投资决定的中性信息,[⑤]认定交易因果关系不成立。(3)投资者的交易行为特点。如在"宝安鸿基案"中,法院根据投资者在揭露日后仍然买入证券的交易模式特点,认定投资者的交易决策并未受虚假陈述行为的影响,故不产生交易因果关系。[⑥] (4)机构投资者的更高注意义务。如在"祥源文化案"案中,法院认为,机构投资者相较于普通证券市场投资人负有更高的注意义务,在机构投资者的投资行为明显不具有合理

---

① 参见彭冰:《证券虚假陈述民事赔偿中的因果关系——司法解释的新发展评析》,载《法律适用》2022 年第 5 期。

② 参见郭锋:《证券市场虚假陈述及其民事赔偿责任——兼评最高法院关于虚假陈述民事赔偿的司法解释》,载《法学家》2003 年第 2 期。

③ 参见金某与北京政泉控股有限公司北大医药股份有限公司等证券虚假陈述责任纠纷案,重庆市高级人民法院(2019)渝民终 344 号民事判决书。

④ 参见李某开与新疆中基实业股份有限公司证券虚假陈述责任纠纷案,新疆维吾尔自治区高级人民法院生产建设兵团分院(2017)兵民终 29 号民事判决书。

⑤ 参见潘某利、银基烯碳新材料集团股份有限公司证券虚假陈述责任纠纷案,辽宁省高级人民法院(2019)辽民终 550 号民事判决书。

⑥ 参见林某英与宝安鸿基地产集团股份有限公司证券虚假陈述责任纠纷案,最高人民法院(2016)最高法民申 502 号民事裁定书。

性或者未能举证证明其已尽到审慎、善意对待虚假陈述的注意义务的情况下,交易因果关系不成立。[①]《2022虚假陈述司法解释》第12条列举了具体的因果关系不成立的抗辩理由,并设置了兜底条款供今后的司法实践补充拓展。具体情形包括:(1)原告的交易行为发生在虚假陈述实施前,或者是在揭露或更正之后。如在“千山药机案”中,投资者的证券交易行为发生在该案所涉全部虚假陈述行为实施日之前以及揭露日之后,“其在实施日和揭露日之间并无任何‘千山药机’买卖行为,故千山药机公司虚假陈述行为与陈某主张的损害后果之间不存在因果关系”[②]。(2)原告在交易时知道或者应当知道存在虚假陈述,或者虚假陈述已经被证券市场广泛知悉。如在“康美药业案”中,广州市中级人民法院认为,康美药业披露的《2016年年度报告》《2017年年度报告》《2018年年度报告》均存在虚假记载和重大遗漏,2018年10月15日及之后,多家媒体发布了大量质疑康美药业披露的财务信息真实性的文章。刘某在此后仍买入康美药业股票,属于明知康美药业《2018年年度报告》披露信息不实而“自甘风险”的投资行为,故刘某受到的经济损失与本案虚假陈述行为之间不存在因果关系。[③] (3)原告的交易行为是受到虚假陈述实施后发生的上市公司的收购、重大资产重组等其他重大事件的影响。(4)原告的交易行为构成内幕交易、操纵证券市场等证券违法行为的。(5)原告的交易行为与虚假陈述不具有交易因果关系的其他情形。

其次,《2022虚假陈述司法解释》第31条第1款进一步明确,虚假陈述与原告损失之间的因果关系以及导致原告损失的其他原因,属于法院应当查明的“案件基本事实”。这就要求法院在确定赔偿责任范围时应当更为主动地行使审查权,不能简单以“被告举证不充分”为由回避对损失因果关系的审查和认定。[④] 一方面,《2022虚假陈述司法解释》并没有明确规定损失因果关系采用推定的方式,仅在第27条和第28条分别规定了诱空型虚假陈述和诱多型虚假陈述下的投资差额损失

---

① 参见上海雨浩投资咨询有限公司、浙江祥源文化股份有限公司证券虚假陈述责任纠纷案,浙江省高级人民法院(2019)浙民终1414号民事判决书。

② 参见陈某与湖南千山制药机械股份有限公司、瑞华会计师事务所等证券虚假陈述责任纠纷案,湖南省长沙市中级人民法院(2020)湘01民初1787号民事判决书。

③ 参见刘某、康美药业股份有限公司证券虚假陈述责任纠纷案,广东省广州市中级人民法院(2021)粤01民初726号民事判决书。

④ 参见张保生等:《新〈虚假陈述若干规定〉系列解读之七:损失认定与损失因果关系》,载中伦官网,https://www.zhonglun.com/Content/2022/02-21/1404512352.html。

计算方法，并于第31条第2款规定了被告的抗辩事由。另一方面，证券价格一般而言会受到行业因素、利率、财政收支、经济增长等宏观或微观因素的影响，因而投资者买卖证券时，依据虚假信息买卖证券所遭受的投资收益差额，并不能当然全部归因于虚假信息本身，实践中应当充分考虑相关足以引起证券市场价格变动的因素。因此，损失因果关系的考察更多是事实判断问题而不是法律政策问题，价格影响需要借助所谓的“科学手段”加以测算。司法实践中也往往会聘请第三方专业机构测算损失。[①]

（二）操纵证券交易市场民事责任纠纷案件

目前，各地法院已经审理了众多虚假陈述相关的民事赔偿案件，形成了较为成熟的裁判规则。针对操纵市场相关的民事赔偿案件，仍只有较少的法院作出了判决，支持投资者获得赔偿的案例更是在少数。2021年1月，四川省高级人民法院对“杨某辉与阙某彬、蝶彩资产管理（上海）有限公司、谢某荣操纵恒康医疗股票价格民事赔偿案”[②]（以下简称“恒康医疗案”）作出二审判决，原告获赔并执行完毕。该案系1999年《证券法》实施以来，全国第一例投资者在操纵市场民事索赔中成功获得赔偿的案件。2020年实施的《证券法》第5条规定，“禁止欺诈、内幕交易和操纵证券市场的行为”。操纵证券市场，是指行为人利用资金优势、持股优势或信息优势，影响证券市场价格，诱使投资者购买证券，扰乱证券市场秩序，阻碍资本的正常流动。[③] 2020年实施的《证券法》第55条将操纵证券市场行为的类型列举为：（1）单独或者通过合谋，集中资金优势、持股优势或者利用信息优势联合或者连续买卖；（2）与他人串通，以事先约定的时间、价格和方式相互进行证券交易；（3）在自己实际控制的账户之间进行证券交易；（4）不以成交为目的，频繁或者大量申报并撤销申报；（5）利用虚假或者不确定的重大信息，诱导投资者进行证券交易；（6）对证券、发行人公开作出评价、预测或者投资建议，并进行反向证券交易；（7）利用在

---

① 参见许某鑫等诉上海普天邮通科技股份有限公司证券虚假陈述责任纠纷案，上海市高级人民法院（2020）沪民终294号民事判决书；中安科股份有限公司证券虚假陈述责任纠纷案，上海金融法院（2020）沪民终666号民事判决书。

② 参见四川省高级人民法院民事裁定书，（2019）川民辖终4号；四川省成都市中级人民法院民事判决书，（2018）川01民初2728号；四川省高级人民法院民事判决书，（2020）川民终1532号。

③ 参见程啸：《论操纵市场行为及其民事赔偿责任》，载《法律科学（西北政法学院学报）》2001年第4期。

其他相关市场的活动操纵证券市场;(8)操纵证券市场的其他手段。尽管在我国证券法律法规中对操纵市场行为进行了明确的界定且规定了相应的行政处罚措施及刑事责任,但明确而完善的民事赔偿责任制度的缺位是不争的事实。有关操纵市场民事赔偿的尝试可追溯至2001年"亿安科技"事件,因缺乏法律依据,法院面对众多自然人投资者的起诉最终未予立案。"恒康医疗案"中法院对证券操纵类违法行为引发的民事赔偿案件做了积极的探索,此类案件的裁判规则初步成形。现阶段,操纵证券交易市场责任纠纷的司法审判焦点主要体现在以下几点。

第一,法院是否可以参照《2022虚假陈述司法解释》审理操纵市场民事赔偿案件。2007年民商事审判会议提出,"审理内幕交易和操纵市场民事赔偿案件是民商审判一项全新的工作,最高人民法院将在广泛调研的基础上制定相关司法解释,包括对证券法适用的系统性司法解释"。但是,最高人民法院至今未对操纵证券交易市场引发的民事赔偿案件的审理作出司法解释,审判依据主要仍为《证券法》、原《侵权责任法》(现为《民法典》)。法院是否可以参照《2022虚假陈述司法解释》审理操纵市场民事赔偿案件,司法实践亦未形成统一的裁判观点。2009年,王某强诉汪某中操纵中信银行、中国石化等股价民事赔偿案,北京市第二中级人民法院虽受理了原告的起诉,但认为现行法律法规没有对此问题的详细的明文规定,不宜参照《2022虚假陈述司法解释》处理,故原告的诉讼请求于法无据,判决其败诉。2011年"程某水、刘某泽操纵市场赔偿责任案"①,北京市第二中级人民法院在一审中认为虚假陈述与操纵证券市场在违法主体、行为表现、持续时间、影响范围方面均不同,不得参照适用《2022虚假陈述司法解释》,驳回了原告的诉讼请求。2019年的"恒康医疗案"是首例支持投资者主张操纵证券市场民事赔偿的案件,成都市中级人民法院在一审判决书中认为:"操纵市场、虚假陈述、内幕交易三者之间往往是相互联系的,虚假陈述只是表象,而内幕交易和操纵市场却是问题的核心和根本。"②该案中的信息型操纵行为与虚假陈述行为具有相似性,投资人损失与操纵行为之间的因果关系可以参照《2022虚假陈述司法解释》。2021年,在于某等与鲜言操纵证券交易市场责任纠纷案中,法院认为控制标的公司信息披露的节奏与内容同时构成了证券虚假陈述,考虑到虚假陈述的司法解释已经对虚假信息的影响消除时

---

① 参见北京市第二中级人民法院民事判决书,(2011)二中民初字第08477号。

② 杨某辉与阙某彬、蝶彩资产管理(上海)有限公司、谢某荣操纵恒康医疗股票价格民事赔偿案,四川省成都市中级人民法院(2018)川01民初2728号民事判决书。

间作出明确规定,故可在该案中予以参照。[①] 综上所述,对于是否能参照《2022 虚假陈述司法解释》的相关条文审理操纵市场民事赔偿案件,法院的态度从不能参照转变为可以参照,但参照也是有条件的,即需要根据具体的案件情况进行具体分析。

第二,涉及操纵证券市场行为的认定。认定行为人实施了操纵证券市场的行为,一方面,行为人客观上实施了可能影响证券交易价格或者证券交易量的行为。通常,操纵行为可以分为交易型操纵、信息型操纵,以及其他滥用优势的操纵。交易型操纵,是指行为人通过交易活动,制造证券价格变动的误导性或虚假信号,影响证券交易价格的形成,误导投资者作出投资决策,从而获取不法利益。信息型操纵,是指行为人通过制造、传播对证券市场价格有重要影响的信息,或者控制该类信息披露的方式,制造证券价格变动趋势,误导投资者作出投资决策,从而获取不法利益。[②] 另一方面,行为人主观上应具有操纵证券交易价格或者证券交易量的意图,[③]即操纵的故意。操纵证券市场的故意,是指"行为人明知利用拉高、压低或维持证券交易价格会对交易价格产生不当影响,给证券市场带来极大的混乱,仍有意为之的一种主观心理状态"[④]。分析行为人相应的操纵意图,一方面,能够参考当事人自身的陈述,或者参考证人证言等予以证明;另一方面,可以分析其实际的违法和异常活动,基于此进行判定。[⑤] 在审理操纵市场民事赔偿案件时,人民法院通常根据证券行业自律处罚、行政处罚或者刑事处罚认定操纵证券市场行为。[⑥] 若不存在前述处罚,则应由原告举证证明行为人实施了证券市场操纵行为。[⑦] 即使同一违法行为有可能被追究刑事、行政与民事三种不同性质的法律责任,但其构成要件相

---

① 参见于某等与鲜言操纵证券交易市场责任纠纷案,上海金融法院(2021)沪74民初2599号民事判决书。

② 参见于某等与鲜言操纵证券交易市场责任纠纷案,上海金融法院(2021)沪74民初2599号民事判决书。

③ 参见北京市第一中级人民法院行政判决书,(2018)京01行初77号;北京市第一中级人民法院行政判决书,(2018)京01行初119号。

④ 郑佳宁:《操纵证券市场行为法律认定标准的实证研究与再审视》,载《政法论丛》2016年第5期。

⑤ 参见谢某华与中国证券监督管理委员会二审行政判决书,北京市高级人民法院(2019)京行终2311号行政判决书。

⑥ 参见贾纬:《证券市场侵权民事责任之完善》,载《法律适用》2014年第7期。

⑦ 参见史某华与安徽省凤形耐磨材料股份有限公司操纵证券交易市场责任纠纷案,安徽省合肥市中级人民法院(2018)皖01民初806号民事判决书。

互独立,具体认定某一行为的民事责任应依据相应的民事责任标准予以判断。[①] 即操纵市场行为行政责任或刑事责任尚未确定的,不影响民事赔偿诉讼的进行。

第三,涉及操纵证券市场侵权责任因果关系的认定。关于操纵市场的民事责任,目前理论界和司法实践一致认可侵权责任的观点。[②] 操纵证券市场行为与虚假陈述同为证券欺诈行为,同样需要遵循交易因果关系与损失因果关系两重判断标准。首先,操纵市场行为和受损投资者的交易行为之间的交易因果关系认定,适用"若无、则不"(but for)标准,即若无操纵行为,投资者就不会实施相应的交易行为,操纵行为必须是投资者交易行为的必要条件;[③]其次,投资人损失与操纵市场行为的因果关系的认定。受限于没有针对操纵市场的司法解释用以解决案件审理中的具体问题,无论是对原、被告还是对法院,在法律适用的选择上都存在一定的困难和风险,这尤其体现在操纵行为与损失之间的因果关系上。早期证券侵权的司法实践遵循必然因果关系,这无疑增加了原告的举证负担,导致投资者对操纵市场行为主体的民事赔偿主张均未得到法院的支持。如在"程某水、刘某泽操纵市场赔偿责任案"[④]中,北京市第二中级人民法院在一审中认为,无证据表明交易者损失与被告行为具有直接关联性,虚假陈述与操纵证券市场在违法主体、行为表现、持续时间、影响范围方面均不同,不得参照适用《2022 虚假陈述司法解释》,驳回了原告的诉讼请求。即使原告上诉称在无其他不利因素影响的情况下,被操纵的股票价格跌幅远超同期股市大盘,应认定超跌部分与操纵行为之间的因果关系,北京市高级人民法院二审判决仍维持了原判。为了更好地保护投资者权益,审理"恒康医疗案"的一审、二审法院对上述问题参照适用《2022 虚假陈述司法解释》,适用"推定因果关系"理论。一审法院认为,操纵市场、虚假陈述、内幕交易三者之间往往是相互联系的,投资人损失与操纵行为之间的因果关系可以参照《2022 虚假陈述司法解释》。即投资人具有以下情形的,应当认定操纵证券市场行为与投资者的损害结果之间存在因果关系:(1)投资人所投资的是与操纵行为直接关联的证券;(2)投资人在操纵行为实施期间买入该证券;(3)投资人在操纵行为结束以后,因卖出该证券

---

① 参见于某等与鲜言操纵证券交易市场责任纠纷案,上海金融法院(2021)沪 74 民初 2599 号民事判决书。

② 参见廖升:《操纵证券市场侵权责任之因果关系》,载《法学评论》2017 年第 1 期。

③ 参见缪因知:《操纵证券市场民事责任的适用疑难与制度缓进》,载《当代法学》2020 年第 4 期。

④ 参见北京市第二中级人民法院民事判决书,(2011)二中民初字第 08477 号。

发生亏损,或者因持续持有该证券而产生亏损。二审法院对此予以认可。该案在理解并适用《证券法》中关于操纵市场行为造成投资者损失应予赔偿这一原则性规定的基础上迈出了重要的一步。值得注意的是,该案参照适用《2022 虚假陈述司法解释》有其特殊性。在信息型操纵市场中股价影响因素相对单一;操纵行为对股价产生的是诱多影响,而非诱空;原告于操纵期间内买入,操纵期间结束后卖出,均与虚假陈述行为高度类似,符合《2022 虚假陈述司法解释》的适用条件。故此,该案的参照适用的示范作用相对有限。如在新三板市场定向增发投资纠纷中,证券侵权中依据欺诈市场理论、旨在保护不特定投资者合法权益而确立的因果关系推定原则并不适用。原告作为特定投资者,应对行为人实施的操纵证券交易市场行为与其遭受的损失之间存在因果关系进行举证。即原告应举证证明其投资决定受到了行为人操纵行为的影响。①

三、结　　语

改革开放 40 余年,中国金融司法逐渐形成独特的制度经验,在坚持司法权的法理属性、政治属性和社会属性的前提下,发挥金融司法专业性、高效性、规范性、多元性和国际性的特殊品格,从而回应中国金融市场和经济社会发展的法治需要,推动国家金融治理体系和金融治理能力的不断完善。面向中国金融治理体系现代化的目标,金融司法应当在以下方面予以回应:第一,面向碳金融等新兴领域的争议解决,设立专业的金融审判和检察组织,②从而进一步提升金融司法的精细化程度;第二,推动大数据、人工智能、区块链、元宇宙等数字技术和金融司法的深度融合,围绕平台、数据和治理等技术要素,构建数字金融司法体系。③

---

① 参见东莞中科中广创业投资有限公司与邵军等操纵证券交易市场责任纠纷案,上海金融法院(2021)沪 74 民初 1558 号民事判决书。

② 参见张叶东:《"双碳"目标背景下碳金融制度建设:现状、问题与建议》,载《南方金融》2021 年第 11 期。

③ 参见贾宇:《论数字检察》,载《中国法学》2023 年第 1 期。

征稿启事

《中国金融法治前沿报告》是由复旦大学中国金融法治研究院主办的连续出版物，旨在通过年度报告的形式全面、系统地反映中国金融法治发展的历程，提升金融法治理论的研究水平，回应金融发展的实践需求。本报告设立专题聚焦、学术专论、域外观察、研究报告、案例评论、学位论文、学术书评等栏目。欢迎国内外高等院校、科研机构、实务部门的专家学者以及博士、硕士研究生来稿。

一、来稿要求

1. 稿件主题属于商事金融法领域，既包括银行法、证券法、期货和衍生品法、信托法、保险法、公司法、破产法、票据法、海商法等金融法部门的理论研究，也欢迎金融法与民法、刑法、国际法、行政法、经济法、环境法、社会法、财税法、网络法以及法学理论、法律史等学科的交叉研究。

2. 文章篇幅一般在15,000字左右，附300字摘要以及5个以内的关键词。

3. 文章注释采取脚注的形式，每页重新编号，所有脚注均不简写。

4. 文章首页注明作者姓名、单位、职称、职务等基本信息和联系方式。

二、注释体例

1. 著作类

许凌艳：《金融监管法制比较研究：全球金融法制变革与中国的选择》，法律出版社2016年版。

2. 论文类

葛伟军：《股权代持的司法裁判与规范理念》，载《华东政法大学学报》2020年第6期。

3. 译著类

[瑞士]艾娃·胡普凯斯：《比较视野中的银行破产法律制度》，季立刚译，法律

出版社 2006 年版。

4. 外文类

Steven L. Schwarcz, *The Governance Structure of Shadow Banking: Rethinking Assumptions about Limited Liability*, 90 Notre Dame Law Review (2014).

三、投稿方式

投稿邮箱:fudanjinrongfa@163.com,投稿之日起一个月内告知审稿结果。

通讯地址:上海市杨浦区淞沪路 2005 号复旦大学江湾校区廖凯原法学楼(中国金融法治研究院),邮编:200438。